城市综合交通体系规划标准
GB／T 51328—2018 实施指南

孔令斌　戴彦欣　陈小鸿　陈学武　林　群　周　涛　等著

中国建筑工业出版社

图书在版编目（CIP）数据

城市综合交通体系规划标准 GB/T 51328—2018 实施指南/孔令斌等著. —北京：中国建筑工业出版社，2020.11
ISBN 978-7-112-25495-8

Ⅰ.①城… Ⅱ.①孔… Ⅲ.①城市交通系统-交通规划-国家标准-中国 Ⅳ.①U491.2-65

中国版本图书馆 CIP 数据核字（2020）第 184902 号

　　《城市综合交通体系规划标准》GB/T 51328—2018（以下简称《标准》）已于 2019 年 3 月 1 日正式实施。《标准》以高质量与绿色转型发展为中心，以新时期城市与交通发展特征为基础，以推动城市综合交通规划行业规范发展与技术创新为导向，从发展目标、规划指标、空间组织、综合协调、设施功能与用地、新技术应用等方面，对交通规划的技术方法进行了全面的规范与指引，是新一轮国土空间总体规划和交通专项规划编制的重要依据，以及城市交通问题解决和交通治理水平提升的技术支撑。

　　为更好的落实《标准》要求，标准编制组特撰写了本指南，作为推动《标准》有效实施的配套用书。指南权威解读了《标准》的编制背景，详细阐释了《标准》条文的内涵与要求，并对关键技术内容的应用进行了详细的说明，以确保《标准》得以正确使用。本书具有较强的操作性和实用性，可作为规划编制、评估、管理人员的工具用书，也可作为大专院校、科研院所相关课程和技术研究的参考用书。

责任编辑：王雨滢
责任校对：党　蕾

城市综合交通体系规划标准 GB/ T 51328—2018 实施指南

孔令斌　戴彦欣　陈小鸿　陈学武　林　群　周　涛　等著

*

中国建筑工业出版社出版、发行（北京海淀三里河路 9 号）
各地新华书店、建筑书店经销
北京科地亚盟排版公司制版
北京圣夫亚美印刷有限公司印刷

*

开本：787 毫米×1092 毫米　1/16　印张：16¾　字数：415 千字
2020 年 11 月第一版　　2020 年 11 月第一次印刷
定价：**68.00** 元
ISBN 978-7-112-25495-8
（36335）

本书著作者名单

主　　　编：孔令斌

各章执笔人（按章节顺序）：

第 1 章　孔令斌　戴彦欣

第 2 章　孔令斌　戴彦欣

第 3 章　孔令斌　戴彦欣　赵洪彬

第 4 章　孔令斌　戴彦欣

第 5 章　林　群　邵　源　江　捷

第 6 章　林　群　宋家骅　沈帝文

第 7 章　伍速锋　孔令斌　戴彦欣

第 8 章　杨　敏　陈学武

第 9 章　陈学武　王　炜　杨　敏　林　群　江　捷

第 10 章　叶建红　陈小鸿

第 11 章　石小法　陈小鸿

第 12 章　赵洪彬　孔令斌　但　媛　周　涛　付冬楠

第 13 章　程　坦　周　涛　翟长旭

第 14 章　戴彦欣　陈学武

第 15 章　辛飞飞　林航飞

统　　　稿：孔令斌　戴彦欣　陈小鸿　陈学武　林　群　周　涛
　　　　　　赵洪彬

前　言

　　《城市综合交通体系规划标准》GB/T 51328—2018 自 2014 年 5 月立项后，由国内 5 家在综合交通规划领域具有丰富经验的单位的 30 多位专业人员联合组成编制组，经过 3 年的辛苦努力和多次在全国大规模征求意见，于 2017 年 4 月向国家住房和城乡建设部提交了报批稿，2018 年 9 月批复，2019 年 3 月 1 日正式实施，使用超过 20 年的《城市道路交通规划设计规范》GB 50220—95 和《城市道路绿化规划与设计规范》CJJ 75—97 的第 3.1 节和 3.2 节同时废止。

　　进入 21 世纪以来，在快速城镇化和私人机动化的推动下，我国城市都进入了城市规模扩张、交通基础设施大规模建设为主的快速发展时期。经过近 20 年的快速建设，城市空间和交通设施的框架基本形成。随着城镇化进入后半场，城市发展与交通设施建设也逐步开始进入存量阶段，快速建设主导时期形成的城市与交通问题也凸显出来，如综合交通不同方式、功能系统之间衔接困难，交通与城市空间布局、土地利用脱节，私人机动化快速发展带来的交通拥堵和环境污染，步行、自行车交通空间被挤占，公共交通发展滞后，交通设施与街道"宜车不宜人"和品质不高等等。因此，党的十八大以来，中央提出了城市向绿色发展转型的要求，把生态文明建设纳入"五位一体"总体布局，各城市针对城市发展的实际情况，按照生态文明的发展理念，用绿色发展来缓解"城市病"，推动城市与交通发展模式的转变，实现城市"以人为本"的高质量发展。《城市综合交通体系规划标准》GB/T 51328—2018 作为在我国城市与综合交通体系发展转型时期颁布的国家标准，其目的是指导我国新时期城市综合交通体系规划更加以人为本，走向绿色、高质量的发展道路。

　　由此，在标准的编制中，切实突出了交通系统的综合协调、高质量发展与绿色转型。首先，在标准的内容安排上，以综合协调作为交通系统健康、可持续发展的基础，标准用大量的章节统筹城市交通系统各组成部分相互之间的关系，提出城市交通系统内部不同交通工具的功能定位和一体化发展要求，促进城市交通不同组成部分实现优势互补；针对城市内部交通出行中最重要的通勤和生活两类出行，提出从职住关系、生活圈布局上协调交通与城市空间、土地利用布局，实现从土地利用源头优化与协调交通活动；提出了城市对外交通组织中综合交通枢纽布局、城市对外交通与城市交通衔接的要求，促进城市形成与城市交通融合的开放、便捷对外交通系统。其次，针对城市进入存量发展阶段，城市综合交通由快速建设转向高质量发展和空间再分配的特征，调整了城市交通组织的目标，由快速扩张阶段的满足需求调整为绿色交通优先下支撑城市的健康与正常运行，标准从发展目标、空间组织、设施功能分类与管理等方面突出以人为本，按照城市活动要求通过综合交通服务的均衡布局和城市交通空间的再分配提升城市综合交通的服务水平。第三，在绿色交通转型方面，针对今后城市发展的约束，在需求管理的基础上，以公交优先和绿色交通发展作为解决大城市病的主要手段，从城市空间组织到交通空间使用，突出步行、自行车和公共交通的地位和作用。第四，在保障人的活动空间方面，改变了以往按照机动交通划分道路交通设施功能的做法，在设施分类上将机动交通组织与街道活动组织分离，对步行、自行车、公共交通在城市交通空间内的路权进行了规定，既实现了规划与管理的衔接，也保障了绿色交通和居民活动空间的落实。

相比于《城市道路交通规划设计规范》GB 50220—95，《城市综合交通体系规划标准》GB/T 51328—2018 与其他的综合交通行业标准规范共同构成城市综合交通的标准体系，本标准在内容上涵盖了规划、建设、管理、评估，并针对交通技术进步与发展阶段变化，对综合交通的目标、用地、指标等方面都进行了大幅度的调整与完善。鉴于调整的内容较多，为向广大的行业管理和专业技术人员更加准确地传达标准条文的思考、意图和使用方法，在住房和城乡建设部城乡建设专项规划标准化技术委员会的建议下，标准编制组特编制本指南，作为标准使用的补充材料。

由于转型发展阶段我国城市和综合交通从空间到组织仍处在不断调整之中，同时在科学技术发展的推动下，城市中新型的交通工具、交通组织方式、交通管理工具不断涌现，本标准尽管经过编制组 30 余位专业人员长达 4 年的辛勤工作和广泛征求意见，内容上仍然还有许多不尽完善之处，敬请各位读者提出宝贵意见。

从 2019 年标准实施后正式开始本指南的编制，至今已有 1 年之久，感谢编制组各位成员不计得失的辛勤付出，感谢宇恒可持续交通研究中心给予的大力帮助，感谢住房和城乡建设部城乡建设专项规划标准化技术委员会，以及中国城市规划设计研究院、同济大学、东南大学、重庆市交通规划研究院和深圳市城市交通规划设计研究中心有限公司等对指南编制、出版提供大力支持的机构与个人，使本指南最终得以付印成书。

目　　录

第 1 章 标准编制说明

1.1 标准编制过程

2007 年起，住房和城乡建设部根据标准复审工作计划，对在执行的国家标准《城市道路交通规划设计规范》GB 50220—95（以下简称"95 规范"）组织了多次复审，认为 95 规范在许多地方已经不能很好地指导我国城市化和机动化双重作用下的城市交通规划工作，需要进行修订。2010 年，我国建立了城乡规划新的技术标准体系，在新的体系下，提出编制新的《城市综合交通体系规划标准》（以下简称"本标准"），同时废止 95 规范。

2012 年底，中国城市规划设计研究院课题组选择了对城市交通影响较大、功能复杂的城市道路系统进行前期研究，同步启动了全国所有设市城市（直辖市和部分省区到区县）共计约 770 个市县（区）的城市交通情况摸底调查，调查涉及城市空间布局、交通设施、交通特征等现状与规划情况。调研城市概况参见图 1-1。该项研究及调研为后期本标准的编制提供了坚实的基础。

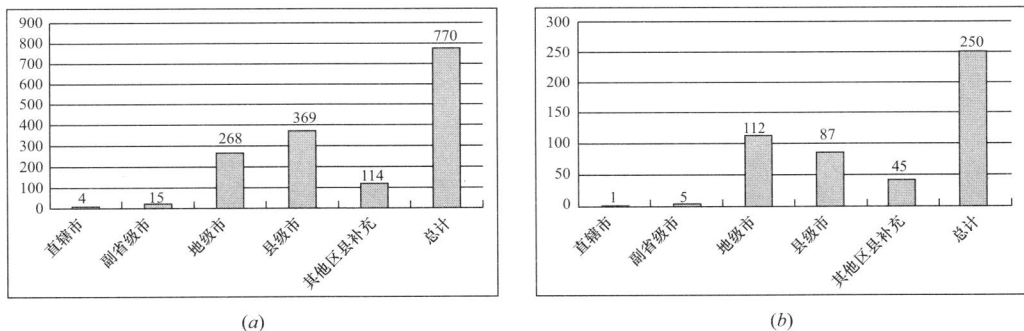

图 1-1　调研城市概况

（a）调研城市；（b）调查资料回收城市

资料来源：城市道路合理级配与相关指标研究，中国城市规划设计研究院，2014.

2013 年底，住房和城乡建设部正式将本标准的编制工作列入 2014 年度的工程建设标准规范制订、修订计划，并要求涵盖 95 规范和《城市道路绿化规划与设计规范》CJJ 75—97 的相关内容。

2014 年 5 月，正式成立了由中国城市规划设计研究院为主编单位，同济大学、东南大学、重庆市交通规划研究院、深圳市城市交通规划设计研究中心有限公司为参编单位的标准编制组。

为深入研究我国新时期城市与交通发展的规律与特征，使本标准能更好地指导我国城市交通规划工作，编制组针对我国城市交通发展中的一些关键性问题，首先开展了专题研究，包括国内外交通相关标准的经验研究、拥堵状态下城市交通系统规划目标与评价指标研究、枢纽分类与相关指标研究、公共交通规划指标及对综合交通指标的影响研究、中小城市交通相关指标研究，以及在 2012 年底开展的城市道路合理级配与相关指标研究，为标准编制提供了技术支撑。

经过编制组两年的辛勤工作，于 2016 年形成征求意见稿，向规划行业及公众征求意见。在意见征求的基础上，于 2017 年 4 月向住房和城乡建设部提交了报批稿，后经过多次修改完善，住房和城乡建设部于 2018 年 9 月 11 日发布《住房和城乡建设部关于发布国家标准〈城市综合交通体系规划标准〉的公告》2018 第 204 号，提出本标准自 2019 年 3 月 1 日起实施，国家标准《城市道路交通规划设计规范》GB 50220—95、行业标准《城市道路绿化规划与设计规范》CJJ 75—97 的第 3.1 节和第 3.2 节同时废止。

1.2 本标准在城乡规划标准体系中的地位

我国加入世贸组织（WTO）后，针对规范标准体系与国际接轨的要求，为在新的发展时期更好地指导规划实践工作，住房和城乡建设部启动了城乡规划技术标准体系的研究，在对我国城乡规划领域既有标准规范进行梳理的基础上，根据城乡规划的发展要求，提出综合标准、基础标准、通用标准和专用标准四个层次的标准规范体系结构。参见图 1-2 和表 1-1。

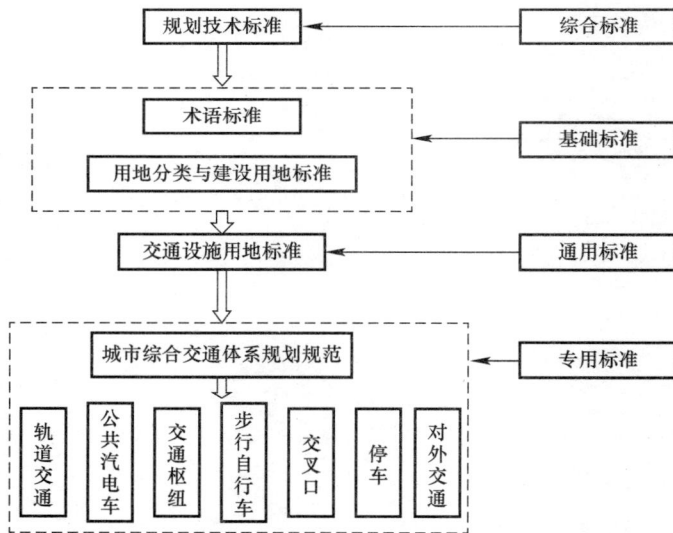

图 1-2 城乡规划技术标准体系结构

城乡规划标准体系（2017 年 5 月修订稿）   表 1-1

[A1] 1.0 综合标准（1 项）

体系编码	标准名称	现行标准编号
[A1] 1.0.1	城乡规划技术标准	

[A1] 1.1 基础标准 （3 项）

体系编码	标准名称	现行标准编号
[A1] 1.1.1　术语标准		
[A1] 1.1.1.1	城乡规划基本术语标准	GB/T 50280—98
[A1] 1.1.2　用地分类与建设用地标准		
[A1] 1.1.2.1	城乡用地分类与规划建设用地标准	GB 50137—2011
[A1] 1.1.3　制图标准		
[A1] 1.1.3.1	城乡规划制图标准	CJJ/T 97—2003 J 277—2003

[A1] 1.2 通用标准 （10 项）

体系编码	标准名称	现行标准编号
[A1] 1.2.1　专项用地标准		
[A1] 1.2.1.1	居住用地标准	
[A1] 1.2.1.2	公共服务设施用地标准	
[A1] 1.2.1.3	工业、仓储用地标准	
[A1] 1.2.1.4	绿地标准	
[A1] 1.2.1.5	交通设施用地标准	
[A1] 1.2.1.6	市政设施用地标准	
[A1] 1.2.2　新技术应用标准		
[A1] 1.2.2.1	智慧城市规划模式规范	
[A1] 1.2.3　基础工作与基本方法标准		
[A1] 1.2.3.1	城乡用地评定标准	CJJ 132—2009
[A1] 1.2.3.2	城乡规划基础资料搜集规范	GB/T 50831—2012
[A1] 1.2.3.3	城乡建设用地竖向规划规范	CJJ 83—2016

[A1] 1.3 专用标准 （64 项）

体系编码	标准名称	现行标准编号
[A1] 1.3.1　城市规划标准（48 项）		
[A1] 1.3.1.3　交通规划标准		
[A1] 1.3.1.3.1	城市综合交通体系规划规范	GB 50220—95
[A1] 1.3.1.3.2	城市对外交通规划规范	GB 50925—2013
[A1] 1.3.1.3.3	城市轨道交通线网规划规范	GB/T 50546—2009
[A1] 1.3.1.3.4	城市公共汽电车设施规划设计规范	
[A1] 1.3.1.3.5	城市综合交通枢纽规划设计规范	
[A1] 1.3.1.3.6	城市步行、自行车交通规划设计规范	
[A1] 1.3.1.3.7	城市道路交叉口规划规范	GB/T 50647—2011
[A1] 1.3.1.3.8	城市停车规划设计规范	GB/T 51149—2016
[A1] 1.3.1.3.9	城市交通设计技术规程	
[A1] 1.3.1.3.10	城市道路绿化规划与设计规范	CJJ 75—97
[A1] 1.3.1.3.11	建设项目交通影响评价技术标准	CJJ/T 141—2010
[A1] 1.3.1.3.12	城市综合交通调查技术规范	

其中，《城市综合交通体系规划规范》（在编制过程中更名为《城市综合交通体系规划标准》，即本标准）作为城市综合交通的顶层标准，融合了城市交通设施用地和综合交通

体系规划的内容，与城市轨道交通、交通枢纽、步行与非机动车、停车等标准一同构成城市综合交通规划的标准体系。

作为体系中的顶层标准，本标准重点在城市总体规划的宏观规划层面对综合交通体系的规划和建设进行规范，标准体系上，衔接上位的《城市用地分类与规划建设用地标准》GB 50137—2011 和修订中的《城乡规划基本术语标准》GB/T 50280—98 等基础标准，指导下位的各综合交通专项标准。

1.3 本标准与相关标准规范、政策文件的关系

1.3.1 与 95 规范的关系与差异

20 多年来，城市综合交通规划一直依据的是 20 世纪 80 年代末启动编制，1995 年颁布实施的《城市道路交通规划设计规范》GB 50220—95（即 95 规范）。该规范作为城市交通规划行业唯一的技术规范文件一直沿用至今，集规划和部分设计的技术规定于一身，较好地指导了我国快速城镇化阶段城市的大规模扩张与建设时期的规划工作。但是，由于编制时间较早，该规范对于我国城市交通的机动化、城市发展环境变化对交通系统的影响等方面的规定越来越难以适应目前城市规划和建设的要求，对城市由增量向存量发展缺乏相应的规定，同时，与近年来相关行业新编制的各类标准规范之间的矛盾也越来越大，如，其用地和布局指标依据 1990 年的《城市用地分类与规划建设用地标准》GBJ 37—1990，而 2011 年新的用地标准已经颁布，对 1990 年的用地标准进行了比较大的调整，导致 95 规范中的用地分类和相关指标难以指导新时期的规划实践，也与近年来修订的道路设计规范［《城市道路工程设计规范》CJJ 37—2012（2016 年版）等］不相适应。由此，住房和城乡建设部城乡规划标准化技术委员会在对 95 规范的复审意见中提出，要尽快按照城乡规划发展的要求，启动城市综合交通体系规划规范的编制，并要求本标准做好与 95 规范的衔接。

在新的城乡规划标准体系中，城市综合交通规划的标准体系由两个层次的一系列标准组成。因此，本标准与 95 规范相比，既有继承，又有差异。

1. 继承 95 规范中依然适用于今天城市规划建设的部分宏观规划内容，特别是对规划行业产生巨大影响的指标，使城市综合交通体系规划成果和技术具有延续性和可比性。

2. 本标准主要着眼于宏观规划，95 规范中设计部分的规定，由国家现行相关设计标准继承和修订。

3. 本标准作为交通体系规划标准体系中的顶层规范，主要在总体规划层面起承上启下和系统协调的作用，详细规划阶段的规定主要由相关的专项规划标准确定。

1.3.2 与上层次标准规范的关系

本标准的上层次标准规范主要是《城乡规划基本术语标准》GB/T 50280—98（修订中）和《城市用地分类与规划建设用地标准》GB 50137—2011。与修订中的《城乡规划基本术语标准》的衔接主要是城市和城市综合交通主要术语之间的协调。与《城市用地分类与规划建设用地标准》GB 50137—2011 的衔接，主要在承接用地标准中道路交通设施用

地的分类、总体用地比例和人均用地比例等指标，作为本标准中城市综合交通用地分类、用地分配的依据。

1.3.3　与交通专项标准的关系

本标准主要关注综合交通系统之间的协调，以及指导下位各相关专项交通规划标准，突出总体规划阶段的内容，重点在协调与控制；而各专项交通规划的标准在于详细规划和实施，以及与设计阶段的衔接，主要着眼于落实。

与近年来颁布的《城市对外交通规划规范》GB 50925—2013、《城市停车规划规范》GB/T 51149—2016、《城市道路交叉口规划规范》GB 50647—2011 等国家标准在相关内容和规定上保持一致。特别与 2013 年颁布的《城市对外交通规划规范》GB 50925—2013 相比，在城市对外交通系统规划内容上重点突出城市内部交通与城市对外交通之间的衔接规定。

与标准同时在编的《城市轨道交通线网规划标准》GB/T 50546—2018（于 2018 年 4 月 25 日获批为国家标准，自 2018 年 12 月 1 日起实施）、《步行与自行车交通规划标准》（在编）等，根据本标准与相关标准的编制进度，在术语、主要内容、相关指标上进行全面的对接，使标准协调一致。

1.3.4　与其他相关标准规范之间的关系

主要指与相关城市规划行业、交通专项设计、对外交通各专业，以及与交通行业其他相关标准规范之间的关系。

1. 与相关城市规划行业标准的关系：主要是协调城市发展中与交通系统布局关联较强的相关规划行业标准规范之间的关系，如历史名城保护、风景名胜区规划、消防、无障碍设计、市政相关专业、城市设计等相关标准。

2. 与交通专项工程设计规范的关系：主要协调工程设计类规范在规划上的规定，如与《城市道路工程技术规范》GB 51286—2018、《城市道路工程设计规范》CJJ 37—2012 等标准之间的衔接。

3. 与对外交通各专业规范之间的关系：主要是协调对外交通与城市内部交通之间的衔接，以及对外交通系统布局与城市空间布局之间的关系。如与铁路、航空、公路、港口等专业性的规划和设计规范之间的协调上，对外交通系统场站的用地规模、客货分类、场站布局的专业要求等以对外交通专业标准为依据。

4. 其他相关交通行业规范：在协调上主要参考其术语和具体的内容规定，并根据城市交通协调和发展的要求，对其中不合理的内容进行了调整。如《城市公共交通分类标准》CJJ/T 114—2007，《城市道路公共交通站、场、厂工程设计规范》CJJ/T 15—2011 等行业标准。

5. 地方标准规范：本标准借鉴和吸收了目前先发地区，主要是北京、上海、深圳、重庆等地的地方性标准在相关内容上的规定，并根据实施经验和全国的实际情况进行调整。

1.3.5　与国家相关文件、部门规章之间的关系

1. 与《城市规划编制办法》（以及新的空间规划相关文件要求）之间的关系：城市综

合交通体系规划作为城市规划的一部分，本标准编制中，按照城市规划改革、国家生态文明建设和存量规划的要求，将"多规合一"、"一张蓝图干到底"、存量规划和绿色发展的思路作为城市交通与用地布局协调的依据。规划范围、年限、空间布局、城市发展等与城市规划一致，在规划内容、城市空间与交通系统协调等方面综合考虑了城市规划理念的变化与新的空间规划体系的变化。

2. 与国家和住房和城乡建设部、交通运输部、发改委等颁布的各类政策、部门规章之间的关系：与近年来国家和住房和城乡建设部、交通运输部、发改委颁布的相关规章与文件保持一致，如《关于清理和控制城市建设中脱离实际的宽马路、大广场建设的通知》（建规 [2004] 29 号），纳入城市道路红线宽度的规定。对于国家和部委相关的交通发展文件，如《国务院关于优先发展公共交通的指导意见》、《中共中央国务院关于进一步加强城市规划建设管理工作的若干意见》等，将国家在城市综合交通上的发展理念作为标准编制的重要依据，对文件中提出的指标，在研究的基础上进行吸纳和落实。

3. 与住房和城乡建设部颁布的交通系统规划导则的关系：主要是城市综合交通体系规划、步行与自行车、停车规划等方面的编制办法、导则，根据城市规划编制改革的要求，参考和借鉴部分城市在导则实施中的经验与教训，对内容、方法、指标等根据研究进行吸收和调整。

1.4 主要思路调整

1.4.1 城市综合交通发展目标

95 规范确定的城市综合交通发展目标是"满足土地使用对交通运输的需求，发挥城市道路交通对土地开发强度的促进和制约作用"（见 95 规范第 1.0.4 条），核心是满足城市土地使用产生的需求。"满足需求"的目标在快速的城市建设中演化为规划管理与设计人员耳熟能详的"超前规划、超前建设"。对于快速城镇化下的中国城市而言，在前几轮的城市总体规划中，人口规模一般都是最先被突破的规划指标，城市持续扩张导致规划人员和城市的管理者对未来的城市发展始终有良好的预期，"超前"建设的交通基础设施在发展中很快会被新的需求"填满"，形成以增量交通设施解决发展中存在的问题的规划方法。尽管也有个别城市由于基础设施超前而造成浪费，但往往会被大多数城市忽略。在此目标下，"超前建设"的规划思想，较好地指导了我国城市快速发展时期的综合交通建设。

但是，随着城市规模不断扩大，城镇化进入中后期，城市的存量用地规模大，人口增长放缓，甚至部分城市出现收缩，城市用地进入了存量为主导的发展阶段，规划交通设施的建成率越来越高，新增建设的空间越来越小，而城市交通机动化的增长速度仍然很高，许多大城市被迫采取了小汽车限购和工作日出行限号的临时性措施，以减缓小汽车发展对城市交通的冲击。满足土地开发产生的所有交通需求，利用建设新设施解决交通问题的方法越来越难以为继。城市不得不需要按照正常运行的要求对交通需求进行甄别，通过优先策略与措施差异化进行应对。

因此，本标准将城市综合交通体系的发展目标调整为：城市综合交通体系必须优先发展集约、绿色的交通方式，引导城市空间合理布局和人与物的安全、有序流动，充分发挥市场在交通资源配置中的作用，保障城市交通的效率与公平，支撑城市经济社会活动正常运行。核心是通过"优先"支撑城市的经济社会活动的正常运行。

1.4.2　增量与存量两个发展阶段

95 规范制定时，以及随后的 20 世纪 90 年代到 2010 年左右，是我国城镇化发展最快、城市规模扩张最迅速的时期，这决定了 95 规范的重心必然是建设指导，主要关注于城市交通设施的增量。

经过 40 余年的快速建设，城市已经有了大规模的建成区和存量设施，甚至部分城市已经接近交通设施的存量时代。可以预测，随着城镇化速度放缓，我国的城市在未来的发展中，尽管还有大量的城市存在新城、新区的开发建设需要，但存量地区和存量设施的发展将逐步演变为城市规划和交通规划的重点。

因此，本标准制定中同时关注城市的增量与存量发展两个阶段，在增量规划地区还需要以指导建设为主，注重规划发展的弹性预控，而对于存量发展地区将与城市更新结合，以地方性设施的改造和既有交通空间中步行、公共交通、自行车交通的空间提升和交通组织优化为重点，并且在标准中加强了需求管理的力度。

1.4.3　加强与突出综合协调功能

在标准中把综合协调作为重点，既是本标准在体系中的定位决定的，也是目前城市交通发展阶段所决定的。

如前所述，城乡规划标准体系由四个层次的标准规范构成，城市综合交通体系规划标准既与上层次的用地、术语标准对接，也作为城市交通的各专项规划标准的"母规范"，与各专项标准，如轨道交通、对外交通、停车、步行自行车交通、道路交叉口等标准衔接，这决定了本标准重点在于规定各专项之间的衔接和协调，并对各专项进行指引的地位。

在发展的阶段上，经过几十年的城市交通建设，不同交通方式、不同交通设施都取得了瞩目的成就，随着城市从高速建设逐步走向存量优化阶段，在城市中各种交通系统需要取长补短，综合形成一个高效的交通系统，也必须更加注重协调。

因此，在本标准的内容上，反映专项之间，以及交通与用地等协调的内容占据了标准大量的篇幅，标准的第 3、4、5、7 章都是反映综合协调的内容。第 3 章是综合交通的综合协调指引，第 4 章是交通与城市空间的协调，第 5 章是城市内部交通体系的协调，第 7 章是对外交通与城市内部交通的衔接与协调。

在交通体系内部协调和存量优化上，本标准将"优先"作为协调与优化的基础原则，根据城市、城市内部不同地区、不同交通方式的特征确定优先规则，作为综合交通协调与优化的依据。

1.4.4　空间性指标向功能性指标转变

在 95 规范中，为更加方便指导建设，在交通的相关指标上，多数采取了空间性指标（直接而方便的指导空间布局的指标），如密度、级配等，这些指标对于交通定量分析的要求不高，规划编制上无疑很"好用"，可以很快在布局中落实。

而目前城市之间，城市内部不同功能地区之间的差异越来越大。城市之间，由于职能、区位、气候、规模不同，城市交通特征差异巨大；在城市内部也是如此，不同的地价、不同的功能地区，如大学园、工业区、金融区、CBD 等，因其中聚集的产业、人口差异，交通出行特征也差异巨大。因此，仅以单纯方便布局而设立的指标，在实际交通规划与建设中难以体现地区、城市的差异化，特别在土地市场放开后，城市内部不同地区的差异增大的情况下，更是难以体现本地特征，指导具体的实践。

同时，城市交通的指标应更加重视管理的要求，体现交通功能，使交通的规划、建设、管理能够思想统一，更好实现一体化。

因此，本标准对原空间性指标进行了认真的梳理，将与交通功能相关的指标，按照功能优先的原则，将表达布局的空间性指标调整为表达交通功能的功能性指标，着重于功能分析，既可以反映不同功能地区的交通特征差异，实现差异化规划，又使后期的管理能够体现交通规划的意图，实现一体化。这些指标提高了对交通定量分析的要求。在信息技术发展和技术人员能力已经全面提高的今天，技术人员和技术方法完全可以胜任交通功能分析的要求。

1.4.5　综合交通与城市空间、用地协调

交通与城市空间、用地之间的协调是交通与城市规划中的老话题，国内外已经有大量的研究，但一直以来，我国的城市规划与交通行业中对协调的评判仍然很模糊，没有合理的指标确定什么才是好的交通与空间、用地关系。

我国城市无论在前期的大规模扩张，目前扩张与空间优化并重，还是今后以存量地区的空间优化为主，协调交通与空间、用地都应该是规划的重要内容，这一轮规划也是未来能形成可持续交通与空间发展的最佳协调时期。

本标准选择了城市交通与空间优化中的两个重要的指标作为协调的评判指标，一个是出行距离，另一个是城市交通网络与空间结构的契合，特别是公共交通网络的结构。缩短出行距离是城市高质量发展和交通便捷的前提，也是交通绿色化的基础。出行距离又细分为通勤与生活出行距离。在网络结构上，规定了交通网络结构既要在形态上体现城市空间组织的结构，又要在功能上体现空间规划中空间组织的意图。

1.4.6　进一步强化绿色交通优先

绿色交通是从 95 规范以来一直贯彻的交通理念，本标准在继承 95 规范绿色交通发展理念的基础上，明确了绿色交通的定义。在交通规划目标的调整和交通优先规则的设置上，全面推行绿色交通优先；在绿色交通发展上，不仅注重交通方式的绿色，还要考虑运营指标的绿色，将绿色交通发展作为贯穿全标准的主线。

1.4.7　对综合交通新技术发展的回应

近年来，随着互联网、信息技术和新能源利用的发展，城市综合交通行业出现了许多新方式、新业态、新需求，如网约车辆、共享单车、定制出行、快递配送、电动汽车、电动自行车，等等，这些新的交通技术发展对本标准的编制提出了新的要求。本标准对这些新的交通技术发展进行了程度不一的规定，对目前开展的城市规划（城市空间规划）进行指导。

　　首先，在术语上将新型的交通纳入交通规划领域；其次，在章节安排上前瞻性地研究了新型技术对交通领域的影响；最后，根据新型交通的发展对其在空间和用地上进行了规定和预留。如，增加了辅助型公交的定义，增加了充换电设施规划要求。鉴于交通信息化在未来可能作为城市交通重要的基础设施，将其列入交通专项指引部分，单独作为一章进行规定。

1.5　编制重点与框架

　　本标准将目前和新一轮城市空间规划中，城市发展与交通发展中的重点问题作为编制重点，突出了以下几个方面：

　　1. 引导城市空间

　　当前是我国城市空间结构调整的重要时期，引导城市空间结构调整中的城市交通服务保障是城市综合交通体系规划的焦点。本标准突出了交通与城市空间协调的内容，设立综合交通与城市空间布局章节，并在相关章节中将交通与空间、用地关系的协调作为重点。

　　2. 关注城市宜居

　　城市发展回归到"人民家园"，以人为本的宜居城市是新时期城市管理与建设的核心。本标准突出了城市宜居对交通活动的要求，对城市所有居民的交往空间保障、活动便捷、安全、舒适等方面提出要求。

　　3. 促进绿色低碳

　　绿色低碳和可持续发展是城市交通系统发展的主要目标，也是全球气候变化下，我国城市交通发展的新要求。标准编制中在突出绿色和可持续的基础上，融入降低碳排放的要求。

　　4. 加强系统协调

　　经过改革开放 40 余年的发展，城市综合交通系统已经具有相当的规模，基础设施建设在很多城市已经走到高速建设阶段的后期，在新一轮的城市空间规划中，城市交通设施将进入以协调和优化为主的阶段，交通各子系统相互之间在建设、管理上的协调变得越来越重要。本标准在编制中突出了对不同阶段的交通规划的规定，并将系统之间的协调作为标准的核心内容。

　　5. 控制投资规模

　　在经济新常态下，部分城市政府正在把交通设施作为投资拉动的重要领域，有些城市不顾自身的经济能力和交通需求，制定超常规的交通发展规划和实施计划，有可能使未来城市交通系统的运行背离合理的效益，损害交通系统自身的协调性以及交通与城市发展的协调性，也使交通系统的运行不可持续。因此，本标准的制定中，将交通系统的经济性、节约、集约与符合城市实际作为设施布局与规模控制的一个重点。

　　6. 指导城市建设

　　这是我国城市在快速建设时期规范规定的重点内容，标准在继承既有 95 规范相关内容的基础上，根据标准体系中本标准的定位，优化了总规层面对城市建设指导的相关内容。

7. 预控发展弹性

既有城市规划和标准主要着眼于城市的规划期，对城市的长远发展弹性的考虑与预控不足。2000 年以来，我国城市开展大规模城市空间战略研究，通过战略研究进行城市发展弹性预控逐步成为规划体系的一个重要内容和程序，这对于交通发展更为重要。交通基础设施不同于城市的其他设施和用地布局，投资大、网络化，一旦建设，其结构和布局调整的余地很小。因此，本标准结合城市的规划期和远景发展战略要求，将重大交通基础设施发展的弹性预控作为规定的一个重点考虑。

8. 指导下位专项标准

这是城乡规划标准体系分工的要求，本标准作为城市综合交通体系的顶层标准，在子系统之间协调的基础上，着眼用地的分配与控制，突出与下位专项标准之间在指标、内容上的衔接。

根据本标准编制的重点和城乡规划标准体系，本标准形成 15 章与 2 个附录的总体架构，全文共计 222 条（其中含术语 17 条）。在本标准的章节设置中，由于城市道路无相关的下位规划标准，而道路系统又是城市交通系统和城市格局的基础，因此，城市道路一章是内容涵盖至专项规划的章节，总计 48 条，是本标准内容最多的章节，其次是城市公共交通，包含了地面普通公共交通、城市轨道交通、快速公交与有轨电车、辅助公交等内容，总计 27 条。

本标准的正文共 15 章，可以划分为三大部分：

（1）第一部分为城市综合交通体系综合协调的规定，包含第 1、3、4、5、7 章。其中第 1 章和第 3 章，规定了城市综合交通的目标、原则、相关指标和要求，是城市综合交通协调的基础；第 4 章规定了城市综合交通与城市空间之间的协调关系；第 5 章规定了城市交通各子系统之间的协调关系；第 7 章规定了城市内部交通与城市对外交通之间的协调关系。

（2）第二部分是规划的实施评估，包含第 6 章。规划实施评估是总体规划改革的新的要求，城市综合交通体系规划作为总体规划的重要组成部分，也必须对其实施评估，作为实施计划和规划编制的主要依据。由于目前交通系统的规划评估实践刚刚开始，成熟的经验较少，本章内容的重点为在内容和方向上的指引。

（3）第三部分是各专项规划的指引，主要包含第 8 章～第 15 章。其中大部分章节有下位标准衔接，本标准以宏观规定为主，重点在于需要协调的内容，并在用地等内容上与下位标准衔接。

第2章 总则

2.1 城市规划体系与标准适用范围

2.1.1 城市规划改革中的综合交通规划

以往的城市规划中，交通规划、市政等内容与空间规划的分离，使城市规划更像拼图，其原因在于规划体系本就要规划师成为拼图匠。城市空间规划在初期的发展中原本是视城市为一个整体的，然而由于管理的原因，逐步将交通、市政、对外联系、产业等这些城市空间的天然组成部分切割开来，分在不同的体系、部门、单位内进行单独规划，然后"纳入"城市规划，这其中影响最大的就是城市交通与空间规划的割裂。城市系统越来越复杂，"拼图"的工作也越来越辛苦，越来越"词不达意"。城市不复杂时，规划师还能从城市的整体发展角度对其他专业的规划提出指导，后来就只能"纳入"了，城市空间与交通上"牛头嵌马嘴"的规划也就越来越多。

城市发展需要强有力、综合而有指导作用的规划，从《中华人民共和国城市规划法》到《中华人民共和国城乡规划法》，规划进入城市管理的法律层面，依法规划、依法建设已经成为城市发展中的共识，却也是现实中被诟病最多的地方。而《中华人民共和国物权法》的实施，使城市规划与广大市民的财产有了直接的联系。据相关的研究，城市轨道交通的建设，使沿线地区的房产快速升值，涨幅甚至可以达到房屋价格的1/3。在市场经济框架内，交通系统和交通空间不再仅仅是设施，更是促进土地增值和投资的构成部分。规划也不再是单纯的建设计划，还介入了资本的生产过程。规划作用也发生了蜕变，既是城市的公共政策，也是城市土地资本生产管理的组成部分，而政府主导的交通投资政策和项目，就成为了引导规划的重要抓手。

规划作用的变化，使空间规划体系中将活动组织的规划分散在不同部门和单位中的规划模式越来越不能适应城市的发展。在分割的规划体系下，各种专业和专项规划的编制办法不断出现，均明确要求在规划编制完成后"纳入"法定的城市空间规划。城市的空间规划在被肢解的同时也变得越来越不严肃，与城市发展对城市规划的要求背道而驰，导致在既有规划体系中综合交通系统"同一空间、同一内容、不同规划"的现象越来越普遍——即城市空间规划体系的法定规划中的交通内容只是不得不有的"规划文本内容构成"，综合交通规划等相关专业交通规划才是具体的规划实施内容。而专业规划往往要对法定空间规划中的相关交通内容进行调整，但调整又往往是在不理解空间规划的基础上进行的，造成在交通上需要城市建设执行的"法（规划）"越来越多，而且各不相同，城市空间规划与交通规划"南辕北辙"的现象越来越多。

近年来，国家针对规划存在的问题，提出"多规合一"，重构空间规划体系，要求"一张蓝图干到底"，避免规划之间相互打架的现象。住房和城乡建设部针对总体规划编制和实施中的问题，于 2011 年启动了城市总体规划改革的研究，为编制《城市总体规划编制审批管理办法》（对原《城市规划编制办法》建设部令 146 号进行修订，并增加审批相关内容）做准备，要求在我国城市空间建构的关键阶段，保证空间规划在一致的活动组织目标下进行综合，各规划层级之间能准确衔接，形成以空间组织为核心，交通与空间综合的规划体系，使城市空间构建和城市交通问题解决的目标一致。不再是将交通规划"纳入"，而是将交通体系的规划作为城市空间的组成部分融入空间规划，将交通与空间、用地作为空间组织、城市活动组织一体的两面，使空间规划成为真正的规划城市空间活动组织的综合规划，交通系统既是空间组织的保障，也是引导空间形成的抓手。在规划体系的层级衔接上，围绕空间的构建，梳理对交通和其他专业规划的要求，在体系中建立规划层级之间的有效传递通道，使专项规划、详细规划成为落实城市宏观空间规划的手段。形成城市总体规划中交通与空间一体化，总体规划与专项规划之间目标一致、传递清晰，总体规划、专项规划与详细规划无缝衔接的规划体系。交通体系规划成为城市总体规划的重要组成部分，既体现城市空间与交通系统的一体，又规范了政府的交通投资，促进通过城市空间和交通的配合来解决城市发展中的空间和交通问题。

因此，城市综合交通体系规划应并入城市总体规划，成为法定规划的一部分，通过同步编制，相互协调，实现空间与交通系统之间的融合。

2013 年，中央城镇化工作会议和党的十八届三中全会都提出了建立新的空间规划体系的目标。在 2015 年《生态文明体制改革总体方案》中，明确了"构建以空间治理和空间结构优化为主要内容，全国统一、相互衔接、分级管理的空间规划体系，着力解决空间性规划重叠冲突、部门职责交叉重复、地方规划朝令夕改等问题"。将主体功能区规划、土地利用规划、城乡规划等空间规划融合为统一的国土空间规划，实现"多规合一"，强化国土空间规划对各专项规划的指导约束作用。综合交通规划作为城市和区域层面规划中的重要内容，既是城市和区域发展的动力，也是解决城市和区域发展问题的手段，既关系到高质量的城市和区域发展，也关系到高品质民生。因此，可以预见，在国家新的规划体系中，无论是在发展规划、空间规划还是专项规划中，综合交通体系规划都将是重要的内容之一。

2.1.2 本标准适用范围

> 1.0.2 本标准适用于城市总体规划中城市综合交通体系规划编制和单独的城市综合交通体系规划编制。

综上所述，根据规划体系改革的要求，城市层面的规划要形成"一张蓝图"，城市综合交通体系规划是城市层面空间规划的重要组成部分。

按照党中央、国务院对我国城市发展中缓解"城市病"的要求，城市交通问题的缓解和解决是宜居城市建设的一部分，是涉及空间、用地、人文、社会和交通设施布局等综合统筹的问题，对于处于快速城镇化发展阶段的我国城市更是如此。必须全方位，从城市整体的角度进行统筹和施策，不能局限于"就交通论交通"层面。

城市交通学科是涉及城市空间、土地使用、交通系统、信息技术等的综合学科，其规划和交通问题的解决需要从空间、用地和交通系统管理、建设等各个方面综合考虑，形成与城市空间、社会经济发展相契合的城市综合交通体系，因此本标准适用范围涵盖了城市总体规划。

在应用上，本标准适用于城市总体规划和城市综合交通体系规划（在新的规划体系中，指城市空间规划相关内容和单独编制的专项规划），在城市空间、土地利用布局中要充分考虑城市交通内容。在本标准第 4 章"综合交通与城市空间布局"中，重点对交通系统引导城市空间，以及在城市空间布局中应提前考虑城市交通问题的解决进行了规定。

与 95 规范中"适用于全国各类城市的城市道路交通规划设计"相比，取消了对设计的指导，加强了对城市总体规划层面的规划指导。

1.0.3　城市综合交通体系规划应以国家和省（直辖市）的城镇体系规划、经济社会发展规划以及相关综合交通专业规划为依据。

以往城市综合交通规划作为一项相对独立的研究，不同时期编制的城市综合交通体系规划，以及综合交通体系规划与其他规划之间的关系并不清晰。现在，将综合交通体系规划并入城市总体规划（城市空间规划），作为国家空间规划体系中的一部分，就必须清晰、准确地在规划内容间进行继承、修改和上下位传递等，这才能真正成为"一张蓝图"。而在新的空间规划体系中，更加强调上下位规划之间的传递，这与本标准的设置完全一致。城市综合交通体系规划的编制、修改要按照规划体系的分工，遵守上下位规划之间规划内容的传递规则。国家、省级人民政府组织编制的经济社会、空间、综合交通等规划，是城市综合交通体系规划的上位规划和规划依据。城市综合交通体系规划是城市详细规划和城市各交通专项规划的指引和依据。城市综合交通体系规划的实施、编制也需要按照法定要求进行评估和动态调整。

鉴于城市规划体系的调整，本标准与 95 规范对应的规划体系不同，规划之间的关系也就有差异，本标准强调交通与用地之间的互动和协调，与 95 规范中规定的"城市道路交通规划必须以城市总体规划为基础，满足土地使用对交通运输的需求"相比，本标准不再作为城市总体规划的下位规划，而是作为总体规划的一部分，不是以满足土地使用对交通运输需求为目标，作为用地布局规划的"配套"规划，而是强调交通与空间、土地使用之间的互动，并将城市空间布局作为交通问题的重要解决方案。

2.2　综合交通体系规划的基本原则

1.0.4　城市综合交通体系应以人为中心，遵循安全、绿色、公平、高效、经济可行和协调的原则，因地制宜进行规划。

根据中央对城市工作的指导意见，城市要建设成为人民的家园，城市的规划建设要以人为本。长期以来，城市交通规划过分偏重于机动车，而忽略了对步行、自行车，以及街道活动等空间的保障。目前，处于转型时期的城市综合交通体系发展，更需要强调价值观的转变，加强交通系统规划中设施的人性化，加强以人为核心的活动空间保障。

相比于 95 规范中"安全、高效、经济、舒适和低公害"的规划原则，本标准重点增加了"以人为中心"、"公平和协调"，并按照目前国际交通系统发展的新趋势，将"低公害"调整为"绿色"，同时在规划的原则上，根据城市之间差异逐步扩大、城市内部各功能区之间交通特征也显著不同的现实，更加强调因地制宜。

将绿色发展作为城市交通发展的重要原则。一方面，以步行、自行车、公共交通为主的绿色交通工具更加集约，在交通拥堵成为大城市交通主要问题，需要将缓堵作为城市交通的发展策略和重要目标的形势下，有竞争力的绿色交通发展才有助于缓解城市交通问题；另一方面，在应对全球气候变化的总体目标下，城市交通作为产生城市碳排放的主要领域之一，需要通过绿色交通的发展，降低城市交通的总体碳排放，这也是应对气候变化的一项重要措施。

保证交通运行的安全与高效，是城市交通规划的基本要求。其中，高效是在公平上的高效，一方面要保障城市中所有人、所有合法交通工具的高效，另一方面是要优先发展集约、节约的公共交通等交通方式，优先提高符合城市交通发展战略要求的那些交通方式的效率和竞争力。同时，规划建设的交通设施应符合城市实际的经济水平与地理、社会文化特征，交通系统的建设与运行应节约、经济，确保规划的交通系统可实施、可持续。

交通资源的公平分配是城市以人为本的中心，也是空间定型城市交通组织的重心。城市中不同人群对交通服务的要求分化，而城市作为所有人的家园，需要公平对待城市中生活的所有人。随着我国城市从快速建设进入存量优化阶段，通过增加建设改进城市不同人群交通服务水平的时期已经过去，在存量优化阶段资源的再分配必须以公平作为基础。首先，我国城市阶层的分化越来越严重，城市中不同阶层人群对出行的成本、服务水平要求差异大，而交通是所有人群生活和工作之必须，因此，城市需要建立不同成本、不同服务水平的交通系统，以适应不同阶层人群出行的需求。其次，城市交通方式多样化，不同交通方式有各自的适用范围和适用人群，城市交通资源的分配须公平对待各种交通方式。最后，城市中各种年龄的人群在出行特征、对交通设施需求上也各不相同，老龄人口、学龄人口、工作人口都有各自的需求，城市应公平考虑不同年龄段人口的交通需求与服务要求。

同样，随着城市逐步从空间快速扩张和交通设施快速建设转入以存量为主的发展时期，城市交通中不同子系统的协调成为现阶段城市交通系统发展的重要内容。在城市交通各子系统供给缺口大的快速扩张时期，交通系统的发展重点是快速建设，而经过数十年快速的建设，按照城市布局，各个交通系统已具备相当的规模。在存量为主导的交通发展阶段，为了形成合理的城市交通结构，城市交通系统之间的协调变得越来越重要，促进交通系统协调的交通政策、资源再分配等成为主要协调手段。当然，协调是一个随着城市发展的动态过程，应根据城市发展的特征动态调整协调的内容。

目前，在城市快速扩张与用地有偿出让的背景下，在不同的城市，因地理、气候、人口与用地规模、人口结构、城市空间形态与结构、城市性质、经济发展水平、文化等特征上的差异，导致城市交通出行、交通设施和交通需求的差异显著，与20世纪城市规模较小、空间结构趋同时期的出行状况有较大的区别。同时，在城市不同的地区，如不同的区位——中心区、规划区、市域，老城与新城，城市内不同的功能地区，又如居住与工业、商务用地等，都体现出较大的差异，交通的组织与管理原则也各有不同。不同功能、不同地区的交通设施，给予不同交通方式的优先与组织方式也不尽相同，如长距离交通应以效率为核心，以机动交通为主，短距离交通则具有不同速度的交通混杂等特点，需要重点加强安全、秩序方面的组织，两者在交通组织中的优先原则和组织重点不同。同时，不同交通基础设施的基本属性也有差异，也需要在规划中有所区别，如，公共交通是城市向市民提供的公共产品，而停车设施的提供应该以市场原则为主导。城市综合交通体系的规划应对综合交通体系的不同组成部分，按照其分布、功能、使用者和交通设施的属性进行因地制宜地差异化的规划。这也是本标准在规划指标选取上，对原95规范中的空间指标进行调整，采取针对出行特征的功能性指标的重要原因。

第3章 基本规定

3.1 城市交通的定义

> 3.0.1 城市综合交通（简称"城市交通"）应包括出行的两端都在城区内的城市内部交通，和出行至少有一端在城区外的城市对外交通（包括两端均在城区外，但通过城区组织的城市过境交通）。按照城市综合交通的服务对象可划分为城市客运与货运交通。

城市综合交通（简称"城市交通"）是本标准最基础的定义，是城乡规划术语中"城市"、"城市规划"术语的延伸。定义考虑了与国家关于城市规模划分标准的衔接，以及与目前城市交通系统管理体制的衔接。

城市综合交通定义有两个要点，一是城市交通定义选择什么样的基准，二是城市交通如果选择范围作为定义的基准，那么如何对范围进行界定。

首先，城市综合交通的定义选择什么样的基准。在我国城乡二元分割特征显著的20世纪城市发展中，通过定义城市的边界进而定义城市综合交通。进入21世纪后，我国城市空间、城市功能迅速扩张，多数城市突破了中心城区，甚至跨越城市的行政边界布局城市功能，在城镇密集地区形成跨越行政边界的区域一体的城市空间结构，而城市交通构成的主体——通勤交通的范围也伴随城市功能的扩张突破城市中心城区，甚至城市的行政边界。近年来，在城市总体规划的编制中，都市区的概念使用越来越频繁。都市区基于城市功能进行界定，成为城市空间、功能协调的重点区域。因此，近年来学术领域出现两种城市交通定义：第一种是按照中心城区范围定义，第二种是按照城市交通特征扩展的范围定义。第二种定义方式更加符合交通发展的实际，但是，因都市区目前在我国尚缺乏像美国那样清晰的范围和定义，各地都市区范围确定的指标和考虑的因素也不完全相同，特别是在目前城市通勤交通范围扩大后，跨界的通勤交通管理尚无明确的国家政策，城市管理体制上的应对也不同，因此，本标准延续95规范的定义方式，仍然按照"城市"界线定义城市综合交通。

其次，是选择什么范围定义城市综合交通。根据城市规划和城市管理，涉及城市规划和管理的范围有多个，如城市规划的中心城区（城市集中建设区）、建成区、城市规划区、城区等，其中，中心城区和城市规划区是《城市规划编制办法》和《中华人民共和国城乡规划法》中明确的重点规划区域，而在2014年《国务院关于调整城市规模划分标准的通知》中，考虑到目前城市建设、城市功能已突破了中心城区范围等因素，将确定城市规模的界线调整为城区。本标准根据城市规模划分标准的调整要求，将城市综合交通定义的范围确定为城区，即"市辖区和不设区的市，区、市政府驻地的实际建设连接到的居民委员会所辖区域和其他区域"。在规划的范围上考虑到尚有部分城市的城市建设重点仍在中心城区，故在本标准第 3.0.2 条规划范围的确定中，依据城市总体规划，根据城市的特征，选择城区或城市的集中建设区（中心城区）作为城市综合交通规划的范围。

城市综合交通是指界线范围内涉及的所有交通。包含城市内部交通，即交通活动的两

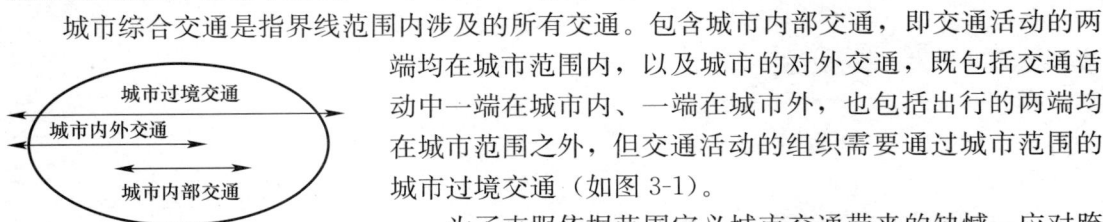

图 3-1　城市交通概念示意

端均在城市范围内，以及城市的对外交通，既包括交通活动中一端在城市内、一端在城市外，也包括出行的两端均在城市范围之外，但交通活动的组织需要通过城市范围的城市过境交通（如图 3-1）。

为了克服依据范围定义城市交通带来的缺憾，应对跨越城市边界的城市交通组织，根据城市综合交通的定义，在城市对外交通、城市道路、城市公共交通等章节中，对承担城市通勤交通的城市对外交通设施的建设标准进行了规定，要求其服务水平和建设标准应能满足城市日常交通组织的要求，如运营组织、与城市用地开发之间的关系等，并与城市内部交通体系统一规划。

3.2　规划范围与年限

3.0.2　城市综合交通体系规划的范围与年限应与城市总体规划一致。

城市土地利用、空间布局是确定综合交通体系布局的主要输入和需要协调的内容。首先，用地和空间确定了城市活动的形式、分布和特征，是确定综合交通需求的源头，也是综合交通模型的主要输入；其次，交通系统与城市用地和空间的互动，需要两者相互协调，形成一体化的规划。

城市总体规划、详细规划是城市用地发展唯一法定的用地布局依据，宏观层面的城市空间、城市功能、开发强度、各类城市用地布局与平衡等的控制是城市总体规划的主要内容。

城市总体规划中城市用地布局与空间发展规划只是规划期和规划范围内的规划，城市总体规划中的远景规划只是远景发展的设想，用以说明规划期内的城市发展布局。因此，城市综合交通体系规划的规划范围与年限必然与城市的总体规划一致，否则综合交通规划就失去了需求的支撑。

城市总体规划的规划范围主要有市域、规划区、中心城区三个层次。中心城区（或城区）指城市总体规划确定的城市发展和城市功能集中布局的核心区域，是城市活动最集中的区域，规划区主要协调区内城乡统筹发展，而市域主要规划城镇体系的布局。

对于一般城市而言，中心城区是城市用地布局和空间布局的重点地区，城市规划的用地布局规划主要在此范围内进行，交通组织与交通问题复杂，是城市综合交通体系规划的重点规划地区。95 规范中就规定重点规划范围是中心城区。随着城市的扩张，处于城镇密集地区和城市群地区的城市，由于其城市空间规划、城市主要职能规划布局的范围超越了中心城区，需要在规划区的规划中对其超越中心城区的空间和用地在规划区范围内进行统筹，城市功能连绵延伸至中心城区外。按照《国务院关于调整城市规模划分标准的通知》（国发〔2014〕51 号），城市规划以城区为界划定，城市也即是城市职能布局的地区，城市交通系统的规划也需要延伸至这些地区。对于这类城市的城市综合交通体系规划，城

区才是与城市功能布局相对应的用地和空间布局的区域，应该把城区作为城市综合交通体系规划的重点规划地区。

此外，城市总体规划还包括市域的城镇体系规划和规划区的统筹规划。其中市域主要规划城市的对外交通系统（包括城市与市域内其他城镇、市域外以及市域内城乡之间联系）布局，协调市域城镇体系的发展与交通系统的关系，同时，市域的对外交通系统也是中心城区和城区范围内对外交通布局的基础。规划区主要协调规划区内城乡统筹发展与交通系统的关系，通过中心城区与外围的新城、外围城镇发展地区空间组织与交通组织的关系，确定规划区内的交通基础设施布局与交通组织。

因此，城市应根据自身的城镇空间和交通系统发展阶段、城市所处的区位、城市空间规划的范围，以及城市综合交通体系规划的重点，选择中心城区或城区作为城市综合交通体系规划的重点规划范围。

一般而言，不同区域规划的城市交通设施的重点也不同，中心城区（或城区）作为城市开发最集中的区域，城市交通设施密集，层次丰富，以满足密集和多层次的交通需求，而在规划区、市域则根据城市发展的情况确定其交通设施的功能，一般承担城市通勤交通的设施都需要提高其运行速度以服务长距离的出行。

城市综合交通体系规划的年限规定涉及两类特定的问题，一是城市重大交通基础设施的远景控制和预留，二是部分设计单位在城市轨道交通线网规划中将超越城市总体规划年限和用地的网络规划作为实施的规划的一部分。

这两类问题可以归为重大交通设施的远景控制与规划期内规划的关系，即不能将城市轨道交通线网规划中超越规划期的内容与规划期内的线网规划部分同等对待，应将超越规划期的内容作为远景控制部分。

重大交通设施的远景控制主要依据城市总体规划的远景规划确定，城市用地的远景规划是对远景城市发展做出的设想，以说明规划期内实施与远景发展之间的符合程度，重大交通设施的远景控制规划也是如此，远景的内容一是说明规划的交通设施与远景发展的符合程度，二是由于重大设施对城市发展影响较大，城市需要对其远景的发展预先控制。因此，远景发展的规划不是基于建设的规划，而是基于控制的规划。此外，由于城市规划的远景发展不涉及相关的用地指标，城市综合交通规划也就没有"精确"的需求作为基础，这是基于趋势判断和策略性判断的宏观规划，与规划期内的规划在规划方法上有本质的区别。

3.3　规 划 目 标

> 3.0.3　城市综合交通体系应优先发展绿色、集约的交通方式，引导城市空间合理布局和人与物的安全、有序流动，并应充分发挥市场在交通资源配置中的作用，保障城市交通的效率与公平，支撑城市经济社会活动正常运行。

与 95 规范中以满足需求为导向的交通发展目标相比，本标准对于综合交通体系发展的目标关键词有四个：优先、市场、有序、正常运行。

与 95 规范编制所面临的交通发展阶段相比，目前城市交通的发展目标需要以优先策略为基础进行城市交通系统的规划、建设和管理。

95 规范中交通系统发展的目标为"满足土地使用对交通运输的需求，发挥城市道路交通对土地开发强度的促进和制约作用"，而道路系统发展的目标可以看作是上述目标的延伸，即"城市道路系统规划应满足客、货车流和人流的安全与畅通"。其交通系统发展目标的核心是"满足需求"。在 20 世纪末和 21 世纪初，受快速城镇化和城市规模快速扩张阶段的影响，同时由于改革开放初期遗留下来的基础设施欠账，"超前规划、超前建设、满足需求"是城市交通发展的共识，交通设施规划的核心是建设。这种目标下的城市交通规划指导了城市快速扩张时期的城市交通建设，相对有效地解决了城市快速发展中的诸多问题。

而目前，我国大城市交通的发展阶段和面临的发展环境及特征已与 20 世纪大不相同。一方面，经过改革开放 40 余年的快速城镇化和城市建设，许多大城市的城市建成区的规模已经比较大。近几年来，空间和用地从"增量扩张"走向"存量优化"的城市不断增多，从增量到存量的发展阶段变化也正在交通设施的规划与建设上体现出来，如一些特大城市正在进行的总体规划评估中，中心城区的骨干道路、轨道交通设施建成率接近或超过八成，在城市建成区内，以满足需求为目标的超前建设面临既无建设空间，建设成本也难以承受的局面，这意味着以后的需求增长不能再靠建设新设施来"满足"，用"超前的增量"平衡需求增长的模式很快就会在更多的城市中走到尽头。而交通基础设施从增量到存量的发展还有别于用地，交通设施到存量阶段不像用地一样还会进行大规模的土地功能调整和更新，交通设施一旦建设完成更改的可能性很小。另一方面，机动化的发展仍然在快速增长，道路系统拥堵在大城市已经成为"常态"，如果按照"满足需求、保畅通"的目标进行规划，就意味着还要在既有的城市建成区内建设大量的道路，无论在空间、城市环境，还是在成本上城市都难以承担。而且，从城市和城市交通发展所面临的能源、土地、环境的约束角度来看，在发展上也必须突出绿色、低碳交通优先，即城市新建设的交通设施要优先布局绿色、低碳的交通设施，在存量发展地区要通过空间再分配，增加绿色、低碳交通系统的空间，不能再以笼统地满足需求为目标指导规划和建设。当然，在新的一轮规划中，还会有大量的城市处于快速扩张阶段，特别是中小城市，还需要基础设施超前规划的指导，在存量发展为主的城市，也还有增量为主导的局部地区存在。但即使是在这些快速扩张中的城市和地区，也需要在交通规划中突出绿色、低碳的目标，实现绿色和低碳交通优先。

因此，现在到了对大城市"超前"和"满足"的目标进行调整的时候，需要重新思考不同类别、处于不同发展阶段的城市如何确定合理的发展目标。城市在新的发展环境下，对于更需要强调低碳和交通优先的大城市，交通发展需要转换思路，变超前和满足为核心的城市交通发展目标为"支持城市的正常运行"。支持城市正常运行有两方面的含义，一方面是交通系统首先必须有效率，要与城市空间组织协同，另一方面是交通系统不可能满足城市所有的需求，对交通需求的响应要有优先次序，优先者要给予鼓励，不同优先次序下的交通子系统空间分配的满足程度要有差异。

用"优先"实现城市正常运行，就需要对需求进行管理。需求管理重点要依靠市场的手段，实现利用市场优化交通资源配置。对公共交通和绿色交通的补贴，对小汽车交通停车价格的管理与空间控制等，都是利用价格杠杆引导交通出行的选择。

交通发展目标的调整将直接影响到交通系统的规划方法与各类指标的调整。首先，目标调整意味着综合交通系统内各子系统的关系也需要调整，以往在满足需求的规划中的那种各子系统按照需求增长配置设施的模式不再可行，规划需要按照优先的原则协调不同子系统之间的竞争关系，对需求的管理应成为规划的前置因素。其次，目标调整意味着交通设施规模的调整，如道路系统规划中，既然不是满足需求，那么道路设施在规划中就需要考虑拥挤管理，这就需要考虑什么样的道路拥挤指标是规划可以容忍的，而不需要在道路规划中保证所有道路的畅通。第三，目标调整意味着"优先"要通过规划指标具体落实，交通空间的分配要依照优先次序进行，如大城市的公交优先，作为优先和鼓励的交通发展方向，在空间分配中就要优先给予，保证公共交通运行相比于私人机动交通有竞争力。第四，既然是保障城市的正常运行，就需要对"正常"进行解释，交通系统规划需要对城市活动的目的和价值进行区分，不同目的和价值的活动在交通系统的规划指标上也要有差异。

目标调整是本标准相对于 95 规范最大的改变，其带来的是城市综合交通体系规划从发展理念、规划方法到规划指标的全方位调整。

3.4　城市道路交通设施用地的构成与配置要求

> 3.0.4　规划的城市道路与交通设施用地面积应占城市规划建设用地面积的 15%～25%，人均道路与交通设施面积不应小于 12m²。城市综合交通体系规划与建设应集约、节约用地，并应优先保障步行、城市公共交通和自行车交通运行空间，合理配置城市道路与交通设施用地资源。

相比于 95 规范，在符合上位标准的规定，满足国家相关部门政策法规对道路交通设施用地规模的调整要求的基础上，本标准对城市道路交通设施的用地规模进行了调整。

2011 年颁布实施的《城市用地分类与规划建设用地标准》GB 50137—2011（以下简称 2011 版用地标准），对于城市道路交通设施用地从用地分类到规划建设用地标准都作了较大的调整，与 90 年版的《城市用地分类与规划建设用地标准》GBJ 137—90 和 95 规范有很大的差别，参见表 3-1。

相关标准中道路交通设施用地规模的变化　　表 3-1

标准规范	城市人口	总用地（%）	人均用地（m²）
城市道路交通规划设计规范 GB 50220—95	200 万人及以下	8～15	7～15
	200 万人以上	15～20	
城市用地分类与建设用地标准 GBJ 137—90	—	8～15	7～15
城市用地分类与城市建设用地标准 GB 50137—2011		10～25	大于 12

具体调整如下：

（1）从规划的人均用地看，2011 版用地标准比原来的标准略为集约，从人均 90～105m² 调整为 85～105m²，虽然总量变化不大，但在用地分类、构成上有很大的差异。

（2）城市对外交通设施用地单独列入城乡用地分类，为区域交通设施用地（H2），不再计入城市道路交通设施用地之中。

（3）原道路广场用地中的广场用地并入绿地广场用地中，而承担城市交通枢纽功能的广场纳入枢纽用地。按照 95 规范，广场用地的规模约为 $0.2 \sim 0.5 m^2 /$ 人。

（4）交通枢纽与场站分属不同的用地分类，分别为交通场站用地（S4）和交通枢纽用地（S3）。

（5）人均道路交通设施用地从 95 规范和 2011 版用地标准中的 $7 \sim 15 m^2 /$ 人，调整为大于 $12 m^2 /$ 人。

政策法规方面，中央城市工作会议后，中共中央国务院印发《关于进一步加强城市规划建设管理工作的若干意见》中提出"树立'窄马路、密路网'的城市道路布局理念，建设快速路、主次干路和支路级配合理的道路网系统"，并提出"到 2020 年，城市建成区平均路网密度提高到 $8km/km^2$，道路面积率达到 15%"。相较于 2011 版用地标准，道路交通设施用地占总用地的比例低限又进一步提高。

按照城乡规划规范体系的要求，综上分析，本标准与 2011 年颁布的《城市用地分类与规划建设用地标准》GB 50137—2011 保持一致，按照《关于进一步加强城市规划建设管理工作的若干意见》的道路用地指标要求，将城市道路交通设施用地面积率的低限上调为 15%。

在具体的规定中，按照城市综合交通系统的规划要求，本标准中对城市干路系统基本上延续了 95 规范中的指标，对步行、自行车、公共交通的用地给予保障，同时对于部分客运枢纽和轨道交通场站用地规模的控制略为宽松，以利于在后续的规划中进行城市公共交通与土地开发之间的结合，增加次支路系统的密度和用地规模，贯彻中央文件中对"小街区、密路网"的规划要求。

3.5 主要指标

3.0.5 城市综合交通体系规划应符合下列规定：

1 城市内部客运交通中由步行与集约型公共交通、自行车交通承担的出行比例不应低于 75%。

2 应为规划范围内所有出行者提供多样化的出行选择，并应保障其交通可达性，满足无障碍通行要求。

3 城市内部出行中，95% 的通勤出行的单程时耗，规划人口规模 100 万及以上的城市应控制在 60min 以内（规划人口规模超过 1000 万的超大城市可适当提高），100 万以下城市应控制在 40min 以内。

4 应通过交通需求管理与交通设施建设保障城市道路运行的服务水平。城市干线道路交通高峰时段机动车平均行程车速不应低于表 3.0.5 的规定。

表 3.0.5 城市快速路、主干路交通高峰时段机动车平均行程车速低限（km/h）

道路等级	城市中心区	其他地区
快速路	30	40
主干路	20	30

本条对城市客运交通系统的基本服务和系统组织要求进行了规定，包含系统的多样性、出行时间、绿色交通出行比例和机动车交通运行等。规定中关于出行时间、出行分担比例的规定针对的对象是两端均在城市内部的城市内部出行，不包含城市对外交通中具有通勤特征的出行，对于城市的对外出行统一按照第 7 章的规定，可参照城市内部出行的要求进行规划。

3.5.1　城市客运交通中绿色交通的比例

本标准规定城市内部客运系统中绿色交通出行比例不应低于 75%。对于大城市而言，由于城市的出行距离长，对交通机动化组织的要求高，为避免城市机动交通拥堵严重，以至于城市活动的组织效率过低，进而损伤城市的经济运行和居民生活，城市必须通过绿色交通优先发展的政策和措施，使城市交通中绿色交通分担比例保持在 75% 以上。

根据近年来我国各大城市综合交通体系规划，以及不同规模城市机动交通运行的模拟结果，城市综合交通规划中，大城市绿色交通的出行分担率均高于 75%，模拟显示，25% 的个体机动交通出行也是现有的大城市开发强度下交通系统保持可接受道路交通服务水平的上限，当大城市中个体机动交通的比例超过 25% 时，城市交通拥堵情况快速加剧，城市道路交通系统的可靠性下降，城市交通拥堵带来的社会经济损失大幅增加。

对于中小城市而言，由于城市的规模小，出行距离短，尽管公共交通出行比例相对大城市而言较低，但城市交通中步行和非机动交通占主导地位，且都较大城市为高，根据对国内中小城市交通结构的统计，除个别城市空间结构较为特殊的城市，如城市空间框架过大，组团之间的距离过远而职住难以平衡，绝大多数的中小城市绿色交通的比例均超过75%，多数超过 80%，部分城市甚至超过 90%。对于空间结构不合理的城市，需要通过空间结构的优化，缩短出行距离（见本标准第 4.0.1 条）。

3.5.2　出行时间

出行时间既是城市宜居性、城市空间结构布局合理性和城市效率的综合体现，也是绿色出行比例实现的前提。

条文中的通勤出行时耗为出行起点与终点间门到门的出行时间。

根据国内外的相关研究，城市中日常出行时间的高限是 1h，超过 1h 的日常单程出行将对人的心理和生理上产生较大的影响。本条选取在住房市场化下，大城市交通出行中出行距离较长的通勤出行作为规定的对象。通勤出行是人日常出行中最重要的出行，出行刚性强、可靠性要求高，时间价值也较高，是城市交通系统需要优先保障的出行，既关系城市的经济活动，也关系到居民的生活水平，是城市宜居性的主要指标。

考虑到我国目前相当多的城市空间尚处于快速扩张的时期，由于快速城镇化过程中进入城市的"新城市人口"较多，新区发展中服务设施比较缺乏，城市的空间结构尚未成型等因素，现阶段是城市发展中职住分离比较明显的时期，特别是超大城市，由于城市地价高涨，多中心的城市结构尚未成型，城市居民的通勤出行距离都比较长，而承担快速交通的设施还不够完善，如轨道交通快线等，因此，对于超大城市的出行时耗控制在短期内还无法达到规定的要求，现阶段可适当提高。

规划中出行时间保障主要可以通过两个途径来实现：一是通过空间布局控制出行距离，如用地布局中职住关系的优化将降低城市的通勤出行距离，二是在一定空间布局下，通过高效的出行方式达成，如不同速度等级的道路、公共交通等。

3.5.3 城市干路的行程车速

干路机动交通运行速度是反映城市运行效率的一个重要指标，如果城市交通运行的速度过低，将大大增加城市运行的成本，影响城市功能的发挥，对于快速发展中的城市，城市干路系统的运行速度，除极少数交通运行的瓶颈外，在规划上很少会低于规定值，但对于城市干路系统接近完成的存量地区，由于道路系统已无太多的扩展余地，随着机动交通需求的进一步发展，交通运行速度的下降不可避免，本款的规定主要针对城市的存量发展地区，提出了机动交通运行界限的概念。

对于城市的机动车交通系统，由于目前城市的存量地区规模很大，而且很多城市中心城区的道路扩展空间已经很小，对机动车交通车速规定低限，可作为城市交通需要采取需求管理等措施的阈值。因此，根据国际和国内经验，分区确定城市道路系统正常运行的交通运行速度低限，快速路与主干路对应的服务水平为：中心区为 E 级，非中心区为 D 级或 C 级。当城市道路的运行车速低于本条的规定，城市应通过需求管理等措施，保障城市交通的运行效率。

根据伦敦等国际上发达国家大城市的经验，城市中心区内的道路的运行速度如果低于 15km/h，中心区的运行效率将受到较大的影响，本规定将主干路的运行速度规定为 20km/h，对应 E 级服务水平。

在城市的规划中，当城市道路的运行速度低于规定值时，应考虑通过加强公共交通服务并同时对个体机动车进行管理等综合措施，提升公共交通的分担比例，降低城市的交通拥堵。

伦敦实施拥堵收费之前，全天候的交通拥堵都比较严重，行车速度低于 15km/h。伦敦拥堵收费主要为了实现以下目标：将区域内的交通总量降低 10%～15%；将交通速度提高 10%～15%；将以车辆延误为量度的拥堵水平降低 20%～30%。

20 世纪 60 年代开始，新加坡面临严重的交通拥堵问题，中心城路网平均速度低于 20km/h。为解决日益严重的拥堵问题，新加坡政府积极推出多项交通需求管理政策，对私人机动交通进行调控，于 1975 年开始实施的拥堵收费就是其中之一。

3.6 城市与交通发展阶段与规划差异

3.0.7 城市综合交通体系的规划应符合城市所在地和城市不同发展分区的发展特征和发展阶段，并应符合下列规定：

1 城市新区的规划应充分满足城市发展的需求，并充分考虑城市发展的不确定性。设施建设基本完成的城市建成区的规划应以优化交通政策，改善步行、非机动车和公共交通，以及优化交通组织为重点。

2 应能适应规划期内城市不同发展阶段空间组织的要求。

3　应符合城市不同发展分区的交通特征。

4　应为符合城市发展战略的新型交通方式提供发展条件。

经过改革开放以来的快速发展，我国城市的城市建设用地规模，从 1981 年的 6720km²，扩增至 2014 年的 4.99 万 km²，增长了 6.44 倍，年均增长率达 6.27%，而 2014 年我国城市人均建设面积就达到 129.57m²，也超出了 2011 年颁布的《城市用地分类与规划建设用地标准》规定的 85.1～105.0m²/人。[1]

城市快速开发，使很多城市，特别是大城市现有的建成区开发已经接近完成，有些城市甚至城市用地整体开发已经基本完成，已经进入整体的城市存量发展阶段，如深圳、上海等。在新一轮城市总体规划中，既有开发用地的城市更新和"双修"（生态修复、城市修补）工作已经在国内城市全面开展，城市用地的开发进入了扩张和更新并重，部分城市以更新为主的发展阶段。

从城市空间的发展规律看，从城市快速扩张，到城市空间基本定型，是一个不断优化的过程，在许多发达国家的城市长达 30～50 年时间。在城市快速扩张阶段，城市形成框架，但城市中心、城市就业与人口的分布、交通服务等需要一个漫长的时间进行空间优化和产业升级，才能形成真正的多中心、职住关系匹配、交通服务与空间匹配的城市。特别是城市的中心体系与职住关系调整需要长时间的用地和产业优化才能完成。如天津的滨海新区和北京亦庄新城的职住关系调整，从最初职住分离严重的产业新城，到 10 多年后开始作为新城，按照综合城区发展，增加居住，产业升级。目前，经过近 30 年的发展，配套服务设施，新的城市中心逐步形成，城市职住关系才开始逐步走向平衡，交通潮汐性逐步降低，但其功能还远没有达到新城规划的要求。北京处于不同发展阶段的其他新城与中心城的交换量还在增加（见图 3-2[2]）。

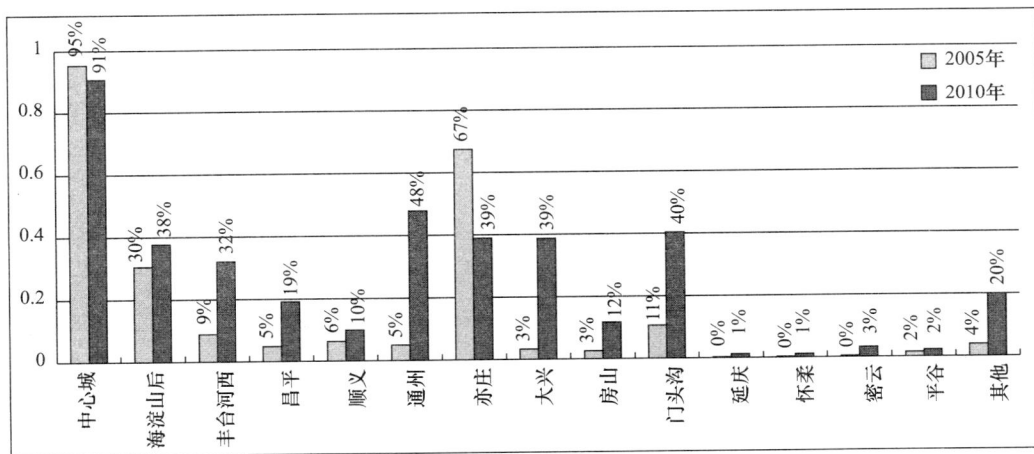

图 3-2　2005 年与 2010 年北京新城区与中心城区之间通勤交换比例对比

资料来源：北京市规划设计研究院. 北京综合交通规划实施评估及对策. 2015.

对于城市交通也是如此，也面对增量与存量发展两种不同的情形，而且不同交通系统的发展还有差异，比用地更加复杂。在许多城市的中心，干线道路系统已经基本按照规划实施完成，如北京 2014 年的规划实施评估指出，北京中心城主干路以上的道路实施率已经达到 70%。其中，有许多规划的道路因为拆迁等原因，实质上难以实施，考虑此因素后，干线道路的实施率更高。而对于城市公共交通系统，经过近 20 年的快速建设，北上广深等城市的中心城区、轨道交通和地面公交网络已经基本完善，按照这些城市 2020 年的规划，公共交通系统在中心城区也基本上进入存量阶段。但还有大量的城市新区仍然在快速发展，即使在北上广深这样的城市，城市轨道交通快线还几乎是空白，外围地区的道路、公交等建设工作量仍然较大。

同样，城市交通的完善和成型也需要与城市空间协调一致，这也是一个漫长的建设和优化过程，特别是公共交通发展对于城市空间优化的响应。

城市规划往往按照规划期蓝图模式对城市的空间和用地进行规划，忽略了城市发展的过程，而对于交通体系，城市交通最不利的情况往往不是发生在蓝图建成的时候，而是在过程之中，城市政府解决发展中的问题的迫切性，又往往是规划难以按照蓝图实施的重要原因，而交通设施不同于城市用地优化的方式，可以通过用地的改造与更新实现优化，城市交通系统一旦成型，结构就难以改变，只能通过交通运行和运营组织、交通空间再分配政策等进行调整，以适应城市空间优化带来的交通需求变化。

因此，在当前面向中华人民共和国成立 100 年的城市规划中，城市综合交通体系规划必须关注城市空间在不同发展阶段的空间组织要求，不能只关注规划的蓝图。要考虑空间结构成型的过程中，中心体系、职住关系、产业调整所带来的交通需求变化。

同时，对于处于扩张和存量不同发展特征的地区，应针对发展中的问题采用不同的规划方法和手段。城市新区的规划仍然可以采用既有的规划方法，在充分考虑城市发展的不确定性的情况下，以需求为导向，注重对城市交通基础设施建设的指导。而对于城市的存量地区，交通设施的建设不再是重点的规划内容，交通系统规划要在已有的交通空间基础上，根据交通需求的发展预测，通过交通空间的再分配和组织优化适应城市活动需求变化的要求。因此，就需要改变交通发展的策略与规划方法，将空间和资源再分配政策、交通组织和运营组织优化、绿色交通设施的改善（主要在于步行、非机动车交通环境改善和加大城市公共交通空间保障），以及地方性次支路系统完善和街道空间改善等，作为更新地区交通规划的重点。交通规划应与城市用地及城市交通系统的发展阶段相适应。

此外，目前科技发展迅速，许多新型的交通方式和运营模式不断涌现，不同程度地影响着城市交通设施的规划、建设、交通运行和管理，在城市综合交通体系规划中要充分考虑科技发展对城市交通的影响，对于符合城市交通发展战略，有利于城市交通可持续发展的新型交通方式，在设施建设和交通资源分配上，应提供有利的发展条件。如允许使用既有的交通设施，交通设施用地中考虑新型交通的发展要求等。

3.7 规划内容

3.0.11 城市综合交通体系规划的主要内容应符合本标准附录 B 的规定，并符合下列规定：
1 城市综合交通体系规划的编制、修改与评估应与城市总体规划同步进行；
2 应保障在规划过程中的公众参与。

2010 年住房和城乡建设部依据城乡规划法制定了《城市综合交通体系规划编制办

法》，以及《城市综合交通体系规划编制导则》，对城市综合交通体系规划的编制内容进行了比较详细的规定，但随着城市总体规划编制的改革，以及城市规划体系中城市综合交通规划和总体规划关系的变化，城市综合交通体系规划在既有编制办法确定的编制内容的基础上还需要关注以下内容：

（1）综合交通体系规划的评估。城市综合交通体系规划纳入城市规划体系，与城市总体规划的关系由 95 规范时确定的上下位关系变成平行互动的关系，成为法定的总体规划的一部分，其编制、修改纳入法定的程序，按照规划先评估再修改的程序进行，必须与城市总体规划一起进行定期的评估，这意味着规划不仅仅是一个编制过程，更需要定期的评估关注规划的实施、管理、年度计划等。由于城市综合交通体系规划的评估刚刚开始，评估的技术方法还不成熟，在规划实践中应根据城市的特征进行探索。

（2）本标准将城市总体规划列入适用范围，城市交通问题的应对要求从空间和用地到交通设施和政策全方位进行。本轮城市总体规划适逢我国城市处于空间结构优化、调整的关键节点，交通系统的规划应与城市用地、空间的优化过程结合，注重不同发展过程和发展阶段的应对，避免蓝图式的建设规划。

（3）本轮规划中需要针对城市用地的存量发展地区和交通系统的存量发展地区，调整综合交通体系规划的方法、内容，根据存量地区的发展特征，将过去那种指导建设的规划向政策、交通组织和地方性设施优化的规划方向调整。

（4）作为法定规划的一部分，综合交通体系规划还需要纳入城市总体规划的公众参与。

参考文献

［1］　经济参考报. 34 年城市建设用地增加 6.44 倍专家：无序蔓延严重［EB/OL］. ［2016-07-14］. http://www.xinhuanet.com//politics/2016-07/14/c_129144133.htm.

［2］　北京市规划设计研究院. 北京综合交通规划实施评估及对策［R］. 北京：北京市规划设计研究院，2015.

第 4 章　综合交通与城市空间布局

4.1　协同的重要性与规划要点

城市交通与空间布局协同的目的，是使交通系统规划和城市空间布局规划的目标一致。城市交通是城市活动的体现，而城市活动布局源于城市空间与用地布局，交通系统提供活动的组织方案，两者的规划对象都是城市的社会、经济活动，两者的规划目标相悖必然会导致城市运行中的诸多问题。因此，城市交通问题的应对，首先应该从城市空间、用地与交通系统的协同开始。城市总体规划与综合交通体系规划协同编制，为两者之间的互动和协同奠定了基础。

城市交通与空间、土地利用的关系是一个内涵广泛的话题，也是我国现阶段交通系统规划和城市规划的核心所在，是当前城市规划中最迫切需要处理好，也是最有条件处理好的一对关系。

自 20 世纪 90 年代后期，我国城市一直处于城市空间与交通系统的快速建设时期，是建立合理且可持续交通与空间关系的最佳时期。因此，从城市空间与交通规划的不同视角，针对城市交通与城市空间、土地利用关系的研究逐步增多，体现了在城市空间构建时期交通与城市空间、土地利用协调的迫切性，但受制于管理体制上的分离，对两者关系协调的研究未能在近年来的城市和交通规划实践中得到明显体现，而且越是发展快的大城市越是如此。源于空间组织与交通组织的不合拍而导致的空间组织不合理，引致的交通运行问题成为多数大城市当前交通问题中最严重且难以解决的矛盾。

在新一轮城市规划期内，可以预见，我国绝大多数的城市仍然处于空间的构建和空间优化的时期。空间增量发展仍然还会是多数城市的发展模式，但会有越来越多的城市进入空间存量下的空间优化发展阶段。不论是增量扩张，还是存量优化，形成可持续而低碳的城市空间组织都必依赖于交通系统的配合和引导，否则空间规划就只能停留在"图纸"上，而空间组织不合理带来的交通问题也将使交通运行成本大幅度提高，城市组织的效率将会降低，城市为交通与城市空间不协调所支付的额外成本将难以想象，城市运行也就不可能实现"低碳"。

城市空间与交通系统协调的目的，是从城市空间布局上使城市活动组织的效率更高而成本更低，即从活动的源头进行活动的规划。因此两者协调一是降低成本，二是提高移动的能力，即通过空间布局的调整，使同样的活动的成本更低而效率更高。而要达到这个目的，就既要发挥交通系统对空间价值的影响，又要考虑空间组织对交通方式、交通组织的影响。[1]

对于城市综合交通体系与城市空间布局规划的协同，重点需要关注城市活动的布局（本标准第 4.0.1 条）、反映城市活动的城市用地布局与城市交通系统组织的契合（第

4.0.2 条、第 4.0.3 条）、城市瓶颈和更新地区的城市活动组织与交通系统组织能力的协调（第 4.0.4 条、第 4.0.5 条）。

　　城市对空间形态的选择是出于对规模和所处地理环境的考虑，如新城、组团等，一是为了降低城市空间组织的成本，另一是为了塑造良好的城市环境。但毋庸置疑，无论选择什么样有别于团状扩展的空间形态，城市在空间的尺度上都会超过团状（摊大饼模式）。通过空间形态变化扩大城市尺度而获得良好的城市环境容易实现，但要实现降低空间组织成本就不是很容易，这是交通与城市空间形态在规划上矛盾的根本，也是城市空间规划人员与交通规划人员分歧最大的地方，交通规划师更多地关注城市空间尺度增大带来的交通需求的扩大，而空间规划师更多关心空间形态变化带来的环境优势，对于通过空间形态变化谋求城市空间组织成本降低方面，两者目前的考虑都不够深入、系统。

　　无论是交通规划还是空间规划技术人员，在规划中都试图利用交通"填平"变化的空间形态中的那些关键断面，所谓的空间形态变化也就成了"图面"上的"空间形状"变化，而在功能组织上还是团状城市的模式，特别是那些希望改变扩张模式的大城市，希望利用空间形态变化降低城市运行成本的目标也就搁置一边，空间形态变化反而成了交通组织上的问题。

　　因此，依据规模与地理环境选择的城市空间组织形态，要获得城市运行成本的降低，不是要在形态变化的关键断面上一味加强交通，使其向无差别的团状城市靠拢，而是需要在这些断面上和联系的交通走廊上实施有别于团状城市的交通组织与管理，提供差异化的服务，减少相互之间的交通联系，使之成为在形状与功能上都真正有别于团状城市的空间形态。

4.2　城市交通出行距离控制

4.0.1　城市综合交通体系应与城市空间布局协同规划，通过用地布局优化引导城市职住空间的匹配、合理布局城市各级公共与生活服务设施，将居民出行距离控制在合理的范围内，并应符合下列规定：

1　城区的居民通勤出行平均出行距离宜符合表 4.0.1 的规定，规划人口规模超过 1000 万人及以上的超大城市可适当提高。

表 4.0.1　居民通勤出行（单程）平均出行距离的控制要求

规划人口规模（万人）	≥500	300～500	100～300	50～100	<50
通勤出行距离（km）	≤9	≤7	≤6	≤5	≤4

2　城区内生活出行，采用步行与自行车交通的出行比例不宜低于 80%。

　　本条规定主要对城市空间和用地布局所决定的活动布局提出要求，是城市交通活动在高效率下实现供需平衡的根源所在，核心是缩短城市活动的距离。

　　实质上，交通供需平衡的核心是交通周转与供应的关系，即出行人（车）公里与供应之间的平衡关系，而非频次。交通量是频次与距离的乘积，频次只说明出行的目的，即一段时间内完成不同类型活动的数量，距离才能真正反映完成活动所花费的成本。

　　城市活动组织最理想的目标是满足城市中所有人所有的活动需求，但由于城市的人口密度高，活动密集，对于大城市人们完成活动需要跨越更远的距离来实现，因此，抑制一部分交通需求就成为城市交通需求管理的主要内容，如提高出行成本来屏蔽低价值的出行，用减少出行数量来实现交通供需的平衡。

　　但是，交通需求的实际价值不可精确测度，即使是出行者本人也是如此，因此，很难估量屏蔽低价值需求可能带来的城市价值的降低。利用城市用地布局和交通系统结合控制城市中居民活动的距离，是希望在无损城市活动目的的情况下，降低城市活动的成本，从源头考虑达成最理想的城市交通系统供需平衡，或者说是最大限度满足城市居民的活动需求。

　　城市活动主要由两类构成，一类是对城市交通出行影响最大的通勤出行（包括上下学出行），其是城市交通高峰的主要构成，也是城市中交通高峰的原因所在，是城市活动的刚性出行，一般也是城市中出行距离较长的出行；另一类是城市的生活出行，如社交、购物等，不同人、不同地区的差异很大，活动的时间、地点等的弹性较大。

　　城市空间中的职住匹配是影响城市通勤出行距离的重要因素，需要长期用地布局优化才能趋于合理。即城市的功能重组是一个比较长的渐变过程，不是按照规划蓝图进行突变。在土地价值的作用下，城市功能不断调整，最终稳定下来，形成与城市土地价值相对应的功能布局、职住关系与开发密度。我国城市目前正处于快速扩张的中后期，城市用地的存量规模已经很大，进入了城市空间和土地布局优化调整的重要时期。近年来，城市更新、城市双修、产城融合等的推行正是为了城市空间优化，而城市空间优化最终将反映在职住关系上，逐步形成职住匹配的城市格局。反映在交通运行上，就是城市在扩张初期，由于职住关系的分离，城市的出行距离随着城市规模的扩张快速增加，在城市空间优化为主导的阶段，城市职住关系逐步趋于合理，城市的出行距离开始逐步降低。

　　如 1992 年开始在亦庄建设的北京经济技术开发区，聚集了大量的工业企业，成为北京现代化的产业园区，就业岗位集中，但居住和公共服务严重缺乏，就业人口主要居住在中心城区，是典型的"有业无城"产业组团。

　　在交通运行上，由于职住严重分离，亦庄与中心城区之间呈现出典型潮汐式向心交通，高峰期间，亦庄与中心城联系道路上的方向不均衡比例达到 2∶8，尽管有大量的企业班车，其间的联系道路仍然是北京最拥堵的放射线之一。同样北京的 CBD 交通也因就业集中呈现严重的潮汐性，参见图 4-1。

图 4-1　潮汐交通状况

资料来源：新浪新闻. CBD 交通呈现明显的潮汐效应. 2018.

　　2004 年完成的《北京市城市总体规划（2004 年—2020 年）》，提出转变亦庄产业组团发展模式，要将亦庄建设成为北京东部的重点新城，加强亦庄的城市功能配套。2007 年 1 月 5 日，北京市人民政府批复《亦庄新城规划（2005 年—2020 年）》，明确指出以北京经济技术开发区为核心功能区的亦庄新城是北京东部发展带的重要节点和重点发展的新城之一。亦庄的城市功能和用地布局开始由就业主导向产城融合、职住平衡优化调整。

经过 10 多年的发展，亦庄城市副中心初具规模，成为北京市人口增长最快的区域之一。新城的人口由 2000 年的 11.51 万人，快速增长到 2004 年的 20.61 万人，2010 年的 34.38 万人。开发区就业与居住的比例由 4.31 发展到 2.72，逐步向职住匹配的方向发展。反映在出行上，跨区出行下降了 2.1%，区域内部出行增长了 4.4%，与中心城之间的通勤交换比例，由 2005 年的 67%，下降到 2010 年的 39%。

同时，城市的职住关系不会达到绝对的平衡，是城市规划与个人选择的结合。城市规划的选择是在保障城市空间效益（集聚）、社会公平下的用地平衡，个人选择居住选址是在居住成本和工作、生活便利基础上的平衡，两者不能完全统一。达到空间效益的就业聚集规模是规划城市的核心考量，就业的规模过小则不足以形成集聚效应，过大则会提高运行的交通成本。因此，特大城市都需要选择多中心的布局，以获得更大的空间效益，而多中心下的城市职住匹配是在保障空间效益下，一定范围内的相对平衡，即分区的相对平衡，而分区的规模就是就业集中可以获得较大空间收益的规模。

重庆作为一个典型的山地组团城市，随着改造自然的能力提升，城市空间组织受自然地形的影响在逐步缩小。在历次规划中逐步突破山体、河流等自然地理限制，组团空间组织范围逐步扩大，从改革开放前的大分散、小集中，到 20 世纪 80 年代的 14 个组团，到 20 世纪 90 年代在用地规模扩张下，组团数量合并到 12 个，再到 2000 年后城市大规模空间扩张下的 16 个组团，以寻求更大的就业聚集，达到空间效益提升的目的。

在 2018 年中央批复的《北京市总体规划（2016 年—2035 年）》中，通过通州副中心的建设，疏解北京中心城的职能，以缓解北京中心过于集聚带来的"大城市病"，实现为首都功能更好服务的目标。

生活出行的距离和特征主要由城市的公共服务和生活服务配套状况决定，如目前国内外城市开展的"15 分钟生活圈"的构建，就是在居民 15min 步行的范围内形成完善和高质量

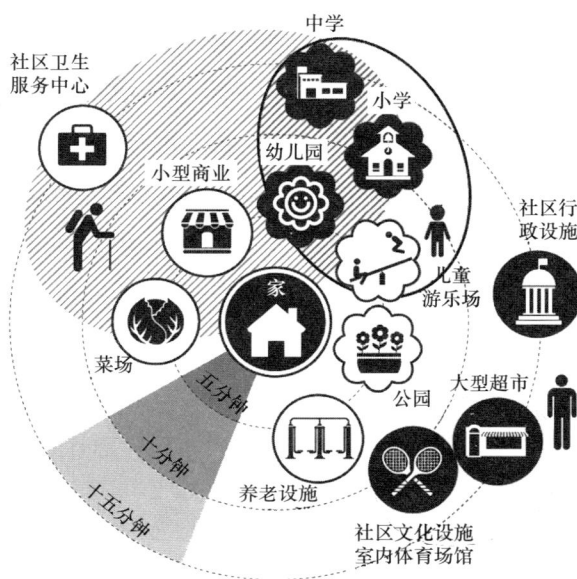

图 4-2 15 分钟社区生活圈示意图

资料来源：上海市规划和国土资源局. 上海市 15 分钟社区生活圈规划导则（试行）. 2016.

的城市居民生活服务配套设施，使居民可以在步行范围内完成日常生活出行活动。完善与提升在步行范围内的配套服务设施，大大缩短了居民的生活出行活动距离，使城市居民绝大部分的生活出行可以通过步行、自行车等绿色交通出行方式完成，达到提升居民生活质量和减少城市交通需求、降低交通出行碳排放的目的。

《上海市 15 分钟社区生活圈规划导则（试行）》提出：提供类型丰富、便捷可达的社区服务。确保居民在便捷可达范围内使用到高品质的地区级设施，向下延伸社区级公共服务设施，构建步行可达、高效复合的设施圈。

4.3　城市交通系统与城市空间的协调

4.0.2　城市综合交通体系应有效引导城市空间布局与优化，协调交通系统在承载城市活动、引导城市集约高效开发、塑造城市特色风貌、提升城市环境质量等方面的功能，并应符合下列规定：

1　综合交通网络布局应与城市空间结构、交通走廊分布契合。

2　城市公共交通骨干系统应串联城市活动联系密切的城市功能地区。

4.0.3　应利用城市公共交通引导城市开发，依托城市公共交通走廊、城市客运交通枢纽布局城市的高强度开发。城市综合交通设施与服务应根据土地使用强度差异化提供，城市土地使用高强度地区应提高城市道路与公共交通设施的密度，加密步行与非机动车交通网络。

城市空间与交通系统协调的关键是城市的空间组织重心向公共交通系统靠拢，把公共交通作为城市空间组织的主要设施，成为优先发展城市公共交通的抓手，同时也利用空间开发与公共交通的结合，为公共交通集聚客流，为公共交通服务提升、成本降低创造条件。两者之间在协调的步骤上，首先是结构上的互动与一体化规划，这需要综合交通与城市空间在规划方案的阶段同步和协同，使空间规划和交通规划人员充分互动，相互了解，其次才是交通系统具体内容配合空间布局差异化配置。

首先，城市空间组织集中是城市集约发展的基础，而空间组织集中的主要载体是公共交通，空间组织的"集"与公共交通对客流的"集"要一致，城市的公共交通走廊、枢纽布局要与城市的空间组织布局协调，城市的公共交通走廊作为公共交通设施布局的主要空间，串联城市活动联系密切的地区，体现公共交通引导城市开发的意图，既要串联起城市中联系密切的功能地区，促进在城市主要联系活动中公共交通分担比例的提高，促进城市高效运行，又要在城市规划中将城市的高密度开发地区围绕城市的公共交通走廊和客运枢纽布局，利用公共交通引导城市的空间结构和土地开发。

其次，城市的空间结构反映了城市活动的组织意图，交通网络是交通活动的载体，反映城市空间组织的空间结构要与城市综合交通系统的结构一致，反映城市活动布局的空间、用地与反映城市活动组织的交通系统相互映射，实现一体化，交通走廊、枢纽要与城市发展的轴带、中心体系契合。

第三，城市交通系统的布局、组织要根据城市空间布局差异化配置，根据城市不同地区的密度、功能配置不同规模和服务水平的交通服务。城市中不同的空间承载不同的功能，城市用地开发的密度也有高有低，城市综合交通体系规划应充分发挥引导城市空间的作用，城市的高强度开发地区应依托城市公共交通走廊、城市客运交通枢纽布局。城市综合交通设施和服务应根据城市功能与密度进行差异化提供。在城市高强度开发的分区，交通活动的强度大，应提高综合交通体系的承载力，并突出集约和绿色交通优先。①应提高总体交通设施的密度，缩小交通设施的服务范围，如道路、公交、停车、步行与自行车；②通过交通需求管理和交通设施的建设，保障公共交通优先，缩短公共交通的站距，加密公共交通设施，如加大线网、站点、轨道交通出入口等的密度，并通过实施街区开放等措施，提高步行、自行车交通网络的密度。

第四，城市交通系统主要承载城市的交通功能，同时交通系统也是城市空间和城市风貌、环境的一部分，城市综合交通体系规划要协调好城市交通设施在承担交通功能与体现城市风貌、特色，延续和传承城市发展历史功能之间的关系。按照城市特色和环境要求塑造城市交通系统是交通系统规划需要考虑的内容，但要避免"贪大求洋"、大拆大建，用宽马路与大广场代替尺度怡人的道路空间，或将宽马路、大广场作为城市的标志性建筑或政绩工程，建设不切实际、不符合城市特征和交通特征的道路与广场，脱离需求支撑，弱化和削减城市交通系统承载的交通功能，或规划建设不经济或不符合城市经济水平的交通设施。

如国内部分城市盛行的偏重景观的宽马路（如图 4-3），某城市超过 55m 的道路占到了城市道路总里程的 23%，一些道路红线宽度达到 102m，10 条机动车道、2 条非机动车道、1 条中心绿化隔离带、2 条小绿化隔离带、2 条外侧绿化带。

图 4-3　宽马路示意

资料来源：搜狐头条. 路在何方：中国特色的"宽马路大街区"怎么破?. https://www.sohu.com/a/60214051_114954.

4.4　城市更新地区的规划要求

4.0.4　城市建成区的更新地区，交通系统规划与建设应符合以下规定：

1　应根据交通系统承载力确定城市更新的规模与用途；

2　应优先落实规划预留的各类交通设施及空间；

3　应结合街区改造，提高城市次干路和支路的密度；

4　应增加步行、城市公共交通与非机动车交通空间；

5　应完善城市货物配送的交通设施及空间。

进入存量为主导的发展阶段是我国新一轮城市规划与以往规划相比最大的不同，存量发展阶段城市发展的重点是优化和"修补"，包括空间优化和交通服务的优化，是在空间和交通系统格局不变的情况下进行资源的优化配置，以及本地性的交通设施改善与建设，不再是以大规模的干线系统建设指导为首要目标。相应地，需要调整交通体系规划的内容，将本地活动交通系统改善和既有交通系统的空间和路权再分配作为重点。在城市用地的更新中，公共交通的服务要求和本地活动对环境的要求都越来越高，交通体系规划要通过交通空间资源的优化配置，提升公共交通服务水平，强化本地活动环境。

第一，在存量地区的更新改造上，近年来因需要平衡拆迁成本，改造后存在大幅度提高建筑容积率的现象，部分改造甚至超过了地区交通系统的容纳能力，使整个地区的交通运行效率下降，服务水平降低。同时，由于城市的存量地区的更新发展，难以改变城市的干线交通系统，只可能在一定程度上调整其空间资源分配，所以，更新地区与其他地区的联系交通能力的提升空间较小，也容易导致进出更新改造地区的干线交通拥堵，并进而导致更大范围的交通问题。因此，城市更新的规模、用途要以交通承载力作为前提，特别是在城市的中心和交通问题严重的地区，需要在交通承载力核算的基础上确定。

第二，结合街区的更新，应按照"小街区、密路网"的要求，提高组织地方性活动的各等级次支路的密度，特别对于城市活动密集地区，步行与自行车网络要按照要求加密。

第三，在城市更新地区交通系统的路权分配中，要逐步扩大对本地活动环境的改善，扩展步行、自行车和城市公共交通的路权空间和安全性。

第四，在更新改造中，对已经规划预留控制的交通系统要优先落实，以完善和提升规划的城市综合交通系统的实施度。

第五，目前城市中借助互联网和新的科技发展，新型的交通方式和服务层出不穷，城市更新要充分考虑新型交通的发展需求，如城市配送、共享交通等的资源需求。

案例：三亚城市"双修"的街道改造

双修范围处于三亚老城区，是典型的存量发展地区。选择胜利路和解放路进行更新改造。其中胜利路道路拓宽，增加有轨电车线路，解放路缩窄路幅，增加步行与自行车空间。

交通整治主要从道路网络建设、慢行交通环境建设、公交优先建设、停车设施建设与管理等重要方面进行。参见图4-4、图4-5。

整治工作分为以下四个阶段：

（1）设施建设阶段：主要是对老城区内的道路网络进行完善，根据道路功能重新分配道路空间，加强慢行与公交的空间分配。打通断头路、疏通街巷支路，营造城市密路网。

（2）规范秩序阶段：在完善老城区道路网络的基础上，全面规范交通秩序。通过公交港湾站、机非隔离设施等设施建设手段，同时借助管理手段，对机动车占道停车进行严格管控，对区域内摩托车交通进行有效控制，同时对电动自行车出行进行有效引导。

（3）优化衔接阶段：在规范交通秩序的基础上，关注各交通方式间的协同建设，一方面强调老城区内外部交通的衔接转换，另一方面着力改善公交-慢行接驳环境，完善接驳设施建设。

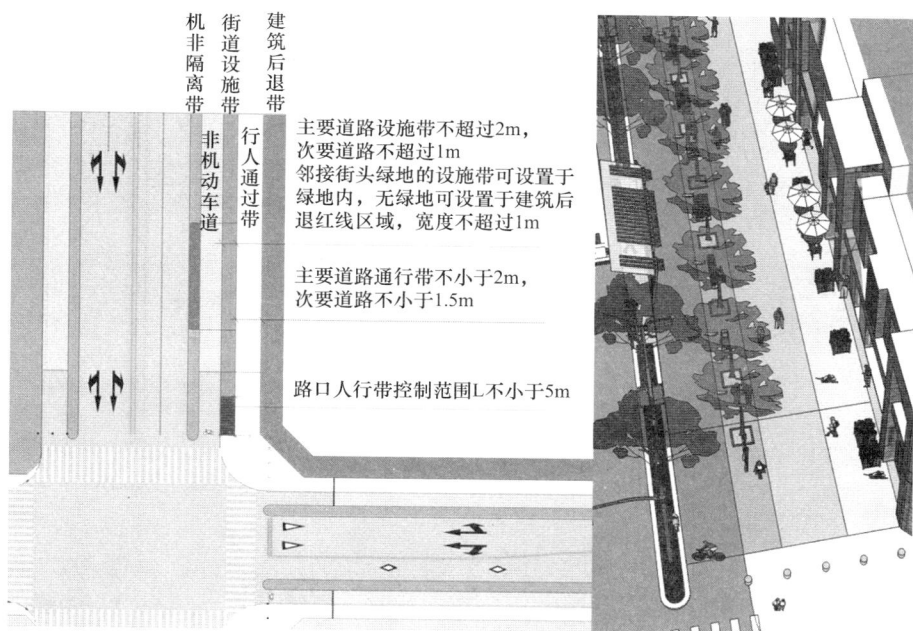

(a)

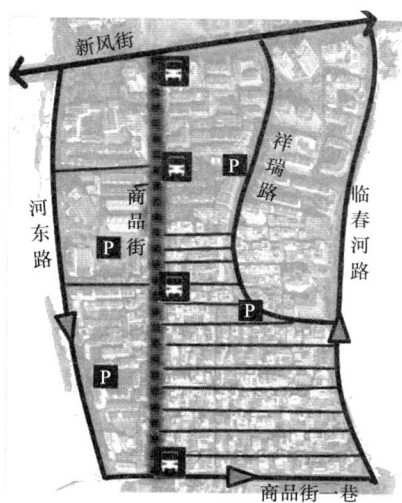

(b)

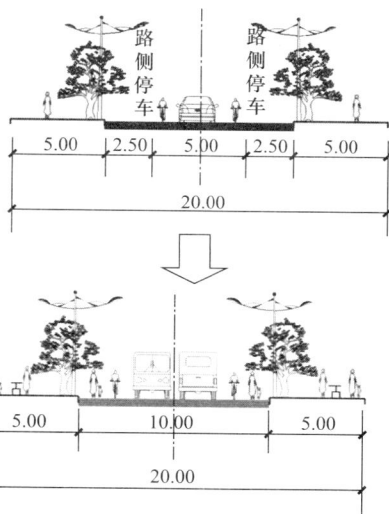

图 4-4　三亚城市"双修"试点中的交通改善

资料来源：中国城市规划设计研究院. 三亚市慢行交通专项规划. 2014.

（4）需求管理阶段：在以上阶段的基础上，对交通进行精细化管理，通过交通稳静化、停车需求管理等手段，在老城区内对小汽车采取一定的限制措施，以达到推行绿色交通的目的。

道路空间再分配主要措施：

（1）胜利路：拓宽，规划有轨电车；

（2）解放路：缩窄路幅，增加步行自行车空间；

道路设施带绿廊空间线状排列、树冠相连、高度适宜

生活区段　　文化、教育区段

行政办公区段　　企业办公区段

时间维度及空间尺度上采用不同的色彩突出变化

(a)

机动车停车场
自行车租凭点
服务用房
公厕
儿童游戏场
商品小卖部
观景平台

三亚湾路沿线独立慢行系统及设施组合

自行车道
步行道
自行车租凭点
公交站
停车场
服务用房
休息平台

三亚湾路标识系统设计

三亚湾路廊道环境示意

(b)

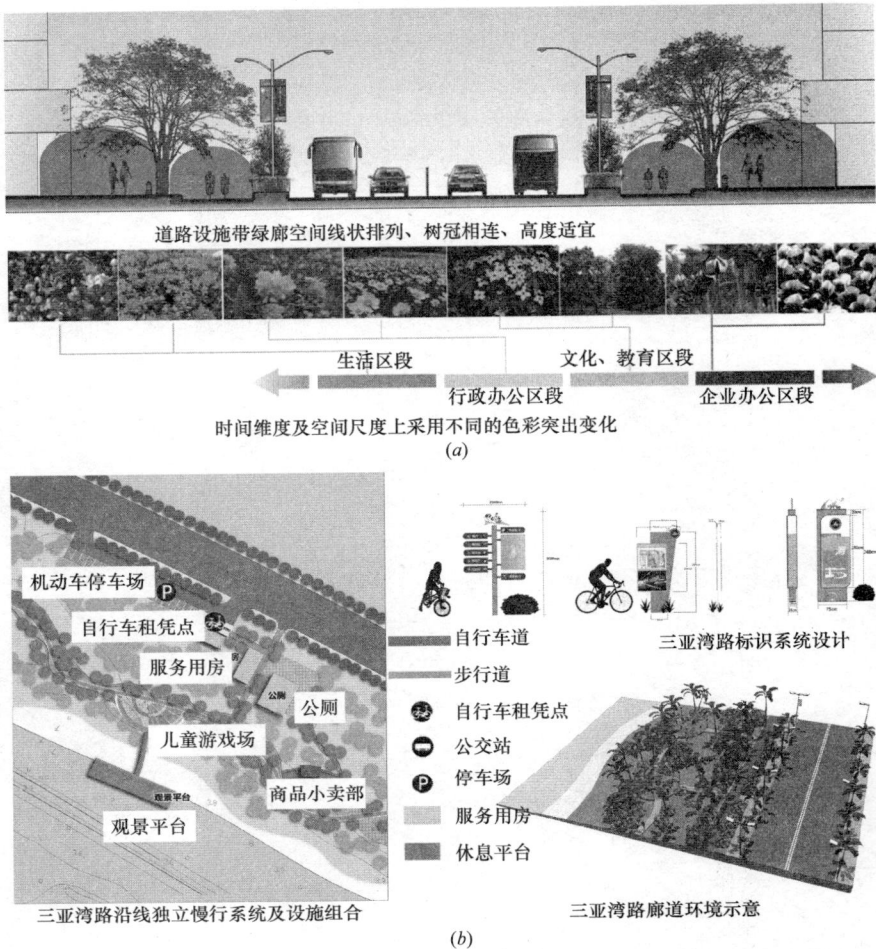

图 4-5　三亚城市"双修"中的街道改造

资料来源：中国城市规划设计研究院. 三亚市慢行交通专项规划. 2014.

（3）疏通街巷，改善微循环，推进慢行路网建设；

（4）重视道路景观，改善慢行空间品质；

（5）形成独立的慢行系统；

（6）交叉口渠化，提升道路通行能力。

4.5　城市交通瓶颈地区的规划与控制要求

4.0.5　城市交通瓶颈地区，交通系统规划与建设应符合以下规定：

1　应控制穿越交通瓶颈的交通总量；

2　应充分考虑城市远景发展规划，做好设施间协调与预留控制；

3　穿越交通瓶颈的通道应优先保障公共交通路权；

4　应通过通道设施布局、交通方式的多样性，提高穿越交通瓶颈的交通系统可靠性。

城市交通设施布局受地理与规划限制的交通瓶颈地区，如铁路、河流、老城与新城之间等，一般作为城市空间分区的界限，在城市用地布局规划中，瓶颈两侧各自的人口与就业应基本平衡，城市功能要分区组织，从源头上减少跨越瓶颈的交通活动，城市综合交通体系规划中要通过需求管理、路权分配、交通设施布局等尽量降低跨越瓶颈地区的交通出行总量，减少瓶颈地区的交通压力。

瓶颈地区交通基础设施布局的空间受限，在穿越交通设施的规划上，应从城市长远发展考虑，合理布局和控制不同层次、功能的交通设施的相互空间关系，如间距、功能、桥隧搭配等，并将长远的预控与规划期的交通系统规划结合起来。

由于瓶颈地区是交通供应紧缺地区，交通设施的布局和路权分配上要优先保障公共交通的空间，满足城市公共交通组织要求，引导跨越瓶颈地区交通出行更多选择公共交通，提高瓶颈地区交通设施客运能力。

跨瓶颈地区是城市交通组织上比较脆弱的地区，交通运行可靠性要成为规划的重要内容，主要通过提高通道数量，建设不同类型通道（如跨江河的桥梁与隧道）和提供多种交通方式的选择性保障交通可靠性。

参考文献

[1] 孔令斌，戴彦欣，林群，陈学武，杨敏. 城市交通的变革与规范（连载）[J]. 城市交通，2015，13（01-06）.

第 5 章   城市交通体系协调

5.1   本章编制说明

交通系统综合协调的核心在于，在系统的效益最大化目标下，根据不同城市和城市不同地区的交通特征，差异化确定综合交通体系内不同交通方式的功能定位、优先规则、组织方式和资源配置。城市规模、经济水平、空间形态、城市区位，以及地理环境对城市交通出行特征影响显著。例如，城市规模方面，中小城市出行距离短、步行与自行车出行比例较高，随着城市规模扩大，城市交通出行距离拉长，机动交通比例提升，公共交通优势逐步提高；而处于城镇密集地区或特大城市附近的城市，其出行受邻近大城市的影响较大；城市空间形态影响城市交通组织方式，使不同空间形态的城市在交通出行强度、出行距离分布等特征上出现明显差异，带状城市的出行距离往往比同规模的团状城市大，而组团城市虽然平均出行距离与同规模的团状城市相差不多，但出行距离更为离散，表现为长距离出行与短距离出行两极分化；气候影响方面，寒冷地区的城市往往有更高的机动交通出行比例，而且出行季节性变化更大。

随着城市规模扩大，大城市交通出行的差异不仅表现在城市之间，更表现在城市内部不同发展片区之间。这主要源于土地市场化下城市开发模式的转变和城市功能的重组，表现为以下两个方面：一方面，随着城市土地进入资本市场，城市土地体现出资本价值，这种价值直接推动城市建成区土地功能的重组、更新和新区开发，使土地的使用功能与其所在区位的价值相符。主要有两个手段，一是推动城市内部大规模的用地置换改造，如"退二进三"，位于城市中心区低价值的工业外迁，置换为高价值的服务业；二是推动大规模的新区开发。另一方面，是城市开发模式和空间组织模式的转变，一是城市的多中心发展，以解决城市空间持续增长和职住分离问题、降低城市交通出行距离；二是在土地价值和开发模式转变下，城市郊区化和价值相近的相容用地集中开发，形成特定功能积聚的园区和城市功能区，如工业园、大学城、金融区、总部基地等。

中国城市与交通发展应选择环境、土地、能源等方面更可持续的发展模式，交通系统不能片面地通过交通设施的规模扩张来应对交通拥堵、停车难等问题，交通规划对各类资源的配置应以城市绿色健康和可持续发展为约束前提。因此，必须调整交通系统的目标，由满足需求下的各系统相对独立扩张，调整为交通系统协调一致，共同保障城市功能正常运转。实施优先管理是与目标调整相对应的手段与策略，这是在资源约束情况下保证城市功能正常发挥、城市活动正常进行的必然选择。优先管理是协调综合交通系统中优先对象与非优先对象的竞争关系，通过优先政策引导和鼓励出行者的交通行为转向优先交通方式。因此，交通系统内的相互关系要作为一个整体考虑，优先是对交通系统内部相对关系的协调，需要通过对不同方式、设施、服务等相对关系的管理来体现优先，也就是通过政府的干预，保障城市交通系统中优先交通方式的相对竞争力。如通过交通需求管理手段，优先保障公交路权，主动调控个体机动化交通方式的使用和停放，提高高峰时期集约型公共交通方式的竞争力。

另外，交通系统的优先管理和协调重心在于交通走廊。由于中国高密度的城市开发，城市的主要交通走廊是城市交通网络干线系统的基础，基本上都是复合型的。交通优先方式在这些交通走廊内与其他方式相比的竞争优势，是能否实现优先的关键所在。如公共交通与私人机动交通在交通走廊内的出行时间比值，既是公共交通是否具有竞争力的指标，也是规划公共交通线路功能与运行指标的确定依据。因此，优先策略下的综合交通系统协调是综合交通系统规划方法应对发展约束的必然调整。

5.2　一般规定

5.2.1　协调对象

5.1.1　城市交通体系协调对象应为城市各交通子系统，应包括城市公共交通，小客车、摩托车等个体机动化客运交通方式，步行、自行车等非机动化客运交通方式，以及机动化与非机动化货运交通方式。

城市交通体系协调的对象应包括城市综合交通涉及的各种交通方式。首先，避免过去重"客运"轻"货运"、"重机动化"轻"非机动化"的倾向，突出货运交通和非机动化交通的功能组织及综合协调。其次，精准把握各类交通方式的技术经济特征及适用性，如时空组织特性、全周期成本、个性化服务特征等，为科学协调奠定基础。再次，密切关注载运工具及通信技术的发展趋势及形成的新交通方式和新组织模式，及时纳入城市交通体系协调的范畴。城市客运交通出行谱系见图 5-1。

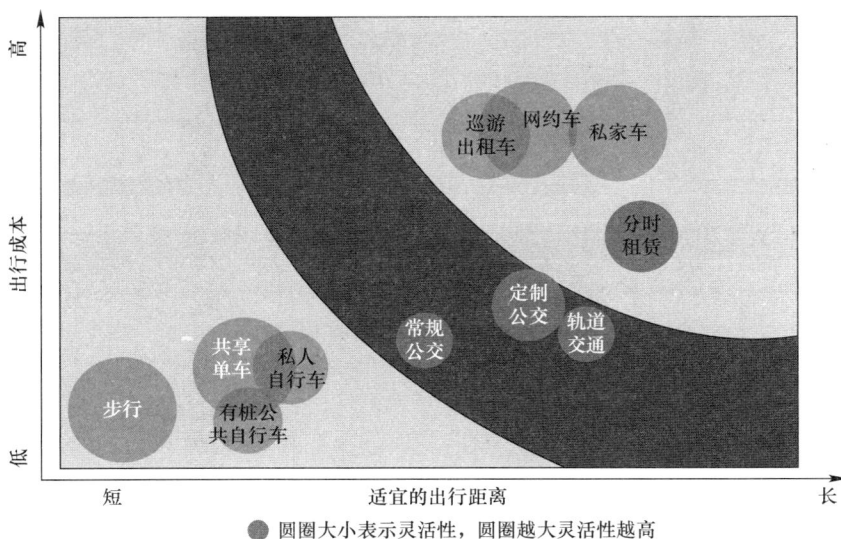

图 5-1　城市客运交通出行谱系

5.2.2 协调内容

> 5.1.2 城市综合交通体系规划应根据不同城市和城市不同地区的交通特征，差异化确定综合交通体系内不同交通方式的功能定位、优先规则、组织方式和资源配置。

城市交通体系协调的主要内容是城市综合交通体系功能组织，根据不同城市和城市不同地区的交通特征，差异化确定交通体系内不同交通方式的功能定位、优先规则、组织方式和资源配置。需要重点把握好三个关系：一是交通方式的倾向性与可选择性的关系。从交通系统最优和发展约束的角度，应结合不同的城市特征，有倾向地鼓励集约化交通方式发展，合理调控非集约出行方式的使用；从个体服务最优的角度，交通系统要合理兼顾个性化出行要求，提供多样化的出行选择。二是交通一体化组织和差异化组织的关系。一体化组织强调基于需求和服务，提升交通系统的整体性和各种方式的衔接配合，避免割裂地对待各种交通方式。通过综合协调，使各种交通方式围绕需求和服务形成有机结合体，充分发挥整体效益。差异化组织强调"因地制宜"地确定不同规模城市和不同用地特征下，以及不同人群的交通需求特征对应的主导交通方式和组织要求，贴合需求，体现特色。三是资源配置中政府与市场的关系。围绕各类资源的有效配置，充分发挥市场在资源配置中的决定性作用，变"管理"为"治理"，构建多方参与、价值导向充分共识、利益共享及风险共担的综合交通治理模式。城市综合交通体系协调框架示例见图 5-2。

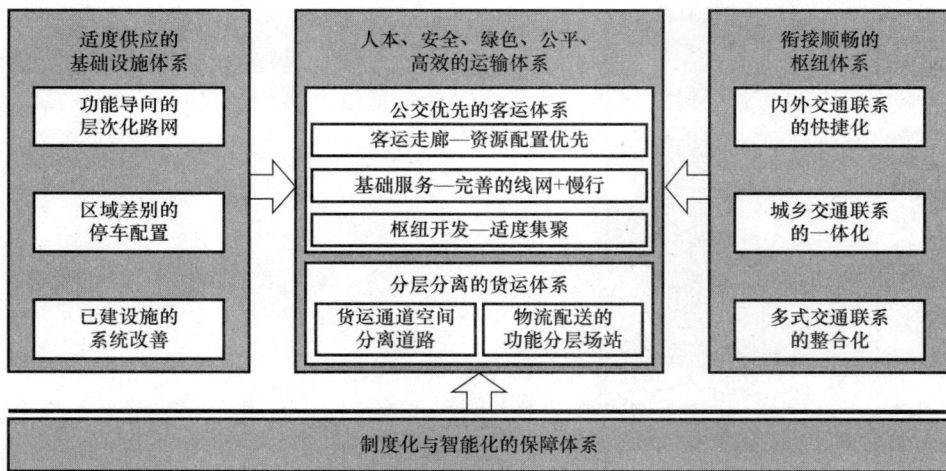

图 5-2 城市综合交通体系协调框架示例

5.2.3 优先原则

> 5.1.3 城市客运交通体系应优先保障步行、城市公共交通和自行车等绿色交通方式的运行空间与环境，引导小客车、摩托车等个体机动化交通方式有序发展、合理使用。

当前，我国城市发展普遍面临空间、资源、环境的约束，坚持绿色低碳、集约高效的发展导向，优先保障步行、城市公共交通和自行车等绿色交通方式的运行条件，既是发展阶段的必然选择，也是实现生态文明时代高质量发展的基本要求。策略上应"推拉结合"。一方面，城市建设和更新应围绕公共交通走廊和节点布局主要的公共活动空间与功能，大力提升步行和自行车出行环境品质，使绿色交通方式成为最方便、安全、可靠的出行选择，从根本上转变"以车为本"的空间交通组织模式。另一方面，面对交通需求不断增长和道路交通供给日益受限的趋势，应以提升城市街道活力、保障人与货物的移动能力为目标，合理配置城市道路空间，引导小客车、摩托车等个体机动化交通方式有序发展，合理使用。

存量规划阶段的移动性规划，核心是在供应受限下通过优先策略，保障城市正常需求（移动能力、街道活力），促进城市繁荣。2009 年起，纽约时代广场开展了著名的完整街道改造，关闭了斜向穿城的百老汇大道，取消了复杂的路口并简化了交通流线，在 3.7km 长的路段总共增加了超过 6000m² 的行人广场，见图 5-3。根据官方评估数据，次年游客数量增加 11%，但违法穿越马路数量降低 80%，行人交通事故伤亡降低 35%，颗粒物污染减少 40%。交通通行效率方面，时代广场南北主干道通行效率提高 4%～15%，周边道路东、南、西、北方向平均车速变化为 +5%、-2%、+9%、+17%。由于商业环境大大改善，2011—2013 年间，时代广场商铺租金增长了 42%，到 2016 年，比 2011 年同比增长超过 200%。目前，时代广场每天接待游客超过 30 万人。[1]

图 5-3　纽约时代广场改造前与改造后

资料来源：New York City Department of Transportation. Green Light for Midtown Evaluation ReportNACTO. Curb Appeal. [2010-01]. http://www.nyc.gov/html/dot/downloads/pdf/broadway_report_final2010_web.pdf. [1]

巴塞罗那可持续移动性规划提出按照步行、骑行、公交、物流和小汽车的优先次序，有倾向性地引导不同交通方式的发展，见图 5-4。通过对街道空间进行适当的再分配，使得慢行空间占比从 27% 提升至 77%，宽度大于 2.5m 的人行步道占比从 89% 上升至 99%，街道空气质量达标率从 67% 上升至 95%，噪声达标率从 85% 上升至 88%，生活质量大幅提高。[2]

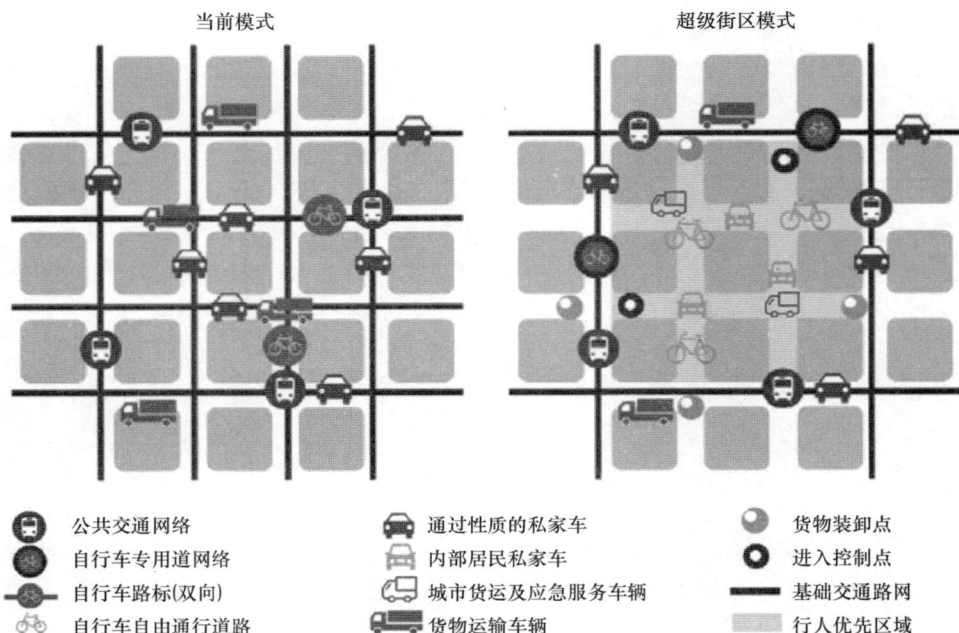

图 5-4　巴塞罗那超级街区示意图

资料来源：Ajuntament de Barcelona. Urban Mobility Plan of Barcelona PMU 2013-2018. [2014-10]. http://www. bc-necologia. net/sites/default/files/proyectos/pmu_angles. pdf. [2]

5.2.4　协调手段

> 5.1.4　城市综合交通体系应通过交通政策、服务价格、空间分配和系统组织，协调各种交通方式的运行和各种交通工具的停放。停车设施的供给应结合城市交通网络承载能力和运行状态、区位和用地功能等因素差异化确定。

　　城市交通体系协调是一项系统工程，系统协调体现在以下几个方面。首先，协调的政策与法规。应做好交通发展政策的顶层设计，保障各类政策在价值、目标和手段等方面的一致性，保障目标实现。积极探索各类交通方式运行和各种交通工具停放的精准、动态调节机制。其次，协调空间的综合设计。以交通设计为主要抓手，提升交通空间的品质。交通工具停放空间的配给，一方面应考虑交通网络的承载能力，另一方面也要结合动态运行情况，采取差别化的停车建设管理政策，精细化调控停车资源与需求。再次，协调对象的综合参与。加强制度建设，充分调动政府各相关部门、市场参与主体及利益相关方的积极性。

　　对路缘空间实行按用途分配、设定时间限制、按需求动态定价等措施，可以保证把路缘空间分配给最需要的用途，减少因供需矛盾导致的占道行为，对小汽车出行进行合理定价。美国旧金山的动态停车收费试点项目体现了更精细化的停车管理所带来的好处，见图 5-5。该市试点区的路缘停车咪表价格是根据 $60\%\sim80\%$ 的停车位使用率目标而制定的。实行后，司机寻找停车位所用的时间降低了 43%，占道双排停车减少了 22%，公交车提速 $4\%\sim5\%$。这些区域的机动车使用强度 VMT 也降低了 30%，交通量降低 8%，违章超时停车的情况减少，停车位周转效率提高。[3]

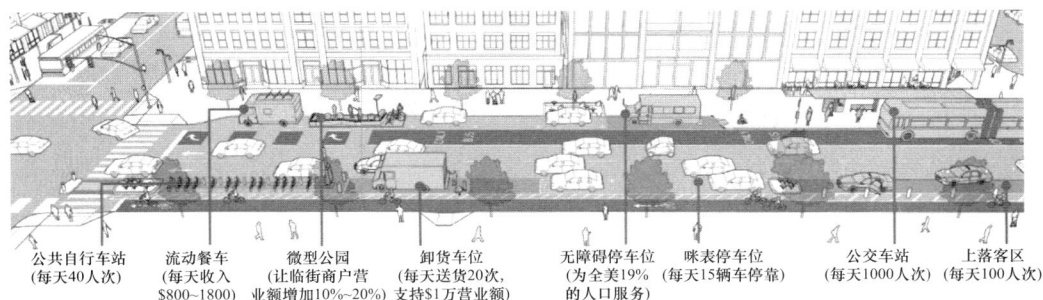

公共自行车站	流动餐车	微型公园	卸货车位	无障碍停车位	咪表停车位	公交车站	上落客区
（每天40人次）	（每天收入	（让临街商户营	（每天送货20次，	（为全美19%	（每天15辆车停靠）	（每天1000人次）	（每天100人次）
	$800~1800）	业额增加10%~20%）	支持$1万营业额）	的人口服务）			

图 5-5　美国路缘空间分配示意图

资料来源：NACTO. Curb Appeal.［2017-11-20］. https://nacto. org/wp-content/uploads/2017/11/NACTO-Curb-Appeal-Curb-side-Management. pdf.[3]

5.2.5　货运协调

> 5.1.5　城市宜根据产业发展和客货运交通组织要求协调货运通道和物流场站布局，加强不同方式货运系统之间的协作，提高运输效率。货运交通组织应与客运交通适度分离，主要货运线路不应穿越城市中心区和居住区等客流密集地区。

城市货运交通系统是综合交通体系的重要组成部分，是保障城市各类物资运输的重要基础。为保障产业发展所需的货运交通正常运转，应合理规划货运场站布局、通道安排，加强政策引导，促进不同货运方式之间的协作，提高运输效率、降低物流成本。客货运交通应适度分离，一方面充分保障主要货运线路的通道空间安排和时间窗口，避免不必要的物流成本；另一方面也应避免主要货运线路穿越城市中心区和居住区等客流密集地区，尽量避免生产性货运交通高峰期使用城市客运通道，减少客货运交通的相互干扰。

5.3　城市客运交通

5.3.1　分城市的优先策略

> 5.2.1　不同规模城市的客运交通系统规划应符合以下规定，带形城市可按其上一档规划人口规模城市确定。
> 1　规划人口规模500万及以上的城市，应确立大运量城市轨道交通在城市公共交通系统中的主体地位，以中运量及多层次普通运量公交为基础，以个体机动化客运交通方式作为中长距离客运交通的补充。规划人口规模达到1000万及以上时，应构建快线、干线等多层次大运量城市轨道交通网络。
> 2　规划人口规模300万～500万的城市，应确立大运量城市轨道交通在城市公共交通系统中的骨干地位，以中运量及多层次普通运量公交为主体，引导个体机动化交通方式的合理使用。
> 3　规划人口规模100万～300万的城市，宜以大、中运量公共交通为城市公共交通的骨干，多层次普通运量公交为主体，引导个体机动化客运交通方式的合理使用。
> 4　规划人口规模50万～100万的城市，客运交通体系宜以中运量公交为骨干，普通运量公交为基础，构建有竞争力的公共交通服务网络。

41

> 5 规划人口规模 50 万以下的城市，客运交通体系应以步行和自行车交通为主体，普通运量公交为基础，鼓励城市公共交通承担中长距离出行。

城市总体规划层面的城市客运交通体系功能组织，应以时空服务要求作为主要目标，实现时间空间一体两面的系统组织。时间和空间是城市发展面临的两大基本约束。一方面，每个人每天的可支配时间有限，每天参与的城市活动受限，其中诸多的活动需要通过交通出行来实现，如上班、上学、购物、看病等。一旦出行时间过长，部分活动需求就会受到抑制，城市活力和居民生活质量势必受到影响。另一方面，在出行时间约束下，城市空间越大，需要不同功能层次的交通方式越多，交通系统的复杂程度和成本也越高。城市空间不可能无限扩大，必须充分、合理利用有限的空间资源，实现可持续发展。

通勤是人类最重要的出行目的，具有出行时间集中、出行规模大、出行距离长等特点，对城市空间交通组织的挑战最大，也是城市综合交通体系功能组织考虑的重点。把握通勤出行特征演变规律，要求基于产业、空间、交通互动发展逻辑，科学分析和研判城市发展前景。以不同发展情境下（土地利用规划）城市人口和岗位的规模、分布和结构性特征为基础，采用定性与定量（主要是模型分析）相结合的方法，分析高峰期出行规模、分距离客流走廊分布、交通设施供需关系等，比较不同情境下总体交通组织方案的差别及代价。重点关注人口和岗位结构性变化对职住分布变化的影响，应加强此方面的本地化实证分析，科学标定模型中的相关参数。随着城市发展水平的提升，非通勤出行比重呈现增长的趋势，部分出行相对集中的中长距离非通勤出行需求（如旅游、出行等）也应进行模型分析和评估。

深圳 2012 年编制的《深圳市城市交通白皮书》[4]，按强中心和多中心两种趋势对未来城市职住平衡分别进行测算。强中心前景下，人口方面，1+2 区（核心区）人口数量虽然略有上升，但占全市人口比例下降，受核心区高生活成本影响，人口主要向 3 区（外围区）次中心转移；岗位方面，核心区以生产性服务业为主导，二产比例下降，三产比例上升，岗位向 1+2 区聚集，3 区次中心岗位比例下降。多中心前景下，人口方面，1+2 区人口数量上升并基本达到上限，占全市人口比例有一定下降，3 区次中心有一定增长；岗位方面，外围区次中心和组团中心快速发展，组团城市初步形成，光明、公明、坪山等 3 区次中心岗位比例明显上升，核心区岗位比例略有下降。经过测算，不同发展前景模式下，城市职住平衡范围差异较大。强中心前景下，职住平衡范围扩展至临深的长安、虎门、惠阳、清溪等地区，约 40～50km；多中心前景下，职住平衡范围扩展至深圳市界及东莞凤岗、塘厦区域，约 30～40km。[4]

不同规模城市面临的时空约束和交通需求特征有别，交通系统组织既要充分实现一体化，也要体现差异性。对于人口 500 万～1000 万人的特大城市，综合交通系统功能组织应重点考虑以下几个方面：一是应确立大运量城市轨道交通在城市公共交通系统中的主体地位，合理构建轨道交通线网，大力提升站点周边接驳交通水平，形成"轨道＋步行"为主导的交通组织模式。同时通过土地利用合理布局，根据城市规模和形态，尽可能将通勤出行距离控制在 15～20km 以内。城市轨道交通线网以干线为主，可保障通勤时间在 1h 内。二是以中运量及多层次普通运量公交为基础，提供广覆盖、普惠式的公交服务。地面公交系统在线网结构、级配、运营组织等方面应与轨道交通充分协调，其对于轨道的接驳、补充、延伸功能有所加强，但也要考虑到复合交通走廊的构建及部分次要走廊上的主体作用。三是各类公共交通的衔接和换乘组织是实现一体化的关键，各等级公共交通枢纽应与各层次城市中心结合布局，各类公共交通、慢行交通换乘组织应以服务方便为第一原则，使公共交通成为出行链中最方便、可靠的出行选择。四是以个体机动化客运交通方式作为中长距离客运交通的补充，不能大规模、无节制地使用。对于人口 1000 万人以上的超大城市，一方面应通过组团、新城等多中心的空间组织尽可能减少超长距离的通勤出行，另一方面为应对通勤范围的不断外扩，应超前布局和预留城市轨道交通快线通道和枢纽，为构建多层次轨道交通网络提供条件。

　　香港一直将大运量城市轨道交通作为城市交通的骨干。在中心城区和东部、西部发展走廊都以地铁（包含东铁线和机场快线）为主要交通工具，同时也辅以其他公共交通方式，例如载客量较高的专营巴士和轻轨，为地铁提供主要的接驳服务。在乘客量相对较低或在高载客量公共交通服务未能覆盖的地区，由公共小型巴士提供接驳服务。而的士则为愿意付出较高车资的乘客提供点对点服务。香港非常重视重点发展和重建地区的轨道交通服务，通过轨道交通联系郊区的重点片区与市区，支撑其快速高质量发展，如图 5-6 所示。2014 年，香港地铁总长度约为 218km，设 84 个站，日均客运量超过 450 万人次，约占本地公共交通机动化的 40%，以及内地与香港之间陆路跨界客运量的 60%。随着《铁路发展策略 2014》所建议的地铁方案通车，地铁网络预计可服务全港大约 75% 的人口和 85% 的岗位，地铁的公共交通机动化出行分担率为 45%～50%。[5]

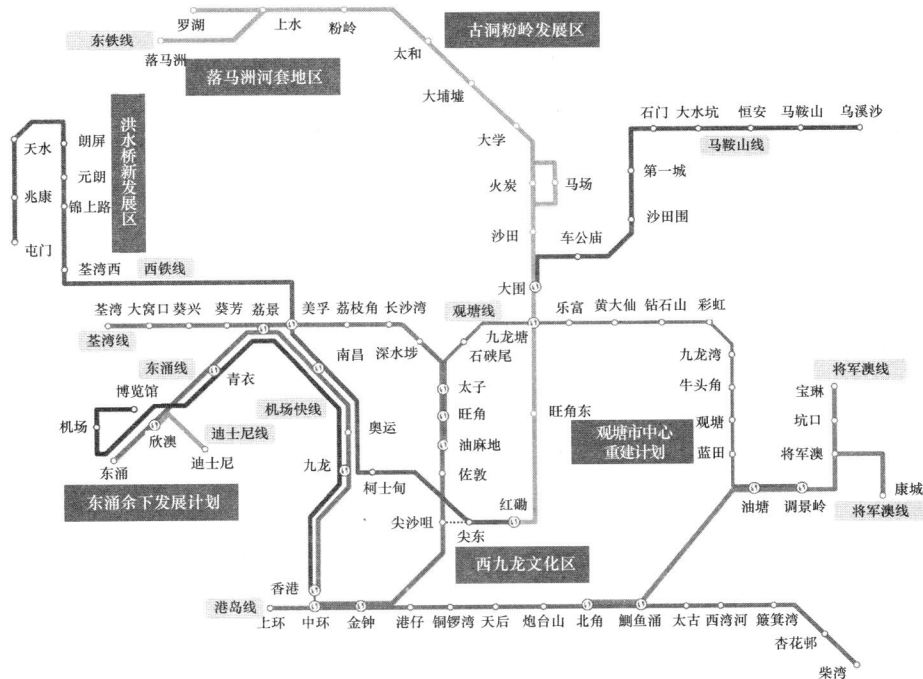

图 5-6　香港地铁与重点发展和重建地区的关系示意图

资料来源：香港特别行政区运输及房屋局. 铁路发展策略 2014. https://www.thb.gov.hk/tc/psp/publications/transport/studies/rds2014.pdf.[5]

　　对于规划人口 300 万～500 万人的大城市，大运量轨道交通主要发挥公共交通系统的骨干作用，有条件的城市可以构建基本的轨道交通网络。中运量及普通运量公交系统作为公共交通系统的主体，在做好基本服务保障的基础上，应尽可能提供与小汽车相竞争的、多层次的地面公交服务体系，并以此为主要目标优化公交线网结构、场站设施布局和运营组织，公共交通机动化分担率不宜低于 60%。对于规划人口 100 万～300 万人的大城市，宜构建中运量为主的公共交通骨干网络。对于特殊形态的城市，出现大客流走廊时，应考虑大运量公共交通。轨道交通应与地面公交系统无缝衔接，公共交通机动化分担率不宜低于 50%。两类大城市均应采取必要的交通需求管理措施，引导个体机动化客运交通方式的合理使用，避免过度使用小客车承担通勤出行。

以巴塞罗那为例，其市区面积 101km²，人口 162 万人，密度 1.6 万人/km²，都市圈人口规模约 547 万人。2012 年，巴塞罗那设计了一种创新的公交系统——"公交网格"（Orthogonal Bus），见图 5-7。这种公交系统提供了类似地铁的高品质出行体验——长达 24m 的低地板双铰接公交车辆，穿梭在由 8 条横线、17 条纵线、3 条对角线组成的"棋盘＋放射型"快速公交线网中，每条线路服务一条主要街道，贯穿城市，配以精细化的换乘设计、4～6min 的超高发车频率、完善的信息指引，有效满足乘客从城市"任一点到任一点"、随到随走的出行需求。从效果来看，经过与土地利用充分契合，90% 的出行换乘次数可控制在一次以内。因为线路更加顺直、发车间隔大幅压缩，配以积极的公交优先措施，新线网中大部分 OD 间的出行时间显著缩短，部分线路客流涨幅达 19% 以上；同时，新线网需要的配车数从此前的 761 部减少到 573 部，显著节省运营成本。巴塞罗那的成功经验，证明当公交发展所需要的有利条件都能得到满足时，地面公交系统能够提供类似地铁的高品质出行服务。[6]

图 5-7 巴塞罗那的新公交线网概念（Nova Xarxa）

资料来源：Hugo Badia, Juan Argote-Cabanero, Carlos F. Daganzo. How network structure can boost and shape the demand for bus transit. Transportation Research Part A 10, 2017: 83-94. [6]

对于规划人口 50 万～100 万人的城市，通过合理布局中运量、普通运量公交系统，加强步行、自行车交通接驳，提升公共交通竞争力，力争使公共交通分担率达到 20% 以上。同时为步行、自行车等非机动出行创造良好的出行环境，为中短距离出行提供更多的非机动化出行选择。对于规划人口 50 万人以下的城市，应通过加密步行和自行车网络、保障路权优先、提升慢行空间精细化设计，提高慢行的安全性、可达性和舒适性，步行、自行车交通出行占客运交通出行比例不宜低于 70%。保障均等化的公共交通服务，鼓励中长距离出行采取公共交通方式，降低对小汽车的依赖。

5.3.2　分区差别化的组织要求

> 5.2.2　城市内不同土地使用强度地区的客运交通系统应根据交通特征差异化规划，并应符合以下规定：
> 1　城市中心区应优先保障公共交通路权，加密城市公共交通网络和站点，并应优先保障城市公共交通枢纽用地；应构建独立、连续、高密度的步行网络，紧密衔接各类公共交通站点与周边建筑，以及在适合自行车骑行的地区构建安全、连续、高密度的非机动车网络；应严格控制机动车出行停车位规模，降低个体机动化交通出行需求和使用强度。
> 2　城市其他地区的公共交通走廊应保障公共交通优先路权；构建安全、连续的步行和非机动车网络；控制机动车出行停车位规模，调控高峰时段个体机动化通勤交通需求。

差别化协调城市不同开发强度地区交通组织方式。综合考虑城市不同地区用地功能、开发强度、生态禀赋等因素，在一体化组织要求的基础上，制定差别化交通发展目标、策略和政策，"因地制宜"地考虑主导交通方式及衔接换乘组织，有效发挥不同类型绿色出行方式的"相对效率"，详见表 5-1。

不同开发强度地区的交通组织方式　　　　　　　　　　　　　　表 5-1

交通方式＼交通分区	城市公共交通	步行和自行车交通	个体机动化交通
高强度	城市公共交通网络、站点、首末站高密度布局。 保障公共交通路权。 优先保障城市公共交通枢纽周边接驳场站用地	构建独立、连续的步行网络，安全、连续的自行车网络，紧密衔接各类公共交通站点与周边建筑。 商业、旅游地区宜设置行人优先的步行街区	控制出行停车位规模，降低个体机动化交通出行需求和使用强度。 居住区、商业办公区应采取交通稳静化措施
中强度	公共交通走廊实施公交优先。 保障公共交通走廊上公共交通站点的接驳场站用地	构建安全、连续的步行和自行车网络。 公共交通走廊、主要公交站点周边应加密步行与自行车设施	控制出行停车位规模，调控高峰时段个体机动化通勤交通需求。 居住区、商业办公区宜采取交通稳静化措施
低强度	根据需求布设常规公交普线、支线，鼓励灵活的辅助型公交发展	构建步行和自行车基本网络，以及承担休闲健身功能的步行、自行车通道和绿道	居住区宜采取稳静化措施

为差别化协调城市不同开发强度地区的交通组织方式，深圳市从 2002 年开始逐步调整轨道交通规划设计流程，建立了公交导向发展轨道交通规划设计体系。在 TOD 发展的新形势和新机遇下，建立宏观、中观、微观三层次规划技术体系，最终落实对 TOD 发展片区进行精细化规划管理的要求。将全市划分为 8 个宏观分区，结合各地区的功能和密度规划，分别制定不同的城市 TOD 宏观发展策略，具体见图 5-8。在中观层面，建立分区域差异化发展标准，根据城市密度规划、交通区位等因素对全市 435 个标准分区进行评估，界定 TOD 重点发展区。在微观层面，根据轨道交通车站功能定位及周边土地利用性质，确定片区 TOD 类型和深圳市 TOD 重点区域发展指引，将 TOD 片区划分为城市型（包括区域级和地区级）、社区型和特殊型（如枢纽型）三类，依据不同 TOD 类型进一步制定量化的

规划设计要点。在不同类型的 TOD 交通和土地利用规划设计要点中，具体提出开发范围、容积率、各类用地比例、人口密度等关键性量化指标，形成 TOD 规划设计技术指南，为交通与土地利用规划编制、规划设计审查、规划许可审批等提供定量化参考依据。[7]

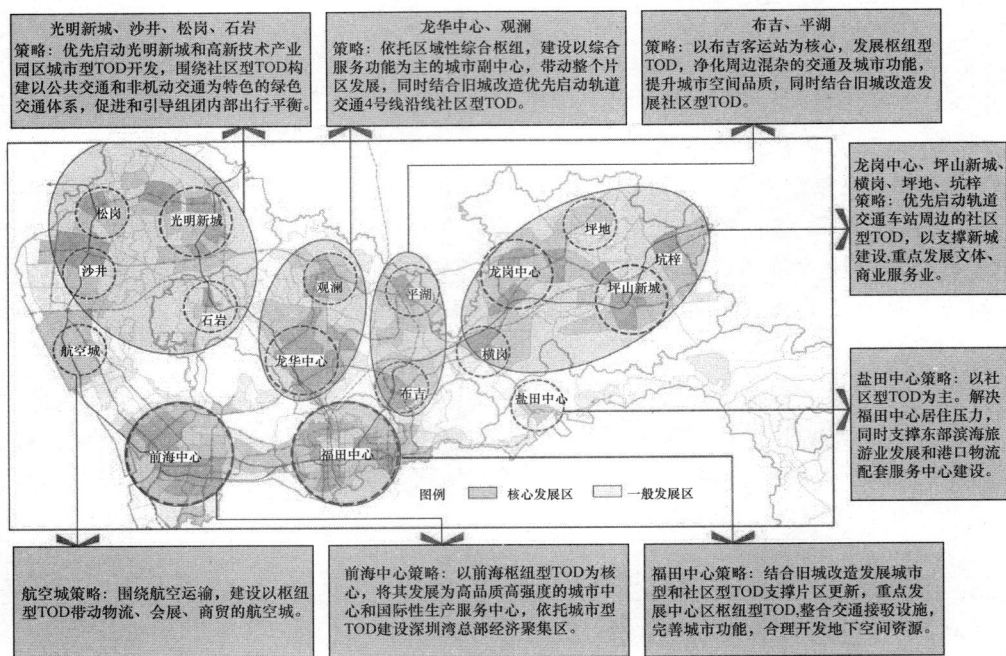

图 5-8　深圳市 TOD 宏观发展策略

资料来源：张晓春，田锋，吕国林，等. 深圳市 TOD 框架体系及规划策略. 城市交通，2011，09（3）：37-44.[7]

5.3.3　公共交通的组织要求

> 5.2.3　高峰期城市公共交通全程出行时间宜控制在小客车出行时间的 1.5 倍以内。城市公共交通站点、客运枢纽应与步行、非机动车系统良好衔接。

　　围绕提升公共交通服务竞争力，优化布局公共交通设施和改进公共交通服务。参考国内外经验，"高峰期公共交通全程出行时间控制在小客车的 1.5 倍以内"时，可认为公交相对小客车出行具有竞争力，有利于形成公交主导的客运结构。公共交通全程出行时间指采用公共交通方式出行"门到门"的出行时间。目前，我国城市公共交通系统普遍未达到"1.5 倍以内"的要求，交通设施规划布局方面的主要原因包括以下几个方面：一是城市土地利用并未围绕公共交通枢纽和站点布局，公共交通利用不方便。二是公共交通系统的网络结构、服务层级与出行需求不匹配。三是路权未得到优先保障，站点换乘衔接不理想，影响出行效率。四是以车为本，为小汽车提供了过于方便的交通设施。

　　2008 年，新加坡小汽车"门到门"出行速度达 24.1km/h，分别为地面公交和轨道交通的 2.3 倍和 1.6 倍。为此，新加坡陆路交通总体规划提出，2020 年新加坡公共交通"门到门"出行时间与小汽车"门到门"出行时间的比值应降低到 1.5 倍以内。[8]针对上述战略目标，近年来新加坡切实实施巴士服务提升项目（BSEP, BUS SERVICES ENHANCEMENT PROGRAMME），并不断探索公交服务改革，通过提升公交线路服务

（包括增加公交车辆、新开城区直通巴士线路和高峰时段短线服务），保障公交路权优先（包括公交专用道里程从 2008 年的 120km 扩展到现状的 203km，其他机动车强制性让路公交的港湾站已达 330 处，辅以实施交叉口公交信号优先），公交车辆平均运营速度从 16～19km/h 提高至 20～25km/h，高峰时段公交出行比例从 2008 年的 59％提高到 2012 年的 63％，到 2016 年该指标提高到 67％。通过政府购买服务，公交发车间隔显著改善，见图 5-9。[9]

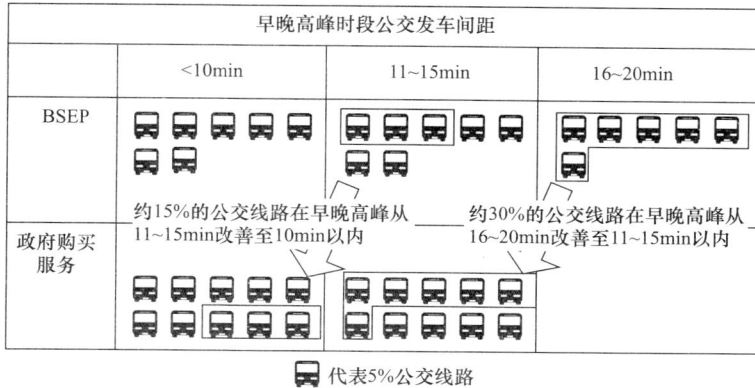

图 5-9　新加坡巴士服务提升项目（BSEP）与政府购买服务对公交发车间距提升效果

资料来源：Land Transport Authority. Bus Service Enhancement Programme. [2015-10]. https://www.mytransport.sg/content/dam/mytransport/pdf/LTA%20%20Map_BSEP.pdf. [9]

5.3.4　拥堵地区的组织要求

> 5.2.4　在交通拥堵常发地区，应优先保障城市公共交通、步行与非机动车交通路权，对小客车、摩托车等个体机动化出行需求进行管控。

交通拥堵地区和交通瓶颈地段，交通设施供给能力不足，更应优先保障公共交通路权和组织效率，限制小客车、摩托车等个体化出行，促进交通方式结构转移，提升拥堵地区交通承载能力。

以深圳市为例，新彩通道是中部跨二线关的主要通道之一，连接原特区彩田路和原特区外新区大道两条主要交通走廊，是高峰期典型的拥堵和瓶颈路段。路中公交专用道与新彩通道同步开通运行，早高峰期间进关方向公交车车速约为 47.1km/h，明显高于小汽车车速，促进了公共交通出行，该通道上的早高峰公共交通分担率达到 70％，见图 5-10。

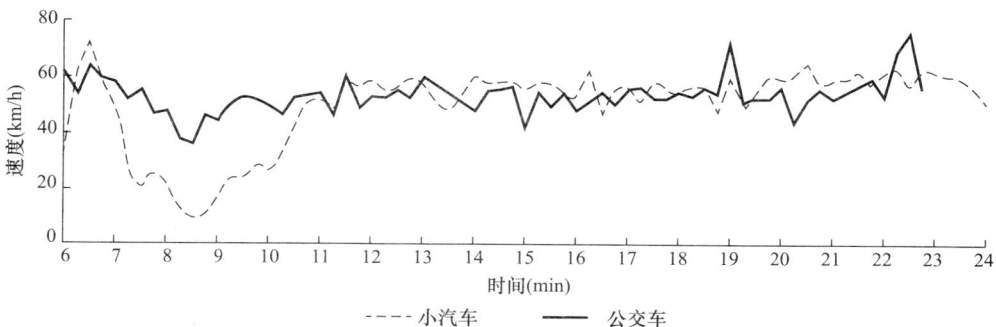

图 5-10　新彩通道（南行）工作日小汽车与公交车速度曲线

5.3.5　旅游城市的组织要求

> 5.2.5　旅游城市应结合旅游交通特征，依托城市综合客运枢纽和城市公共交通枢纽等设置旅游交通集散中心，发展以城市公共交通、步行与自行车交通为主体的旅游交通系统。

　　旅游城市的交通组织应同步考虑城市交通和旅游交通需求特征，兼顾两者的出行需要。旅游景区或游览目的地往往也是文化保护、生态系统的敏感区域，更应构建有利于绿色交通出行的交通组织模式。各层级旅游集散中心应依托城市综合客运枢纽和城市公共交通枢纽设置，最大程度方便外来游客使用。城市内部主要为旅游提供服务的公共交通系统、慢行交通系统，在保障出行安全性、时效性的基础上，重点提升旅游特色和出行体验，并与旅游出行链中其他活动有机结合。

　　阿姆斯特丹中央火车站位于古城区的东北端，提供高、快、普速各类列车通往全国及欧洲主要城市。火车站 300m 范围内有效整合了有轨电车、常规公交等公共交通方式，发达的公交系统联通城市各个角落，见图 5-11。游客中心位于枢纽南侧 150m 处，与枢纽紧密衔接，依托综合交通枢纽辐射国内外游客市场。游船码头和自行车停车场分布于枢纽和游客中心周边，游客可以方便地使用游船和自行车畅游古城区。[10]

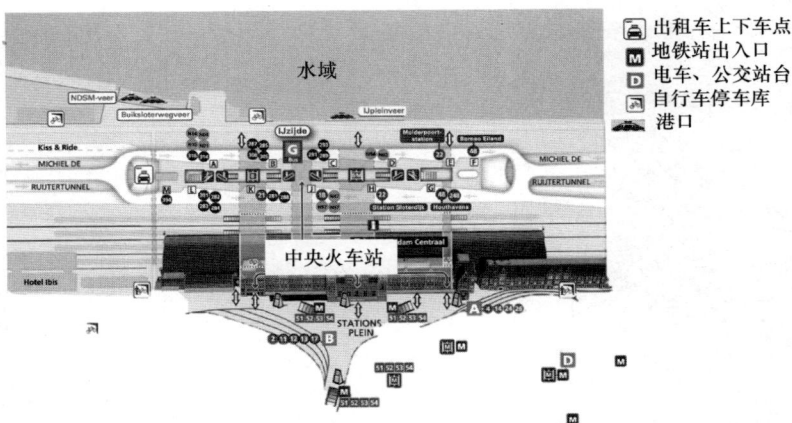

图 5-11　阿姆斯特丹中央火车站接驳设施布局示意图

资料来源：Nederlandse Spoor. Amsterdam Centraal. https://www. ns. nl/stationsinformatie/asd/amsterdam-centraal/plattegrond.[10]

5.4　城市货运交通

> 5.3.1　城市道路网络布局与通行管理应保障城市货物运输网络的完整性。
>
> 5.3.2　城市干线道路系统应为城市主要工业区、仓储区与货运枢纽及主要对外公路之间的联系提供高品质运输服务条件。
>
> 5.3.3　城市外围货运交通枢纽应与物流园区、物流配送中心、货运中心等货运节点结合

布置，或设置便捷的联系通道。

5.3.4　城市各类货运枢纽与货运节点应配建与其规模相适应的停车设施，停车设施的类型与服务能力应与载运工具相匹配。

目前货运交通系统在综合交通体系中的优先级别有待提升，以保障城市货运交通的正常运转，降低物流成本，支持经济发展，重点在保障城市货运网络的完整性，为货运交通提供必要的时空通行条件。设施层面，重点内容包括构建级配结构合理的城市货运道路网络，保障货运通道连续，保障城市与对外货运网络的良好衔接等。运营层面，重点加强货运通行管理，严格控制不同等级的载运工具在相应的配送网络上运行，合理分配相应的通行时段，特别要开放中心城区配送类货车的通行权限，以保障白天时段货运配送网络是完整连通的。

本节针对当前国内城市普遍存在的突出问题，从通道和枢纽协调两个方面，提出了三点具体要求。一是选择路幅较宽、车速较快、干扰较小的高等级道路，合理构建城市货运干线道路系统，为城市主要工业区、仓储区与货运枢纽及主要对外公路之间提供高品质的运输条件。二是城市外围货运交通枢纽应与物流园区、物流配送中心、货运中心等货运节点结合布置，以更好地承接对外货运功能，提升货物运输作业链的效率。若没有条件一体化建设，应设置货运节点与货运枢纽之间的联系通道。三是城市各类货运枢纽与货运节点应配建与其规模、载运工具相适应的停车设施。

5.5　交通需求管理

5.4.1　城市应综合利用法律法规、经济、行政等交通需求管理手段，合理调节交通需求的总量、时空分布和方式结构，引导小客车、摩托车等个体机动化交通合理出行，提高步行、自行车、城市公共交通方式的出行比例。

5.4.2　对小客车、摩托车等个体机动化出行的调控，宜从拥有、使用、停放和淘汰等环节综合制定对策。

5.4.3　城市中心区应优先采取交通需求管理措施抑制个体机动化出行需求，保持道路交通运行状况在可接受的水平。

5.4.4　城市中各类保护区，应根据规划确定的保护要求，制定与城市综合交通体系发展相适应的交通需求管理措施。

随着大多数城市逐步进入"存量"发展阶段，交通需求管理成为综合交通体系规划中重要的交通策略之一。交通需求管理的核心目标包括三个方面：一是减少交通出行总量；二是优化交通出行结构，引导个体机动化交通方式的合理使用，提高步行、自行车、城市公共交通方式的出行比例；三是削峰填谷，使交通在时空上的分布更为均衡。即在适度的交通建设规模下，综合运用包括法律法规、经济、行政等方面的政策工具，控制交通需求总量，削减不合理的交通需求，通过减少或分散交通需求实现供需平衡，保证系统有效运行，缓解交通拥堵，改善城市生态环境和居民生活质量。

当前阶段，交通需求管理的关键是制定协同的组合交通政策。交通需求管理应与道路交通设施建设、公共交通系统发展充分协同。城市中心区出行主要依靠公共交通和慢行，小汽车保有量和使用量相比外围地区更低。为保障有效道路资源的基本服务水平和效率，应优先选择交通需求管理而非道路设施扩容的方式，抑制个体机动车交通量，引导出行者选择集约型公共交通方式出行。

对小客车等个体机动化方式的交通需求管理，应从全生命周期角度，构建"拥有-使用-停放-淘汰"各环节相互协同和配合的交通需求管理政策体系，重点通过使用和停放环节的调控，达到交通需求管理的目标，见图 5-12。

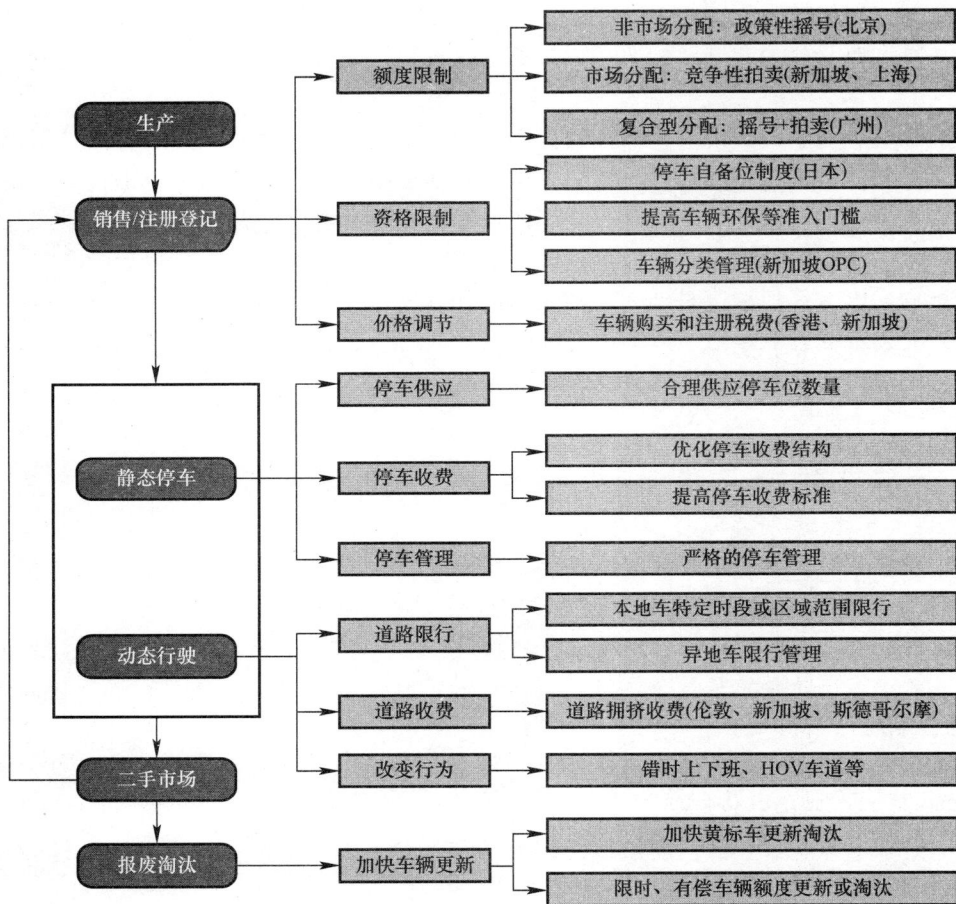

图 5-12　基于全生命周期的小客车的需求管理政策路径

日本是全球率先推行《车库法》的国家，从拥有环节开始管理小汽车，要求实行"一车一位"，以规范基本停车位。该法律规定，车主必须前往警察局开具停车泊位证明，才能购买车辆。该停车位可以购买或租赁，但必须在道路外，产权明确，且位于车主居住地直线距离 2km 以内。《车库法》提高了居民的拥车成本，对核心城市的小汽车增长量有一定程度的抑制作用。经过多年的政策调控，东京逐渐形成了外围高于核心的停车位供应格局，有效抑制了核心城市小汽车的规模和使用，见图 5-13。[11]

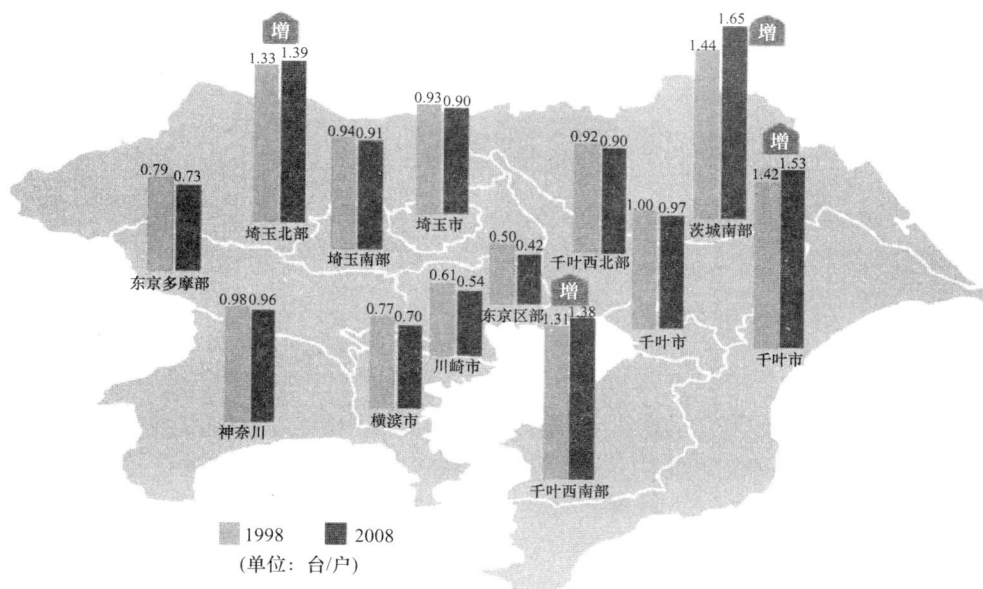

图 5-13 东京各区小汽车户均保有量

资料来源：刘龙胜，杜建华，张道海，等. 轨道上的世界：东京都市圈城市和交通研究. 人民交通出版社，2013.[11]

参考文献

［1］ New York City Department of Transportation. Green Light for Midtown Evaluation Report NACTO.
Curb Appeal ［R/OL］. ［2010-01］. http://www. nyc. gov/html/dot/downloads/pdf/broadway_re-
port_final2010_web. pdf.

［2］ Ajuntament de Barcelona. Urban Mobility Plan of Barcelona PMU 2013-2018 ［R/OL］. ［2014-10］. ht-
tp://www. bcnecologia. net/sites/default/files/proyectos/pmu_angles. pdf.

［3］ NACTO. Curb Appeal ［R/OL］. ［2017-11-20］. https://nacto. org/wp-content/uploads/2017/11/NAC-
TO-Curb-Appeal-Curbside-Management. pdf.

［4］ 深圳市城市交通规划设计研究中心. 深圳市城市交通白皮书 ［R］. 深圳：深圳市城市交通规划设
计研究中心，2012.

［5］ 香港特别行政区运输及房屋局. 铁路发展策略 2014 ［R/OL］. https://www. thb. gov. hk/tc/psp/
publications/transport/studies/rds2014. pdf.

［6］ Hugo Badia, Juan Argote-Cabanero, Carlos F. Daganzo. How network structure can boost and
shape the demand for bus transit ［J］. Transportation Research Part A 10，2017：83-94.

［7］ 张晓春，田锋，吕国林，等. 深圳市 TOD 框架体系及规划策略 ［J］. 城市交通，2011，09 (3)：37-44.

［8］ Land Transport Authority. LAND TRANSPORT MASTER PLAN 2013 ［R/OL］. https://www. lta. gov.
sg/content/dam/ltaweb/corp/PublicationsResearch/files/ReportNewsletter/LTMP2013Report. pdf，2013.

［9］ Land Transport Authority. Bus Service Enhancement Programme ［R/OL］. ［2015-10］. https://
www. mytransport. sg/content/dam/mytransport/pdf/LTA%20%20Map_BSEP. pdf.

［10］ Nederlandse Spoor. Amsterdam Centraal ［R/OL］. https://www. ns. nl/stationsinformatie/asd/am-
sterdam-centraal/plattegrond.

［11］ 刘龙胜，杜建华，张道海，等. 轨道上的世界：东京都市圈城市和交通研究 ［M］. 北京：人民交
通出版社，2013.

第 6 章　规划实施评估

6.1　本章编制说明

随着城市逐步进入"存量发展"阶段，城市综合交通规划越来越需要实现由"蓝图式"规划向"过程式"规划的转变，规划实施评估是编制"过程式"规划的重要程序环节。通过常态化开展规划实施评估工作，建立规划"编制-实施-评估-调整"的滚动实施机制，使规划能够不断适应城市快速变化及结构性变化的发展要求。城市综合交通体系规划评估应立足于宏观发展层面，通过定量与定性相结合的方法，重点针对城市综合交通的发展目标、策略、政策及重大规划项目，从城市的空间布局与交通系统协调、城市综合交通体系协调、交通设施投资与建设、交通系统运行与管理等方面，对实施进度、实施效果和外部效益进行评估。

6.2　评估程序

6.0.1　城市综合交通体系规划的编制和实施计划的制定，应进行城市综合交通体系规划的实施评估，并应以城市综合交通体系规划的实施评估结论为依据。

在传统的规划"编制-实施"单线模式基础上，通过引入具有跟踪监测和动态调校作用的规划实施评估机制，开展综合交通体系规划实施评估工作，形成"编制-实施-评估-调整"的滚动闭环，为修订与编制新一轮规划提供依据。综合交通体系规划实施评估应与《城市总体规划实施评估办法（试行）》一致，原则上每 2 年进行一次。有条件的城市可采取 1 年一评估的滚动模式，对年度实施计划及时进行调整，并以年度实施计划作为滚动编制过程中的关键控制环节，指导规划实施。参见图 6-1。

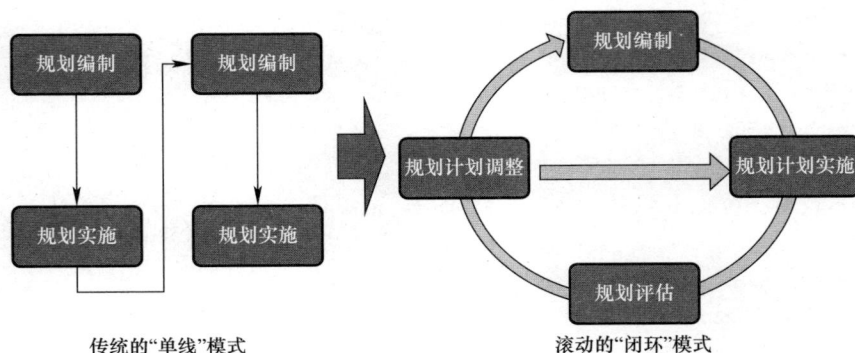

图 6-1　交通规划实施模式

6.3　评估方法

6.0.2　城市综合交通体系规划实施评估应采取定量与定性相结合的方法，对城市综合交通的发展目标、策略、政策，城市的空间布局与交通系统协调，综合交通体系各组成部分的组织与协调，交通设施投资与建设、交通系统运行与管理等方面进行评估，并对规划编制与实施提出建议。

　　综合交通体系规划实施评估应综合采用定性与定量两种评估方法。定性评估可采用专家评估、公众评估等形式，由专家分析城市综合交通体系发展的关键问题，提出专业性、建设性的评估结论和建议，或由市民给出满意程度、发展愿景和意见。定量评估应构建指标体系，依托科学可靠的基础数据和技术手段，衡量各项指标的数值水平和变化趋势，提供量化的交通发展描述和规划评估结论。在分析评估的基础上，应提出对于规划修订、编制和实施具有反馈作用的建议。对城市空间布局与交通系统协调的评估，主要通过交通发展与城市空间开发、人口和岗位变化的关联性分析，评估交通发展对城市空间布局的影响。

6.4　评估内容

6.0.3　评估内容包括实施进度、实施效果和外部效益等方面，并应符合以下规定：
1　实施进度评估应评估综合交通体系各组成部分的规划实施进度与协调性；
2　实施效果评估应评估规划实施后城市空间布局调整、居民出行特征、交通系统运行效果、财政可持续能力等与规划预期的关系；
3　外部效益评估应评估规划实施对城市经济发展、土地使用、社会与环境可持续等方面的外部影响。

　　实施进度评估包括以下内容：规划中各项交通战略、政策的重视程度和推进实施情况；各类交通基础设施的建设进度和计划完成情况；城市交通系统投资规模、分布，以及各交通子系统的实际投资安排；道路、公交、停车等下位专项交通规划的实施情况。评估指标可参考表 6-1。

实施进度评估参考指标　　　　　　　　　　　　　　　　表 6-1

类别	指标	计算	说明
战略政策	按规划实施的战略政策比例（%）	至少实施一次的战略政策的数量 / 规划中所有战略政策的数量	战略政策包括城市交通发展战略、政策措施、保障机制等
设施规划	按计划启动的交通设施建设项目比例（%）	已启动的交通设施建设项目数量 / 规划中所有建设项目数量	建设项目根据所处阶段分为前期、准备、实施、运营等
设施规划	各类交通设施建设项目的工程进度（%）	已完成的交通设施建设项目工程量 / 规划中交通设施建设项目总工程量	建设项目根据所处阶段分为前期、准备、实施、运营等
投资计划	按计划投入资金的项目比例（%）	已投入资金的项目数量 / 规划中所有需投资的项目数量	项目包括需要投资的工程项目、行动措施等
投资计划	各类项目按计划投入资金的比例（%）	已投入的项目资金额度 / 计划投入的项目资金额度	项目包括需要投资的工程项目、行动措施等

深圳市已持续开展了 5 年交通建设计划中期评估工作，重点内容包括调研项目工程情况、评估项目工程进展程度（投资完成度等）、总结分析项目建设目前存在的问题、预测规划期末完成的可能性、提出下一步推进工程进展的措施建议，见表 6-2 及表 6-3。针对进度存在问题的项目，及时制定优化调整措施。

深圳市"十二五"中期重大项目投资进展评估表（示例）　　　　　表 6-2

序号	项目名称	"十二五"计划投资（万元）	"十二五"中期累计完成投资（万元）	投资完成度（%）	工程进展
1	厦深铁路（深圳段）	144052	70573	49.0	正常
2	深圳机场航站区及配套设施扩建工程	773565	349516	45.2	正常
3	深圳机场飞行区扩建工程	71954	44764	62.2	正常
4	广深沿江高速公路（深圳段）项目	388874	256873	66.1	正常
5	梅观高速公路扩建项目	76905	58182	75.7	正常
6	深圳水官高速公路连接线（清平高速公路）工程	180931	100700	55.7	正常
7	深汕公路改造工程（二期）	31668	31668	100.0	正常
8	南坪快速路二期工程 A 段工程	109637	80000	73.0	正常

深圳市"十二五"中期重大项目实施进展评估表（示例）　　　　　表 6-3

分类	工作任务	进展评价	至 2013 年 6 月进展情况及主要举措	存在问题及原因	至 2015 年完成情况及实施措施
现代服务业重点项目	华南国际工业原料城二期——华南国际印刷包装物流区（二期）2 号楼	已完成	已到规划验收阶段	规划验收时间较长	2013 年 4 月已交付使用
	华南国际工业原料城二期——华南城铁东物流区（二期）	推进中	已到基坑支付阶段	需获取"产业意见"，并已报文	预计 2014 年年底完工
	西部第三方物流基地	推进中	完成 01 地块 B 仓一期工程。现已建成 11.2 万 m² 仓储	—	前海综合规划实施，将逐步建设现代物流产业

实施效果评估包括以下内容：规划实施后交通方式结构、规模强度、时空分布等需求特征及变化；各类交通设施设备的规模、分布、服务能力等供应特征及变化；交通设施的运行效率、服务水平等运行特征；客货运交通的运营效率、服务水平等运营特征及变化。评估指标可参考表 6-4。

实施效果评估参考指标　　　　　表 6-4

类别	建议指标	备选指标
交通需求	全市、关键区域或通道：交通需求总量、交通出行结构	区域与对外交通、城市交通等各种交通出行方式的需求规模、结构、分布；每人或每车平均出行次数、出行距离
交通供应	区域与对外交通：可达性、运输能力	港口泊位等级、数量、航线数量、客货运吞吐能力等；公路等级、长度、密度、通行能力等；机场航线数量（国际、国内）、客货运吞吐能力、中转旅客占比等；铁路长度、线路数量、客货运吞吐能力等；口岸客货运输能力等

续表

类别	建议指标	备选指标
交通供应	城市交通： 可达性、交通承载能力	城市道路等级、长度、密度、通行能力等； 公交线网数量、场站规模、车辆数、专用道长度及道路覆盖率，公交站点半径覆盖率等； 轨道交通网络规模、密度、站点数量、车辆数，轨道交通站点半径覆盖率、周边覆盖人口岗位数量等； 步行非机动车通道长度、密度，慢行空间占道路空间的比例，公共自行车租赁点数量，绿道网规模等； 停车设施供应规模、结构、供需缺口
交通运行	基础指标： 平均行程速度 服务水平/拥堵等级	交通流量、周转量、饱和度（负荷度）； 平均延误
交通运行	特征指标： 各方式出行时耗 拥堵持续时长 拥堵里程比例	路段或路网行程时间比； 不同拥堵等级的持续时间、比例； 常发拥堵路段数量、长度、里程比例； 道路行程时间可靠度
交通运行	综合指标： 交通运行指数	道路拥堵指数； 拥堵延时指数
交通运营	区域与对外交通： 客货运发送量 平均运送速度	各种方式客货运发送量的比例
交通运营	城市公共交通： 全天或高峰客运量、公共交通分担率 平均运营车速、候车时间 准点率	公交平均换乘次数； 公交、轨道交通车辆每平方米站立人数、有座率； 公共交通平均步行到站距离； 乘客满意度、投诉率

实施效果评估中，应注重将历史数据分析和比较研究相结合，通过分析关键指标历史数据的变化特征及与同类城市的横向比较，研判交通发展阶段，总结交通发展趋势，作为制定未来交通规划目标和策略的基础。

20 世纪 80 年代以来，我国城市经历了快速城市化和快速机动化的过程。随着城市化进程的深入推进和人口增加，未来我国机动化出行需求增长仍将持续一段时间。通过高水平供给城市轨道交通、严格调控机动车出行需求等措施，近年来上海、深圳等城市的核心区机动化出行中私人小客车比例增幅已经趋缓，2010 年后更呈现略降趋势，参见图 6-2。

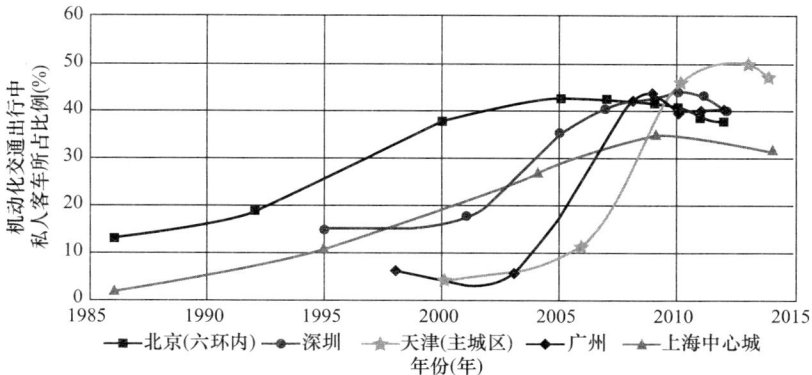

图 6-2　我国特大城市城市机动化交通出行中私人客车比例变化趋势
资料来源：北京、上海、广州、深圳、天津各地交通年报.

为抑制小汽车过快增长和过度使用，我国部分大城市采取了拥有和使用方面的管制措施，见表 6-5，这些措施的实施效果有待持续跟踪评估。

部分城市交通需求管理政策及评估方法 　　　　　　　　　　　表 6-5

城市	拥有管制	使用管理	效果评估方法
北京	摇号。车牌类型及数量、参与人资格、中签率等	限号：本地车牌尾号限行、外牌车区域禁行等措施	车辆拥有趋势评估 日常交通网络运行评估
上海	拍卖。沪 C 出价规则调整、价格变化等	外地车辆高架高峰限行、沪 C 车辆限行区域、停车政策及收费政策等	拥有水平评估 快速路外牌、本地车辆变化，运行评估
广州	摇号＋拍卖。车分类牌类型及数量、价格水平等	外牌车辆限行等	车辆拥有趋势评估 日常交通网络运行评估
杭州	摇号＋拍卖	外牌车辆限行的区域与时段设计等 西湖风景区的周末限号	车辆拥有趋势评估 日常交通网络运行评估
深圳	摇号＋拍卖	停车费用措施：停车分区、政策设计、费用水平、管理规制	车辆拥有趋势评估 日常交通网络运行评估
贵阳	特定区域通行权的牌照限制	外牌车辆不能连续在市区使用	集中建设区运行评估

为贯彻落实国务院大气污染防治和节能减排要求，减少机动车尾气排放对空气质量的影响，保持城市交通基本顺畅，北京从 2008 年 10 月 11 日开始，连续七年实施了机动车按车牌尾号限行的交通管制措施。2008 年到 2014 年底，交通指数由 8 下降到 7，显示不断加码的调控措施取得成效。然而 2015 年交通拥堵指数上升明显，向 2007 年峰值逼近。深圳的情况与北京类似，2014 年底实施小汽车增量调控政策后，2015 年道路交通拥堵情况有所缓和，但 2018 年下半年以来，道路交通拥堵指数呈现同比上升的态势，见图 6-3。

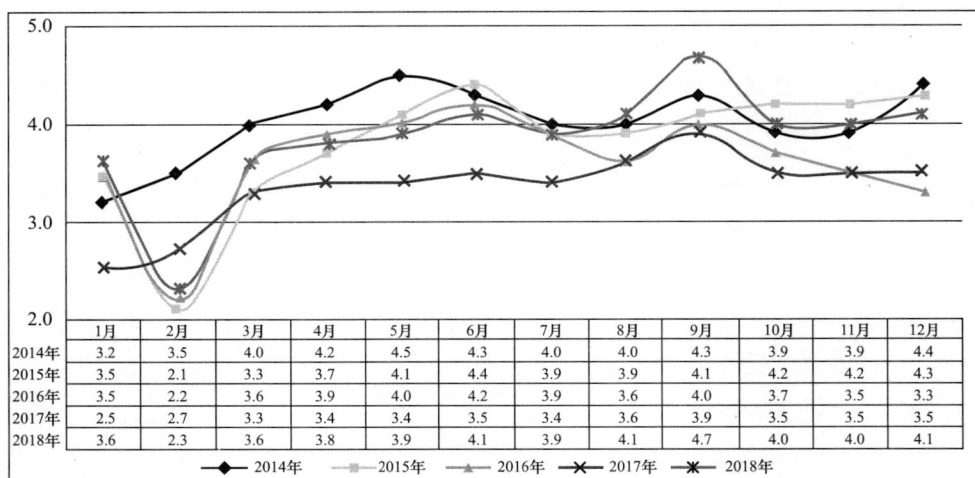

	1月	2月	3月	4月	5月	6月	7月	8月	9月	10月	11月	12月
2014年	3.2	3.5	4.0	4.2	4.5	4.3	4.0	4.0	4.3	3.9	3.9	4.4
2015年	3.5	2.1	3.3	3.7	4.1	4.4	3.9	3.9	4.1	4.2	4.2	4.3
2016年	3.5	2.2	3.6	3.9	4.0	4.2	3.9	3.6	4.0	3.7	3.5	3.3
2017年	2.5	2.7	3.3	3.4	3.4	3.5	3.4	3.6	3.9	3.5	3.5	3.5
2018年	3.6	2.3	3.6	3.8	3.9	4.1	3.9	4.1	4.7	4.0	4.0	4.1

◆ 2014年　　■ 2015年　　▲ 2016年　　✕ 2017年　　✱ 2018年

图 6-3　深圳市工作日高峰时段交通指数变化（2014—2018 年）

资料来源：深圳市道路交通指数平台.

外部效益评估应包括以下内容：规划实施对推动城市社会经济发展的作用，如城市交通运输行业增加值和 GDP 占比变化、新增就业岗位等直接效益，以及对于增进城市经济活力、促进产业发展的间接效益；交通建设投资、资源配置，以及各类社会群体使用设施、享受服务、支付费用、公众参与等方面的公平和包容程度；规划实施对拓展城市空间、优化土地利用、提升土地价值等方面的作用；规划实施带来的资源消耗、污染排放、噪声振动等对生态环境的影响。

例如，伦敦拥挤收费政策评估中，采用成本-收益分析方法，对包括外部成本、外部效益在内的各项成本和收益进行综合分析。其中成本栏一般包括日常运营和管理成本、固定资产折旧、小汽车出行减少带来的损失（原小汽车使用者）、交易成本、改善公交系统费用以及与小汽车使用相关税费的减少等。收益栏一般包括道路使用者节省的时间价值、出行时间稳定性增强的价值、小汽车使用减少带来的收益（原小汽车使用者）、公交乘客增加的收益以及事故减少和环境改善带来的社会效益，见表 6-6。

伦敦和斯德哥尔摩拥挤收费成本-效益分析表　　　　　　　　　　表 6-6

（单位：百万欧元）

项目	伦敦（2005，收费金额 5 英镑）	斯德哥尔摩（2006）
道路使用者节省的时间价值	334.8	71.5
时间稳定性增强的价值	50.6	8.2
小汽车使用减少带来的收益	37.7	2.6
公交乘客增加的收益	27.6	19.3
社会效益	25.0	22.2
收益小计	475.6	123.8
日常运营和管理成本	−158.1	−65.6
固定资产折旧	−36.3	−8.5
小汽车出行减少带来的损失	−29.0	−1.4
交易成本	−32.0	0.0
改善公交系统	−26.0	−6.7
与小汽车使用相关税费的减少	−91.4	−5.6
成本小计	−372.7	−87.8
净收益	103.0	36.1

关于拥挤收费政策对相关产业的影响，伦敦和斯德哥尔摩均进行了深入细致的研究。其中伦敦和斯德哥尔摩拥挤收费政策对弹性出行均产生了显著影响，并一定程度削减了居民的消费预算，引发的收入效应（消费预算减少）和替代效应（改变购物目的地）对收费区商业构成直接影响。然而，伦敦拥挤收费年度监测报告分析表明，实施拥挤收费后，商务贸易和金融业的营业额和就业岗位比收费前有了明显提升。斯德哥尔摩在拥挤收费政策中嵌入环保型车辆收费优惠条款后，2008 年环保型汽车销售份额达 40%，较 2007 年上升了 1 倍，有力促进了环保汽车产业的发展。这些外部效益评估成为政策制定和调整的重要依据。

第7章 城市对外交通

7.1 本章编制说明

在城市对外交通领域，目前已经有国家标准《城市对外交通规划规范》GB 50925—2013。该规范为强制性规范，于 2013 年 11 月 29 日发布，自 2014 年 6 月 1 日起实施，第 5.4.1 条、第 8.3.1 条、第 8.3.2 条、第 8.3.3 条为强制性条文。从内容上看，该规范更多地侧重于对外交通设施的规模与布局。而本标准更多的侧重于城市对外交通系统布局与城市空间的关系，以及对外交通与城市内部交通的衔接，因此两本标准应配合使用。

本标准中的对外交通系统包含了航空、铁路、公路和水运四种运输方式，管道运输作为一种专门化的特定运输方式，应满足本标准第 11 章和国家现行相关标准的要求，本章未作详细规定。

7.2 一般规定

7.2.1 对外交通衔接

> 7.1.1 城市对外交通衔接应符合以下规定：
> 1 城市的各主要功能区对外交通组织均应高效、便捷；
> 2 各类对外客货运系统，应优先衔接可组织联运的对外交通设施，在布局上结合或邻近布置；
> 3 规划人口规模 100 万及以上的城市的重要功能区、主要交通集散点，以及规划人口规模 50 万～100 万的城市，应能 15min 到达高、快速路网，30min 到达邻近铁路、公路枢纽，并至少有一种交通方式可在 60min 内到达邻近机场。

本条对城市重要功能区、主要交通集散点等的对外交通组织要求和布局原则等作了规定。

对外交通的便捷性对于旅客出行和企业运输组织等均具有重要意义。根据《国家新型城镇化规划（2014—2020 年）》，"到 2020 年，普通铁路网覆盖 20 万人以上人口城市，快速铁路网基本覆盖 50 万人以上人口城市；普通国道基本覆盖县城，国家高速公路基本覆盖 20 万人以上人口城市，民用航空网络不断扩展，航空服务覆盖全国 90％左右的人口。"基于上述目标和各种运输方式的需求，规划人口规模 50 万～100 万人的城市，应能基本实现"15min 到达高、快速路网，30min 到达邻近铁路、公路枢纽，并至少有一种交通方式可在 60min 内到达邻近机场"。随着全国交通网络的快速发展，一部分城市的对外交通进入多枢纽时代，在交通便捷和空间发展的要求下，需要考虑城市空间与对外交通枢纽的结合。

在布局上，城市中心体系应与城市综合交通枢纽耦合。城市中心是城市对外联系职能的主要集聚地，城市各级中心与城市综合交通枢纽相耦合既可以提升对外交通服务的水平，也是促进城市多中心发展的动力源，一方面缩短中心的对外交通服务距离，另一方面也可以利用中心优越的城市交通网络实现低成本的对外交通集散。比如在荷兰，从节点（nodes）与场所（places）两个维度来分析枢纽地区功能，铁路客运枢纽地区既是城市对内、对外交通的重要节点，也是开展各类城市活动的功能区。将城市各级中心与综合交通枢纽耦合，上升为荷兰国家空间政策的重要工具，[1] 参见图 7-1。伴随城市职能的区域化，大城市的综合交通枢纽地区成为城市区域职能的主要承载区，也成为推进区域一体化发展的重要抓手。

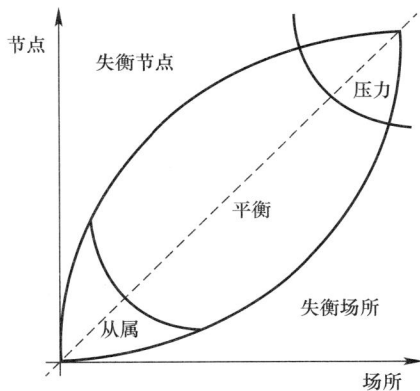

图 7-1　节点-场所模型

资料来源：胡晶，黄珂，王昊. 特大城市铁路客运枢纽与城市功能互动关系——基于节点-场所模型的扩展分析. 城市交通，2015，13（5）：36-42.[1]

对于多中心的大城市，需要布局均衡、规模合理的多个综合交通枢纽。规划城市人口规模 100 万人及以上的城市基本上是多中心布局，存在多个功能区及主要交通集散点，不同中心承担不同的城市职能，都有对外交通服务要求，其对外交通都应高效、便捷。国家城市间交通系统的快速建设和城市的快速发展为城市内对外交通站点与城市空间的协同发展提供了机会，也成为近年来城市综合交通规划中重点考虑的内容。规划需要重点考虑枢纽与城市的空间结构的结合，布局均衡，避免出现超大规模、服务腹地过大的综合交通枢纽，缩短城市对外交通出行在城市内部的出行距离，提升城市对外交通组织的便捷性，减少与城市内部交通的矛盾。

同时，对外交通的便利性也对大型企业的选址有重要影响。如亚马逊投资 50 亿美元建设第二总部，项目建成后可以提供 5 万个高科技岗位。选址标准中对交通方面有严格要求，需距离国际机场 45min 车程以内，能方便地衔接其他对外交通枢纽和公共交通运输设施。

此外，还应重点考虑多种对外交通方式之间的高效衔接。城市间交通运输网络在城市汇聚，使城市的对外交通在服务于城市的同时，也带来了不同对外运输方式和方向之间的换乘需求，因此，城市对外交通中不同方向和方式中换乘需求较大的对外客货运系统应聚合成枢纽，统一布置，条件受限时也可采用邻近布置的方式，统筹考虑。

7.2.2　设施规划

7.1.2　对外交通设施规划应符合下列规定：
1　城市重大对外交通设施规划要充分考虑城市的远景发展要求；
2　市域内对外交通通道、综合客运枢纽和城乡客运设施的布局应符合市域城镇发展要求；
3　承担城市通勤交通的对外交通设施，其规划与交通组织应符合城市交通相关标准及要求，并与城市内部交通体系统一规划；

> 4 城市规划区内，同一对外交通走廊内相同走向的铁路、公路线路宜集中设置；
>
> 5 城市道路上过境交通量大于等于 10000pcu/d，宜布局独立的过境交通通道。

本条对城市对外交通设施规划进行了一般规定。

第一，应对城市重大对外交通设施进行远景控制。一方面，城市发展进入存量规划时代，城市中交通走廊和大型场站用地尤为稀缺，另一方面，城市综合交通枢纽建成后，再接入新设施和扩展能力所需的改造成本巨大。因此，城市需要在对远景研究的基础上确定城市对外廊道和承担对外交通功能枢纽的规划和预控。一般应在规划中设置专题进行研究。

第二，城市对外交通设施应与城市的对外需求相契合，既带动城市的开发与更新，又提升城市的对外交通的服务水平。因此，市域内交通设施应与市域城镇体系发展相契合。

第三，承担城市通勤交通的对外交通设施应符合城市交通标准。我国交通设施按照行业主管部门职能，划分为对外与城市内部两类，分别采用不同的规划建设标准。随着城市的发展，部分城市的职能突破中心城区，在市域或者跨界布局，特别是大城市的居住职能，这导致了部分中心城区外的对外交通设施在实际功能上承担了大量的城市内部交通特征的出行，而且随着中心城区外的城市开发，这些对外交通设施与两侧用地的关系也逐步趋向于城市内部交通设施的特征，如对步行、自行车和公共交通、市政管线布设等的要求，组织方式与建设标准就需要按照城市内部交通标准执行。如北京市在城市总体规划和综合交通体系规划中均提出，优化公交专用道规划建设和管理，提高公交运行速度和准点率，除在城市道路布设公交专用道外，规划中还依托对外的高速公路通道等打造了市域快速公交走廊，以提高这些设施承担的城市外围与中心城区之间通勤交通的服务水平。

第四，同一交通走廊内相同走向的铁路、公路线路宜集中设置。规划区内城市建设集中，同走廊的对外交通设施集中布局，既可节约用地，减少对城市的分隔，方便穿越对外交通走廊的城市交通设施建设，又有利于综合交通枢纽的布局与建设。

第五，减少过境交通对城市交通的干扰。当交通量大于或等于 10000pcu/d 时，应考虑设置独立的过境交通通道。根据《公路路线设计规范》JTG D20—2017，双车道二级公路适应的年平均日交通量为 5000～15000pcu，即过境交通量达到修建双车道二级公路适应交通量的中值时，宜在外围布局独立的过境交通通道，外迁有难度时可考虑利用高架、下穿、路堑等方式形成独立的过境通道，将过境交通与城市内部交通分离开来。

7.2.3 减少对外交通对城市的分割

> 7.1.3 城市对外交通走廊或场站规划，应预留与之相交的城市主干路及以上等级道路、重要次干路的穿越通道，减少对城市的分割。

城市对外交通走廊或场站尺度较大，在规划布局时，应减少对城市空间、城市交通系统等的影响。对外交通廊道与场站在通过城市时，如未预留相应的城市内部交通穿越通道，一方面会导致两侧城市重要通道的中断，形成对城市空间的分隔，使城市对外交通廊道和场站建设地区成为城市内部交通组织的瓶颈，如石家庄、郑州、牡丹江等许多城市的铁路分隔[2][3]，导致铁路两侧地区交通联系不畅，甚至导致走廊和场站两侧城市开发、社会组织迥异；另一方面，如果规划未预留穿越通道，一旦对外交通设施建设完成，要在不影响对外设施运行的前提下增加通道，在实施上的成本将大大增加。参见图 7-2。因此，对外交通走廊或场站，应保障所在地区城市承担长距离交通联系的交通干线系统的完整性，即应预留与之相交的城市主干路及以上等级道路和重要次干路的穿越通道。由于轨道交通线路建设对对外交通设施的影响一般较小，在标准中未作规定，但当轨道交通需要穿越城市综合交通枢纽等对轨道交通建设影响较大的设施时，也应预留通道。

案例：徐州与石家庄铁路走廊与枢纽穿越通道的预留

徐州东站在修建时，对地铁进行了预留，也在车站南北两端考虑了主要道路的连通，如图 7-3。

图 7-2　牡丹江铁路编组站割裂了道路的连通

图 7-3　徐州东站主要道路的连通状况

2017 年徐连高速铁路在征求地方意见时，当地政府高度重视，联合铁路设计单位、规划局、水务局等多个部门对现状和规划潜在的跨（穿）铁路通道进行了详细的梳理，并逐一落实各通道的实施方案，参见图 7-4。

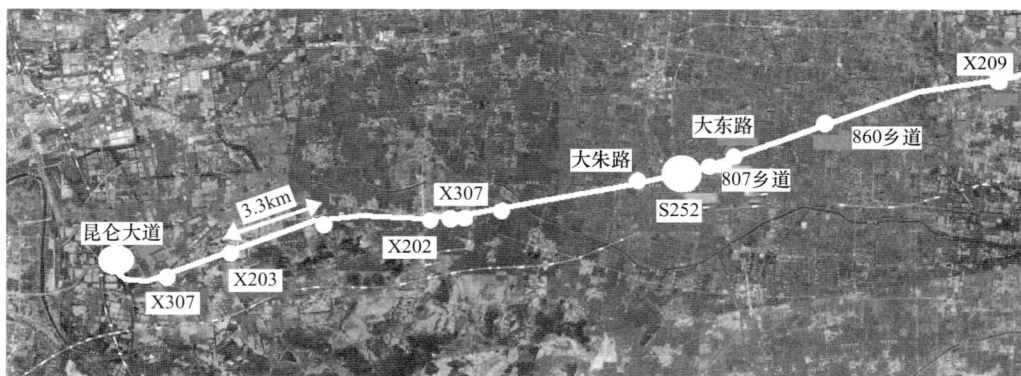

图 7-4　徐连高速铁路通道预留规划

石家庄站在修建时，除了考虑进出站的匝道外，还预留了东西两侧广场衔接的道路，参见图 7-5。目前国内一些火车站在两侧均设置了广场，但两侧之间缺少便捷的联系通道，需要借用车站两端甚至更远的城市道路进行衔接，加剧了火车站地区的交通拥堵，也会造成两端联系的不便。如果能在车站规划设计之初，考虑预留内部联系通道，则能有效缓解此类矛盾。

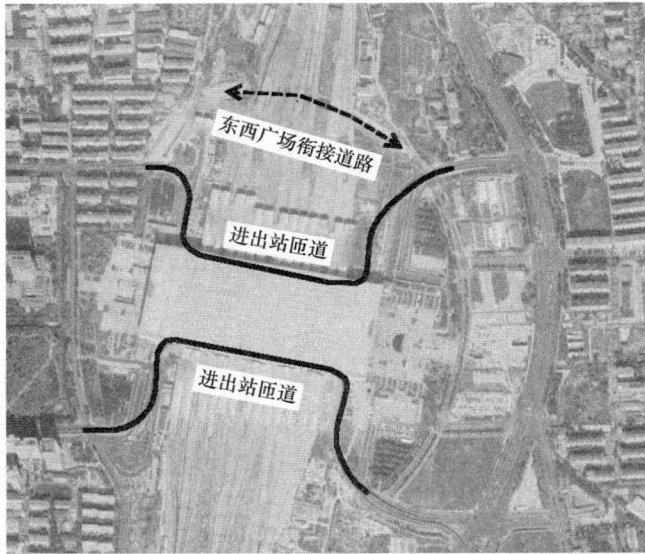

图 7-5　石家庄站的进出站匝道与内部衔接道路

> **7.1.4**　承担国家或区域性综合交通枢纽职能的城市，城市主要综合客运枢纽间交通连接转换时间不宜超过 1h。

城市多种对外客运枢纽之间的快速转换是提高旅客出行效率的重要抓手。随着我国交通运输基础设施网络规模不断扩大，交通方式之间衔接不畅、旅客中转换乘不便的问题凸显。国家发改委专门出台了《关于打造现代综合客运枢纽提高旅客出行质量效率的实施意见》（发改基础〔2016〕952 号），提出通过快速、大容量的城市公共交通，连接城市内各种类别、方向和功能的综合客运枢纽，畅通场站间直接连接，实现旅客在主要枢纽之间的快速直达。超大城市的主要客运枢纽间以换乘时间不超过 1h、换乘次数不超过 2 次为宜，特大城市换乘时间不应超过 45min，大城市换乘时间不应超过 30min。

承担国家或区域性综合交通枢纽职能的城市，往往是多向、多方式国家综合交通网络汇聚的重要节点。城市间交通联系换乘需求大，城市的主要综合客运枢纽之间的换乘应控制在 1h 内，在布局时应尽量将换乘较大的设施集成枢纽、就近布局，形成现代化、立体式综合客运枢纽；无法就近布局的则要考虑通过便捷的衔接设施联系，提高转换的服务水平。如北京新机场就规划了与首都机场之间的城市轨道交通快线，提升了两机场之间换乘的便捷性。[4]

7.3　机场

> **7.2.1**　衔接机场的铁路与道路系统布局应与机场的客货运服务腹地范围一致。年旅客吞吐量 2000 万人次及以上的机场宜与城际铁路、高速铁路衔接，年旅客吞吐量 1000 万人次及以上的机场，应布局与主要服务城市之间的机场专用道路，并宜设置城市航站楼。
>
> **7.2.2**　机场集疏运交通组织应鼓励采用集约型公共交通方式。
>
> **7.2.3**　布局有多个机场的城市，机场之间应设置快捷的联系道路或轨道交通。

　　航空运输作为时效性最高的远距离运输方式，应高标准地规划设计其接驳系统。根据《城市对外交通规划规范》GB 50925—2013、《民用机场总体规划规范》MH 5002—1999、《民用机场工程项目建设标准 2008》建标 105-2008、《关于打造现代综合客运枢纽提高旅客出行质量效率的实施意见》（发改基础〔2016〕952 号）、《促进综合交通枢纽发展的指导意见》（发改基础〔2013〕475 号）等，机场作为城市中重要的对外交通设施，应强化与之衔接的交通系统的建设。《促进综合交通枢纽发展的指导意见》提出民用运输机场应尽可能连接城际铁路或市郊铁路、高速铁路，并同站建设城市公共交通设施。机场集疏运交通体系应鼓励采用集约型公共交通方式，具备条件的城市，应同站连接城市轨道交通或做好预留。视需要同站建设长途汽车站等换乘设施。对于区域枢纽机场，在主要服务的城市建设城市航站楼，可以提高旅客时间效率和方便性，也能为机场吸引更多客源。由于航空服务时间弹性小，对准时性要求高，因此，年旅客吞吐量超过 1000 万人次时，机场与城市之间的交通联系必须得以保证，应设置专门服务于机场集疏运的专线道路，年旅客吞吐量小于 1000 万人次时，机场的集疏运道路可以与其他功能共用，但需保障机场的集疏运效率。

　　案例：上海虹桥枢纽整合多种交通方式提高机场的便捷性

　　上海虹桥综合交通枢纽的定位为面向全国、服务长三角地区，枢纽整合了航空、铁路、长途客运和城市公交等多种交通运输方式。如图 7-6 所示，城市轨道交通在虹桥 2 号航站楼和虹桥火车站设站，引入了 2 号线、10 号线、17 号线和青浦线。同时，在该枢纽设有高速巴士中心，有 30 多条巴士专线，可以链接沪宁、沪杭、沪嘉、A9 高速公路。虹桥枢纽不同交通方式的集疏运比例见图 7-7，从中可以看出，枢纽整体的公共交通接驳比例超过了 50%。[5]

图 7-6　虹桥枢纽城市轨道交通衔接示意

资料来源：王铭艳. 综合交通枢纽系统性后评估——以虹桥枢纽为例. 2015 年中国城市交通规划年会论文集. 2015.[5]

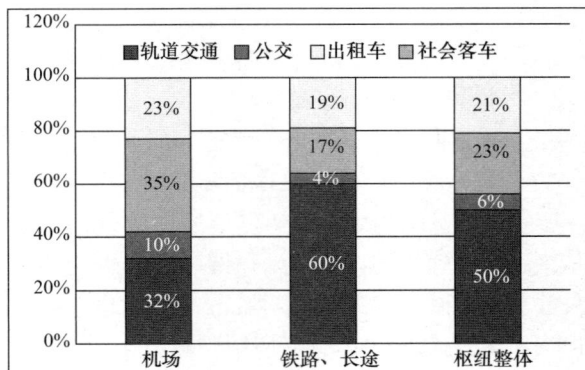

图 7-7　虹桥枢纽不同交通方式的集疏运比例

资料来源：王铭艳. 综合交通枢纽系统性后评估——以虹桥枢纽为例. 2015 年中国城市交通规划年会论文集. 2015.[5]

此外，对于布局多个机场，机场之间存在较大换乘需求的城市，应设置快捷的联系通道。

案例：上海虹桥机场到上海浦东国际机场

从上海虹桥机场到上海浦东国际机场，目前乘客可以选择地铁 2 号线和机场大巴线，但便捷性还有待提升，如地铁 2 号线需要 90min 以上才能到达，两机场之间联络线建设的需求很大。正在规划建设中的机场联络线全长 68.6km，经过徐汇区、闵行区、浦东新区 3 个行政区，全线设置 9 座车站，将实现 1h 机场间换乘，参见图 7-8。

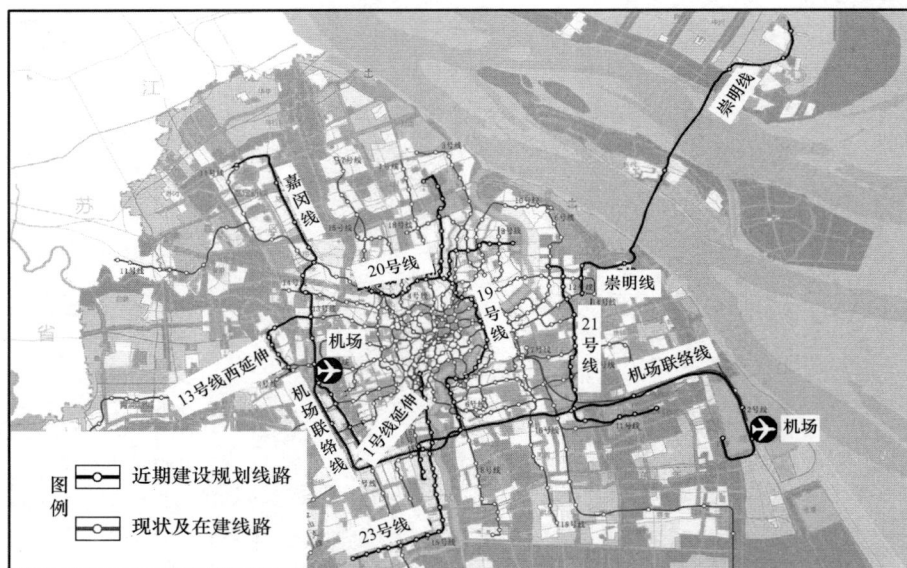

图 7-8　上海拟通过市郊铁路实现机场枢纽之间的快速衔接

资料来源：上海城市轨道交通第三期建设规划.

7.2.4　年旅客吞吐量 1000 万人次及以上的机场应规划城市公共汽电车、出租汽车、机场专线巴士等衔接设施；年旅客吞吐量 20 万人次及以上的机场，宜规划机场专线巴士、出租汽车等衔接设施；年旅客吞吐量小于 20 万人次及货运为主的机场、通用机场，应结合货邮吞吐量、旅客吞吐量和服务水平标准等规划衔接设施。

大型机场一般需要多种方式进行衔接。年旅客吞吐量 1000 万人次及以上的机场应具备相对完善的集疏运条件，往往需要多种地面交通方式或多条专用道路与机场接驳，方能满足机场发展和旅客出行、机场货运集疏运的需求。

大型机场的铁路、城市轨道交通集疏运系统是机场与城市或区域联系的重要通道。我国城市随着城市轨道交通线网的逐步完善、航空运输业发展的持续升温，以及临空经济的发展，城市轨道交通作为一种普遍的机场与市区高效、可靠的运输连接方式，无论从速度上、容量上，还是应急保障上，都是对可靠性、便捷性要求高的机场客流集散的理想选择。

机场的城市轨道交通衔接是未来机场枢纽的发展趋势，也是机场提升地面交通集疏运系统效率与品质的基本要求。安徽民航机场集团有限公司的沈燕华对我国已经进入千万吞吐量的 37 个机场轨道交通建设情况调查显示，截至 2018 年 12 月，国内机场除了厦门高崎国际机场、呼和浩特白塔国际机场正在迁建新机场外，机场综合交通枢纽中，轨道交通已投入使用和即将投入运营的机场占比为 92%，[6] 参见表 7-1。

我国主要机场轨道交通建设情况表   表 7-1

2018 年吞吐量排名	机场名称	2018 年旅客吞吐量（万人次）	市中心直线距离（km）	是否有轨道交通	轨道交通配置	启用时间
1	北京/首都	10098	25	√	地铁机场线	2008 年 7 月
2	上海/浦东	7405	30	√	地铁 2 号线 磁悬浮	2010 年 4 月 2002 年 4 月
3	广州/白云	6973	28	√	地铁 3 号线北延段	2010 年 10 月
4	成都/双流	5291	15	√	地铁 10 号线 成都乐城际铁路	2017 年 9 月 2017 年 8 月
5	深圳/宝安	4935	28	√	地铁 11 号线	2016 年 6 月
6	昆明/长水	4709	25	√	地铁 6 号线	2012 年 6 月
7	西安/咸阳	4460	25	√	西安北至机场城际	2019 年 9 月
8	上海/虹桥	4364	13	√	地铁 2 号线 地铁 10 号线 京沪高铁、沪昆高铁	2010 年 7 月 2010 年 7 月 2010 年 7 月
9	重庆/江北	4160	20	√	单轨 3 号线 地铁 10 号线	2011 年 9 月 2017 年 12 月
10	杭州/萧山	3824	27	√（在建）	地铁 1 号线 地铁 7 号线 绍兴地铁 1 号线	2011 年 9 月 2017 年 12 月 规划中
11	南京/禄口	2858	36	√	地铁 S1 线 地铁 S7 线	2014 年 7 月 2018 年 5 月
12	郑州/新郑	2733	30	√	地铁 2 号线 地铁城郊线 地铁 3 号、17 号线 地铁 12 号、13 号线 郑机城际铁路 豫机城际铁路、 郑许城际铁路、 郑登洛城际铁路	2017 年 1 月 2017 年 1 月 预计 2020 年运营 规划中 2015 年 12 月 豫机城际铁路 2019 年 11 月开通

续表

2018年吞吐量排名	机场名称	2018年旅客吞吐量（万人次）	市中心直线距离（km）	是否有轨道交通	轨道交通配置	启用时间
13	厦门/高崎	2449		×	—	2016年开建翔安机场
14	长沙/黄花	2530	24	√	磁浮快线 地铁6号线 地铁11号线	2016年5月 预计2022年运营 规划中
15	青岛/流亭	2454	23	√（在建）	地铁1号线	预计2020年运营
16	武汉/天河	2450	22	√	地铁2号线 汉孝城际铁路	2016年12月 2016年12月
17	海口/米兰	2412	17	√	海南东环铁路	2010年12月
18	天津/滨海	2359	13	√	地铁2号线	2014年8月
19	乌鲁木齐/地窝堡	2303	16.8	√	地铁1号线	2019年6月
20	哈尔滨/太平	2043	33	√（在建）	地铁9号线	预计2022年运营
21	贵阳/龙洞堡	2010	10	√	市域铁路东北环线	2015年9月
22	三亚/凤凰	2004	12	√	海南西环铁路	2015年12月
23	沈阳/桃仙	1901	20	√	有轨电车2号线	2013年6月
24	大连/周水子	1877	8	√	地铁2号线	2015年5月
25	济南/遥墙	1661	30	√（在建）	轨道交通R3线	预计2020年运营
26	南宁/吴圩	1510	32	√（在建）	南宁至崇左城际铁路	预计2021年运营
27	福州/长乐	1439	45	√（在建）	轨道交通6号线 福州地铁滨海快线	规划中 预计2023年运营
28	兰州/中川	1385	75	√	中州城际铁路	2015年9月
29	太原/武宿	1359	9	√（在建）	地铁1号线	预计2023年运营
30	南昌/昌北	1352	28	√（规划）	昌九轻轨线或南昌地铁1号线北延	规划中
31	长春/龙嘉	1297	32	√	长吉城际铁路＋地铁1号线	2015年9月
32	呼和浩特/白塔	1216	15	×	—	2018年开建盛乐机场
33	宁波/栋社	1171	10	√	地铁2号线	2015年9月
34	石家庄/正定	1133	32	√（规划）	多条城际铁路	规划中
35	温州/龙湾	1122	22	√	市域铁路S1线	2019年9月
36	珠海/金湾	1122	35	√（在建）	珠机轻轨	2018年开建
37	合肥/新桥	1111	32	√（规划）	合新六城际或S1号线	规划中

资料来源：沈燕华. 浅析合肥新桥国际机场轨道交通建设. 工程与建设，2019（04）.[6]

　　小型机场因客流有限，对衔接道路交通影响不大，应在优先考虑城市公共汽电车等集约交通方式接入的前提下，灵活的组织机场的衔接交通。按照机场旅客吞吐量分类的机场客运集疏运设施衔接要求详见表7-2。

规划年旅客吞吐量 （万人次）	交通设施衔接要求
>4000	1. 宜引入高速铁路接驳； 2. 应设置城际铁路、城市轨道交通接驳； 3. 应设置机场专线巴士、城市公共汽电车或公路客运站衔接； 4. 应设置出租车上、落客区，蓄车区，社会车上、落客区，停车场； 5. 应设置 3 条及以上高速公路或城市快速路衔接
2000～4000	1. 宜引入城际铁路衔接； 2. 宜设置城市轨道交通接驳； 3. 应设置机场专线巴士、城市公共汽电车或公路客运站衔接； 4. 应设置出租车上、落客区，蓄车区，社会车上、落客区，停车场； 5. 应设置 2 条及以上高速公路或城市快速路衔接
1000～2000	1. 应设置 1 条及以上高速公路或城市快速路衔接； 2. 可引入城际铁路衔接； 3. 宜设置城市轨道交通接驳； 4. 应设置机场专线巴士、城市公共汽电车或公路客运站接驳； 5. 应设置出租车上、落客区，蓄车区，社会车上、落客区，停车场
200～1000	1. 宜与高速公路、一级公路、城市快速路和主干路等交通系统衔接； 2. 应设置机场专线巴士、城市公共汽电车或公路客运站接驳； 3. 应设置出租车上、落客区，蓄车区，社会车上、落客区，停车场
20～200	1. 应设置出租车上、落客区，蓄车区，社会车上、落客区，停车场； 2. 宜与一级公路或城市主干路等交通系统衔接； 3. 宜设置机场专线巴士、城市公共汽电车或公路客运站接驳

机场客运集疏运设施衔接要求　　　　　表 7-2

7.4　铁路

> 7.3.2　铁路场站之间宜相互连通，布局应符合下列规定：
> 1　规划人口规模 100 万及以上的城市，应根据城市空间布局和对外联系方向均衡布局铁路客运站；其他城市的铁路客运站宜根据城市空间布局和铁路线网合理设置。

标准中强调的均衡是使城市内所有的人到铁路站场的出行距离和时间均在合理的范围内。在铁路站场的布局上不仅要在空间上均衡布局，还需要考虑铁路客站组织方式和相互之间的连通性。如果铁路客站之间相互不连通，只单纯按方向特征组织，则每个铁路客站的服务范围都需要覆盖全市，并不能起到缩短客站集散距离的目的。

在布局上，因城市中心体系是空间结构的核心，而枢纽服务与城市中心职能有天然的联系，因此，铁路枢纽与中心体系相结合是空间均衡的良好选择。

北京、深圳两个城市在枢纽布局方面的经验和教训值得其他城市借鉴。北京市已经形成了多个功能中心，但目前承担客运功能的主要为北京站、北京西站和北京南站。空间上，北部地区相对缺乏铁路客运车站服务，导致了北部地区市民对外出行不便，北部的城市中心对外交通组织不便。另外，北京的 3 个车站是分方向的线路组织模式，不利于就近

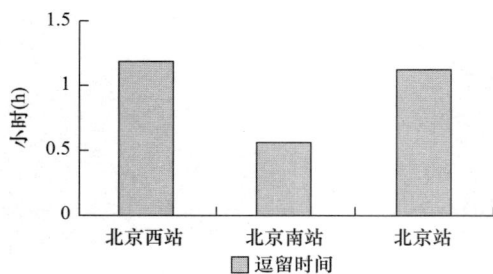

图 7-9　北京三大铁路枢纽乘客逗留时间

出行。如京沪高铁的所有列车只能在北京南站到发，京广高铁的所有列车只能在北京西站出发。由于到达车站的路途时间长，准时性降低，预留时间增加，在一定程度上也造成了车站旅客逗留时间过长，参见图 7-9。因此，北京市正在通过各种途径优化铁路枢纽的布局。[4] 而深圳铁路枢纽布局上与城市中心结合，在空间上的耦合则较好，铁路枢纽与城市中心在功能和等级上协调，重要的功能片区具有铁路枢纽提供服务；并且，铁路枢纽在建设时序上也强调了要与功能片区开发相适应。[7]

7.3.2　铁路场站之间宜相互连通，布局应符合下列规定：

2　高、快速铁路主要客站应布置在中心城区内，并宜与普通铁路客运站结合设置，中心城区外规划人口规模 50 万人及以上的城市地区，宜设置高、快速铁路客运站。

3　城际铁路客运站应靠近中心城镇和城市主要中心设置；承担城市通勤的铁路，其车站布局应与城市用地结合，并应满足城市交通组织的要求。

一般城市的中心城区是城市开发和城市人口高度聚集的地区，也是城市功能的主要聚集区，高速铁路的站点应主要布局在城市的中心城区内，与城市的主要中心结合布局。而在城市群和一些特大城市，城市建设已经超越了城市的中心城区，在城区、市域布局，甚至在城市的中心城区外布局了大量的新城、新区，以疏散和吸引集中建设区的人口与城市功能，当城市中心城区外的这些新城和城市的新型组团的人口规模超过 50 万人时，应进行客流分析，宜在符合铁路运营的基础上在这些地区设置高铁站点。

案例：深圳北站助力深圳龙华发展，片区定位为龙华商务核心区

深圳龙华片区地处大湾区四大中心城市之一的深圳的地理几何中心，南接香港，北临东莞和广州，西近惠州，具有良好的交通区位。2017 年 1 月 7 日，龙华区正式挂牌成立行政区，截至 2018 年末，龙华区常住人口达到 167 万人，先后从福田后花园进阶到城市副中心、城市北中心，继而进阶为粤港澳大湾区都市核心区，在城市空间结构中的地位不断提升，需要良好的对外交通服务。

为了更好支撑龙华区发展，在龙华片区布局了深圳北站。该站引入了京广深港、厦深客专、赣深客专、深茂客专、深茂铁路和平南铁路，地铁 4、5、6 号线和长途巴士接入，并采用了国铁居中、地铁竖向接驳的"十字"总体布局结构，参见图 7-10，人车流线组织管道化，布局紧凑、人车彻底分离，同时通过合理布设站场两侧联系的人行通道，加强了铁路两侧城市的联系。[8][9][10]

案例：柏林中央火车站布置于城市中心

枢纽的布局要结合城市战略确定，柏林中央火车站选址时就提出要成为"柏林的中心、德国的中心、欧洲的中心"，所以车站必须进入城市的核心区。柏林中央火车站区位见图 7-11。

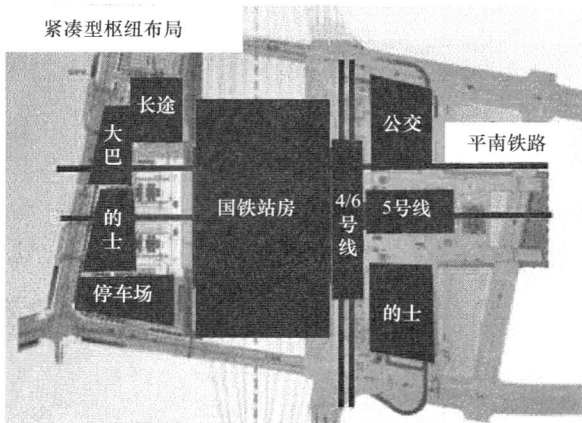

图 7-10　深圳北站设施布局

图 7-11　柏林中央火车站区位示意图

7.5　公路

7.4.1　干线公路应与城市主干路及以上等级的道路衔接。规划人口规模 500 万及以上的城市，主要对外高速公路出入口宜根据城市空间布局，靠近城市承担区域服务职能的主要功能区设置。

　　高速公路服务城市需要通过出入口衔接城市道路来完成，因此，其出入口的合理设置对提高公路出行的便捷性有重要影响。目前，高速公路出入口的规划设计主要存在 3 类问题：

　　（1）高速公路出入口距离城市发展中心距离偏远或者太近。

　　（2）高速公路出入口衔接道路等级不匹配、路网可达性差，同时对衔接主通道功能和性质缺乏明确的定位，缺乏合理的规划和有效的管理，造成城市沿出入口通道无序发展、城市出入口交通不畅等一系列问题。

（3）高速公路出入口本身规划设计考虑不足，进而导致城市重要的高速公路出入口服务水平不够高，互通匝道通行能力不足，造成出入口车流大量排队，进出城交通严重滞留。

前两类问题，在综合交通规划阶段应予以充分考虑。规划城市人口规模 500 万人及以上的城市，一般都是区域性的中心城市，城区面积较大，城市交通拥堵常发，而承担区域服务职能的地区主要在城市中心。由于以往城市建设中随着城市的扩张，高速公路出入口不断向外迁移，造成城市承担主要区域职能的地区远离高速公路，对外交通组织的效率下降，进出城的时间过长，影响到这些功能区对区域的服务。如表 7-3 所示，国内部分城市高速公路最近出入口距离城市中心区的距离已经存在过远的问题，只能通过高、快速路的一体化组织来尽力弥补这一缺欠，但依然会造成区域服务效率降低。[11] 因此，合理的高速公路出入口设置是为城市功能区提供便捷对外交通组织服务的前提。当城市规模扩大或空间拓展后，一个城市可能存在多个功能区，各个功能区均需要相对便捷的高速公路服务。

国内典型城市高速公路最近出入口距离城市中心区的距离   表 7-3

城市规模	城市名称	高速公路最近出入口距离城市中心区的距离（km）
特大城市	上海	12.6
	深圳	3.8
	广州	6.2
	成都	9.3
大城市	常州	6.1
	中山	6.8
	东莞	7.4

资料来源：杨万波，罗炯，吕北岳．一体化背景下高速公路出入口布局探讨．2017 年中国城市交通规划年会论文集．2017．[11]

7.4.2　进入中心城区内的公路，道路横断面除满足对外交通需求外，还应考虑步行、非机动车和城市公共交通的通行要求。

如本书第 7.2.2 小节所述，由于管理体制所造成的公路和城市道路的分类，并不一定符合实际的交通特征。进入城市的公路，除承担对外交通外，还可能需要承担城市内部的交通，尤其是进入中心城区的公路，道路两侧的用地已接近或与城市道路一致，在交通空间的布置上应按照城市道路标准进行建设，需要考虑步行、非机动车和城市公共交通等通行要求，在交通组织与管理上也应该参照城市道路的标准执行。当对外交通量达到标准规定时，需要规划建设单独的过境通道，从城市外围通过，并对原公路进行城市化改造。

7.6　港口

7.5.1　大型货运港口应优先发展铁路、水路集疏运方式，并应规划独立的集疏运道路，集疏运道路应与国家和省级高速公路网络顺畅衔接。

目前我国港口存在铁路、水运集疏运比例过低的问题。大型港口吞吐量大，集疏运量也大，更需要采用高效、绿色的集疏运方式，同时，也需要规划建设独立的集疏运道路，减少集疏运交通对城市生活、城市内部交通和城市对外交通的干扰。根据有关统计，全国港口集装箱集疏运量中，公路约占85％，水路约占14％，而铁路仅占1％左右。[12]优先发展铁路、水路等集疏运方式不仅有利于节能减排，更有助于协调港城关系。国家相关部门多次发文，提出促进港口集疏运结构优化的要求。《国务院办公厅关于印发推进运输结构调整三年行动计划（2018—2020年）的通知》（国办发〔2018〕91号）提出要着力推进集疏港铁路建设，2020年全国沿海重要港区铁路进港率大幅提高，长江干线主要港口全面接入集疏港铁路。2020年供暖季前，沿海主要港口和唐山港、黄骅港的矿石、焦炭等大宗货物原则上主要改由铁路或水路运输。国家发展改革委、自然资源部、交通运输部、国家铁路局、中国国家铁路集团有限公司五部门联合发布《关于加快推进铁路专用线建设的指导意见》，明确提出到2025年，沿海主要港口、大宗货物年运量150万t以上的大型工矿企业、新建物流园区铁路专用线力争接入比例均达到85％，长江干线主要港口全部实现铁路进港。大型货运港口除优化集疏运结构外，公路运输方式也存在优化的空间，一方面，需要规划建设独立的集疏运道路，保证集疏运系统的可靠性，减少对城市交通的干扰；另一方面，集疏运道路与国家和省级高速公路网等高级别的网络顺畅衔接，可以减少在城市交通网络的通过时间，提高集疏运效率，降低转运成本，扩大港口的腹地。

> **7.5.3** 宜根据港口运输特征的变化和城市发展状况适时调整港口功能，协调港口与城市建设的关系。

港口和城市发展应动态协调，这既包括滨水岸线的合理利用，也包括后方陆域用地的高效开发，以及对城市生活、产业、环境、生态等多方面的综合考量。

对港城关系的理解，目前还存在一定的误区。国内不少文章和城市提到一种说法："建港兴城，以港兴城，港为城用，港以市兴，港城相长，衰荣共济"。而实际上港口的发展要素与城市的发展要素并不完全一致，既存在"港兴城兴、港衰城衰"两种常见的发展类型，也存在"港兴城衰、港衰城兴"两种特殊的发展类型。王辑宪、张戈、高宗祺等人的相关研究也充分证明了这一观点。[13][14]对于一些以港口相关产业为主导产业的城市，应肯定港口发展要素在城市发展中的重要性，同时也应注意到，一些城市的港口在城市中的功能角色发生变化，不仅不会影响城市本身的发展，还有可能促使城市朝新的模式发展。因此，应根据目标港口城市的实际情况，来配置、调整港口和城市的发展要素，从而达到协调港城关系的目的。

从发展阶段来看，我国城市和港口发展进入了新时期，更应注重协调港口与城市建设的关系。在工业化发展时期，大工业需要大港口，而后工业化时期的旅游、文化、养老、创意产业需要更好的环境。随着我国逐步进入后工业化，部分港口运量萎缩，功能下降，需要谋划转型。还有一些城市在全球运输体系中的作用增强，需要进一步强化港口的作用。发达国家的港口城市，如澳大利亚的悉尼、英国的利物浦、法国的马赛、美国的费城和巴尔的摩、亚洲的新加坡等，都出现了一个普遍的趋势——将原有的港口地区转型为滨水商业/住宅/旅游区。王辑宪提出形成这个趋势的背后有两个核心要素：一个是码头作业区向深水处外移，造成原有港区衰落；另一个是城市本身对于市区滨水岸线资源的渴求。上海用上百亿元的投资改造黄浦江两岸，说明滨水岸线重建的趋势也进入了中国。对于著名的港口城市而言，由于城市的发展往往是围绕老港区展开，老港区本身不仅成为市中心的一部分，还常常被历史古迹所环绕，这就更提高了该港区的非港口功能价值。参见图 7-12。

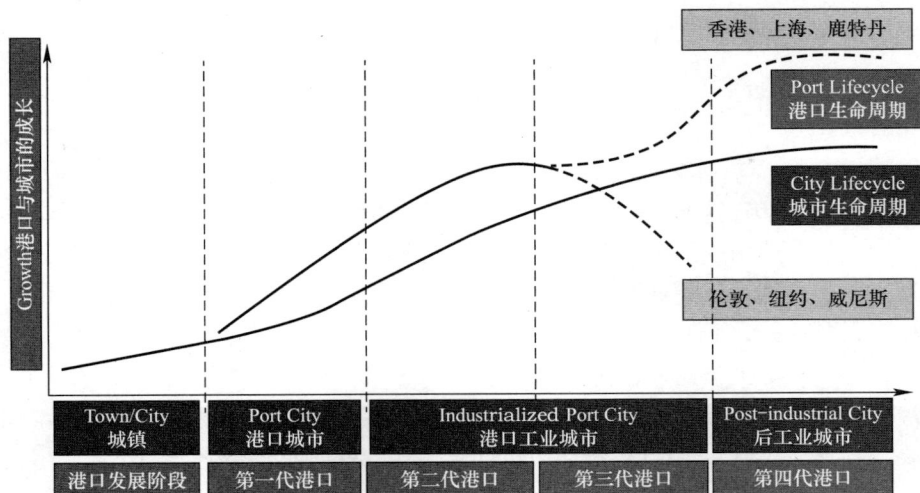

图 7-12 港口与城市的成长

案例：天津优化港区岸线布局

根据天津市的相关规划，天津港对各港区主要功能分工及布局进行了优化。如北疆港区根据发展定位，将退出矿石等大宗散货作业，重点发展集装箱、商品汽车等货类，兼顾部分对环境影响较小的洁净类件杂货运输。结合目前港区货类运输现状，规划新港航道北侧一港池以西码头岸线将逐步退出港口货运功能，调整为旅游客运、航运服务、港口文化展示等与港口相关服务功能。海河港区以旅游客运服务为主，兼顾货运功能，逐步退出货运功能，除保留部分港点外，主要以服务城市旅游客运为主。

参考文献

[1] 胡晶，黄珂，王昊. 特大城市铁路客运枢纽与城市功能互动关系——基于节点-场所模型的扩展分析 [J]. 城市交通，2015，13（5）：36-42.

[2] 中国城市规划设计研究院. 石家庄市综合交通规划 [R]. 2019.

[3] 中国城市规划设计研究院. 牡丹江市城市交通改善及老城区交通整治工程规划 [R]. 2017.

[4] 北京市人民政府. 北京城市总体规划（2016 年—2035 年）[Z]. 2017.

[5] 王铭艳. 综合交通枢纽系统性后评估——以虹桥枢纽为例 [C]. 2015 年中国城市交通规划年会论文集. 2015.

[6] 沈燕华. 浅析合肥新桥国际机场轨道交通建设 [J]. 工程与建设，2019（04）.

[7] 罗丽梅，邵源，宋家骅，等. 都市连绵地区铁路枢纽布局规划策略——基于铁路枢纽与空间结构互动视角 [C]. 2016 年中国城市交通规划年会论文集. 2016.

[8] 赵鹏林，刘永平. 综合交通枢纽现状、困境及解决途径——以深圳市为例 [J]. 城市交通，2016，14（03）：54-60.

[9] 徐惠农. 基于区位与功能分析的高铁枢纽接驳交通策略研究与实践 [C]. 2016 年中国城市交通规划年会论文集. 2016.

[10] 崔翀，杨敏行，陈可石. 基于轨道交通的 TOD 模式影响因子研究——以纽约和香港为例 [C].

2016 年中国城市交通规划年会论文集. 2016.

[11] 杨万波，罗炯，吕北岳. 一体化背景下高速公路出入口布局探讨 [C]. 2017 年中国城市交通规划年会论文集. 2017.

[12] 陈羽. 我国港口集疏运系统发展现状分析 [J]. 大陆桥视野，2017（05）：50-52.

[13] 张戈，杨菁菁. 基于发展要素调整下的港城关系优化策略探讨——以天津市为例 [C]. 2016 年中国城市交通规划年会论文集. 2016.

[14] 高宗祺，昌敦虎，叶文虎. 港口城市演变趋势的剖析及可持续发展战略选择 [J]. 中国人口·资源与环境，2010，20（5）：102-109.

第8章　城市客运交通枢纽

8.1　本章编制说明

　　客运枢纽是连接人们各种交通出行行为的纽带，是城市交通网络的交汇和运输转换衔接处，是城市综合客运交通系统组织中的重要节点和实现客运"零距离换乘"的现代交通运输的核心。

　　为保障区域与城市交通网络的一体化发展，提升综合交通组织的效能，针对我国各运输方式客运站场各自为政、独立建设、互不衔接的现象与问题，我国不同的政府管理部门都提出了客运枢纽规划、建设、管理和运营的一体化发展要求。我国《国民经济和社会发展第十二个五年规划纲要》首次提出了按照客运零距离换乘的要求，加强铁路、公路、机场、城市公共交通的有机衔接。2012 年 12 月，《国务院关于城市优先发展公共交通的指导意见》（国发〔2012〕64 号）提出了发展多种形式的大容量公共交通，建设综合交通枢纽，优化换乘中心功能和布局的发展目标。2013 年 3 月，国家发改委印发的《促进综合交通枢纽发展的指导意见》（发改基础〔2013〕475 号）中提出了枢纽发展"以一体化为主线，创新体制、机制、统一规划、同步建设、协调管理"的总体策略。同年 7 月，交通运输部在关于推进公交都市创建工作有关事项的通知中涉及了支持创建城市加快建设城市综合客运交通枢纽的事宜，涵盖公共交通与对外交通方式及城际客运站、城乡客运站等衔接的各类客运枢纽。2016 年 3 月，我国《国民经济和社会发展第十三个五年规划纲要》中提出了完善枢纽节点功能的目标。2016 年 4 月 19 日，交通运输部印发的《城市公共交通"十三五"发展纲要》在第五部分"全面提升城市公交服务品质"中明确指出要加强城市公交与城市对外交通运输方式在基础设施、运营管理和信息服务方面的衔接；建立城市公共汽电车枢纽场站配建机制和规范；引导在城乡接合部的轨道交通主要站点建设停车换乘系统。2016 年 5 月，国家发改委发布了《关于打造现代综合客运枢纽提高旅客出行质量效率的实施意见》（发改基础〔2016〕952 号），更加强调了城市综合客运枢纽的一体化建设和衔接。2017 年 2 月，国务院公开发布的《"十三五"现代综合交通运输体系发展规划》（国发〔2017〕11 号）中提出了"综合衔接一体高效"的重大目标，"十三五"期间各种运输方式衔接需更加紧密，打造一批现代化、立体式综合客运枢纽，使得旅客换乘更加便捷；提升综合客运枢纽站场一体化服务水平，按照零距离换乘要求，在全国重点打造 150 个开放式、立体化综合客运枢纽；科学规划设计城市综合客运枢纽，推进多种运输方式统一设计、同步建设、协同管理，推动中转换乘信息互联共享和交通导向标识连续、一致、明晰，积极引导立体换乘、同台换乘。2019 年 5 月，交通运输部等 12 部门和单位发布《关于印发绿色出行行动计划（2019—2022 年）的通知》，强调多层次交通网络的有效衔接，推进城市公共交通与民航、铁路等联程联运的设施建设与管理，推进城市交通枢纽建设完善。

2016 年，我国境内运输机场年旅客吞吐量 100 万人次及以上的有 77 个，其中北京、上海和广州三大城市机场旅客吞吐量占总量的 26.2%。[1] 按照国家中长期铁路网规划和铁路"十一五"、"十二五"规划，以"四纵四横"快速客运网为主骨架的高速铁路建设全面加快推进，建成了京津、沪宁、京沪、京广、哈大等一批设计时速 350km、具有世界先进水平的高速铁路，并确立了北京、上海、广州、武汉、成都、沈阳、西安、郑州、天津、南京、深圳、合肥、贵阳、重庆、杭州、福州、南宁、昆明、乌鲁木齐等约 100 个综合铁路枢纽，形成了比较完善的高铁网络。为适应新时期公路交通发展的要求，公路网络加快与国家高速公路网相协调，与铁路、港口等其他运输方式紧密衔接，按照交通运输部《国家公路运输枢纽布局规划》的要求，建成国家公路运输枢纽 179 个，其中 12 个为组合枢纽，共计 196 个城市。在航空、铁路和公路客运枢纽大规模建设进程中，各城市积极响应与推进，建成了一批如西安咸阳国际机场综合换乘中心、无锡中央车站、深圳北站等大型城市综合客运枢纽，综合客运枢纽将多层次、多功能的交通网络有机结合，理顺转换交通的衔接空间，提高了各交通方式间的转换效率，实现了城市间多方式组合出行的时耗目标控制要求。在研究城市公共交通与综合客运枢纽衔接的同时，各城市积极探索城市公共交通枢纽布局和功能定位，探索诸如"轨道站点＋上盖物业"等 TOD 开发模式，提高公共交通出行效率，引导城市空间布局和土地开发。

客运枢纽是伴随着城市与区域公共交通系统的发展而发展的，随着城市综合交通网络功能层级的不断丰富和完善，作为城市综合交通运输网络中不同方式、方向、功能交通网络的连接点，枢纽迎来了建设发展的重要战略机遇期，同时对推动城市综合交通运输的整体效率，提升服务水平，引导城市用地开发和锚固城市中心，起到了举足轻重的作用。为了顺应新时期城市与综合交通发展趋势和新要求，鉴于原 95 规范较少涉及客运枢纽的相关内容，在本标准的编制中进行了客运枢纽专题研究，并形成独立章节。此外，根据城乡规划标准体系，相较于在编的《城市客运交通枢纽设计规范》，本标准侧重从宏观角度提出客运枢纽规划布局的原则和要求，由《城市客运交通枢纽设计规范》提出具体的技术设计要求，并适用于客运枢纽专项规划和项目工程设计。

编制组通过对国内外相关文献和规划设计经验的借鉴分析，梳理已有的客运枢纽相关规范、文件、编制办法和相关标准，并结合全面的调研，分析目前综合交通网络及城市客运枢纽发展特点。针对城市客运枢纽的功能定位、客流特征和组织形式，研究其合理的布局选址（本标准第 8.2.1 条，第 8.3.1 条）、用地规模控制指标（本标准第 8.2.3 条，第 8.3.2 条）和枢纽内外部的交通组织（本标准第 8.1.2 条，第 8.1.3 条，第 8.1.4 条）、交通设施配置条件（本标准第 8.2.2 条，第 8.3.3 条），以及用地开发要求。

8.2　城市客运枢纽的定义与分类

8.1.1　城市客运枢纽按其承担的交通功能、客流特征和组织形式分为城市综合客运枢纽和城市公共交通枢纽两类。城市综合客运枢纽服务于航空、铁路、公路、水运等对外客流集散与转换，可兼顾城市内部交通的转换功能。城市公共交通枢纽服务于以城市公共交通为主的多种城市客运交通之间的转换。

辞海中，"枢"指事物的重要部分或中心部分；"枢纽"比喻重要的地点或事物的关键之处。由此可知，交通枢纽是交通的"重要之地"和"关键之处"，是多种交通方式或同一交通方式不同方向、功能线路的交汇，完成客流集散和转换的关键场所。

按其承担的交通功能、客流特征和组织形式分为城市综合客运枢纽和城市公共交通枢纽两类。城市综合客运枢纽以服务航空、铁路、公路、水运等城市对外客流集散与转换而设置，可兼顾城市内部交通的转换功能。城市公共交通枢纽主要服务于以城市公共交通为主的多种客运交通之间的转换。公共交通枢纽根据其区位特征分成中心区枢纽和城区内除主要中心区外其他地区的枢纽两类。

城市综合客运枢纽是区域层面的综合交通网络上的重要节点，大型城市综合客运枢纽大多是区域交通走廊的交叉点和其所在城市的门户，也是区域中心城市的集疏运核心所在。城市综合客运枢纽的不同定位会影响其本身的功能内容和规模，同时，不同的枢纽设施内容和规模也会反过来影响交通网络的发展和组织。因此，城市综合客运枢纽的功能定位，一般情况下主要从其所在的区域城市体系、区域综合交通网络和城市交通网络的现状与规划这三个方面来确定功能定位。

城市综合客运枢纽承担的是对外客流与城市内部客流的衔接转换，因此枢纽涉及的主要对外交通方式包括了航空、铁路、公路和水运这四种方式，对内的交通方式除了公共交通之外，还要兼顾出租车和私人交通——如小汽车和非机动车交通等。城市综合客运枢纽必须设置城市公共交通衔接设施，规划有城市轨道交通的城市，主要的城市综合客运枢纽应与城市轨道交通衔接。

城市公共交通枢纽主要服务城市内部交通客流，是城市公共交通网络上的锚固节点，是道路网、公交网、信息网"三网合一"的载体。公共交通枢纽的转换功能具体体现在：①枢纽可以和所服务区内的需求点相连接，实现客流从需求点到枢纽中心的汇集和从枢纽中心到目的地的分散；②枢纽之间的连接实现了规模化、一体化的网络输送功能，降低了客运成本。公共交通枢纽的集散功能体现在利用其枢纽中心的吸引性，以扩大吸引面为目标，为公交网络提供客源和疏散客流，实现客流向公交干线的汇集和向公交支线的渗透。

公共交通枢纽涉及的交通方式主要有轨道交通、快速公交系统（BRT）和常规公交等，复合公共交通枢纽的交通方式以轨道交通与常规公交组合较为普遍。在布局选址方面，公共交通枢纽应与城市各级公共、生活服务设施中心、居住用地等相结合开发，应符合城市客流特征与城市客运交通系统的组织要求，宜与公共汽电车首末站等地面公交场站以及轨道交通车站等合并布置。

城市综合客运枢纽是为对外交通在城市内集散以及不同对外交通方式、方向之间的转换而设置的，其中最主要的是对外交通的城市内集散。为使城市对外客运交通与城市的不同功能地区高效衔接，城市综合客运枢纽常常聚集了不同方向、功能的城市公共交通线路，成为城市公共交通集中布局的地区，也就具备了城市公共交通不同方向、不同线路之间转换的功能。因此，城市的综合客运枢纽往往也是城市内部客运交通转换的城市公共交通枢纽。

8.3　客运枢纽的布局选址要求

8.3.1　城市综合客运枢纽布局选址

> 8.2.1　城市综合客运枢纽应依据城市空间布局布置，应便于连接城市对外联系通道，服务城市主要活动中心。

　　城市综合客运枢纽在布局上应以城市空间布局为前提，应与城市的主要活动中心、重要功能区和对外运输通道紧密结合，布局应尽可能紧凑高效、方便乘客换乘与集散，提高系统运行效率。同时，还要满足多种功能、方式、线路发展的必要需求，节约利用土地，重视公共空间，坚持因地制宜，对于不同区域提出差别化的布局和选址要求，即综合客运枢纽单体应因地制宜，融合城市空间布局和功能划分进行规划建设。

　　城市综合客运枢纽需要加强规划过程中系统分析的"整体性思维"，把综合客运枢纽场站布局规划融入区域中综合考虑，目的是达到枢纽体系布局的均衡性。即把重点工作放在以定性分析为基础，结合一定的定量分析方法进行方案的设计和比选，不盲目追求用数学分析方法得到精确结果，在规划的过程中充分发挥人与社会的能动作用，充分考虑城市功能发展的需要，最大限度地协调各种运输方式场站布局，引导综合交通网络走向，满足居民的出行需求，使之符合综合运输系统社会效益最大化的宏观目标。

　　东京综合交通枢纽与城市功能区耦合布局，枢纽单体融入城市功能核心区，枢纽系统分布均衡性较好，见图 8-1。东京火车站出站人群使用小汽车和出租车比例仅为 2%，90.6% 的旅客通过步行和自行车方式直接到达目的地[2]。

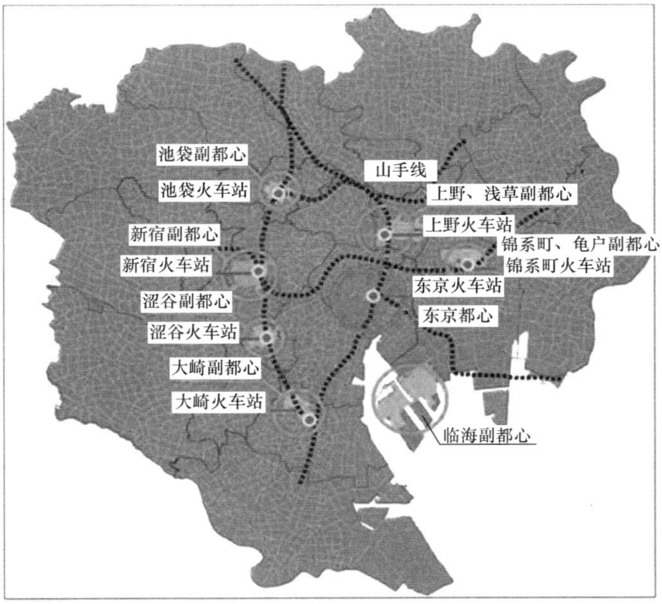

图 8-1　东京综合客运枢纽布局示意图

资料来源：东京都市圈交通计划协议会. 东京都市圈综合调查报告（第五回）. 2012.[2]

北京现状综合交通枢纽与功能区不相匹配,参见图 8-2。北京南站出站人群使用小汽车和出租车的比例高达 75%,使用步行和自行车方式的不足 10%。[3]

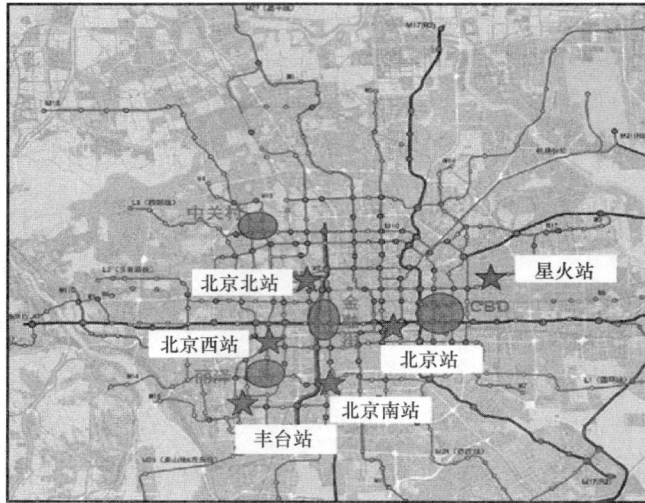

图 8-2　北京综合枢纽布局示意图
资料来源:北京市城市轨道交通建设规划(2014—2020).

深圳轨道引导城市轴带功能集聚,枢纽锚固城市中心体系,服务城市各级活动中心的居民出行和综合客运枢纽的集散,参见图 8-3。

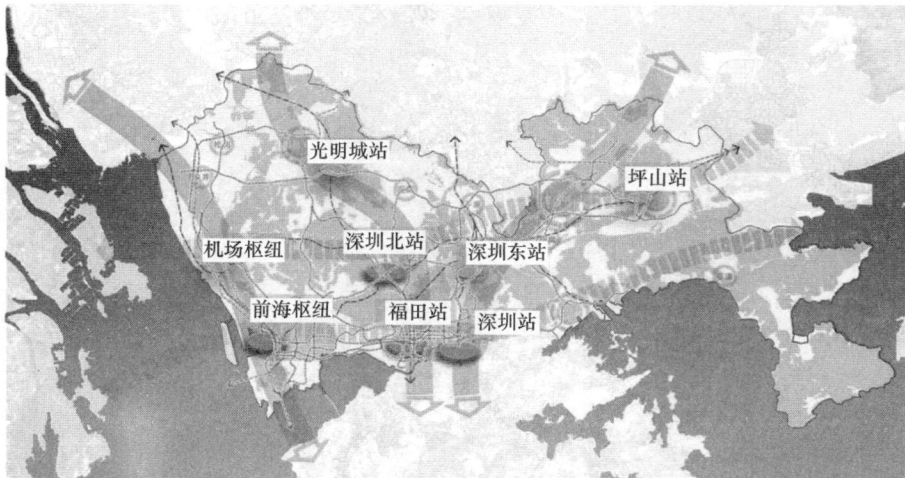

图 8-3　深圳综合客运枢纽布局示意图
资料来源:深圳市城市总体规划(2010—2020).

综上,综合客运枢纽布局选址需遵循:

1. 节约利用土地,坚持因地制宜,融入城市空间结构

综合客运枢纽布局要满足多种交通运输方式发展的必要需求,同时要充分利用现状用

地条件，对于不同区域提出差别化的布局和选址要求，与城市的发展方向与空间结构契合，引导城市开发。

2. 坚持优势互补、分块结合，强调总体均衡性

综合客运枢纽的建设需要依托多方联手推进，充分发挥多种交通方式各自的技术经济优势，充分考虑枢纽在整个规划区域中的功能定位以及在综合交通网络中的地位，与其他交通方式相互协调、相互依托，保障整个运输过程的连续性。

3. 合理安排枢纽内各种交通方式功能布局，系统衔接，方便换乘

综合客运枢纽客流量较大，对于集散交通配置要求较高，应在枢纽内部合理控制与市郊铁路、城市轨道交通、常规公交、出租车、长途巴士、社会车辆等多种交通方式的换乘距离，保持与城市对外联系通道以及城市中心区的紧密联系。

8.3.2　城市公共交通枢纽布局选址

8.3.1　城市公共交通枢纽宜与城市大型公共建筑、公共汽电车首末站以及轨道交通车站等合并布置，并应符合城市客流特征与城市客运交通系统的组织要求。

城市公共交通枢纽的布局选址应充分考虑城市客流主要发生吸引源，方便各级活动中心的居民出行，此外，城市的生活服务与公共服务设施用地，如大型体育场、图书展览中心（公共图书馆、博物馆、科技馆、纪念馆、美术馆和展览馆、会展中心等）、文化活动中心、商场等应设置适当规模的城市公共交通枢纽。

轨道交通能够增加沿线地区的可达性和机动性，增强周边用地的吸引力，促进城市沿轨道交通走廊轴状发展，服务城市客流的重要发生吸引源。在政府的大力发展和社会对公共交通认可的社会环境下，公交场站尤其是轨道交通站点成为城市客流的重要集散地点，公共交通枢纽宜结合轨道交通站点和公交首末站设置，提高集散与换乘效率。

8.4　客运枢纽规模与组织要求

在城市客运枢纽规划中，要以方便客流转换为原则，避免建设过大的枢纽。因为过大的枢纽将增加内部换乘距离，增大枢纽在城市中的服务范围，从而降低综合客运交通高效组织的效能和服务便捷性。同时，客运枢纽在城市综合交通系统中的组织逻辑不同于道路系统，并不是按照枢纽规模由高至低进行转换，因此，本标准中不对客运枢纽进行规模分级，而是以控制规模为主，既保障有一定的用地规模，同时规模又适中，使城市客运枢纽的布局均衡，服务便捷。

8.4.1　综合客运枢纽对外客流集散与转换用地规模控制

8.2.3　城市综合客运枢纽中对外交通集散规模超过 5000 人次/d，应规划对外客流集散与转换用地，用地面积（不包括对外交通场站）应符合下列规定。

1　公共汽电车衔接设施面积应按 $100m^2$/标准车～$120m^2$/标准车计算；

> 2　出租车服务点面积宜按 26m²/辆～32m²/辆计算；
>
> 3　机动车停车场宜按 15m²/标准停车位～30m²/标准停车位计算；
>
> 4　非机动车停车场应按 1.5m²/辆～1.8m²/辆计算；
>
> 5　城市综合客运枢纽承担城市内部交通转换功能时，应在第 1 款～第 4 款基础上根据本标准第 8.3.2 条的规定增加城市内部交通转换用地；
>
> 6　承担城乡客运组织、旅游交通组织职能和包含航空运输方式的城市综合客运枢纽，可适当增加集散与转换用地。

　　规划城市综合客运枢纽用地的客流量下限 5000 人次/d，是以铁道部文件和《汽车客运站级别划分和建设要求》JT/T 200—2004 中铁路客运站二等站及以上、汽车客运站二级站及以上的客流量分级为定量依据。城市综合客运枢纽集散与转换用地规模控制根据不同交通方式来确定，面积指标均按铁路客运枢纽制定，包含航空运输的客运枢纽可适当扩大面积。公共汽电车接驳站和出租车服务网点的用地规模控制沿用《城市道路公共交通站、场、厂工程设计规范》CJJ/T 15—2011 第 2.1.3 条第 2 款的相关规定。停车场停车位的用地参考了《城市公共停车场工程项目建设标准》建标 128-2010 第 25 条及《城市停车规划规范》GB/T 51149—2016 第 5.1.4 条，按用地指标核算，适中取值 15～30m²，以适应多类型设计的停车场。

8.4.2　城市公共交通枢纽用地规模控制

> 8.3.2　城市公共交通枢纽高峰小时客流转换规模（不包括城市轨道交通车站内部换乘量）达到 2000 人次/h，应规划城市公共交通枢纽用地。根据高峰小时转换客流规模（不包括城市轨道交通内部换乘量），城市公共交通枢纽用地在城市中心区宜按照 0.5m²/人次～1m²/人次控制，其他地区宜按照 1m²/人次～1.5m²/人次控制，且总用地规模宜符合表 8.3.2 的规定。
>
> 表 8.3.2　城市公共交通枢纽用地规模
>
> | 客运枢纽区位 | 用地规模（m²） |
> | --- | --- |
> | 城市中心区 | 2000～5000 |
> | 其他地区 | 2000～10000 |
>
> 注：城市公共交通场站与城市公共交通枢纽合并设置时，城市公共交通场站等非枢纽功能的面积另计。

　　根据高峰小时集散和转换客流规模，采用单位乘客人均用地的形式进行测算，确定城市公共交通枢纽的用地规模。结合实际情况，为了体现不同区位下枢纽用地的差异性，处在城市中心区的城市公共交通枢纽人均用地面积取值 0.5～1m²/人次；其他地区的枢纽面积控制应适当放宽，即取值 1～1.5m²/人，以上人均使用面积取值主要考虑常规公交、出租车、社会车等交通方式，不考虑轨道交通。处于城市中心的公共交通枢纽，因交通多为到达交通，而且中心区的用地相对紧张，枢纽的人均使用面积较低，处于城区内除主要中心区外其他地区内的城市公共交通枢纽因区位处于城市用地开发强度较低地区，可作为所有运营线路的首末站，其下限 2000m² 依照《城市公共汽电车场站配置规范》JT/T 1202—2018 第 5.2.8 条确定，其规模类比处于城市主要中心区的枢纽适当放宽。同时，结合调研的上海中环以内等地区已建成枢纽的实际规模情况，经过测算，规定枢纽的用地规模不超过表 8.3.2 中的控制范围。另外，有轨道交通方式的枢纽也应适当扩大面积。将枢纽用地下限 2000m^2 和人均使用面积 1m^2/人次作为依据，确定城市公共交通枢纽高峰小时转换规模 2000 人次/h 作为城市公共交通枢纽的用地规划控制阈值。

8.4.3　客运枢纽组织要求

> 8.1.2　城市客运枢纽应保障不同客运交通系统的客流安全、有序、高效地集散与转换。
> 8.1.3　城市客运枢纽应鼓励立体综合开发，充分利用地下空间。在用地紧张地区建设的城市客运枢纽，应适当缩减枢纽用地面积，进行立体开发。
> 8.1.4　城市客运枢纽中不同功能、方式、线路间的客流服务设施应共享或合并设置。

客运枢纽建设的核心目的是实现不同方向、不同功能、不同方式的交通线路之间的转换，因此，转换交通的高效率组织是枢纽成功的关键。而实现转换的高效率，一是必须使枢纽内的交通安全、有序；二是枢纽的规模不能过大，过大的枢纽规模将大大增加枢纽内乘客的换乘距离和时间，降低枢纽的运行效率，同时枢纽的规模过大，也使枢纽内的客流流线复杂化，相互之间的冲突增加，安全和秩序保障困难。因此，枢纽既应有一定的规模，同时又要防止规模过大带来的效率下降。

城市客运枢纽所在区域，由于受到交通发生吸引源的分布、交通运输网络特点和自然环境等因素的影响，使得在同样的地域范围和同样的交通运输网络上，不同的枢纽布局，会导致不同的交通运输效率和社会经济效益。显而易见，枢纽的规模并非越大越好，同时，平面式的布局方式既不能充分利用有限的土地资源，又会妨碍枢纽内部的功能区块划分和流线布置，此外，单一的换乘功能大大浪费了枢纽带来的集聚效应。因此，枢纽的布局规划应该鼓励立体综合开发的方式，尤其是在用地紧张的情况下，更应充分利用地下空间。同时，综合开发枢纽的商业服务业功能，对于提高枢纽的服务水平，集聚枢纽周边的土地开发具有极大的效益。

在城市客运枢纽综合布局时，应充分保障各种交通运输方式之间的整合关系，使主要客流顺畅快捷地通过客运枢纽，保证综合交通网络的畅通。针对枢纽内部的服务设施，应同步进行规划设计布置，保障不同功能、方式、线路的互不干扰，设施共享，组织高效，实现一体化的布局和控制，避免重复建设或者功能分割、相互干扰。

总结而言，城市客运枢纽的合理布局，是根据对城市功能定位、社会经济发展和交通需求的预测分析结果，利用交通规划和网络优化理论和方法，综合考虑交通发生吸引源的分布情况、交通运输条件及自然环境等因素，对枢纽场站的数量、地理位置、规模和与其他枢纽的相互关系进行优化和调控，实现整合综合交通运输网络效率的最大化。城市客运枢纽布局需遵循：

1. 与城市发展形态、功能定位相互协调

要充分考虑城市空间形态规划衍生出的客运交通需求，把握城市功能定位，构建与之相对应的城市客运枢纽体系。城市规模形态较为稳定的中小城市，客运枢纽体系的选址应相对紧凑，充分满足对外交通需求以及城市内部主要客流走廊关键节点交通需求；而城市规模扩张迅速的大中型城市，规划布设范围应当结合城市空间发展规划进一步扩大，以中心城区为核心,将所辖的周边有着固定交通联系的县市、乡镇及重要组团、卫星城纳入考虑范围,同时,城市客运枢纽体系应层次分明、分工明确,满足不同层次上的客流需求,通过合理布设枢纽场站,引导综合交通运输网络的走向。

2. 与城市交通网络、交通功能相辅相成

要充分考虑城市综合交通网络条件以及城市承担的交通功能,研究合理利用各种运输能力,进行各层级城市客运枢纽设施场站的布局,强调综合交通网络与城市客运枢纽节点之间相辅相成的关系,即从交通运输网络布局全局出发,考虑枢纽在交通网络中承担的任务因素进行选址布局,同时从城市客运枢纽系统规划布局出发,引导交通网络的走向。

3. 以人为本,便民利民

城市客运枢纽的布局应当"以人为本",充分考虑城市客流主要发生吸引源,布局选址方便城市居民出行,远离城市的枢纽应配置市内交通设施,接驳公共交通场站。

4. 零距离换乘、各运输方式相互协调

在城市客运枢纽综合布局时,应充分保障各种交通运输方式之间的整合关系,使主要客流顺畅快捷地通过客运枢纽,保证综合交通网络的畅通;同时应尽量避免和减少对城市的不良影响,注意对城市交通、环境保护、交通安全的影响等。

8.5 客运枢纽衔接与接驳设施配置要求

城市客运枢纽交通组织设计应本着"以人为本,公交优先"的总体原则,减少乘客的换乘及流线的干扰、交叉。换乘公共交通的客流为枢纽内客流的主要组成部分,占总量的70%以上[4],结合城市"公交优先"政策的落实,在城市客运交通枢纽交通组织上,应当体现公共交通的优先,便于客流的快捷集散、减少客流在客运枢纽内的滞留时间,充分体现"以人为本"的指导思想。

8.5.1 客运枢纽交通组织

交通组织的主要设计内容包括内部交通组织、外部交通组织和内外交通组织。内部交通组织主要是对枢纽内部的人流和车流进行交通组织,以实现枢纽内旅客的安全、快速换乘。具体要求包括:①明确枢纽内各类换乘客流的重要度;②枢纽内标志指示清晰;③专用通道设置合理;④流线简洁、顺畅;⑤人车分流,减少冲突。外部交通组织就是将枢纽这个"点"通过合理的方式与城市综合交通网络这个"面"联系起来,以实现枢纽内交通流快速有效的集散。具体要求包括:①车流快速集散;②枢纽周边路网负荷均衡;③枢纽周边交叉口负荷均衡;④具有一定的容错功能;⑤车流集散可靠。内外交通组织主要是分析枢纽出入口的设置问题,使得内部交通流与外部路网服务能力匹配,能够在干扰最小、绕行最短的前提下最快地融入交通网络中去。具体要求包括:①快速便捷,绕行距离短;②压力分散;③对干线道路干扰小,相互干扰小;④能力匹配;⑤灵活替代,可靠性强。[5]

此外,交通组织可分为静态交通组织、动态交通组织和换乘交通组织三个部分。静态交通组织主要对枢纽设施和与枢纽相关的各类系统进行配置和布设。动态交通组织包括人流组织、内外车流交通组织,满足"人车分流、车流分散、满足高峰"的要求。换乘交通组织以公交优先为目标,要优先考虑到关键交通方式间设施布局及公共交通设施布局,最大限度地满足绝大多数人的交通出行需求。

8.5.2　城市综合客运枢纽公共交通配置要求

> 8.2.2　城市综合客运枢纽宜与城市公共交通枢纽结合设置。城市综合客运枢纽必须设置城市公共交通衔接设施，规划有城市轨道交通的城市，主要的城市综合客运枢纽应有城市轨道交通衔接。枢纽内主要换乘交通方式出入口之间旅客步行距离不宜超过 200m。

　　在充分考虑城市的远景规划、功能定位及用地形式，详细分析客运枢纽客流需求、交通走廊和边界条件的基础上，应注重城市综合客运枢纽功能的合理性和衔接方式的整合。由于城市综合客运枢纽客流量相对较大，对于集散交通配置要求较高，因此特别强调必须设置城市公共交通衔接设施，并尽量与城市公共交通枢纽和旅游集散中心等结合设置，以方便城市的对外交通集散和旅游交通组织，有条件的城市应利用骨干交通来承担集散客流。对于规划日均旅客发送量超过 5 万人次的综合客运枢纽应设置城市轨道交通来承担集散客流。客运枢纽应综合考虑各种交通方式间的协调，换乘距离是直接衡量换乘是否高效的重要指标之一。城市综合客运枢纽不应占地过大，一方面过大的枢纽会造成枢纽内组织效率下降，乘客难以做到高效换乘，枢纽组织意义也因此下降。据相关调查和研究显示，出行者感觉舒适的换乘距离应控制在 200m 以内。当超过 200m 时应增设自动步道等换乘辅助设施。另一方面，枢纽规模过大，枢纽外部集散交通组织与枢纽外部的城市开发之间矛盾增加，既不利于枢纽的集散交通组织，也不利于枢纽与城市开发的一体化。而控制换乘距离可以限制枢纽的规模，大型客运枢纽应合理选择立体化布局。

　　上海虹桥枢纽衔接设施布局参见图 8-4、图 8-5。

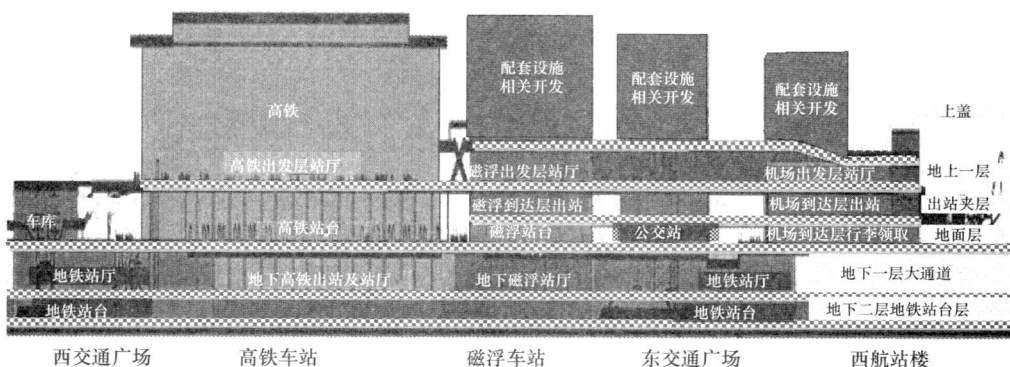

图 8-4　虹桥枢纽站厅立体综合设计示意图
资料来源：郑晓峰. 虹桥综合交通枢纽运营实践及探索. 全国综合交通客运枢纽设计、运营管理技术交流会. 2016.

　　虹桥枢纽站厅为立体综合设计，各功能分区明确，枢纽分别设立东、西两处对外集散换乘中心，各交通方式之间的步行换乘距离约为 200m。

　　（1）机场。在既有的上海虹桥国际机场跑道的西侧建设第二跑道及辅助航站楼，整个机场建筑面积约 51 万 m^2，规划旅客吞吐量为 3000 万人次/年（日均为 8 万人次）。2017年机场的旅客吞吐量规模超过 4100 万人次/年（日均为 12 万人次）。

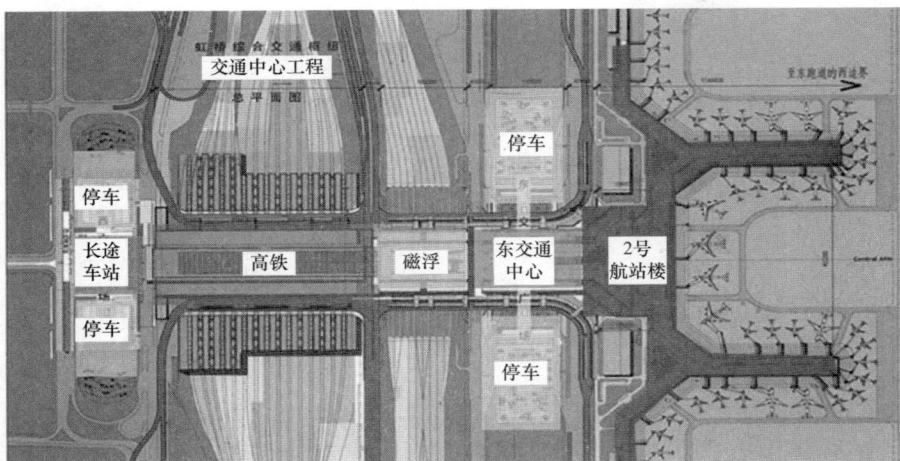

图 8-5　上海虹桥综合交通枢纽平面布局示意图

（2）铁路客站。站场规模按照 30 股道设计，站场占地约 43 公顷，保留现状铁路外环线作为货运通道的功能，实行客货分流。铁路设施用地（包括站场与线路）约 90 公顷。高速铁路客运规模为年发送量 6000 万人次旅客，日均 16 万人次。

（3）长途巴士客站。布局于铁路客站与机场之间，发车能力为 800 班次/日，远期年旅客发送量达 500 万人次，日均 2.5 万人次，高峰日达 3.6 万人次/日，占地约 9 公顷。

（4）磁悬浮客站。布局于铁路客站东侧，按照 10 线 8 站台的规模设计，站台长度按照 280m 设置，站台范围内车站宽度约为 135m。

（5）轨道交通。规划引入 4 条城市轨道交通：即 2 号线、10 号线、17 号线、原 17 号线及低速磁浮线和机场快速线，形成"4＋2"的六线汇聚布局，轨道交通站点均位于地下。规划轨道交通停车场用地约 60 公顷。

（6）地面公共交通。规划在铁路客站东、西两个广场共设总数不少于 30 条的公共汽车路线，设施数量为 2 处公交停车场、2 个公交首末站、2 处公交枢纽以及 4 处出租车停车场。

南京南站枢纽衔接设施布局参见图 8-6。

南京南站枢纽充分利用立体空间，采用多层立体式布局设计，枢纽内各方式间平均水平换乘距离 108m，平均垂直换乘距离 14m。

（1）高铁站。铁路南京南站由京沪场、沪汉蓉宁杭场、宁安场三场组成，预测 2030 年枢纽发送铁路旅客 5822 万人次，总设计规模为 15 台 28 线，涵盖铁路高速客运、城际客运等多种客运模式。

（2）公路客运站。公路南京南站为一级客运站，预测 2030 年枢纽公路旅客发送量为 1100 万人次，车辆数 260～320 辆，估算设施面积约 15000m²。

（3）轨道交通站。南站公交与轨道枢纽涵盖地铁 1 号线、3 号线、S1 号线、6 号线 4 条地铁线。

（4）公交场站。预测城市公交 150～200 辆标准车，占地 18000m²。实际建设后，南京南站南北广场均设有公交站场，北广场公交站面积 17000m²，可安排 18～20 条公交线路；南广场设公交、团体车辆停车场，其中公交车站场面积 8000m²，可安排 9 条或 10 条公交线路，车站东西两侧都设有公交车行驶的专用疏解通道。

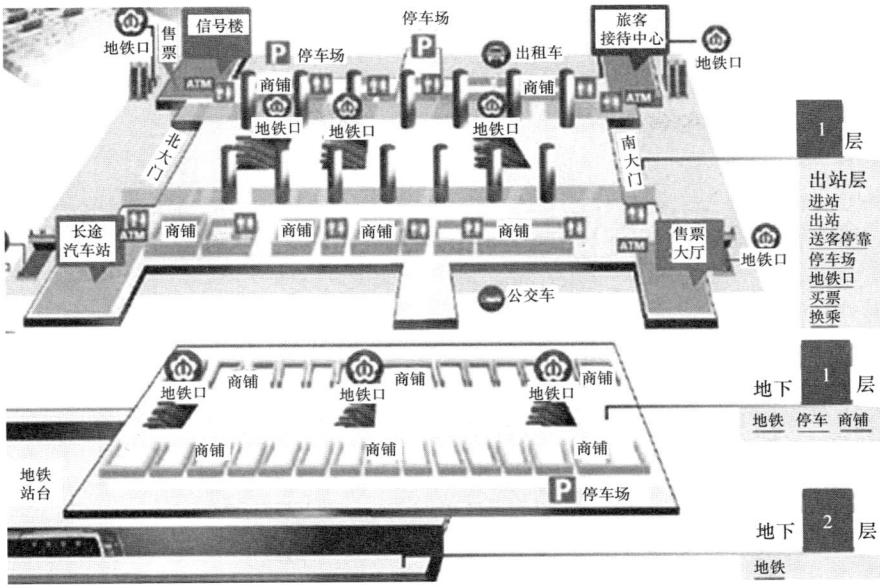

(a)

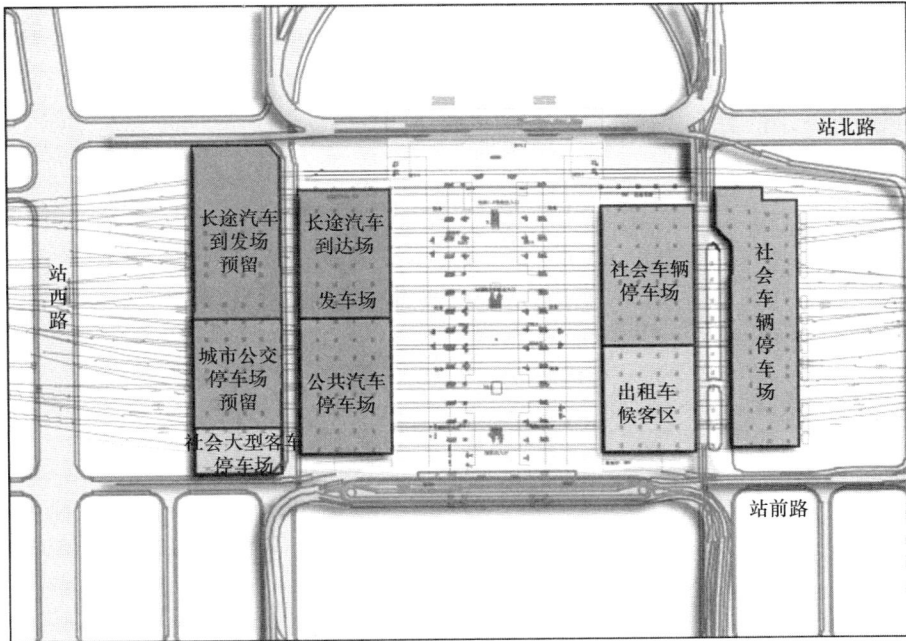

(b)

图 8-6　南京南站多层立体式布局与平面布局示意

资料来源：(a) 人民网. 南京南站是个"巨无霸"分层图解为您指路. http://js.people.com.cn/html/2011/07/07/2222.html.
(b) 邵俊成，杨涛. 南京南站枢纽综合交通规划与设计研究. 海峡两岸都市交通学术研讨会. 2008.

（5）停车场。预测出租车停车泊位 400～600 个，占地 13000m²，社会车停车泊位
1200～1500 个，占地 45000m²。实际建设时，南京南站广场东西两侧的出租车停车泊位达
730 个，社会车停车泊位达 2348 个。

8.5.3 城市公共交通枢纽交通设施配置要求

8.3.3 城市公共交通枢纽衔接交通设施的配置，应符合表8.3.3规定。

表8.3.3 城市公共交通枢纽衔接交通设施配置要求

客运枢纽区位	交通设施配置要求
城市中心区	1. 宜设置城市公共汽电车首末站； 2. 应设置便利的步行交通系统； 3. 宜设置非机动车停车设施； 4. 宜设置出租车和社会车辆上、落客区
其他地区	1. 应设置城市公共汽电车首末站； 2. 应设置便利的步行交通系统； 3. 宜设置非机动车停车设施； 4. 应设置出租车上、落客区； 5. 宜设置社会车辆立体停车设施

城市公共交通枢纽的设施配置应重点考虑区位及与周边城市空间的结合。中心城区以外其他地区的枢纽可根据条件布置区域停车换乘，设置社会停车场，但由于枢纽地区本身作为城市开发的中心，是城市功能集聚的区域，在城市边缘的枢纽地区也一般作为城市次一级中心布局，因此，机动车停车设置应与枢纽地区的城市开发进行协调。同时，应注重与城市公共汽电车的衔接，设置适当规模的首末站。

中心城区的枢纽应设置便利的步行交通系统，体现"步行可达"和"骑行可达"的理念，提升枢纽周边地区活力，相对不鼓励小客车停车。对于城市公交枢纽周边的慢行系统要有充分调研，包括人行道、非机动车道、道路交叉口设置的行人过街横道和地下通道，满足行人、非机动车交通的连续性。

南京新街口地铁站衔接设施配置参见图8-7。

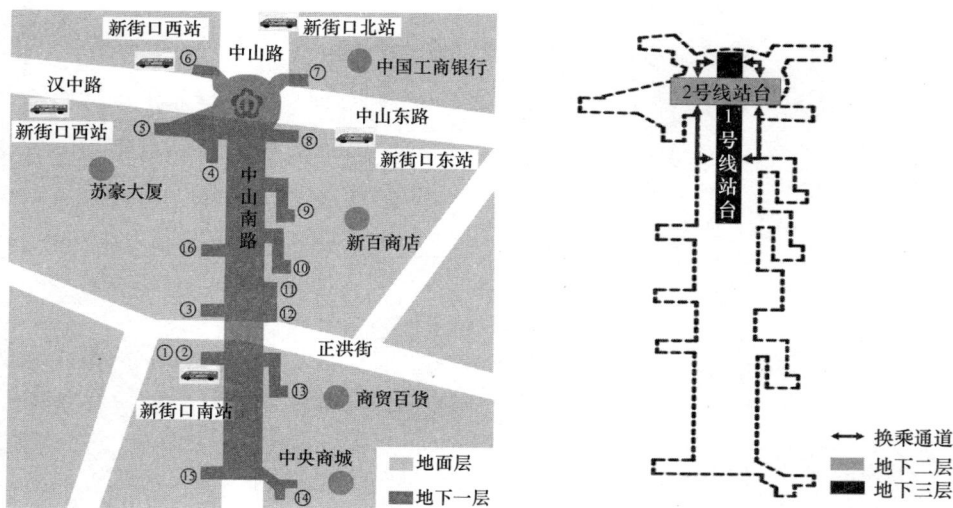

图 8-7 南京新街口地铁站换乘设施示意

南京新街口地铁车站为三层 T 型岛式换乘车站，总建筑面积为 35579.73m²，地下一层为商业层，地下二层为站厅层，地下三层为站台层。南北向 1 号线新街口站车站长约 311.9m，宽约 24.2m；东西向 2 号线新街口站车站长约 440.3m，宽约 21.6m。由于南京地铁一号线设计时考虑了与二号线的对接，建设时也预留了相关接口，地铁二号线与一号线在相交的新街口站避免了通道换乘，采用的是"十字形换乘"，在此可以快速实现客运的"零距离换乘"。

同时，在车站各出站口分别设置了 4 个地面常规公交换乘车站，分别为新街口南站接驳，9 条公交线路；新街口西站，接驳 5 条公交线路；新街口北站，接驳 10 条公交线路；新街口东站，接驳 9 条公交线路。另外还设立了非机动车停车车位若干。

南京马群换乘枢纽衔接设施配置参见图 8-8。

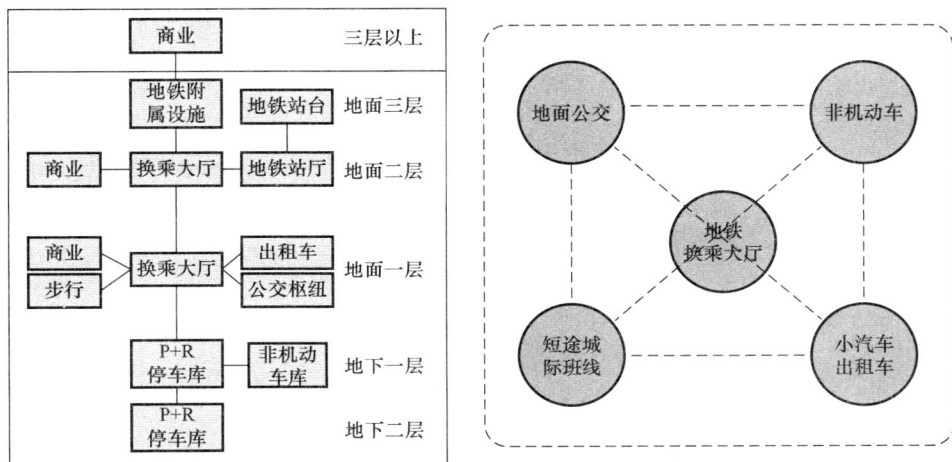

图 8-8　马群地铁站西地块换乘中心总体布局

马群换乘枢纽采用立体无缝换乘设计，主体结构为地上 3 层、地下 1 层，总建筑面积约 9.8 万 m²。

马群枢纽集地面公交换乘、短途城际班线换乘、小汽车停车换乘、出租车停靠以及非机动车停车换乘等功能于一体。其中，城市公交车位超过 30 个，短途城际班线日发班次超过 150 班次，临时落客车位 20 多个；P＋R 停车场设机动车位 800 多个，非机动车车位 1500 多个。

8.6　城市客运枢纽用地开发要求

交通枢纽能刺激区域内经济的发展，带动周边地区的开发，对于交通运输效率、成本的影响也不容忽视。应该重视交通枢纽的建设，将枢纽的规划建设与城市土地利用规划相结合，使得交通枢纽与城市的发展高度融合，而不应该与城市中心和居民生活相互分离。

因此，客运枢纽应结合城市公共中心，采用公共交通为导向的土地利用发展模式（TOD，Transit Oriented Development），一方面应根据枢纽规模和城市公共中心开发要求布设公共交通网络承担骨架支撑和发展延伸作用，另一方面在公共交通网络的基础上优化城市用地开发和空间结构布局，实现枢纽衔接功能与外部公共空间布局的匹配和无缝连通。

TOD 是系统地协调土地开发和公共交通的建设，引导居民的出行行为和交通方式选择，实质上反映了交通与城市的协同关系，体现了"精明增长"的思想。将被动的供给压力转化为主动的带动需求发展的动力，利用交通的发展，尤其是公共交通的发展来驱动城市土地利用的发展，形成与交通建设相协调的城市布局形态、产业结构，使得交通资源的供给成为影响交通需求分布和强度的主导因素，这样可以从根本上控制交通供需矛盾的激化和产生。在客运枢纽谋划规划阶段，配置量身定制、有生命力的公共交通网络，不仅能预防枢纽集聚可能诱发的交通问题，也赋予了枢纽商业化、综合化等多元发展的潜能。

TOD 模式可从宏观、中观、微观三个层面构建多层次互动，高效耦合的交通与土地利用协调机制。宏观层面，通过公交走廊引导城市轴线空间形态，以轨道交通或其他公共交通廊道和枢纽为骨架及节点，布局城市各级公共服务中心，并依据公共交通的服务水平规划城市的居住与就业功能及建设强度；中观层面，可结合城市分区发展的不同要求，将轨道交通或其他大容量公共交通沿线划分为不同的发展片区，进一步明确各片区的功能定位、用地性质、建设规模、市政及交通附属设施布局，优化沿线道路系统、地面公交系统、换乘设施配置和步行系统；微观层面，即以公共交通站点为中心组织城市社区，将商业、娱乐、居住等功能整合在步行可达范围之内，形成适宜步行的混合功能社区，从而方便居民使用公共交通工具，减少个体机动车辆的使用。通过多维度的城市空间设计和用地功能划分组合，既保证了枢纽衔接系统的流畅稳定，也使得枢纽内部功能与外部公共空间融为一体，形成以枢纽为中心的城市开发新高峰。

公共交通枢纽和站点建设应与周边用地开发同步，积极推广"轨道站点＋上盖物业"的 TOD 开发模式；以大中运量公共交通站点为中心组织城市社区，将商业、娱乐、居住等功能整合在步行可达范围之内；以城市更新为契机，调整用地功能，构建小尺度、高密度路网和路权清晰、功能多元的慢行空间，营造具有吸引力与活力、富有特色的步行和自行车交通出行环境，改善交通服务。

上海虹桥枢纽的用地开发参见图 8-9。

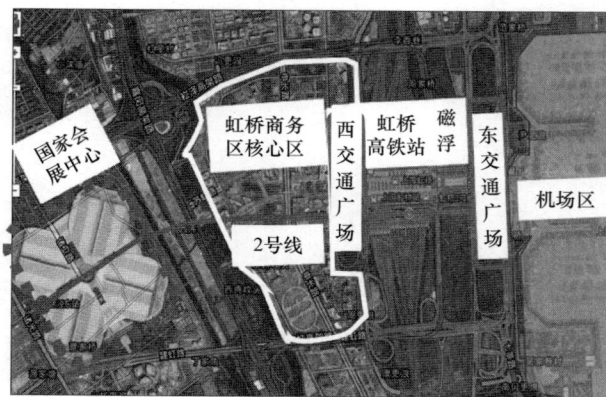

图 8-9　虹桥枢纽周边开发项目和用地布局图

资料来源：郑晓峰. 虹桥综合交通枢纽运营实践及探索. 2016 全国综合交通客运枢纽设计、运营管理技术交流会. 2016.

虹桥综合交通枢纽是按照上海作为现代化国际大都市以及四个中心的城市规划发展定位，本着服务全国、服务长江流域、服务长三角地区的原则，以扩大上海对外交往和提升核心城市集聚辐射功能为目的，依托城市交通基础设施，利用虹桥机场扩建、京沪高铁上海站选址、市内及市郊范围规划"三大契机"，规划建设的现代化综合城市客运交通枢纽。

虹桥枢纽涵盖航空、铁路（高铁、城际铁路）、公路客运站等城市对外交通方式以及磁浮、地铁、公交、出租、社会车辆等市内交通方式，最终形成日客流集散量达 110 万～140 万人次的全国性空铁城市客运枢纽，是长三角地区的重要门户、上海城市东西发展黄金走廊的西延伸。[6]

枢纽周边用地以枢纽综合体为牵引，以促进区域发展为目标，形成了新的城市中心，分别规划建设了国家会展中心、虹桥商务中心、虹桥临空经济园。

鹿特丹中央火车站枢纽用地开发参见图 8-10。

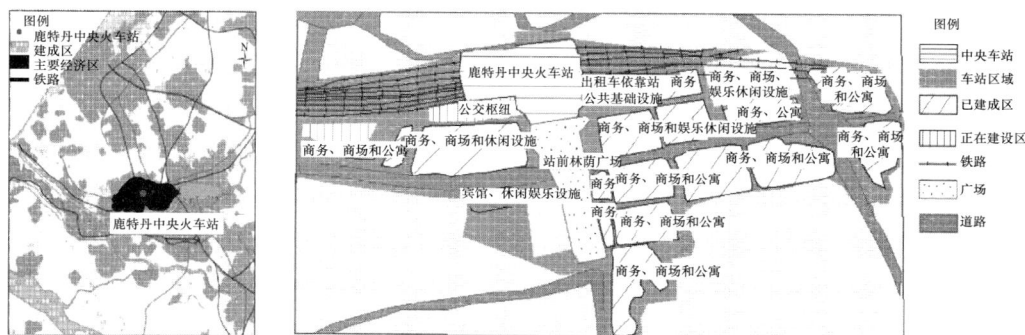

图 8-10　鹿特丹中央火车站及周边土地利用

资料来源：侯雪，张文新，乔标. 高速铁路站点地区规划研究——以天津和荷兰兰斯塔德对比为例. 北京交通大学学报，2016.

鹿特丹中央火车站的站前广场将鹿特丹中央火车站与城市中心紧密连接起来，广场内分布有商务、休闲设施、商场以及公共交通设施，在这里人们可以购物、娱乐、休憩；车站的南出口与代尔夫特街相连，是一条综合商业街，有许多的商场、饭店和咖啡厅；车站的北出口连接着公共交通区域，设置有许多公共交通设施，如出租车停车场、公交站、自行车停放点等。

在实践 TOD 发展模式方面，新加坡的经验值得借鉴。早在 1971 年，新加坡政府就制定了沿地铁网络（MRT）布置新城的全岛概念发展规划，每个新城均依托地铁站规划建设了大量高密度的高层公共住宅，依次分担城市其他区域的人口压力；到 2011 年，规划理念得到了更新，为了最大程度开发 MRT 的使用效率，规划在新城的地铁站上方建设混合功能的综合体，在偏远的新城配备了 P＋R 换乘设施。

TOD 发展模式获得了巨大的成功，形成的新交通枢纽、商业中心和生活中心，有效缓解了人口负荷和资源环境承载压力，实现了 MRT 承担 60％以上的通勤交通。[7]

以坐落在新加坡著名购物街乌节路的地铁站为例，其集购物和休闲空间以及地铁站于一体，其上设立的 ION Orchard 是一个以公共交通为导向的零售购物中心。充分利用地铁站周边的人流，购物中心设计灵活多变，以适应未来连接该开发项目的需求，如为应对日益增多的车流，在平台上方设计了一个高空停车场，为下方的地铁站和商业中心腾出高价值空间。通过无缝衔接设施的配置与不断优化，并在上盖建设精致的商业综合体。地铁站极大提升了区域的人口吸附能力、生活品质及公交出行概率。

图 8-11　新加坡乌节路地铁站正面和剖面图

资料来源：地产设计网. 新加坡国际级顶尖商场 ION Orchard. http://www.dcsjw.com/html/62/201410/243.html.

参考文献

[1]　中商产业研究. 2016 年中国民航行业运行情况分析报告［R］. 2017.

[2]　东京都市圈交通计划协议会. 东京都市圈综合调查报告（第五回）［R］. 2012.

[3]　北京交通发展研究中心. 北京综合交通枢纽布局规划优化研究报告［R］. 2011.

[4]　陈方红，王清宇，罗霞. 大型综合客运枢纽交通组织研究［J］. 铁道运输与经济，2008，30（3）：61-64.

[5]　彭辉，朱力争. 综合交通运输系统及规划［M］. 成都：西南交通大学出版社，2006.

[6]　黄岩，黄夏飞，李彬. 虹桥综合交通枢纽地区内部驳运公交规划［J］. 城市规划学刊，2009（5）：57-63.

[7]　宋昀，汤朝晖. 从经典式到现在式——对中国城市 TOD 规划的启发［J］. 城市规划，2016，40（3）：71-75.

第9章　城市公共交通

9.1　本章编制说明

为响应城市交通发展与规划体系的转型与改革，本标准中的城市公共交通的体系架构和发展目标、指标等与 95 规范相比，均进行了较大的调整。

9.1.1　响应城市交通发展目标的转变

城市在新的发展环境下，交通发展需要转换思路，变设施建设为主导、"超前和满足"为核心的城市交通发展目标为"支持城市正常经济社会活动运行"。其核心，一是城市交通系统要有效率，要与城市空间组织协同；二是在城市交通系统不可能满足城市所有需求的前提下，对交通需求的响应要有优先次序，对优先者要给予鼓励，不同优先次序下交通子系统的交通空间分配满足程度要有差异。城市公共交通具有引导城市空间发展、集约使用交通设施用地、减少城市运行成本、低碳环保的优势，优先发展公共交通无疑是实现城市交通发展目标的重要举措。因此，国家各级政府多年来一直致力于公共交通优先发展，颁布了多项相关的政策与规章。从《国务院关于城市优先发展公共交通的指导意见》（国发〔2012〕64 号）到《国家新型城镇化规划（2014—2020）》，"公交优先"已由最初的城市交通发展理念上升为城市发展战略。

9.1.2　突出对城市发展的引导作用

如何以公共交通优先发展战略为导向，科学合理地提出公共交通系统规划指标，使得规划中能够在资源配置上体现公交优先，强化公共交通对城市发展的引导作用，真正提升公共交通吸引力，继以形成公交优先导向下的城市交通规划与用地规划的良性沟通和互动反馈，为不同类型城市因地制宜规划公共交通系统提供指导，是本标准编制过程中公共交通发展目标与指标研究的切入点和落脚点。

城市综合交通体系规划中的公共交通系统规划，在战略层面，必须客观把握宏观需求，明确不同类型城市中公共交通的作用，确定与城市发展相适应的公共交通构成、定位以及发展目标。在战术层面，以战略目标为导向，从乘客角度，立足微观需求，从公交服务的空间可达性与时间可控性两方面提出具体规划指标，通过对公交出行全过程各环节时间值的管控，实现居民公共交通方式单程出行时耗控制目标；从公共交通系统正常运转的基础设施保障角度，结合城市实际合理确定车辆拥有量、场站布局及用地规模。"正道"加"优术"，上下协作，从而达到提升城市公共交通吸引力和竞争力的目的，真正体现公交优先的本质与内涵。

交通与城市的用地及空间布局具有紧密的联系，公共交通在其中承担着不可替代的功能。因此，在城市交通发展目标的基础上，城市公共交通的发展目标是：提高运行效率，引导城市功能实现。

9.1.3 适应公共交通组织的多样化

从城市交通系统与城市规模及空间形态看，不同规模和空间形态的城市全市性活动的交通组织方式各异，各种交通方式在不同规模城市的作用也有所差别，典型的是小城市与大城市之间的差别。小城市由于空间尺度小、出行距离短，公共交通在城市交通组织中相对于步行和自行车交通竞争力不强，公共交通的作用是在城市主要交通走廊提供一种可选择出行方式。大城市则不同，个体机动化交通和公共交通是城市交通组织的必需品，步行和自行车交通只是地方性活动的主导交通方式。公共交通要根据城市的差异性，多样化配置，如类别多样化，包括轨道交通、快速公交、常规公交、辅助公交、特殊公交；层次多样化，如快线、干线、普线、支线等。

从城市交通系统与城市功能组织来看，城市交通系统既是城市活动联系的组织者，也是城市土地价值的调节者或者创造者，进而成为城市功能重组的引导者。

围绕绿色发展目标，考虑资源利用效率和出行效率，及技术发展对公共交通系统的影响，本标准提出集约型公共交通和辅助型公共交通以及公共交通走廊等新的概念和术语。集约型公共交通（mass transit）是为城区中的所有人提供大众化的公共交通服务，且运输能力与运输效率较高的城市公共交通方式，可分为大运量、中运量和普通运量公共交通。大运量公共交通指单向客运能力大于 3 万人次/h 的公共交通方式；中运量公共交通指单向客运能力为 1 万～3 万人次/h 的公共交通方式；普通运量公共交通指单向客运能力小于 1 万人次/h 的公共交通方式。本标准明确了城市集约型公共交通服务覆盖和通勤出行的时间目标以及公共交通系统的功能层次、规模布局等要求，指导城市公共交通系统的规划。在诸多影响出行选择行为的因素中，出行时间是最关键的要素。通过多个功能层次的集约型公共交通服务网络，满足不同层次空间组织的出行时间要求，是实现城市公共交通和城市空间协同发展的关键。城市公共交通的线路、车站、换乘衔接等均应围绕缩短出行时间来布设。

9.1.4 标准体系架构与指标调整

20 世纪 90 年代初，我国的城市化和机动化水平很低，城市公共交通发展水平十分落后，所以，95 规范的一般规定中明确提出："大、中城市应优先发展公共交通，逐步取代远距离出行的自行车；小城市应完善市区至郊区的公共交通线路网。规划城市人口超过 200 万人的城市，应控制预留设置快速轨道交通的用地"。由于城市规模小，城市公共交通构成比较单一，除北京、上海拥有快速轨道交通系统外，基本上是单一模式的地面公共汽电车系统。公共交通规划体系架构重点在于指导公共汽电车基础设施的建设。95 规范第 3 章城市公共交通的主要内容包括：一般规定、公共交通线路网、公共交通车站、公共交通场站设施。其中，一般规定中给出了城市公共交通规划的依据、任务和目标以及不同规模城市的公共汽电车、出租车发展规模、公共交通方式选择与用地控制等基本要求，公共交通线路网、车站、场站设施等部分则给出了具体的规划和设计要求及明确的量化指标。

　　针对当前我国城市公共交通系统多模式、多元化发展的实际，结合新时期城市交通发展的新目标和新要求，基于公共交通在城市交通中的优先地位和主导作用，也为了适应不同规模城市的需求，本标准中以不同的公共交通系统发展规划作为整体框架，将第 9 章城市公共交通分为一般规定、城市公共汽电车、城市轨道交通、快速公共汽车交通系统（BRT）与有轨电车、辅助型公共交通 5 个部分。以第 5 章城市交通体系协调为基础，明确不同规模城市的客运交通系统构成以及不同公共交通方式的地位、功能与作用，构建功能结构清晰的公共交通系统，通过多样化的公共交通合理分工、有效衔接，实现公共交通系统高效率运行、高品质服务。其中，第 9.1 节一般规定与第 5.2 节城市客运交通的条文相呼应，对不同规模城市、不同功能分区、不同公共交通方式的发展要求进行了详细的规定，明确了不同类型城市公共交通发展定位与系统构成，公共交通发挥的功能应与城市发展定位、城市规模以及出行特征相适应；明确集约型公共交通服务覆盖要求，以提升公共交通服务空间可达性、促进公交引导城市发展、优化用地布局；明确不同规模城市公共交通通勤出行时间控制指标，从而引导城市公共交通系统在线网布局、站点设置、换乘衔接等各个层面、各个环节提高服务水平；明确公共交通走廊层级划分，进一步提出公共交通系统协调发展要求。

　　本标准在城市公共交通规划指标上也做了诸多的调整。改革开放后中国各地区、不同规模的城市以不同的速度快速发展，经过 40 年，城市之间发展的差距逐步扩大。这些差异均会映射到城市交通的建设和出行特征上，致使城市之间的出行活动、交通运行、设施水平、交通组织等也呈现显著差异。因此，本标准的指标以功能性指标作为考量，即以交通需求特征和交通功能为基础确定规划指标，与 95 规范相比，更能适应城市之间与城市内部不同区域的发展要求。具体的指标调整如表 9-1 所示。

规划指标调整一览表　　　　　　　　　　　　　　表 9-1

取消指标	取消原因	新增指标	新增原因
公共汽电车规划拥有量（调整至条文说明里解释）	规划拥有量不能准确地反映不同地区的公交发展水平差异	中心城区集约型公共交通站点 500m 半径覆盖的常住人口与就业岗位比例	更加准确地反映城市公共交通服务的空间可达性水平要求，同时也是公共交通引导人口与就业岗位集聚的要求
出租汽车规划拥有量	城市差异大，基于网络平台的辅助公交业务发展快，出租车作为辅助型公共交通，宜结合各地实际确定发展规模	城市公共交通不同方式、不同线路之间的换乘距离和换乘时间	控制换乘距离和换乘时间，引导公共交通网络布局和运营组织，保证公共交通服务水平
公共交通线路网密度	取消在公共交通运行和运营层面上的指标规定，各城市应根据实际需求和运营组织因地制宜。在综合交通体系规划中需要给出的是规划层面的指导性指标，从而在宏观上提出公共交通的发展要求	公共汽电车配建首末站要求及用地规模	以充分发挥首末站服务乘客集散功能，提高公交服务可达性和运能保障水平
公共交通线路重复系数		轨道交通站间出行时间以及线路功能层次划分和运送速度	将轨道交通出行时间作为协调城市轨道交通和城市空间关系的核心要素，并基于时空服务要求，对轨道交通线路功能层级作出相应的规定，以适应不同客流走廊的服务要求
乘客平均换乘系数			
公共交通线路非直线系数			
公共交通线路长度		轨道交通站点衔接换乘设施配置	注重不同交通方式的衔接与配合，形成一体化的公交网络
公共交通站距			

9.2 一般规定

9.2.1 城市公共交通的定位

9.1.1 城市应提供与其经济社会发展相适应的多样化、高品质、有竞争力的城市公共交通服务。

城市公共交通是关系国计民生的社会公共服务，是城市基础设施的重要组成部分。优先发展公共交通是引导空间发展、缓解城市交通拥堵、转变城市交通发展方式、提升人民群众生活品质、提高城市基本公共服务水平的必然要求，是构建资源节约型、环境友好型社会的战略选择。城市公共交通规划应为城市中的各类人群提供与其需求相适应的多样化、高品质公交服务，增强与私人小汽车交通的竞争力。由于不同城市的出行需求特征不同，因而城市公交发展应坚持因地制宜原则，不同的城市要发展适合自身特点的城市公交系统，适应城市定位和居民出行特征，符合当地地理环境和经济社会发展阶段。

图 9-1 是不同规模城市出行需求特征差异示意图。可以看出，城市规模越大，出行需求越多，出行距离也越长，其对集约化公共交通的发展水平的要求更高。而中小城市多为中短距离的出行，自行车、小汽车出行与公共交通有较强的竞争。

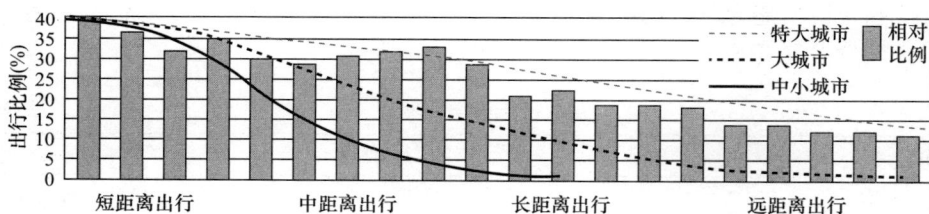

图 9-1 不同规模城市出行需求特征差异示意图

图 9-2 是不同出行距离下不同交通方式的出行比例示意图。不同出行距离下，不同交通方式的出行比例有显著的差异。说明不同的交通方式，因技术经济特性的差异，其适宜的出行距离有区别。步行和自行车多服务于短距离出行，普通公交和快速公交多服务于中距离出行，而长距离出行的乘客大多选择轻轨地铁以及私人小汽车。

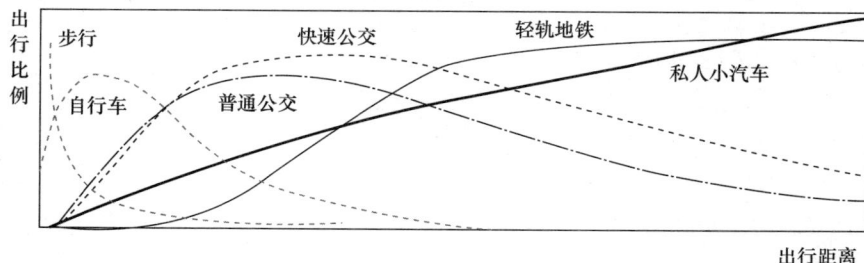

图 9-2 不同交通方式出行比例示意图

9.2.2　集约型公共交通的发展目标

9.1.2　中心城区集约型公共交通服务应符合下列规定：

1　集约型公共交通站点 500m 服务半径覆盖的常住人口和就业岗位，在规划人口规模 100 万以上的城市不应低于 90%；

2　采用集约型公共交通方式的通勤出行，单程出行时间宜符合表 9.1.2 的规定。

表 9.1.2　采用集约型城市公共交通的通勤出行单程出行时间控制要求

规划人口规模（万人）	采用集约型公交 95% 的通勤出行时间最大值（min）
≥500	60
300～500	50
100～300	45
50～100	40
20～50	35
<20	30

3　城市公共交通不同方式、不同线路之间的换乘距离不宜大于 200m，换乘时间宜控制在 10min 以内。

本条对中心城区集约型公共交通的服务水平进行了一般规定。

1. 集约型公共交通服务对城市人口和就业岗位的覆盖率要求是公共交通作为城市公共服务的基本要求，也是城市集约、可持续发展的支撑

一方面通过高覆盖率，为所有居民提供便捷的公共交通服务，同时提升公交服务空间可达性，加强公共交通对居民出行的吸引力；另一方面，城市人口和就业岗位向公交走廊集聚也是公共交通引导城市发展、优化土地布局的导向。

此外，从居民出行决策过程分析，要使公共交通成为居民出行的优先选择，首先须保证出行起讫点在公共交通服务的空间范围内，且空间范围的覆盖直接影响公共交通出行过程中的两端接驳时间。现有公共交通规划中常以"公交站点覆盖率"来评价公共交通服务覆盖情况。"公交站点覆盖率"以公交站一定空间直线距离（300m、500m 和 800m）为半径形成的圆形区域作为站点的覆盖范围，但由于居民实际到达公交站点依托道路网络，因此受路网形式影响，实际的步行距离与空间直线距离存在一定的差异，两者比值大于等于1。此外，站点覆盖范围内的城市用地并非都是有效的出行发生吸引源，例如水域、绿化用地等，因而高站点覆盖率对于居民来说不意味着公交服务的有效覆盖。为了更加直接地反映公共交通服务的空间覆盖性，规划中应当更加关注集约型公共交通对于人口和就业岗位的覆盖率。人口和就业岗位覆盖率即公共交通站点一定空间范围覆盖的人口和就业岗位占统计范围内总的人口和就业岗位的比例。

案例：湖州市长兴县公交站点覆盖率指标

图 9-3 是湖州市长兴县三类公交站点覆盖区域示意图。

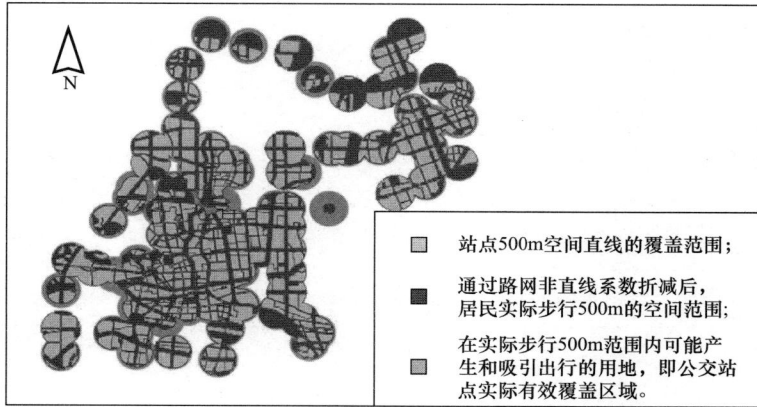

图 9-3　湖州市长兴县三类公交站点覆盖区域示意图

资料来源：东南大学，长兴县交通运输局. 长兴县公共交通发展规划（2013—2020）. 2013.[1]

表 9-2 为三类公交站点覆盖区域面积的比例。

湖州市长兴县三类公交站点覆盖区域面积的比例[1]　　　　　　　　　　　　表 9-2

	空间直线距离覆盖面积	实际步行距离覆盖面积	有效服务面积
面积（公顷）	5051.59	4424.75	2699.15
比例（%）	100	87.6	53.4
比例（%）	—	100	61

从表 9-2 中统计数据可知，当公交站点 500m 空间直线距离覆盖面积率为 100% 时，500m 实际步行距离覆盖面积率为 87.6%，有效服务面积率只有 53.4%；如果按站点 500m 实际步行距离覆盖面积率为 100% 计算，有效服务面积率为 61%。这一比例说明现有站点覆盖指标未能从乘客角度充分考虑空间覆盖的有效性，因此，指标的提高与乘客的实际感受存在差异。

大量城市公共交通出行意向调查数据显示：居民普遍认为现状步行至公交站点的时间过长，公共汽电车最具有吸引力的步行时间应在 5min 以内，轨道交通最具有吸引力的步行时间应在 10min 以内。因此，对于轨道交通，其站点服务的空间范围取值可按步行 10min 计算，对于公共汽电车交通，可按步行 5min 计算。从国内外发展经验看，香港实现了公交走廊 500m 范围内 90% 的人口和就业岗位覆盖率，而国外对于覆盖性提法较少，更多的关注 TOD 导向下的人口密度要求，比如，TCRP Report 128，Effects of TOD on Housing，Parking，and Travel[2] 中对北美 TOD 发展的特征进行了总结，其中对最小居住密度进行了规定；阿特金斯公司通过对国外城市数据的分析，总结了不同公共交通方式走廊沿线商务商贸中心人口密度和居住区人口密度[3]，如图 9-4 所示；TCQSM 3rd[4] 中给出了公交服务覆盖的 5 类服务水平，其中实现区域人口 90% 的覆盖率为最高水平，如表 9-3。

基于我国人多地少、城市用地开发强度普遍较高的实际情况以及节约集约用地的发展政策，对于规划人口达到百万以上的大城市取不低于 90% 的高水平覆盖率，百万人口以下的中小城市适当降低。对于集约型公共交通服务未覆盖的低强度开发分区的人口和就业岗位，鼓励发展灵活的辅助型公交提供相应需求的公共交通服务。

	地铁	LRT	BRT/有轨电车	公交
运输量 (千人/ 小时)	30~60	15~30	10~15	8~12
商务商贸 中心人口 密度 (人/公顷)	50	40	35	30
居住区人 口密度 (人/公顷)	70	55	45	40

图 9-4　阿特金斯统计公交走廊沿线用地特征

资料来源：马克·休伊特，刘琴博，涂先明. 低碳生态城市规划方法. 景观设计学，2014.[3]

公交空间覆盖服务水平[4]　　　　　　　　　　　　　　　　　表 9-3

服务水平	描述
>90％服务区域人口覆盖	公交服务几乎覆盖社区所有目的地
>90％公交支持区覆盖	公交服务于几乎所有的社区密度较高区域，密度较低区域的目的地可能不易到达
75％~90％公交支持区覆盖	可以服务社区密度较高区域的大多数目的地，但不是所有
50％~74％公交支持区覆盖	可以服务社区密度较高区域的大部分目的地，由于公交站点离起终点较远，步行和骑行换乘公交的距离较长
<50％公交支持区覆盖	公交服务仅仅局限于社区密度最高的走廊地带，服务的直达性相对而言可能更好，进而车内时间相对更短

案例：库里蒂巴 TOD 发展模式

（1）城市规模与机动化水平

库里蒂巴大都市区人口 277 万人，面积 15622km²。市区人口为 184 万人（2013年），市区面积为 400 多 km²，中心城区为 60km² 左右，26 个卫星城人口 70 万人。汽车近 100 万辆，是巴西除首都巴西利亚之外人均小汽车占有量最高的城市，平均 2.6 人一辆小汽车。

（2）城市空间与土地利用

库里蒂巴的城市空间结构非常清晰，是一种完全建立在以 BRT 系统为支撑的、通过公交走廊引导形成的、单中心放射状轴向带形布局模式。城市土地开发也以 BRT 走廊引导为显著特征，5 条 BRT 走廊沿线呈现高密度、高强度开发，高层公共建筑、多层和高层住宅集中布置在 BRT 走廊两侧，其余地区是低层低密度住宅或公园绿地。城市主要的商务、商业、公共活动等集中在这 5 条轴线上。轴线与轴线之间是严格控制的低容积的居住区，禁止高层建筑的开发。可以说，库里蒂巴非常完整而且成功地体现了公交引导（TOD）、有机疏散、田园城市等国际先进规划理念。

库里蒂巴较为成功的土地利用与交通相结合的典型政策之一，是鼓励混合土地利用开发的方式，并且总体规划以城市公交线路所在道路为中心，对所有的土地利用和开发密度进行了分区。5 条轴向道路中的 4 条所在地块的容积率为 6，而其他公交线路服务区的容积率为 4，离公交线路越远的地方容积率越低。城市仅仅鼓励公交线路附近 2 个街区的高密度开发，并严格抑制距公交线路 2 个街区外的土地开发，参见图 9-5。

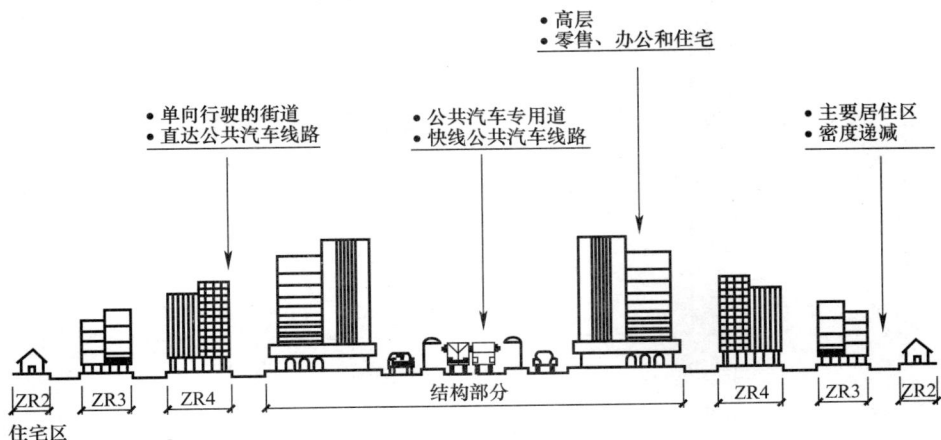

图 9-5　库里蒂巴市土地利用与密度的横断面效果示意

资料来源：罗伯特·瑟夫洛. 公交都市. 宇恒可持续交通研究中心，译. 北京：中国建筑工业出版社，2007.[5]

（3）公共交通

工作日 75% 的通勤出行依赖公共交通，平时公交出行比例达 47%，人均公共交通出行次数为 350 次/年。目前，城市有 2/3 的市民每天都使用公共汽车，并且做到公共汽车服务无需财政补贴。研究人员估计每年减少的小汽车出行达 2700 万次。

库里蒂巴公共交通系统由 390 多条线路、近 2200 辆公交车、33 个公交枢纽站、351 个标志性的圆筒式公共汽车站构成，每天客运量超过 200 万人次，覆盖了库里蒂巴市的 1100 多 km 道路，公共汽车日行驶里程约为 47.8 万 km[6]。

在繁忙的上下班时间，人们只需等 45s 就可以乘上公共汽车。库里蒂巴成了巴西小汽车使用率最低的城市。其使用的燃油消耗是同等规模城市的 25%，每辆车的用油减少 30%，全市一年可节约 700 万加仑燃油。

2. 关于采用集约型城市公共交通的通勤出行单程出行时间控制要求

在机动化出行方式中，小汽车是公共交通的主要竞争方式，出行时耗过长是公共交通不具备吸引力和竞争力的主要原因之一，也是公共交通整体服务水平不高的直接体现。"公共交通单程出行时耗"是表征公共交通服务水平的综合指标，公共交通单程出行时耗包括：出行起终点与车站间的"最后一公里"接驳时间、站台等车时间、车内时间、换乘时间，综合涵盖了公共交通服务供给的空间可达性与时间可控性层面，而这两点也是制约公共交通服务水平提升的最直接因素。

TCQSM 3rd[4] 中按照公交-小汽车出行时耗比给出了公共交通可靠性的服务水平层级，如表 9-4 所示，当公交-小汽车出行时耗比不大于 1.5 时，公共交通才相对有吸引力。参照这一标准，高峰期城市公共交通全程出行时间应控制在小汽车出行时间的 1.5 倍以内。根据不同规模城市小汽车出行时间调研数据（见表 9-5），不同人口规模的城市采用集约型公交通勤出行单程出行时间宜控制在本标准表 9.1.2 规定的范围内。

公共交通可靠性服务水平（公交-小汽车出行时耗比）　　表 9-4

公交与小汽车出行时耗比	乘客感受
≤1	公交出行比小汽车出行快
1～1.25（含）	车内出行时间相当（对于 40min 的通勤出行，公交比小汽车多花 10min）
1.25～1.5（含）	对于乘客来说公交出行时间还可以容忍（对于 40min 的通勤出行，公交比小汽车多花 20min）
1.5～1.75（含）	对于 40min 的单程出行，公交耗时 1h 以上
1.75～2（含）	公交出行时间为小汽车的近 2 倍
>2	对于所有乘客都不具有吸引力

国内部分城市小汽车出行时耗统计（min）　　表 9-5

城市类型	25%分位数	50%分位数	75%分位数	均值
Ⅰ类大城市	27.300	30.000	32.220	28.137
Ⅱ类大城市	22.443	28.085	30.653	26.544
中等城市	18.700	23.305	29.058	24.762
Ⅰ类小城市	15.000	19.930	23.425	20.860
Ⅱ类小城市	10.000	15.000	20.000	17.545

公共交通系统是城市向绿色发展转型的关键，是综合交通体系的重要组成部分，其发展对绿色转型下的整个综合交通体系提升具有重要的作用，同时为了保障公共交通优先发展，需要综合交通体系中的其他子系统予以保障和衔接。公共交通对城市道路网规划要求以及对慢行交通的衔接要求都会对综合交通指标产生影响。

对乘客来说，良好的公共交通服务应具有较高的空间可达性和时间可控性，为此，除公共交通系统自身服务水平的提高之外，还需要城市道路网进行配合。城市道路网作为公共交通的运行载体（特别是地面公交），它的完善与合理构架对公交可达性的提高具有直接影响。

对乘客来说，采用步行方式从出发地至公交站点或从公交站点至目的地距离（以下简称公交步行距离）的长短是公共交通空间可达性高低与否最直接的表征。北美的相关调查研究显示[4]，尽管乘客所在城市和收入有所不同，但大部分（平均 75%～80%）乘客最大可接受步行距离为 400m，乘坐轨道交通时可接受的步行距离可以增加一倍（800m），这一结论与我国的调查情况吻合，参见图 9-6。

公交步行距离与路网结构和密度具有十分紧密的联系，即使公交站点 400m 或轨道交通站点 800m 空间半径范围内覆盖了较高比例的人口和就业岗位，如果没有便捷的步行通道，乘客选择乘坐公共交通的比例也较小。目前国内宽车道、低密度、少等级的道路网模式加长了步行出行线路，意味着人们常常需要穿越繁忙的大尺度主要干路的交叉口，潜在影响着人们对步行出行的选择，进而影响选择公交的出行比例。路网密度与步行距离的关系，如图 9-7 所示。

公共交通时间可控性的提高很大程度上取决于公交运行可靠性与速度的提升，因此需要道路运行空间进行保障。关于这一点在后面关于客流走廊应设置专用公共交通路权的条文说明中做了进一步阐述。

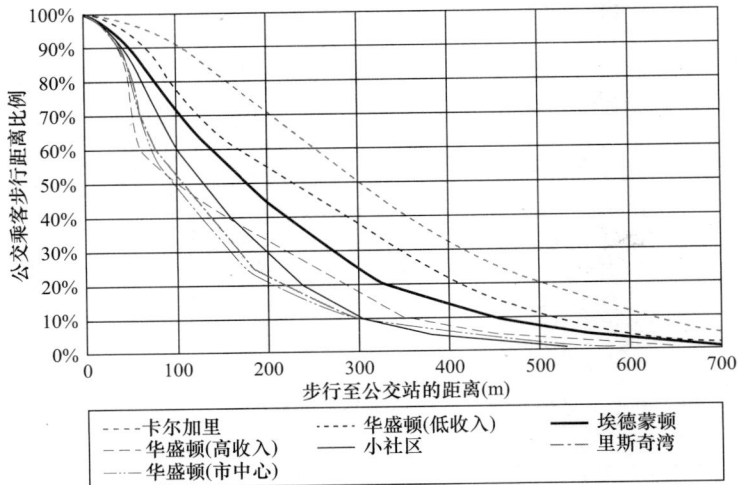

图 9-6　北美乘客公交步行距离比例统计

资料来源：National Academies of Sciences，Engineering，and Medicine．Transit Capacity and Quality of Service Manual，Third Edition．Washington，DC：The National Academies Press，2013．[4]

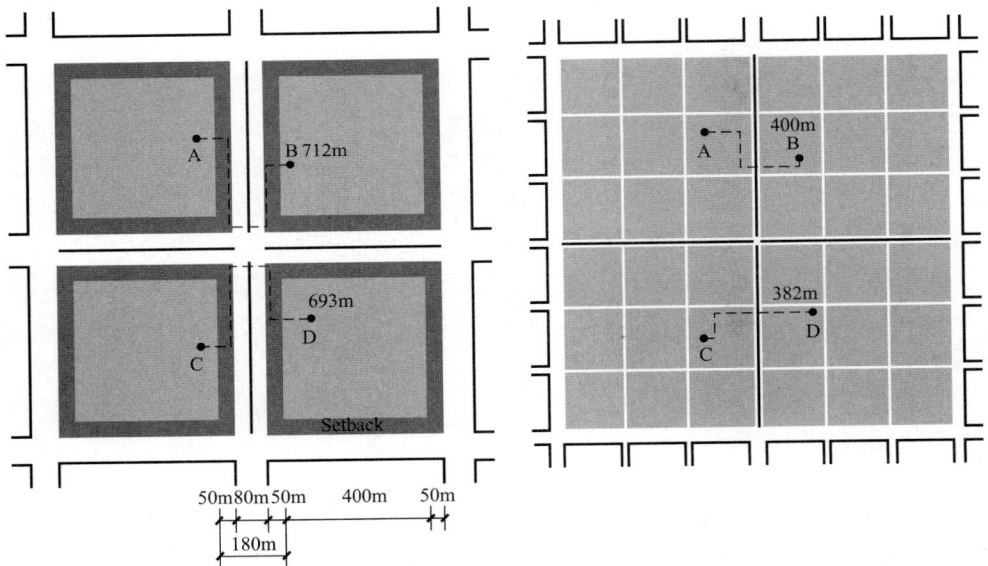

图 9-7　路网密度与步行距离的关系

资料来源：宇恒可持续交通研究中心．"窄马路、密路网、开放街区"：怎么看，怎么做．澎湃新闻，[2016-02-22]．https://www．thepaper．cn/newsDetail_forward_1434659．[7]

　　对慢行交通的衔接要求方面，不同交通方式之间的有效换乘，特别是步行自行车交通和公共交通之间，是乘客选用公共交通的保障，因此需要慢行交通设施在规划中与公共交通形成良好的衔接。

　　美国公共交通协会（APTA）将公共交通站点的影响范围划分为 3 个圈层，分别为站点核心圈层——核心区域、第一吸引圈层——主要辐射区域和第二吸引圈层——次要辐射区域，其中核心圈层和第一吸引圈层主要为步行交通与公共交通的衔接区域，而第二吸引圈层则是自行车、接驳公交和小汽车的衔接区域。如图 9-8 所示。

图 9-8 中，核心区域指的是在公交站点周围的土地利用和城市设计特点对公交乘客有主要影响的区域，在该区域内，行人进出公交站点将产生很大一部分的公交出行量。主要辐射区域指的是土地利用和城市设计特点以及通往站点的便捷性和直接性对公交乘客的出行有着重大影响的区域，在这一区域内，行人进出公交站点的出行将占很大一部分。次要辐射区域指的是到达站点的容易性和直接性对公交乘客影响最大的区域，并且在该区域内产生的出行

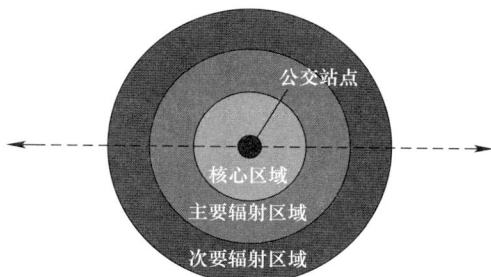

图 9-8　公共交通站点影响区域圈层
资料来源：National Academies of Sciences, Engineering, and Medicine. Transit Capacity and Quality of Service Manual, Third Edition. Washington, DC: The National Academies Press, 2013. [4]

大部分都利用了该站点。在这个区域内，自行车、支线运输和汽车是往返站点的主要渠道。

对于国内公共交通的实际发展情况而言，第二圈层的主要衔接对象应为自行车。将自行车出行与公共交通出行衔接起来对这两种方式都有利，通过乘坐公交，自行车出行者可以完成更远距离的出行。改善自行车的骑行环境，做好与公共交通站点的衔接，能够吸引新的自行车出行者采用公共交通系统，并且可以扩大公共交通的服务区域。

TCQSM 3rd[4] 中指出自行车和公共交通之间的高效衔接主要需要 3 个因素：

（1）连接到公交站点的自行车通道。连接通道应包括有标志的自行车道、划成自行车道的较宽的路肩、外侧宽车道及其他措施。

（2）公交站点附近有自行车停车场。自行车停放安全性最为重要，安全的自行车停车区域需要提供停车架、锁或者栅栏。

（3）公交车辆可允许放置自行车。可在公共汽车前部配置自行车架，一般可以放置 2 辆自行车；在非高峰时段，部分公交运营商允许乘客将自行车带上车，自行车水平占地空间约 $1.10 \sim 1.54 m^2$，一些车辆上自行车可竖直放置。

一项由国际上多组织倡导的"为动而生"行动计划，鼓励人们通过各种方式让身体活动起来，其中也有对选择合理交通出行方式的倡导，为了促使这一目标的实现，该行动计划也提出了公交与慢行交通的衔接要求：

（1）在公共交通枢纽设立自行车停放区域，并开展自行车租赁业务；

（2）允许在公交车或者火车上携带自行车；

（3）通过良好的道路网设计使得步行道路与公共交通站点进行衔接。

住房和城乡建设部于 2013 年 12 月发布的《城市步行和自行车交通系统规划与设计导则》在第 11 部分也提出了步行和自行车与公共交通的结合的规划设计指导内容。

从综合交通体系规划层面考虑，要做好自行车交通与公共交通的衔接，重点需要规划好连接公交站点的自行车通道和站点周边的自行车车辆停放点，有公共自行车投放使用的城市特别要做好公共自行车网点与公交站点的配套，使其成为公交"最后一公里"服务的有益补充。

3. 关于城市公共交通不同方式和不同线路之间的换乘衔接要求

应该充分认识到，换乘对于提高公共交通服务的质量和可达性，以及降低公共交通运

营成本具有极其重要的意义，但是换乘会破坏公交出行的连续性，增加公交出行的不确定性。因此，保证公交服务水平必须对换乘距离和换乘时间进行控制。城市公共交通不同方式、不同功能、不同线路之间的换乘距离是指换乘过程中所有行程距离的总和，即乘客在换乘车站从下车至换乘另一条线路的站台的平均距离。换乘距离包括换乘前后站点出入口之间的距离和站点出入口到内部站台的距离。对于大中型换乘枢纽而言，站点出入口与内部站台之间的距离往往是换乘距离的主要组成部分。相关调查和研究显示，乘客可接受的换乘步行距离在 200m 以内，按照步行速度为 50m/min 考虑，换乘步行时间约为 4min，如果距离超过 200m，就需要设置步行辅助设施；可接受的候车时间在 6min 以内，考虑换乘过程中的排队候车时间，将换乘时间控制在 10min 以内是比较合理的。

9.2.3 城市公共交通走廊的层级划分与路权要求

9.1.3 城市公共交通走廊按照高峰小时单向客流量或客流强度可分为高、大、中与普通客流走廊四个层级。

1 各层级城市公共交通走廊客流特征应符合表 9.1.3 的规定；

表 9.1.3 城市公共交通走廊层级划分

层级	客流规模	宜选择的运载方式
高客流走廊	高峰小时单向客流量≥6 万人次/h 或客运强度≥3 万人次/(km·d)	城市轨道交通系统
大客流走廊	高峰小时单向客流量 3 万人次/h～6 万人次/h 或客运强度 2 万人次/(km·d)～3 万人次/(km·d)	城市轨道交通系统
中客流走廊	高峰小时单向客流量 1 万人次/h～3 万人次/h 或客运强度 1 万人次/(km·d)～2 万人次/(km·d)	城市轨道交通或快速公共汽车（BRT）或有轨电车系统
普通客流走廊	高峰小时单向客流量 0.3 万人次/h～1 万人次/h	公共汽电车系统或有轨电车系统

2 城市公共交通走廊应设置专用公共交通路权。

本条对城市公共交通走廊规划进行了一般规定。

（1）不同层级的公共交通走廊，应根据其客流规模，因地制宜地选择运载方式，以满足其功能需求，并符合经济和环境要求。

在 95 规范中，只对不同的公共交通方式单向客运能力做出了说明，并未指出其适用性，且只是提出客运能力与客流量相协调，没有提出具体的指标值对不同公共交通方式作出明确规定。本标准引入客流走廊的概念，明确不同层级的客流走廊宜选择不同的运载方式，并规定了每种交通方式的客流规模指标，进一步明确了各种交通方式在公共交通系统中的地位、功能与作用，确定了公共交通方式在引导城市空间形态与用地方面的主导作用。

其中，区分高客流走廊和大客流走廊的原因是，对于不同出行距离以及不同规模的客流走廊，选用的轨道交通功能层级、形式和布局要求也不尽相同。例如，在本标准第9.3.4 条关于城市轨道交通系统布局的规定中，提出城市轨道交通干线 A 宜布局在大客流及以上等级客流走廊,高客流走廊上可以布局多条共走廊的轨道交通线路,干线 B 宜布局在大、中客流走廊。

(2) 专用路权是公共交通运行速度和可靠性的重要保障,规划的客流走廊必须设置专用路权,以保障公交出行的时间可控性。

当走廊上布置大运量城市轨道交通时,应根据交通衔接和客运需求特征,确定是否设置公共交通专用道,当走廊上没有大运量城市轨道交通线路时,必须设置地面公共交通专用路权。

城市道路是公共汽电车运行的载体,为保证各等级地面公交线路功能的充分发挥(特别是快速公交和公交干线),城市道路空间分配应给予公交优先保障,最基本的就是设置公交专用道。

美国 TCRP 对不同路权形式下的公交运行损失时间进行了相关研究,结果显示:核心区公交专用道的设置对于运行损失时间的减少具有较为明显的效果,且路权的专用程度对损失时间的降幅有较为显著的影响。我国部分城市也结合近年来的实践与理论研究,提出了各城市应设置公交专用道的标准,如北京市地方标准《公交专用车道设置规范》DB11/T 1163—2015、上海市工程建设规范《公交专用道系统设计规范》DG/TJ 08-2172—2015以及《深圳市公交专用道设置标准及设计指引(试行)》。借鉴国内外研究与实践成果,对于规划高峰小时单向断面公交客流量达到 3000 人次/h 的城市快速路和主次干路,道路断面布置中应配置公交专用道。

案例:深圳市公交专用道的发展

深圳市于 1997 年开通了第一条公交专用道,其公交专用道的发展经历了 4 个阶段:(1) 1997 年,深圳市一次性布设公交专用道 80km;(2) 2006—2007 年,伴随着深南大道、梅龙路改造一期工程的实施,深圳公交专用道总里程增至 105km;(3) 2009—2010 年,伴随深惠路、龙翔大道等改造工程的实施,总里程增至 306.2km;(4) 2010—2017 年,深圳公交专用道进入了大规模建设阶段 [大部制改革,市交通运输委负责专用道建设,突破关键瓶颈点,实施公交专用道五年建设计划 (2011—2015 年)]。截至 2017 年底,公交专用道总里程达 1016.5km,路网设置率为 7.5%(公交专用道里程占路网里程比例),线网设置率为 15.3%(布设公交专用道的公交线路占公交线网的比例)[8],施划规模位居全国前列。

2010 年,也就是深圳市公交专用道大规模建设阶段前,高峰期间公交运营速度仅为 15.6km/h(同一时期社会车辆速度为 33.2km/h),自 2001 年以来年均下降 3.4%。道路交通拥堵趋于恶化,公交路权匮乏,成为公交运营速度持续下降的主要原因。

随着深圳市一体化进程加速,大量人口外溢,"职住分离"的用地开发模式导致了大量的跨二线关通勤出行需求,早晚高峰潮汐式交通现象非常明显。受"漏斗形"的路网形态约束,"早高峰进关、晚高峰出关"的不均衡性需求影响,梅观路(梅林关)交通压力巨大,成为当时深圳最拥堵的路段,如图 9-9 所示。

公交专用道实施之前,途经梅林关的公交线路共 65 条(运力 1553 台标准车),是深圳公交线路和客流最为集中的主通道。据统计,高峰期间地面公交用 13%的交通资源占有率,运送了 83%的客流规模[9],公交车辆与社会车辆混合通行,资源配比严重失衡。2010年 4 月 13 日,在梅林关口交通矛盾最为突出的梅观路进关方向设置公交专用道,里程约为 2.6km,布设形式为路中式(如图 9-10),使用时间为早高峰 7—9 点。

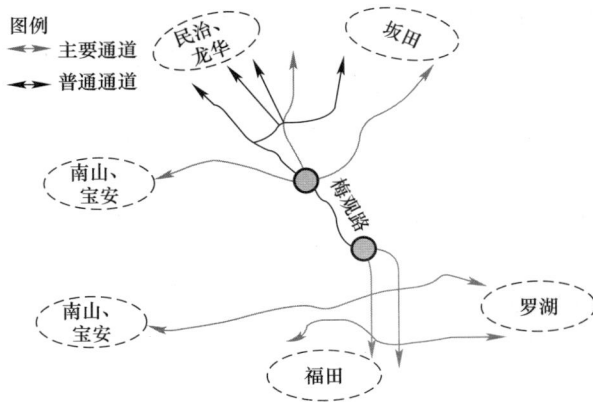

图 9-9　深圳市梅观路（梅林关）空间布局形态示意图

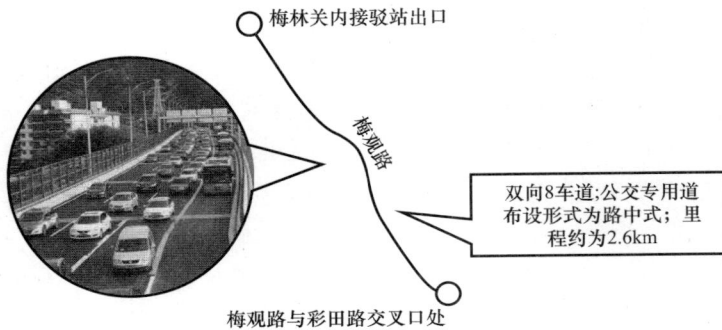

图 9-10　深圳市梅林关公交专用道空间布设形式示意图

通过对梅林关公交专用道进行广泛宣传与持续评估，公交吸引力和竞争力得到了大幅提升，具体表现为：①高峰期间公交行程车速从 6.4km/h 提升至 21.2km/h；②梅林关公交专用道仅用 25％的路权承担了 83％的客流运输。[9]

梅林关公交专用道实施案例表明，在交通拥堵日益严峻而道路资源基本定型的背景下，亟须重新思考路权分配模式。公共交通走廊设置公交专用路权，对于提高公交运行车速，加强公交方式竞争力，促进交通结构转型具有极为重要的作用。

9.2.4　城市公共交通系统的一体化发展要求

> 9.1.4　各种方式的城市公共交通应一体化发展。修建轨道交通的城市，应根据轨道交通网络的建设与开通，及时对公共汽电车系统进行相应调整。

城市公共交通是一个由多种交通方式集成的综合系统，需要统筹内部各子系统之间的衔接，只有各子系统衔接顺畅，才能有效减少乘客出行时间，改善居民公交出行体验，提高系统综合运输效率。

随着城市的发展，城市居民出行方式呈现多样化和差异化特点，单一模式的公共交通系统已经不能适应城市居民多元化的出行需求，多模式公交系统成为发展趋势。城市中不同特征的出行需要不同的公共交通体系结构支撑；不同规模、不同城市布局形态需要不同的公交网络架构。为使不同公共交通方式充分发挥自身优势，建立多种功能、层次的协调网络将促使公交服务更加高效便捷，国际上不少城市都因地制宜地构建了多层次的公共交通网络。

案例：慕尼黑公共交通五级网络

慕尼黑，德国第三大城市，面积 310km²，人口 130 万人，是欧洲人口最稠密的城市之一。城市呈多中心布局，中心城区多为紧凑型混合用地，郊区为中低密度的蔓延式发展带。为了契合城市发展形态，同时促进公交对城市发展的引导，慕尼黑构建了多模式多层次的公共交通综合网络，如图 9-11 所示。兼具提高公交服务品质和促进公交引导城市发展双功能的公共交通综合网络实现了慕尼黑公交与城市的协调发展。

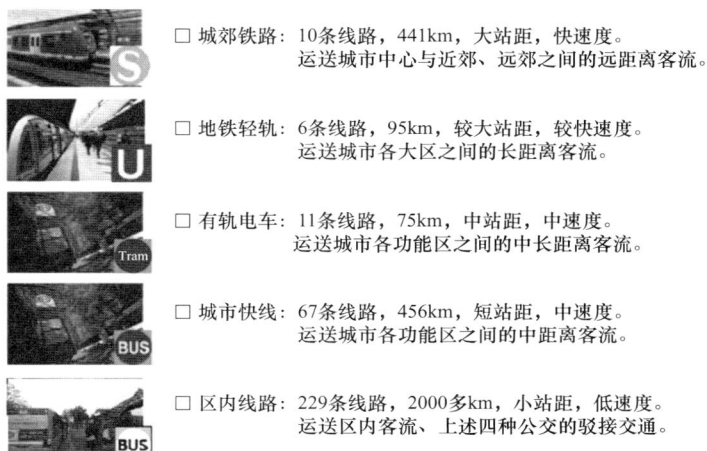

图 9-11　慕尼黑公交五级网络构成

基于国内外研究与实践，大城市及以上规模城市宜在城市范围内构建多模式多层次的公共交通体系，形成"骨架网—主体网—支撑网"三级网络构架模式，如图 9-12 所示。

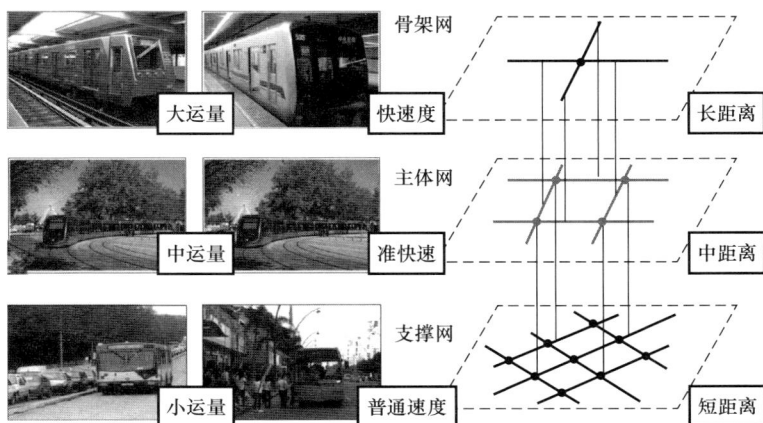

图 9-12　多模式多层次公交网络构架

骨架网是城市公共交通系统中大运量和快速度的长距离运输系统，服务于城市的主要公交走廊。

主体网是城市公共交通系统中中运量和准快速的中距离运输系统，一般布设于城市干路上，分担骨架网的客流压力。

支撑网是城市公共交通系统中小运量和普通速度的短距离运输系统，一般深入社区，公交可达性高，可满足居民更加灵活的出行需求。

随着城市的发展，城市公共交通由单一层次到多层次的网络是不同层级公共交通功能不断调整的过程。轨道交通的建设促使地面公共汽电车交通系统的功能发生变化，因此，修建轨道交通的城市，应根据轨道交通网络的建设与开通，合理界定地面公共汽电车交通在城市公共交通系统中的功能层级，基于"轨道交通-地面公交"两网融合、协同服务的基本原则，及时对公共汽电车系统进行相应调整。

9.2.5 城市公共交通线路网的综合布局要求

> 9.1.5 城际铁路、城际公交、城乡客运班线、镇村公交应与城市客运枢纽相衔接。

将城际铁路、城际公交、城乡客运班线、镇村公交与城市客运枢纽衔接，是实现区域交通一体化、城乡客运一体化的必然要求。

将公共交通线路与客运枢纽相结合，能够实现不同公交方式之间的无缝衔接，便捷高效，提升运送效率，同时吸引客流，提高公共交通分担率。

9.3 城市公共汽电车

9.3.1 线路层级划分

> 9.2.1 城市公共汽电车线路宜分为干线、普线和支线三个层级，城市可根据公交客流特征选择线路层级构成。不同层级的城市公共汽电车线路的功能与服务要求宜符合表9.2.1的规定。

表 9.2.1 不同层级城市公共汽电车线路功能与服务要求

线路层级	干线	普线	支线
线路功能	沿客流走廊，串联主要客流集散点	大城市分区内部线路，或中小城市内部的主要线路	深入社区内部，是干线或普线的补充
运送速度（km/h）	≥20	≥15	—
单向客运能力（千人/h）	5～15	2～5	<2
高峰期发车间隔（min）	<5	<10	与干线协调

根据城市的公共交通客流组织特征和公共交通运营的要求，宜将城市公共汽电车线路分为干线、普线和支线三个层级，不同的城市应根据城市客流特征选择合适的层级布局。一般大城市公共交通客流丰富，需求多元化，出行距离长，公共交通线路层级丰富，而中小城市一般客流规模小、出行距离短，应根据自身的客流特征和公共交通运营组织，选择其中的部分层级，如普线与支线，组成城市公共交通线网。

城市公共汽电车系统中的干线主要服务高峰小时单向客流量在3千～10千人次/h的

普通客流走廊，为保证客流走廊具有较高的公交服务水平，公交干线的客运能力宜达到 5 千～15 千人次/h，运送速度宜不低于 20km/h，客流高峰期发车间隔宜控制在 5min 以内。

关于高峰时段发车间隔的要求，从对乘客出行时间的感知分析结论来看，等车时间与换乘时间在公交全过程出行体验中更为敏感，如表 9-6 所示。以美国为例，其公交乘客认为步行时间的重要性（平均值）是车内时间的 2.2 倍，等车时间的重要性（平均值）是车内时间的 2.1 倍，而换乘时间的重要性（平均值）是车内时间的 2.5 倍。

出行过程不同阶段时间的相对重要性感知[4]　　　　　　　　　　　表 9-6

统计口径		车内时间	步行时间	最初等车时间	换乘时间
美国	范围	1.0	0.8～4.4	0.8～5.1	1.1～4.4
	平均	1.0	2.2	2.1	2.5
英国	平均	1.0	1.7	1.8	—

TCQSM 对不同发车间隔对应的服务水平进行了界定，10min 以内的发车间隔对于乘客来说是较为便捷的，因此吸引力较高，对于大部分乘客来说，20min 发车间隔是对应等待时间可接受的上限，如表 9-7 所示。

公交发车间隔服务水平[4]　　　　　　　　　　　表 9-7

服务水平	发车间隔（min）	发车频率（辆/h）	备注
A	＜10	＞6	乘客无需时刻表
B	10～14	5～6	经常服务，乘客参考时刻表
C	15～20	3～4	最大可接受等待时间
D	21～30	2	对部分乘客不具吸引力
E	31～60	1	一段时间服务可得
F	＞60	＜1	对所有乘客不具吸引力

9.3.2　站点服务面积

9.2.2　城市公共汽电车的车站服务面积，以 300m 半径计算，不应小于规划城市建设用地面积的 50%；以 500m 半径计算，不应小于 90%。

城市公共汽电车是各类城市公共交通的基本服务方式，用其服务覆盖城市建设用地指标，以直观反映公共汽电车站点服务的空间范围。以居民更倾向于接受的 5min 和基本能接受的 10min 以内的步行距离为基准，提出公共汽电车站点 300m 和 500m 服务覆盖用地要求。本条沿用 95 规范。

9.3.3　车辆发展

9.2.3　城市公共汽电车的车辆规模与发展要求，应综合考虑运载效率、乘坐舒适性和环保要求。

车辆规模是公共汽电车系统健康发展的重要保障，也是公共汽电车场站用地规划控制的基本依据，其配置数量既需考虑城市公共汽电车系统发展的基本需求，也需满足一定水平的运输效率，以实现资源的有效配置。

公共汽电车保有量要从基本服务配置和运营的经济性两个方面考量，基本服务配置用城市单位标准车万人拥有量作为控制指标。规划人口规模 300 万人及以上的城市一般不应小于 15 标台/万人，规划人口规模 100 万～300 万人的城市不应小于 12 标台/万人。规划人口规模 50 万～100 万人的城市不应小于 10 标台/万人，规划人口规模小于 50 万人的城市不宜小于 8 标台/万人。旅游城市和其他流动人口较多的城市可适当提高，有轨道交通的城市可适当降低。车辆运营的经济性用单位标准车的日平均客运量指标控制，指标反映了公共汽电车交通系统的运输效率与经济性，也对公共交通乘坐舒适性有重要影响。参考公共交通投资比重较高时期的水平、公共交通服务较好的城市公交实际运营情况，单位标准车的日平均客运量，规划人口规模 300 万人及以上的城市宜达到 500 乘次/标台以上，规划人口规模 100 万～300 万人的城市宜达到 400 乘次/标台以上，其他城市宜达到 300 乘次/标台以上。

9.3.4 场站分类、设施配置与布局规划

9.2.4 城市公共汽电车场站分类与设施配置要求宜符合表 9.2.4 的规定。

表 9.2.4 城市公共汽电车场站分类与设施配置要求

类型	设施配置要求
首末站	(1) 应配备乘客候车、上落客等设施； (2) 首站应设置城市公共汽电车运营组织调度设施； (3) 根据用地条件宜配套设置司乘人员服务设施； (4) 根据用地条件宜设置车辆停放设施
停车场	(1) 应设置运营车辆停放、简单维修设施； (2) 宜设置修车材料、燃料储存空间； (3) 应设置燃料添加（加油、加气、充电等）、车辆清洗等服务设施； (4) 宜配套设置司乘人员的服务设施
保养场	(1) 应具有运营车辆保养、维修、配件加工、修制等设施； (2) 应设置修车材料、燃料储存空间； (3) 宜设置燃料添加（加油、加气、充电等）、车辆清洗等服务设施； (4) 根据用地条件宜与车辆停放设施结合布置

9.2.5 城市公共汽电车场站应根据服务需求、车种、车辆数、服务半径和用地条件在城市内均衡布局。

9.2.6 城市公共汽电车场站总用地规模应根据城市公共汽电车车辆发展的规模和要求确定，场站用地总面积按照每标台 150m² ～200m² 控制。

95 规范中，只规定了每处首末站的总体用地规模（第 3.3.7 条）和单车保养厂用地面积（第 3.4.3 条），并未对单车综合用地面积作出规定。

《城市道路公共交通站、场、厂工程设计规范》CJJ/T 15—2011 第 3.2.2 条规定首末站、停车场、保养厂的综合用地面积不应小于每辆标准车 200m²。

参考北京、上海、深圳、南京等公交场站发展相对成熟的城市经验，综合考虑当前城市场站用地实际供给和使用现状、公交车辆性能和场站车辆停放、进出组织以及维修保养

等服务能力的提升，确定公共交通首末站、停车场、保养场的综合用地面积为每标台
150～200m²。与《城市道路公共交通站、场、厂工程设计规范》CJJ/T 15—2011 相比，
这一标准有所降低，且规定了场站综合用地规模的上限，与集约化用地的城市发展要求相
适应。

各城市应结合实际用地条件、单位场站用地的服务效能，本着节约集约用地原则，确
定场站用地控制标准的合理取值，并在编制控规时，按照所定标准确定城市公共汽电车场
站具体的分布和用地规模，进行用地控制，防止占用。

9.3.5　用地指标

> 9.2.7　各类公共汽电车场站应节约用地，鼓励立体建设。可根据需求与用地条件，整
> 合停车场与保养场。各类场站用地指标应符合以下规定：
> 1　停车场、保养场用地指标宜按照每标台 120m²～150m² 控制。
> 2　当城市公共汽电车场站建有加油、加气设施时，其用地应按现行国家标准《汽车加
> 油加气站设计与施工规范》GB 50156 的规定另行核算面积后加入场站总用地面积中。
> 3　电车整流站用地规模应根据其所服务的车辆类型和车辆数确定，单座整流站用地面
> 积不应大于 500m²。
> 4　充换电站应结合各类公共汽电车场站设置。
> 5　首末站宜结合居住区、城市各级中心、交通枢纽等主要客流集散点设置，当 500m
> 服务半径的人口和就业岗位数之和达到表 9.2.7 的规定时，宜配建首末站。单个首末站
> 的用地面积不宜低于 2000m²。在用地紧张地区，首末站可适当简化功能、缩减面积，
> 但不应低于 1000m²。无轨电车首末站用地面积应乘以 1.2 的系数。

表 9.2.7　配建首末站的人口与就业岗位要求

城市规模　　　　类别	规划人口规模 100 万以下	规划人口规模 100 万及以上	
		有轨道交通	无轨道交通
500m 半径范围内的人口（人）与就业岗位数（个）之和	8000	15000	12000

本条主要参考《城市道路公共交通站、场、厂工程设计规范》CJJ/T 15—2011，规定
了公共汽电车场站用地控制的原则和指标。

表 9-8 为 95 规范、《城市道路公共交通站、场、厂工程设计规范》CJJ/T 15—2011 以
及本标准关于城市公共汽电车场站用地面积指标的比较，其中，首末站用地指标为单个首
末站整体用地面积，停车场和保养场用地指标为每辆标准车用地面积。因公共交通首末站
兼具服务公共交通运营和乘客服务的功能，为提高城市公共交通服务质量，首末站的用地
指标有所增加；而随着停车场功能的完善，保养场与停车场的结合越发紧密，因此本标准
中两者采用相同的指标。

关于配置首末站的人口与就业岗位之和的规模阈值，通过建立人口与就业岗位之和
与公交出行需求之间的关系，基于公交供需平衡原理进行测算，其基本思路如图 9-13
所示。

城市公共汽电车场站用地面积指标调整一览表　　表 9-8

	95 规范	《城市道路公共交通站、场、厂工程设计规范》CJJ/T 15—2011	本标准
首末站（单个）	1000～1400m²	不宜小于 1000m²	不宜低于 2000m²，用地紧张区域不应低于 1000m²
停车场	—	每辆标准车宜为 150m²，用地特别紧张的大城市不应小于 120m²	120～150m²
保养场	视保养场规模和服务的公共汽电车车型而定，每辆车为 180m² 到 280m² 不等		
整流站	不大于 1000m²	—	不大于 500m²

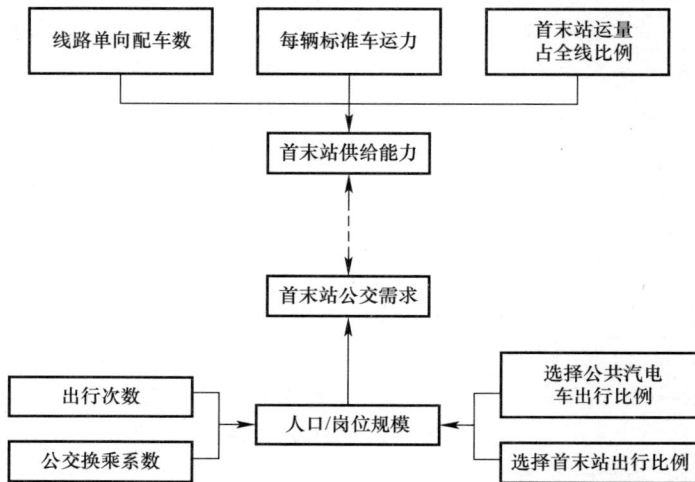

图 9-13　公交首末站配置的基本思路

根据上述思路，配置首末站的人口岗位规模阈值的计算公式为：

$$P = \frac{n \cdot W \cdot C \cdot R_{\mathrm{T}}}{T_{\mathrm{A}} \cdot T_{\mathrm{B}} \cdot R_{\mathrm{B}} \cdot \eta}$$

式中　　P——人口/岗位数（个）；

　　　　n——首末站服务的公交线路条数；

　　　　W——线路单向配车数（标台）；

　　　　C——每辆标准车运力［人次/（标台·日）］；

　　　　R_{T}——首站客流量占全线客流量的比例；

　　　　T_{A}——居民人均日出行次数（次/日）；

　　　　T_{B}——公交平均换乘系数；

　　　　R_{B}——公共汽电车出行分担率，指选择常规公交的出行量占总出行量的比例；

　　　　η——选择首末站出行比例，指居住与就业人口使用首末站乘车的比例。

　　其中，不同规模城市线路单向配车数、每辆标准车运力、公共汽电车分担率和平均公交换乘系数与城市规模相关，为满足较高的公交服务水平，设定配建首末站服务公交线路不少于 4 条，首末站客流量占全线客流量比例为 15%，选择首末站出行的比例为 60%，基于相关调研结果进行其他参数设定（如表 9-9 所列），计算得到本标准表 9.2.7 关于配建首末站的阈值，即人口与就业岗位数的要求。

首末站配置计算中部分参数设定　　　表 9-9

规划人口规模（万人）	标准车运力 C [人次/(标台·日)]	人均日出行次数 T_A（次/日）	平均公交换乘系数 T_B	公共汽电车出行分担率（%）R_B		单向配车数 W（标台）
				有轨道	无轨道	
≥100	400	2.3	1.15	15	20	15
<100	300	2.5	1.05	10		7

需要说明的是此指标为引导性指标，旨在为提升公交服务水平，从规划预控上留存空间做好保障。各城市在实际核算配建指标时，可结合条文说明中的计算思路和本地实际参数进行确定。

9.4　轨道交通

9.4.1　时空紧约束的发展背景

近年来，城市轨道交通快速发展，截至 2018 年全国已有 33 座城市开通了城市轨道交通线路，获批建设地铁的城市达到 44 个，投资规模巨大，对城市发展影响深远。城市轨道交通规划是新一轮总体规划和综合交通体系规划的主要工作内容之一，是落实土地利用和交通协调发展的重要抓手。

我国大城市普遍面临土地、资源、环境要素的制约，一方面可供开发的城市建设用地日益紧缺，另一方面出行时间不断拉长。为避免城市空间的盲目扩张和出行成本的继续上升，必须集约高效利用土地资源，控制城市增长边界和出行时间。轨道交通作为快速、集约、准时的公共交通方式，在引导城市空间发展、改善出行结构、提高交通运行效率等方面具有重要作用。然而实操过程中，城市轨道交通规划受到用地、工程、投资和利益协调等多方面因素的影响，理想方案的达成殊为不易，偏离基本功能要求和规划原则的情况时有发生。城市轨道交通建设是城市发展的百年大计，规划过程中必须坚持原则，守住底线，充分发挥城市轨道交通的优势，实现与城市的协同发展。

9.4.2　以时空服务目标划分轨道功能层次

9.3.1　高峰期 95% 的乘客在轨道交通系统内部（轨道交通站间）单程出行时间不宜大于 45min。

9.3.2　城市轨道交通线路分为快线和干线，功能层次划分和运送速度宜符合表 9.3.2 的规定。

表 9.3.2　城市轨道交通线路功能层次划分和运送速度

大类	小类	运送速度（km/h）
快线	A	≥65
	B	45～60
干线	A	30～40
	B	20～30（不含）

基于时空服务目标，本标准提出轨道交通出行组织的功能要求，指导城市轨道交通线网及设施规划布局，见图 9-14。在诸多影响出行选择行为的因素中，出行时间是最关键的要素之一。通过多功能层次的轨道交通线网，满足多层次空间组织的出行时间要求，是实现轨道交通和城市空间协同发展的关键。城市轨道交通的线路、车站、换乘衔接等均应围绕缩短出行时间来布设。基于这一基本思路，本标准第 9.3.1 条、第 9.3.2 条对城市轨道交通的时间目标、功能层次、规模布局提出了具体要求。

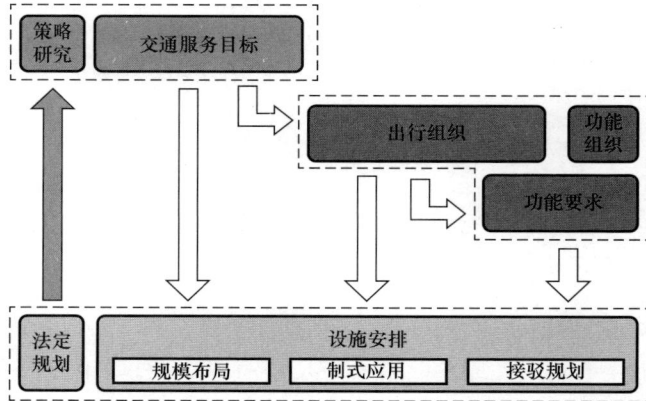

图 9-14　轨道交通部分编制技术路线

将出行时间要求作为协调城市轨道交通和城市空间布局的核心要素。纽约、新加坡、首尔等国际城市新一轮综合交通规划均提出了具体的出行时间控制目标，见表 9-10。乘客总出行时间分为轨道交通系统内部出行时间和站外出行时间两部分，以总出行时间不超过 1h 为目标，合理控制各部分的出行时间，见图 9-15。高峰期 95% 的乘客在轨道交通系统内部（轨道站间）单程出行时间不宜大于 45min。城区人口规模达到 1000 万人及以上的城市或组团式城市，轨道出行时间要求可适度放宽，但不应超出公共交通单程出行时间的规定。

部分国际大都市交通发展目标汇总 　　　　　　　　　　　　　　　　表 9-10

城市	交通规划目标
纽约	平均每位居民乘坐公共交通 45min 可达的就业岗位由 140 万增至 180 万
新加坡	85% 的公共交通行程能够在 1h 内完成
首尔	减少 30% 的私家车通行量，缩短 30% 平均通勤时间，扩大 30% 的绿色交通工具使用范围

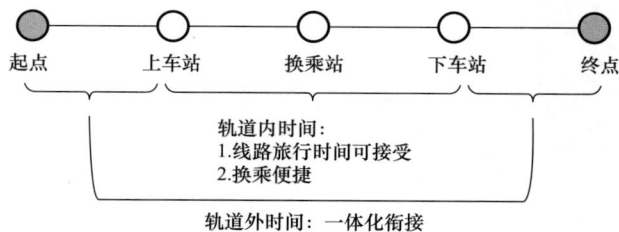

图 9-15　轨道交通出行时间示意图

国内既有标准规范中，城市轨道交通功能层次划分的标准主要包括运量、系统制式、速度、站间距、行政边界等。如按市郊铁路、地铁、轻轨等系统制式划分（隐含一定的线路功能要求），或者引入城际线、市域快线等带有行政边界限定的表述。而东京、巴黎等国际大都市主要从乘客服务的角度，以速度和站间距作为划分城市轨道交通功能层次的核心指标，以显化时空服务要求。本标准基于时空服务要求，考虑有效空间服务范围，按运送速度（隐含站间距要求）将城市轨道交通划分为快线和干线两大功能层次。快线 A 联系大都市圈主要城镇节点，线路外围末端距城市主、次中心距离一般大于 40km，以服务长距离商务业务、休闲娱乐等出行为主，兼顾部分通勤出行；快线 B 联系城市主、次中心及外围新城，线路外围末端距城市主、次中心距离一般为 20～40km，以服务长距离通勤出行为主。城市轨道交通干线服务于中心城区客运走廊，运送速度和平均站间距相对适中，兼顾出行时间要求和中心城区更高的覆盖要求。干线 A 一般布设于高、大客流走廊，干线 B 一般布设于中客流走廊。

巴黎市轨道交通系统规划体现了对通勤出行时间的控制，特别是城区干线和近郊快线等以通勤出行为主要服务对象的线路，对站距和旅行速度都有严格控制要求，见表 9-11。通过四层次轨道交通系统对应各区域到主次中心的出行，保障各类出行时间处于相对理想水平。在此基础上以功能要求为指导，结合具体的线路特征和技术要求，确定了各功能层次的系统制式。巴黎轨道交通系统可以实现主城区内部 15km 的轨道交通出行时间控制在 30min 以内，主城区和外围近郊地区、外围近郊地区之间 30km 以内的轨道交通出行时间控制在 40min 以内，主城区和外围远郊地区、远郊与近郊地区之间 100km 以内的轨道交通出行基本控制在 60min 以内。

巴黎轨道交通功能层次　　　　　　　　　　　　　　　　表 9-11

功能层次	功能特征	旅行速度（km/h）	平均站距（km）	线路长度（km）	运行时间（min）	系统制式
远郊快线	快速联系主城区和远郊（30～100km）	60～80	4～7	50～100	40～80	Transilien（国家铁路）
近郊快线	快速联系主城区和近郊（10～30km）	30～60	2～3	30～60	30～60	RER
城区线	密集服务主城区（10km 内）	20～30	0.4～1.1	10～20	30～50	地铁
局域线	服务主城内部，或近、远郊局部	15～25	0.4～0.8	8～18	25～50	有轨电车

9.4.3　差别化空间与交通政策优化城市形态

9.3.3　城市轨道交通线网的规划和建设规模应与城市的经济社会发展水平相适应。中心城区轨道交通站点 800m 半径范围内覆盖的人口与就业岗位占规划总人口与就业岗位的比例，宜符合表 9.3.3 的规定。

表 9.3.3　轨道交通站点 800m 半径范围内覆盖的人口与就业岗位比例

规划人口规模（万人）	覆盖目标（%）
≥1000	≥65
500～1000	≥50
300～500	≥35
150～300	≥20

城市层面的空间规划（城市总体规划或国土空间规划）或综合交通体系规划，提出以轨道交通站点周边居住人口和就业岗位覆盖率作为轨道交通网络规模和布局控制的核心指标，在满足客流强度要求的前提下，通过 TOD 和差别化的空间和交通政策，尽可能覆盖更多的人口和就业岗位，提高轨道交通发展效益。人口规模超过 500 万人的特大城市、超大城市，轨道交通宜作为城市公共交通系统的主体和中长距离出行的主要交通方式，应有效覆盖城市大部分就业岗位和居住人口。

香港将轨道交通站点 500m 覆盖率作为重要的城市发展指标，提出远景轨道交通网络应覆盖 80% 的就业岗位和 70% 的人口。相应地，香港将轨道交通站点 500m 范围作为特别政策区（CDA），鼓励优先利用轨道交通站点周边，布局大型就业中心和进行高密度开发，方便市民步行前往。新加坡轨道交通站点 10 分钟覆盖的住户比例不低于 80%。2015 年深圳轨道交通站点 800m 人口覆盖率约为 32%，通过空间与交通政策的双向引导，计划 2020 年提升至 47%，到 2040 年提升至 70% 以上。《深圳城市规划标准和准则》中将轨道交通站点周边地区作为高强度综合开发和城市更新的优先地区，并规定了轨道交通站点周边路网密度、场站配设、步行网络等方面的针对性要求。

人口规模 150 万～500 万人的大城市，轨道交通宜为城市公共交通系统的骨干，有效覆盖主要客流走廊沿线就业岗位和居住人口。

城市轨道交通站点覆盖范围按步行不超过 10min 确定（按照步行速度 1.2～1.8m/s，路网非直线系数 1.2 计算，覆盖范围的半径应为 600～900m），本标准取 800m。城市轨道交通站点 800m 半径范围内覆盖的人口和岗位比例（以下简称轨道交通站点覆盖率）计算公式如下：

城市轨道交通站点人口与岗位覆盖比例＝

$$\frac{\text{轨道交通站点 800m 范围内的常住人口规模＋轨道交通站点 800m 范围内的就业岗位规模}}{\text{城市常住人口总规模＋城市就业岗位总规模}}$$

国内外城市发展经验表明，轨道交通站点合理的覆盖率与人口密度和城市布局有关。人口密度越高，轨道交通需求越大，相应地轨道交通站点覆盖率也应更高。统计归纳不同规模城市中心城区的人口密度，通过建模分析和经验借鉴相结合的方法，得到轨道交通站点覆盖率合理的取值区间和最低要求，见表 9-12。本条规定不同规模城市轨道交通站点覆盖率的下限指标，鼓励城市基于合理的轨道交通线网规模，通过优化轨道交通站点周边土地利用，提高城市的轨道交通站点覆盖率，实现轨道交通线网的高效覆盖和利用。组团式布局城市轨道交通站点覆盖率的最低要求可适度放宽。

不同规模城市轨道交通站点覆盖率的合理取值区间及最低要求　　表 9-12

规划人口规模（万人）	中心城区人口密度（万人/km²）	轨道交通站点覆盖率的合理区间（%）	轨道交通站点覆盖率的最低要求（%）
≥1000	1.0～2.0	64～100	65
500～1000	0.8～1.2	51～78	50
300～500	0.5～1.0	33～64	35
150～300	0.3～0.8	21～51	20

9.4.4 线网规划布局要点

9.3.4 城市轨道交通系统布局应符合下列规定：

1　城市轨道交通线路走向应与客流走廊主方向一致。

2　城市轨道交通快线宜布局在中客流及以上等级客流走廊，客流密度不宜小于 10 万人 · km/(km·d)。干线 A 宜布局在大客流及以上等级客流走廊，干线 B 宜布局在大、中客流走廊。

3　城市轨道交通线路长度大于 50km 时，宜选用快线 A；30km~50km 时，宜选用快线 B；干线宜布局在中心城区内。

4　根据客流走廊的客流特征和运量等要求，可在同一客流走廊内布设多条轨道交通线路。

5　城市轨道交通主要换乘站应与城市各级中心结合布局，并方便乘客的换乘需求和轨道交通的组织。城市土地使用高强度地区，应提高轨道交通站点的密度。

6　城市轨道交通快线宜进入城市中心区，并应加强与城市轨道交通干线的换乘衔接。

　　基于差别化政策，多层次轨道交通与城市空间协调互动主要体现在以下两个方面：一是轨道交通枢纽与城市功能中心布局协同。轨道交通枢纽应与城市中心体系在功能、等级、建设时序及区位上全面耦合，提高城市中心可达性，促进枢纽地区的整体发展。城市新建中心或外围次中心也应围绕轨道交通枢纽布局，为城市中心的生长创造有利条件。二是轨道交通网络引导城市空间集聚发展。城市中心城区内，应通过相对密集的轨道交通网络支撑高密度人口出行需求。外围地区应重点围绕轨道交通快线枢纽或站点集约开发，控制城市开发边界，引导人口和岗位沿轨道交通轴带集聚和城市空间有序拓展。

　　轨道交通枢纽应与城市中心结合布局。城市中心是各类交通出行最集中的地区，轨道交通枢纽与城市中心结合布局有利于提升地区可达性和交通组织效率，减少换乘，缩短时间成本，助力城市功能的实现。秉承"建轨道就是建城市"的发展理念，深圳轨道交通线网规划一直坚持轨道交通枢纽与城市中心体系耦合和互动发展。一是突破用地、工程等方面的困难，将国铁枢纽与城市主、次中心结合布局，加强对外辐射能力，锚固轨道交通网络基本形态。二是合理布局快线枢纽，提高城市中心的可达性。引入多层次轨道交通快线后，快线枢纽的规模将大幅增加，东京、巴黎都市圈快线枢纽规模高达数十个，这类枢纽同样需要与城市主、次中心或重要节点结合布局。三是增加城市中心地区轨道交通站点和出入口数量，提升轨道交通乘降和集散能力，有效应对高强度、高脉冲客流快速集散要求。四是通过连续、全天候的步行系统组织枢纽地区空间与功能，构建适于活动和交流的宜行交通环境。

　　以福田 CBD 为例，将广深港客专福田站选址于 CBD 总部云集的最核心地区，通过 34 个出入口与新地标"平安大厦"及其他周边物业无缝衔接，实现深港中心 30min 可达及"零距离"进入国铁系统。枢纽地区规划布局了 2 条快线和 4 条干线，轨道交通网络密度达到 $3.0km/km^2$ 以上，形成包括多个 3 线、2 线换乘枢纽在内的枢纽群及遍布地下的步行网络，有力支撑了枢纽地区的高强度开发，见图 9-16。出于用地紧张、工程和交通组织复杂等因素，国铁枢纽是否应引入城市中心以及是否应避免设置多站（2 线以上）换乘枢纽等话题一直存在疑义，深圳福田、车公庙枢纽等案例在综合比较时间效益和工程可行性后，坚持了城市功能优先的枢纽选址方案。

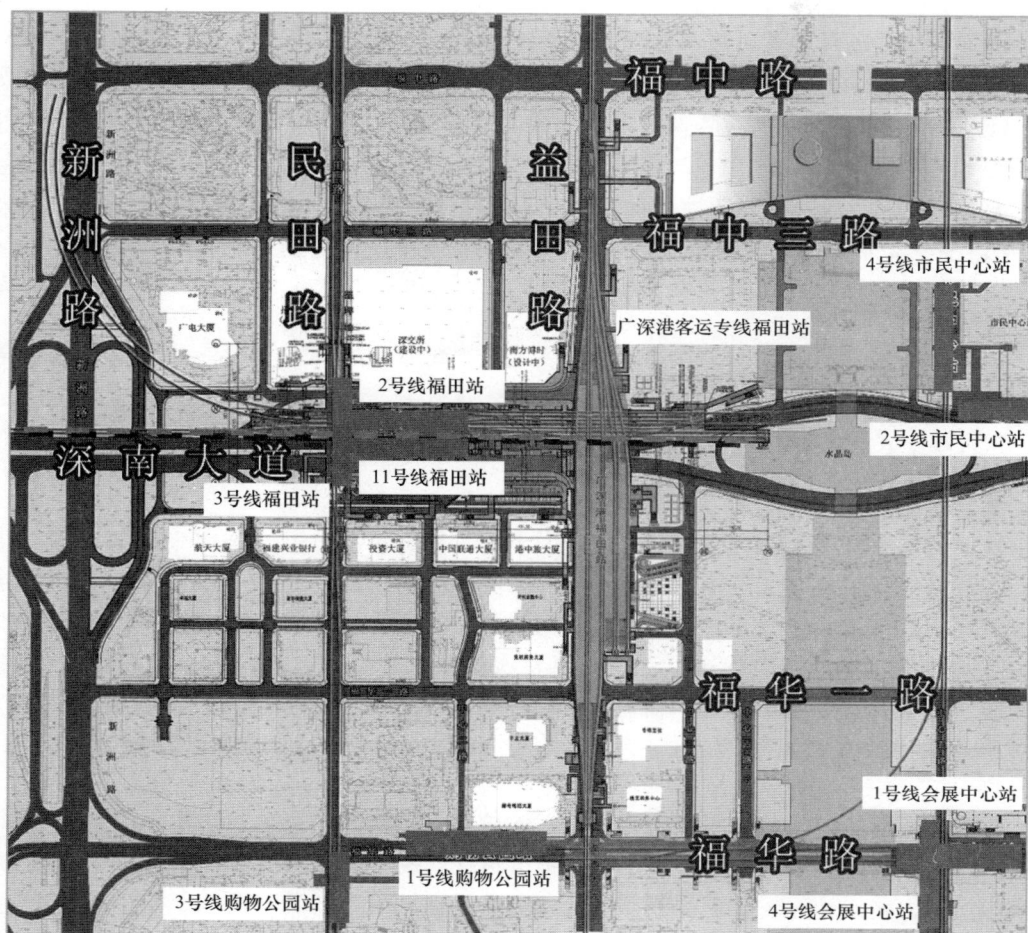

图 9-16　福田 CBD 周边轨道交通枢纽群布局示意图

　　超前预留快线进入城市中心的通道。中心城区通道资源稀缺，应超前预留快线通道，确保快线功能充分发挥。快线 A 和快线 B 均应引入城市中心，提供更便捷高效的出行服务。快线 B 主要服务外围至中心城区的通勤出行，宜引入城市核心区并沿主通道敷设，沿途设置多个站点提高通勤客流转换效率。快线 A 宜引入城市核心区的主要枢纽，由于设站较少，可选择相对次要通道敷设。

　　快线引入中心城区是实现其功能的重要前提。东京、巴黎在大都市圈快速发展阶段，不断突破工程、运营领域限制，为将各层次轨道交通快线引入城市中心不遗余力。为确保快线进入城市中心，必要情况下多层次轨道交通线路可共通道布设。巴黎近郊快线（RER）和远郊快线（Transilien）走廊选择存在一定差异，具体表现为近郊快线以通勤为主，兼顾近郊及城区内部出行服务，在中心城区设站比远郊快线多，以实现多点换乘，所以选择中心城区主通道敷设。而远郊快线以连通为主，通常止于中心城区主要枢纽，在中心城区设站较少，外围地区设站更多，所以进入中心城区则选择相对次要通道，外围应尽量沿主通道敷设，见图 9-17。

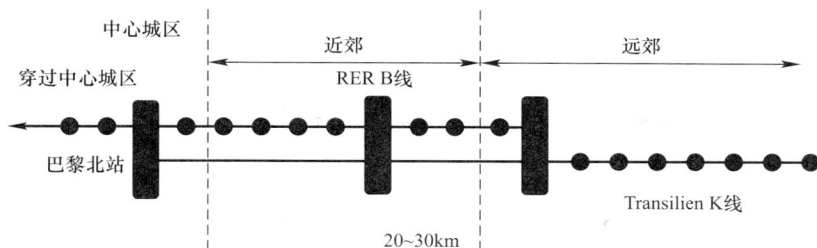

图 9-17　巴黎轨道快线走廊布局示意图

合理加密轨道交通干线网络。随着人口岗位集聚和出行距离拉长，机动化出行需求仍将持续增长，关键走廊和地区交通供需矛盾突出。结合城市空间和交通特征，合理提高轨道交通干线密度，形成功能层次分明、规模级配合理的城市轨道交通网络。与此同时，应以公共交通体系效用最优为原则，充分发挥中运量公交、多层次普通运量公交的特点和优势，以轨道交通为主体，地面公交为基础，构建多模式、一体化的公共交通服务体系，提高公共交通服务水平和运营效率。

世界级 CBD 地区，轨道交通线网密度普遍达到 $3km/km^2$，部分城市 CBD 轨道密度甚至超过 $5km/km^2$。如伦敦金融城周边区域共计规划 11 条轨道线，其中 7 条贯穿金融城，轨道线网密度达到约 $3.8km/km^2$。东京大丸有地区共有 28 条线路（含直通运营线路）经过，轨道线网密度约 $10km/km^2$。

9.4.5　系统制式

9.3.5　城市轨道交通线路的系统制式应根据线路功能、需求特征、技术标准、敷设条件、工程造价、资源共享等要素综合确定。

原则上一种功能层次可对应多种系统制式，为了避免混淆概念，应剥离轨道交通功能层次与系统制式。系统制式的确定应综合考虑线路功能、需求特征、技术标准、敷设条件、工程造价、资源共享等多种因素，在后续规划设计中进一步论证。在城市总体规划阶段，应由时空服务目标决定轨道交通功能层次，进一步研究相应走廊的功能要求，通过多维度的技术指标最终确定合适的系统制式，见图 9-18。

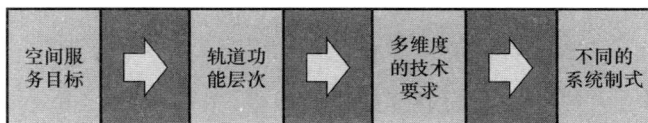

图 9-18　轨道功能层次与系统制式之间的关系

9.4.6　加强轨道交通一体化衔接规划和交通综合治理

9.3.6　城市轨道交通站点的衔接交通设施应结合站点所在区位和周边用地特征设置，并应符合下列规定：
1　城市轨道交通应优先与集约型公共交通及步行、自行车交通衔接。

2　城市轨道交通站点周边 800m 半径范围内应布设高可达、高服务水平的步行交通
　　网络。

3　城市轨道交通站点非机动车停车场选址宜在站点出入口 50m 内。

4　城市轨道交通站点与公交首末站衔接时，站点出入口与首末站的换乘距离不宜大于
　　100m；与公交停靠站衔接，换乘距离不宜大于 50m。

5　城市轨道交通外围末端型车站可根据周边用地条件设置小客车换乘停车场，并应立
　　体布设。

6　城市轨道交通站点衔接换乘设施配置应符合表 9.3.6 的规定。

表 9.3.6　城市轨道交通站点衔接换乘设施配置

站点类型		外围末端型	中心型	一般型
换乘设施类型	非机动车停车场	▲	△	▲
	公交停靠站	▲	▲	▲
	公交车首末站	▲	▲	△
	出租车上落客点	▲	△	△
	出租车蓄车区	△	—	—
	社会车辆上落客点	▲	△	△
	社会车辆停车场	△	—	—

注：▲表示应配备的设施，△表示宜配备的设施。

　　加强轨道交通一体化衔接规划，缩短站外出行时间，实现控制全程出行时间的目标。坚持公共交通和行人优先原则，明确各类交通方式的组织方式和设施安排。一是注重步行廊道、步行街区的改善，提高步行网络通达性，城市中心地区宜布设连续、全天候步行系统组织空间与功能。二是改善公交和自行车接驳，扩大站点有效覆盖范围。自行车是广为采用的基本交通接驳方式之一，在共享单车快速发展的背景下，自行车接驳需求呈现上升趋势，应结合站点使用需求合理布设自行车停靠设施，完善周边自行车交通网络。公交接驳需求较大的站点应设置公交枢纽，用地选址宜靠近轨道交通站点。鼓励通过地道、连廊直接联系轨道交通站厅和公交枢纽，大型公交换乘枢纽宜与轨道交通站点一体设计。三是加强轨道交通周边停车管理，改善交通秩序。严控轨道交通站点周边出行车位的规模，商业办公建筑停车配建应降低下限、控制上限。条件许可时，可根据城市轨道交通线路外围末端车站周边的用地布局情况设置"P+R"停车场，宜立体布设以节约用地。四是推广精细化的街道设计，沿次干路、支路等慢行交通主导型道路布局城市功能界面，增强街区功能和活力。

　　东京都市圈各区域轨道交通接驳特点不尽相同。步行接驳呈现中心地区向外部逐渐递减的趋势，其中山手内侧区域高达 80% 以上，川崎和横滨等外围中心区域步行接驳分担率也较高。两轮车（包括自行车和摩托车）接驳在中心地区的比例较低，分担率 60% 以上的区域主要集中在都市圈北部和东部的郊区。机动车接驳在都心三区分担率极低，都市圈城市化成熟区域机动车接驳分担率基本位于 10% 以下。公共汽车接驳在邻近东京区部的外围区域比例较高，如多摩南部区域，参见表 9-13。[10]

东京都市圈各区域轨道交通站点交通接驳分担率　　　　　表 9-13

	年份	公交	机动车	摩托车	自行车	步行
东京区部	2008	6	1	0.2	10	83
东京多摩部	2008	14	4	1	19	61
川崎市	2008	13	2	1	10	73
横滨市	2008	18	4	3	6	69
神奈川	2008	15	8	3	15	59
埼玉市	2008	13	4	1	21	60
埼玉南部	2008	10	5	1	24	60
埼玉北部	2008	8	20	2	25	44
千叶西北部	2008		6	1	19	64
千叶市	2008	20	8	2	16	54
千叶东部	2008	2	43	2	14	38
千叶西南部	2008	13	33	3	17	34
茨城南部	2008	12	32	3	16	36
都市圈全体	2008	11	5	1	14	68

　　轨道交通站点周边一体化接驳规划，往往涉及诸多利益协调，由于缺乏有效的工作组织机制，因此面临着认识不统一、协调难、实施难、推进慢等一系列问题。特大及以上城市正处于轨道交通建设的关键时期，须采取交通综合治理模式，以公共政策作为下阶段工作主要抓手，以协同实施机制为工作组织保障，以轨道交通轴带为核心系统开展交通综合治理，做好建设前、建设中、建设后交通组织与设施的协同实施安排，有效提升城市轨道交通建设、管理和服务水平。

9.4.7　合理预留用地空间

> 9.3.7　城市轨道交通车辆基地布局应符合下列规定：
> 1　车辆基地选址应靠近正线，有良好的接轨条件。考虑上盖开发时，宜靠近车站设置。一条城市轨道交通线路应至少设一处定修车辆段，当线路长度超过 20km 时，应增设停车场。
> 2　车辆基地应资源共享，占地面积总规模宜按每千米正线 $0.8hm^2 \sim 1.2hm^2$ 控制，车辆段的用地面积宜按 $25hm^2$/座 $\sim 35hm^2$/座控制，停车场的用地面积宜按 $10hm^2$/座 $\sim 20hm^2$/座控制，综合维修基地用地宜按 $30hm^2$/座 $\sim 40hm^2$/座控制。

　　车辆段规模一般根据线路长度、列车数量和运行密度确定。鉴于城市总体规划或城市综合交通体系规划层面一般难以确定列车数量、运行密度等指标，所以，采用每千米正线单位面积指标匡算车辆基地用地规模，预留用地条件。根据国内车辆基地规划建设经验，城市轨道交通车辆基地占地面积总规模宜按每千米正线 $0.8 \sim 1.2hm^2$ 控制，采用地铁制式的线路宜按高值控制，采用轻轨制式的线路宜按低值控制。

　　规划阶段做好用地控制的目的，在于为轨道交通线路规划方案的落地提供保障。车辆基地是城市轨道交通系统重要的组成部分，是保证城市轨道交通系统正常运营的后勤基地。车辆基地上盖开发项目应靠近车站设置，有助于更好地服务项目产生的交通需求，提高项目开发价值。例如，北京、深圳、香港等城市利用车辆基地上盖开发，集约利用土地资源。其中，深圳车辆基地上盖开发主要功能为保障性住房。

　　深圳轨道交通二期建设工程采用"系统筹划＋竞争机制"的 TOD 发展模式，规划、国土等跨部门协同领导，完成车辆段和部分车站共 7 处上盖开发，总建筑面积约 196 万 m²，累计收益达到 300 亿元。利用地铁车辆段上盖建设用地，建设 2.2 万套保障房，见图 9-19。上盖物业开发建设大量公共服务设施，得到政府的认可和支持。

图 9-19　深圳轨道交通车辆段上盖保障房实景图

资料来源：深圳地铁公司提供.

9.3.8　城市轨道交通线路的通道、车站及附属设施用地均应满足建设及运营要求，轨道交通线路通道与车站的规划控制边界应符合下列规定：

1　线路通道建设控制区宽度宜为 30m，2 线及以上线路通道应结合运营要求确定用地控制范围；

2　标准地下车站控制区长度宜为 200m～300m，宽度宜为 40m～50m。标准地面、高架车站控制区长度宜为 150m～200m，宽度宜为 50m～60m。起终点车站、编组数大于 6 节或股道数大于 2 线的车站、采用铁路制式的车站，应根据具体情况确定用地控制范围。

城市轨道交通规划部门应适度超前编制城市轨道交通通道及车站（含换乘站）用地预控规划，为后续建设工程实施奠定良好的基础。线路通道沿中心线两侧不应小于 15m，2线以上通道应结合运营要求确定用地控制范围。地下线用地控制范围按照工程建设要求进行预控，高架线考虑沿线环境影响适度扩大控制范围。标准车站按照条文要求进行控制，编组数大于 6 节或采用铁路制式的车站，宜结合系统制式和车辆编组要求确定用地控制范围。换乘车站空间预控应进行专题研究，尽可能保障高效换乘所需的空间。

条文中的标准车站，指 2 股道、A 型车 6 节编组的车站。线路起终点车站应预留线路折返空间。

9.5　城市快速公共汽车系统（BRT）与有轨电车

9.5.1　功能定位与布局要求

9.4.1　城市快速公共汽车系统与有轨电车宜布设在城市的中客流和普通客流走廊上，并与城市的公共汽电车系统、城市轨道交通系统良好衔接。

《快速公共汽车交通系统设计规范》CJJ 136—2010 给出的快速公交系统（BRT）分级指标与标准如表 9-14 所示：

快速公交系统分级指标表　　　　　　　　　　　　表 9-14

特征参数	级别		
	一级	二级	三级
运送速度 V（km/h）	≥25		≥20
单向客运能力（万人次/h）	≥1.5	≥1.0	≥0.5

根据《城市公共交通分类标准》CJJ/T 114—2007，有轨电车的客运能力为 0.6～1.0 万人次/h；实际运营中，有轨电车的运能会受到路权等级、发车频率等因素的影响，如德国以混合路权为主（70%混行线路）的有轨电车系统客运能力一般为 0.6 万～0.8 万人次/h，以专用路权为主（80%专用道）的一般为 0.9 万～1.2 万人次/h（分别按 4～6 人/m²，最小行车间隔 2min 计算）。

城市公共交通规划需结合城市实际，按照城市客运交通系统协调发展要求，合理确定城市快速公共汽车系统（BRT）与有轨电车在城市公共交通系统中的功能定位，进而确定运能要求和相应的路权等级，并做好与其他公交系统的衔接。

在特大规模及以上城市，城市快速公共汽车系统（BRT）与有轨电车一般起到轨道交通网络接驳、补充等作用，在大、中城市局部地区也可发挥公交网络骨干作用，服务城市的中客流和普通客流走廊。根据国内外应用实践经验，城市有轨电车通常采用地面敷设方式，建议现代有轨电车规划建设时同步考虑沿线道路的功能调整和设计优化。

案例 1：苏州高新区有轨电车 1 号线

苏州高新区概况：苏州高新区位于苏州中心城区西部，行政区面积约 250km²，新区规划人口 120 万人，规划建设用地 143km²。图 9-20 为苏州市高新区有轨电车 1 号线及已建成轨道交通线网的空间布局示意图。

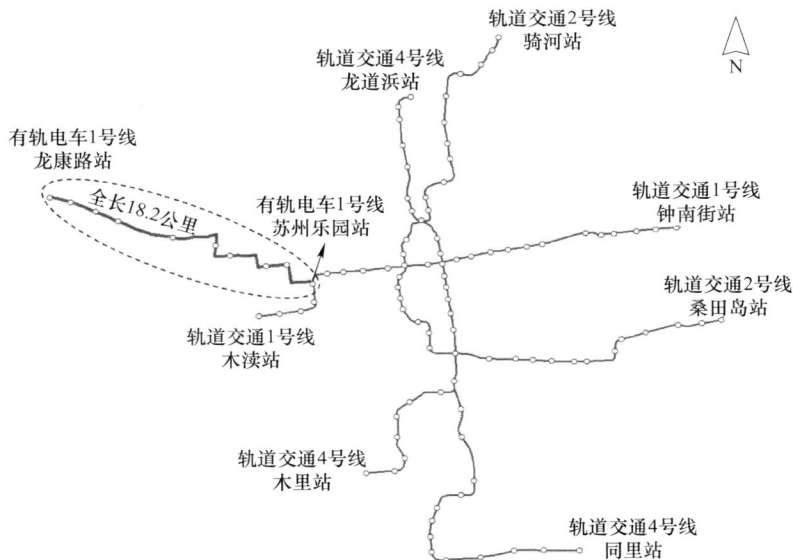

图 9-20　苏州市高新区有轨电车 1 号线与已建轨道交通线网空间布局示意图

有轨电车的功能定位：

（1）轨道交通网络的接驳和补充

高新区有轨电车 1 号线于苏州乐园站与城市轨道交通 1 号线无缝对接。

（2）公交网络骨干作用

有轨电车 1 号线日均客运量低于城市轨道交通线路，但高于公共汽电车线路平均值。苏州市高新区有轨电车 1 号线与苏州市轨道交通线路和公共汽电车线路的具体运营情况如表 9-15 所示。

有轨电车 1 号线与轨道交通、公共汽电车线路运营情况一览表[11]　　　　表 9-15

统计范围	统计年份	公共交通线路	里程 (km)	年客运量 (万人次)	平均每条线路的日均客运量（万人次/日）
苏州高新区	2017	有轨电车 1 号线	18.2	272	0.74
苏州市	2017	轨道交通 1 号线、2 号线、3 号线	121.0	24570	29.68
		429 条公共汽电车线路	8200.0	58569	0.37

案例 2：常州市快速公交系统[12]

常州，地处长江之南、太湖之滨，是一座有着 3200 多年历史的文化古城。截止到 2015 年底，全市户籍总人口 370.9 万人，常住人口 470.1 万人；民用汽车拥有量 96.8 万辆，其中私人汽车拥有量 82.2 万辆。

2007 年初，常州市政府组织编制了快速公交线网规划，确定了由 5 条走廊组成的方格放射式快速公交线网，总长 122.7km。2007 年 5 月 24 日，常州快速公交 1 号线工程率先开工建设，并于 2008 年元旦开通运营；2009 年 5 月 1 日，快速公交 2 号线开通运营；2010 年元旦，常州快速公交配套环线开通；随后于 9 月 28 日开通配套环线 H1 线、H2 线，致全线贯通，常州"十字＋一环"的快速公交骨架网络基本形成；2011 年，结合京沪高铁常州北站的开通，对既有快速公交线网进行了优化，与京沪高铁实现了无缝换乘；2013 年，西林公园公交枢纽启用后，快速公交 2 号线延伸至该枢纽，形成了常规公交与快速公交的无缝对接。截至 2015 年底，常州快速公交共有主线、支线、区间线和环线共 15 条，总里程 289.7km，日均配车 393 台，日均运营里程 6.03 万 km，日均客流量达 24.68 万人次，占全市总客流量的 31.90%。

实施效果：

（1）缓解交通拥堵，方便市民快捷出行：常州快速公交平均速度达 23km/h，通过 100% 公交专用道、站台售检票、信号优先等，保障车辆运行准点率。据调查，有 80% 的乘客表示通过快速公交缩短了上班出行时间，每人平均节省 15min。

（2）减轻出行成本，优化市民出行结构：整个快速公交网络系统 15 条线路中，实现免费换乘的有 87 个站点，低票价和免费换乘大大减轻了市民的出行成本，快速公交自开通以来累计有 7431 万人次享受到了免费换乘带来的优惠；根据对快速公交乘客的随机抽样调查显示，有 22.4% 的乘客是从个体机动化（小汽车、摩托车和出租车）方式转移过来的。

（3）推动节能减排，促进行业绿色发展：据测算，快速公交单耗 109L/千人 km，比常规公交降低了 31.45%。快速公交开通后，年均节约燃料 8559560L，相当于减少碳排放 6137t。

（4）提升公交服务，减轻财政支出压力：据测算，常州快速公交网络百公里客流量为

512 人次，是常规公交的 2.34 倍；车均日服务乘客 942 人次，是常规公交的 2.83 倍；人均能源消耗 0.48 元，是常规公交的 71.64％。以上统计数据表明，相比轨道交通建设，快速公交是投资小、见效快的优选方式。

（5）储备应急资源，提升城市应急能力：公交专用道可以在交通高峰时期为救护车、消防车等各种应急车辆提供畅通无阻的服务，大大缩短应急响应时间，减少人民群众生命财产损失。据不完全统计，常州快速公交专用道上，仅救护车每天要行经 3 次左右。另外，快速公交具备智能调度平台，车上和站上配备了视频监控探头，与公安交警指挥平台对接后，能够实现视频资源共享和数据信息互联，对提升公交运行效率、维护社会治安等产生双赢效益。

（6）改善民生品质，引导城市合理扩张：51km 十字形快速公交主线带动了沿线土地开发和经济发展，也带动了上下游产业链的革新。常州快速公交系统建成后，一号线途经的通江路新北区段迅速建成了集高星级酒店、影院、商场于一体的 38 万 m² 城市综合体；在一号线延伸至高铁站后，形成了城市综合交通枢纽，与高铁无缝衔接进一步带动了新北区规划副中心小新桥板块的开发。通过快速公交系统的引导，实现了城市东西南北和中心核心区的无缝对接与深度融合。

9.5.2　城市快速公共汽电车系统场站的布局规划要求

> 9.4.2　快速公共汽车交通系统的停车场宜设置在线路起、终点附近，应按需求和用地条件配置保养、维修、加油、加气、充换电等设施，并宜与其他公共汽电车场站合并设置。

本条参照《快速公共汽车交通系统设计规范》CJJ 136—2010 第 6.6.1 条和第 6.6.2 条。

9.5.3　城市有轨电车线路与基地的规划控制要求

> 9.4.3　城市有轨电车线路与车辆基地控制宜符合下列规定：
> 1　城市有轨电车宜采用地面敷设方式，线路（车站除外）用地控制宽度不宜小于 8m；
> 2　城市有轨电车车辆基地占地面积宜按每千米正线 0.3hm²～0.5hm² 控制。

本条规定了有轨电车线路与车辆基地控制标准。

有轨电车线路区间段沿线用地控制宽度不宜小于 8m，车站地区宜适度扩大用地控制范围。鉴于城市总体规划或城市综合交通体系规划层面难以确定列车数量、运行密度等指标，车辆基地规模与城市轨道交通一致采取每正线公里单位面积指标匡算，预留用地条件。

9.6　辅助型公共交通

9.6.1　辅助型公共交通的发展原则

> 9.5.1　城市应鼓励校车和各类定制班车等辅助型公共交通的发展，其他辅助型公共交通宜根据城市发展实际需求确定。
> 9.5.2　城市出租汽车发展政策宜根据城市性质与交通需求特征，结合集约型公共交通、其他辅助型公共交通的发展情况以及道路交通运行状况综合确定。

辅助型公共交通（paratransit）是指城区中满足特定人群个性化出行需求的城市公共交通方式。简称辅助型公交。如出租车、班车、校车、定制公交、公共自行车，以及特定地区的轮渡、索道、缆车等。

其中，定制公交是一种主要服务于通勤出行的准"门到门"公交服务，是从居住小区到工作单位，以及从工作单位到居住小区的一站直达式班车。用户可以通过专门的网站提出自己的需求，公交运营企业根据需求和客流情况设计公交线路。

为满足城市通勤、通学出行中不同层次、不同人群的公共交通出行需求，提升公共交通资源利用效率，城市应通过公共交通设施和运营服务资源的有效配置，鼓励校车和各类班车等辅助型公共交通的发展，其他辅助型公共交通宜根据城市发展实际需求确定。

总体而言，辅助型公共交通方式是按照乘客和用户意愿提供的直接的、个性化的客运服务，是集约型公交方式的补充，其"门到门"的服务特点能有效满足乘客对于时间、舒适度及私密性的出行需求。各个城市需要因地制宜地发展辅助型公共交通。

9.6.2 分时租赁自行车系统的设施规划要求

> 9.5.3 配置分时租赁自行车系统的城市区域，租赁点服务半径应根据城市用地功能与开发强度确定，分时租赁自行车的停车需求应纳入非机动车停车设施规划统筹考虑。

分时租赁自行车的租赁点服务半径应根据城市用地功能（居住用地、商业办公用地、娱乐休闲用地、科教文卫用地等）和土地开发强度（区域人口、就业就学人口等）共同决定。分时租赁自行车除了日常短距离出行，提供"门到门"的服务，还能够作为轨道交通的延伸和常规公交的补充，有效解决"最后一公里"的出行难题。同时，分时租赁自行车也是观光旅游、健身休闲、提高慢行出行比例的有效措施。为保障分时租赁自行车的服务功能和有效运转，应充分考虑分时租赁自行车的停车需求，并应纳入非机动车停车设施规划统筹考虑。

9.6.3 辅助型公共交通用地的规划控制要求

> 9.5.4 对轮渡、索道、缆车等辅助型公共交通方式应做好其相关设施用地的规划控制。

水上公交是航行在城市及周边地区水域范围的公共交通方式，主要运行方式有三种：连接被水域阻隔的两岸接驳交通、沿岸线航行有固定站点码头的客运交通、旅游观光交通。

缆车索道是在崎岖的山坡上运载乘客的特殊公共交通方式，山区城市的不同高度之间，沿坡面铺设钢轨或牵引钢索，车厢以钢轨承重和导向，由钢索牵引运行。适用于地域高差较大的山地城市或旅游地区。

对于拥有轮渡、索道、缆车等辅助型公共交通方式的城市，应做好其相关设施用地的规划控制。

参考文献

[1] 东南大学，长兴县交通运输局. 长兴县公共交通发展规划（2013—2020）[R]. 2013.
[2] CERVERO R，ARRINGTON G B. Effects of TOD on Housing，Parking，and Travel [J]. Transit

Cooperative Research Report，2008，128.

［3］　马克·休伊特，刘琴博，涂先明. 低碳生态城市规划方法［J］. 景观设计学，2014，2（3）：70-75.

［4］　National Academies of Sciences，Engineering，and Medicine. Transit Capacity and Quality of Service Manual，Third Edition［M］. Washington，DC：The National Academies Press，2013.

［5］　罗伯特·瑟夫洛. 公交都市［M］. 宇恒可持续交通研究中心，译. 北京：中国建筑工业出版社，2007.

［6］　高扬，郭长宝，刘欣. 库里蒂巴市的公共交通［J］. 城市公共交通，2003（04）：33-36.

［7］　宇恒可持续交通研究中心. "窄马路、密路网、开放街区"：怎么看，怎么做［EB/OL］. 澎湃新闻，［2016-02-22］. https://www.thepaper.cn/newsDetail_forward_1434659.

［8］　操宗武，李露. 关于城市公交专用道发展的思考［EB/OL］. 都市交通规划，［2018-09-29］. http://www.sohu.com/a/256941519_748407.

［9］　深圳市综合交通设计研究院有限公司. 深圳市公交专用道优化方案与近期实施计划［R］. 深圳：深圳市交通运输委员会，2012.

［10］　刘龙胜，杜建华，张道海，等. 轨道上的世界：东京都市圈城市和交通研究［M］. 北京：人民交通出版社，2013.

［11］　苏州统计局. 苏州统计年鉴［J］. 北京：中国统计出版社，2018.

［12］　蔡健臣. 中国快速公交十年发展实录［M］. 北京：人民交通出版社，2017.

第 10 章　步行与非机动车交通

10.1　本章编制说明

10.1.1　"步行"与"非机动车"术语使用

"行人"与"步行"、"自行车"与"非机动车"以及"慢行交通"等术语经常用来描述非机动化交通出行。这些术语的基本内涵既关联又存在差异，如当强调步行的主体——人时，使用"行人"；而当强调出行方式本身时，使用"步行"。又根据《中华人民共和国道路交通安全法》，"非机动车"是指以人力或者畜力驱动，上道路行驶的交通工具，以及虽有动力装置驱动但设计最高时速、空车质量、外形尺寸符合有关国家标准的残疾人机动轮椅车、电动自行车等交通工具。而"自行车"一般是指以脚踩踏板为动力的二轮车，又称脚踏车或单车。显然，自行车属于非机动车，而非机动车范畴更广。"慢行交通"常作为步行与非机动车交通的统称，但由于使用时还存在较多争议[1]，本标准未使用该术语。

鉴于有动力装置的电动自行车在我国各大城市普遍使用，其出行量甚至已超过自行车（图 10-6），本标准使用"非机动车"以涵盖自行车、电动自行车等各类非机动化交通工具。

10.1.2　步行交通与非机动车交通合并为一章的考虑

95 规范中将步行交通、自行车交通各自单独成章，分别阐述步行、自行车交通的规划设计要求。诚然，步行与非机动车交通在出行特征以及对基础设施的要求上，存在较为显著的差异。出行特征方面，步行主要承担短距离交通；而非机动车主要承担中短距离交通（图 10-1）[2]。基础设施要求方面，非机动车道与步行道的使用对象及服务水平要求不

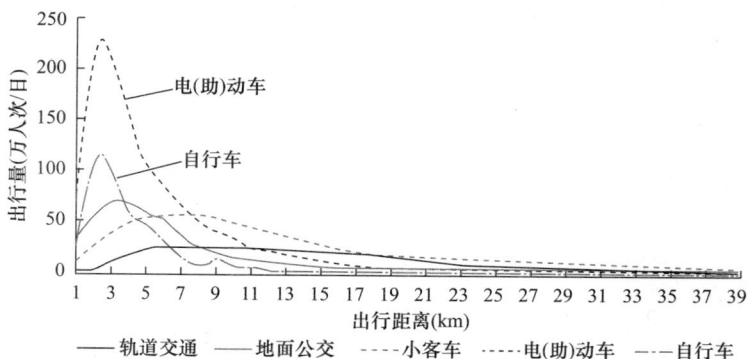

图 10-1　上海市电（助）动车与自行车出行距离分布对比

资料来源：上海市第五次综合交通调查联席会议办公室，上海市城乡建设和交通发展研究院. 上海市第五次综合交通调查成果报告. 2015.[2]

同，目前国内外正兴起面向自行车的专用路（道）（图 10-2）、非机动车停车场规划和建设等。近几年随着共享单车的大规模使用，自行车停放设施不足的问题已成为国内众多城市交通管理所面临的瓶颈（图 10-3）。

(a)　　　　　　　　　　　　　　　　(b)

图 10-2　自行车专用道路示意
(a) 中国北京；(b) 德国

资料来源：
(a) 王芳，张紫瑜. 刚刚！北京首条自行车专用路开通啦！. https: // www. sohu. com/a/317732545_391300.
(b) 李文涵. 中国高速路都不够用了德国人却在修自行车高速路！. https: // m. soundofhope. org/post/293435.

(a)　　　　　　　　　　　　　　　　(b)

图 10-3　共享单车乱停放问题示意
(a) 占用城市道路；(b) 损害公共空间

资料来源：
(a) 李逢春，李智，戴竺芯. 120 万共享单车"攻占"成都　共享了便利麻烦谁管. http: // sc. sina. com. cn/news/b/2017-10-31/detail-ifynfvar5348319. shtml.
(b) 冯国栋，李思远. 武汉部分路段将禁停共享单车　乱停乱放企业限制投放. http: // hb. sina. com. cn/news/b/2017-08-25/detail-ifykkfas7757720. shtml.

本标准定位于城市综合交通体系宏观层面的规划指导，主要意图是明确步行、非机动车交通设施的总体布局要求，故而将步行交通与非机动车交通合并为一章。在编制结构上，首先给出步行、非机动车交通规划的一般性原则要求，再分别针对步行交通和非机动车交通阐述各自的规划要求，如图 10-4。

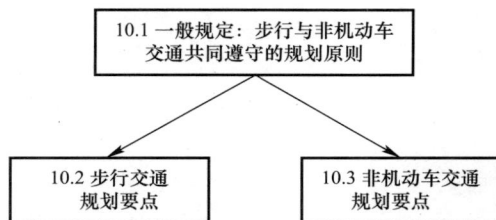

图 10-4　本章总体编制结构

10.1.3　与在编标准《步行和自行车交通系统规划设计标准》的关系

本标准编制时，另一项国家标准《步行和自行车交通系统规划设计标准》也在同步编制。本标准是《步行和自行车交通系统规划设计标准》的上位标准，从综合交通体系规划的角度，总体上确定步行与非机动车交通系统网络布局和设施规划指标。《步行和自行车交通系统规划设计标准》作为指导步行与自行车交通规划、设计的专项标准，规定了各类步行与自行车交通设施详细的规划设计要求，并与国家现行相关设计标准衔接。

10.2　新背景

10.2.1　绿色交通理念兴起，步行与非机动车交通复兴

步行与非机动车交通是生态文明发展观下城市绿色、低碳交通体系的重要组成部分。随着快速城镇化与机动化进程的推进，国内城市步行与非机动车交通普遍经历了由鼎盛转向衰落的发展过程。以上海市为例，步行与非机动车出行比重由 20 世纪八九十年代顶峰期的 41.3% 和 41.7%（其中，自行车比例为 38.7%）分别下降至目前的 28.1% 和 27.4%（其中，自行车比例仅为 7.2%），如图 10-5。[2][3] 近几年随着国际上低碳、绿色发展理念的普及，步行、非机动车等绿色交通出行方式得到大力宣传与推行，开始逐步复兴。我国在生态文明理念下的城市发展面临转型需求，国家层面也从关注"人"的出行和绿色交通

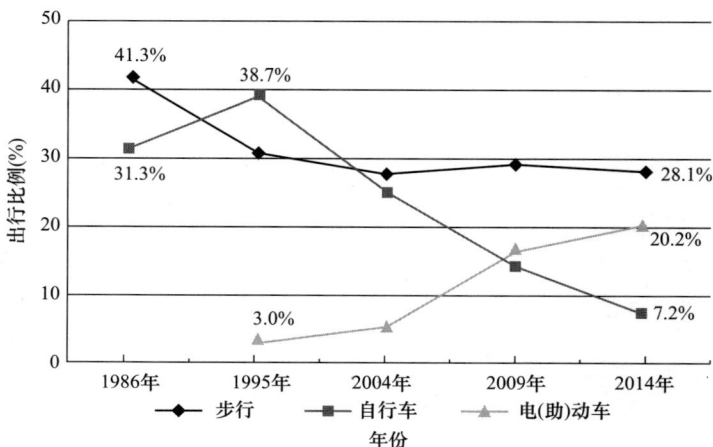

图 10-5　上海市步行与非机动车出行比例变化

发展出发，陆续发布了一系列重要文件（表 10-1），强调步行与自行车交通是城市综合交通不可缺少的重要组成部分，是解决城市中短距离出行，接驳换乘和绿色、低碳的理想交通方式；应树立行人优先的理念，加强自行车道和步行道系统建设，倡导绿色出行，切实转变过度依赖小汽车出行的交通发展模式。上述对步行、非机动车交通定位的重新认识，是新时期开展步行、非机动车交通规划应遵循的基本要求。

城市步行与自行车交通相关政策文件　　　　　　　　　　　　表 10-1

序号	政策文件	发文单位、时间	地位认识
1	《关于进一步加强城市规划建设管理工作的若干意见》	中共中央　国务院，2016 年	加强自行车道和步行道系统建设，倡导绿色出行
2	《国务院关于加强城市基础设施建设的意见》	国务院，国发〔2013〕36 号	城市交通要树立行人优先的理念，倡导绿色出行，切实转变过度依赖小汽车出行的交通发展模式
3	《国务院关于印发大气污染防治行动计划的通知》	国务院，国发〔2013〕37 号	加强步行、自行车交通系统建设
4	《国家新型城镇化规划（2014—2020 年）》	中共中央　国务院，2014 年	改善步行、自行车出行条件，倡导绿色出行
5	《关于加强城市步行和自行车交通系统建设的指导意见》	住房和城乡建设部，发改委，财政部。建城〔2012〕133 号	是解决中短距离出行和接驳换乘的理想交通方式，是城市综合交通不可缺少的重要组成部分

北京、上海近期发布的城市总体规划，都明确提出了大力发展步行和自行车交通的目标、政策与措施。如《北京城市总体规划（2016 年—2035 年）》提出建设步行和自行车友好城市，构建连续安全的步行和自行车交通网络体系，保障步行和自行车路权，开展人性化、精细化道路空间和交通设计，创造不用开车也可以便利生活的绿色交通环境。到 2020 年自行车出行比例不低于 10.6%，到 2035 年不低于 12.6%。《上海市城市总体规划（2017—2035 年）》提出鼓励自行车等绿色交通出行，至 2035 年实现包括公共交通、非机动车、步行、清洁能源小汽车等在内的绿色出行占全方式出行比例达到 85%左右。优化道路交通功能，提高路网密度，加强利用公共通道空间提高慢行交通可达性和路网组织的灵活性。逐步恢复禁行道路的非机动车通行权，提高慢行网络的连续性和功能性，完善安全通达的骑行网络和舒适便捷的步行活动区域。

正是基于上述认识，本标准对步行与非机动车交通在综合交通体系方面的定位与 95 规范有明显差异。95 规范编制时，全国城市自行车保有量与使用量都比较高（如上海市 1995 年自行车出行占全方式出行比例高达 38.7%），自行车交通曾一度被视为降低城市交通运行效率的重要干扰因素，是待解决的"交通问题"——"自行车无节制的发展不是大城市交通的发展方向"。95 规范也给出了不同规模城市自行车出行量的控制要求（表 10-2）。而本标准编制时，自行车作为独立的交通方式，其交通出行量已急剧下降，全球正兴起自行车交通复兴的浪潮。自行车交通作为绿色交通的重要组成部分，由原来的"问题制造者"转变为解决问题的"手段"。因此，本标准删除了控制城市自行车出行量的相关条款，强调在交通系统资源分配中优先保障步行、自行车交通的路权与空间。

95 规范不同规模城市的居民使用自行车与公共交通出行量比值　　表 10-2

城市规模		自行车出行量：公共交通出行量
大城市	＞100 万人	1∶1～3∶1
	≤100 万人	3∶1～9∶1
中等城市		9∶1～16∶1
小城市		不控制

10.2.2 非机动车交通组成结构发生显著变化，电（助）动车比重超过自行车

随着出行距离的增加，非机动车助力化趋势明显，其组成结构在近 20 年出现了显著变化。人力自行车出行占比快速下降，有助力装置的电（助）动车占比快速上升，并在很多城市超过了人力自行车，成为非机动车交通的主体（图 10-6）[2][4]。由于电（助）动车与自行车在外形尺寸、行驶速度等方面存在显著差异，传统面向人力自行车的交通规划与设计标准，需要结合电（助）动车的运行特征和要求进行适当修正。

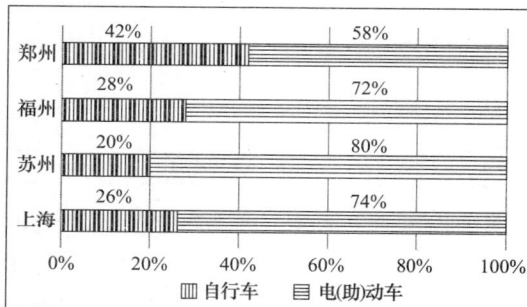

(a)

(b)

图 10-6　部分城市非机动车交通组成结构变化

（a）部分城市自行车与电（助）动车出行占比；（b）以电（助）动车为主的非机动车交通示意

10.2.3 新业态、新需求要求步行与非机动车交通得到更高品质发展

随着移动互联网技术的快速发展，2014 年起，以摩拜、OFO 等为代表的互联网共享单车应运而生，进一步推动了自行车的广泛应用，共享单车的停放与管理也随之成为城市交通治理面临的一项新难题。与此同时，物流配送非机动车，以及使用步行、自行车休闲健身的需求持续高涨（图 10-7），多种形式的绿道在城市、郊野出现。《上海市城市总体规划（2017—2035 年）》提出设置骑行、步行、复合三类慢行道，兼顾"马拉松"等群众性体育赛事，安排适宜慢行要求的各类设施，构建城市绿道系统。至 2035 年，全市形成通江达海、城乡一体、区域联动的城市绿道体系，建成 2000km 左右的骨干绿道。《北京城市总体规划（2016 年—2035 年）》提出依托绿色空间、河湖水系、风景名胜、历史文化等自然和人文资源，构建层次鲜明、功能多样、内涵丰富、顺畅便捷的绿道系统。到 2020年中心城区建成市、区、社区三级绿道，总长度由现状约 311km 增加到约 400km，到 2035 年增加到约 750km。

将交通功能、物流配送功能和休闲、健身等功能进行整体考虑，是当前步行与非机动

车交通规划的新任务。新业态和新需求使得步行、非机动车的交通规划与设计要求更高，内涵更广。

图 10-7　共享单车、物流配送非机动车以及休闲健身自行车示意

10.3　一般原则和要点

10.3.1　设施类型

> 10.1.1　步行与非机动车交通系统由各级城市道路的人行道、非机动车道、过街设施，步行与非机动车专用路（含绿道）及其他各类专用设施（如：楼梯、台阶、坡道、电扶梯、自动人行道等）构成。

为了满足步行与非机动车的交通性需求和日益增长的休闲健身需求，并保障与公共活动空间的连续衔接，步行与非机动车交通设施既应包括城市道路内的人行道、非机动车道、过街设施、专用路等，也应包括城市道路外的各类专用空间，如公园、广场内的通道，滨水、环山的绿道，立体连廊、步行街、胡同、街坊路等，以及楼梯、台阶、坡道、电扶梯、自动人行道等各类专用设施。

具体来说，步行交通设施由各级城市道路的人行道、过街设施、步行专用路（含绿道）及楼梯、台阶、坡道、电扶梯、自动人行道等构成，如图 10-8。非机动车通行设施包括非机动车专用路（含绿道）和依托城市道路设置的非机动车道。后者按机非隔离形式又可分为与机动车物理隔离的非机动车道、与机动车标线隔离的非机动车道以及与机动车混行的非机动车道等三种类型，如图 10-9。

人行道　　　　　　　　　　　　　　　　人行横道

图 10-8　步行交通设施示意（一）

步行街

台阶步道

自动扶梯

绿道

图 10-8　步行交通设施示意（二）

自行车专用路

物理隔离的非机动车道

标线隔离的非机动车道

机非混行车道

图 10-9　非机动车通行设施示意

需要指出的是，按照《中华人民共和国道路交通安全法实施条例》，滑板、旱冰鞋、电平衡车等滑行工具（参见图 10-10）以及不达标的各类非机动车，不得在道路上使用，因此也都不是本章涉及的交通对象。根据《电动自行车安全技术规范》GB 17761—2018，电动自行车须符合：具有脚踏骑行能力、最高设计车速不超过 25km/h、整车质量（含电池）不超过 55kg、电机功率不超过 400W、蓄电池标称电压不超过 48V 以及具有防篡改、防火、阻燃性能、充电器保护等技术要求（图 10-11）。

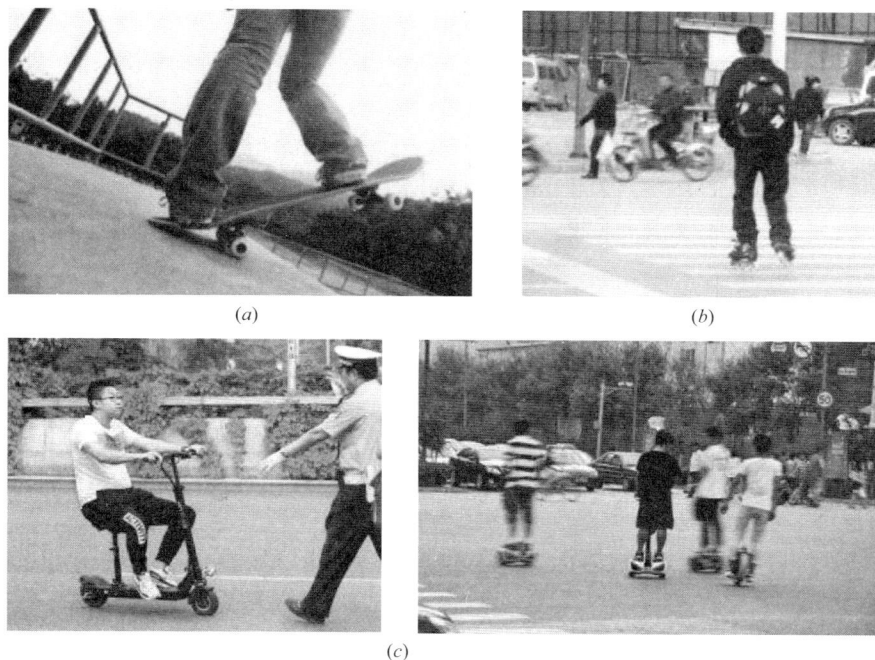

(a)

(b)

(c)

图 10-10　《中华人民共和国道路交通安全法》规定的禁止在道路上使用的交通工具示意
(a) 滑板；(b) 旱冰鞋；(c) 电平衡车

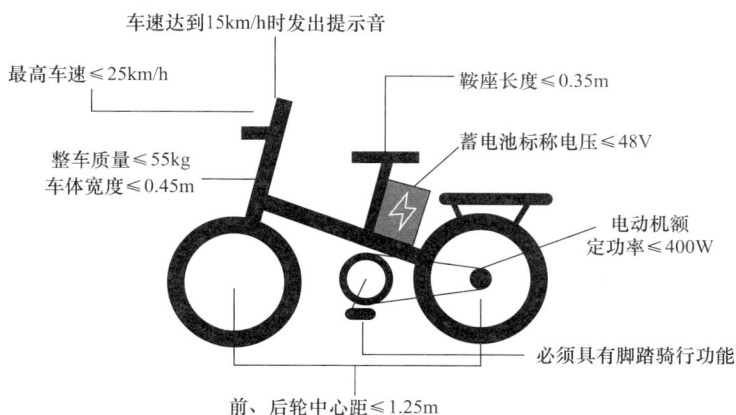

车速达到15km/h时发出提示音

最高车速≤25km/h

鞍座长度≤0.35m

整车质量≤55kg
车体宽度≤0.45m

蓄电池标称电压≤48V

电动机额定功率≤400W

必须具有脚踏骑行功能

前、后轮中心距≤1.25m

图 10-11　电动自行车主要技术参数规定示意图
资料来源："新国标"求解电动自行车管理难题．https://hb.jjj.qq.com/a/20180605/008428.htm.

10.3.2 一般要求

10.1.2 步行与非机动车交通系统应安全、连续、方便、舒适。

安全、连续、方便、舒适是步行与非机动车交通规划的根本要求。本章的相关条文，正是围绕安全、连续、方便和舒适来组织的，如图 10-12 所示。

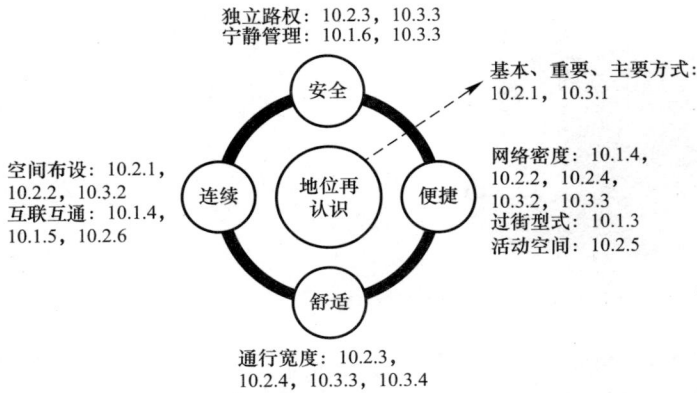

图 10-12 基于安全、连续、方便和舒适要求的条文组织架构图

1. 安全：保障独立、专用的步行与非机动车有效通行空间，将行人、非机动车与机动车在通行空间进行分隔，不得在人行道上施划机动车停车泊位。

2. 连续：保障步行与非机动车交通设施网络的空间连贯性，不得取消、侵占城市道路两侧的人行道和非机动车道，尤其注重交叉口过街以及跨越快速路、铁路、河流等障碍时的设施连续性。

3. 方便：建立高密度的步行与非机动车交通设施网络，打开封闭街区、打通步行道，保障步行和非机动车交通网络与城市公共服务设施、公共交通站点等吸引点紧密衔接，满足无障碍设计要求。

4. 舒适：保障步行与骑行环境品质，建设完善的地面铺装、林阴绿化、遮阳避雨、照明排水、街道家具、易于识别的标志等配套设施。

对于上述要求，标准区分了步行与非机动车交通规划基本保障和重点保障，简化了《城市步行和自行车交通系统规划设计导则》[5]中有关分区分级的规划设计方法，如图 10-13。基本保障是"底线控制"，如人行道最小宽度不应小于 2.0m，非机动车道最小宽度不应小于 2.5m 等；重点保障是"品质控制"，针对步行与非机动车交通活动聚集区域或通道，提高规划标准。

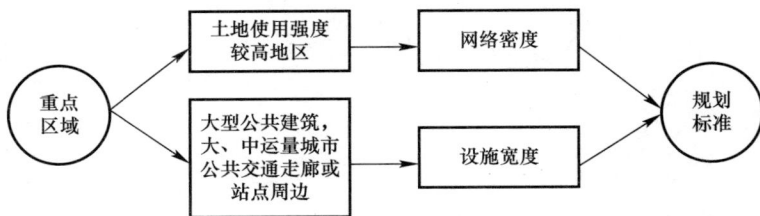

图 10-13 步行与非机动车交通规划的重点区域及保障要求

10.1.3　步行与非机动车交通通过城市主干路及以下等级道路交叉口与路段时，应优先选择平面过街形式。

在有条件的情况下，过街步行空间应优先选择平面过街的形式，以保证过街设施的平整连续性，并遵循了步行者期望的最短过街路线设置过街设施。在过街需求较高或者城市生活区范围内，可以采用不同材质的人行横道铺装或适当抬高人行横道（图 10-14）[5]，以使过街设施在机动车驾驶员眼中更为醒目，提高步行者过街的安全性。

图 10-14　不同材质的人行横道铺装（左）与凸起的人行横道（右）
资料来源：住房和城乡建设部. 城市步行和自行车交通系统规划设计导则. 2013.[5]

根据《城市道路交叉口规划规范》GB 50647—2011，穿越城市快速路或铁路时，应规划设置立体过街设施，有辅路时应沿辅路设置平面过街设施；主干路及以下等级城市道路交叉口应优先选择平面过街形式。兼顾步行和非机动车交通安全与通行效率，在机动车流量较大的主干路路段上宜设置立体过街设施，次干路及以下等级道路路段上应优先选择平面过街形式。

符合《城市人行天桥与人行地道技术规范》CJJ 69—95 设计原则时仍应建设立体过街设施。立体过街设施应同步考虑设施坡度、无障碍通道等因素，无缝衔接沿街步行空间，与轨道交通、商业相结合，同时尽可能保留平面过街，共同构成连续、便捷的步行体系，如图 10-15。

图 10-15　平面过街（左）与立体-平面组合过街（右）
资料来源：住房和城乡建设部. 城市步行和自行车交通系统规划设计导则. 2013.[5]

10.1.4　城市宜根据用地布局，设置步行与非机动车专用道路，并提高步行与非机动车交通系统的通达性。河流和山体分隔的城市分区之间，应保障步行与非机动车交通的基本连接。

　　空间连续是步行和非机动车交通设施网络布局的基本要求。对于山地、水网城市，城市被山体和河流分隔成为若干组团和片区，相互之间依靠桥梁或隧道连通，桥梁和隧道宜提供基本的步行和非机动车交通空间（图 10-16）。当由于建设条件限制无法满足时，应提供其他步行与非机动车交通连通的条件，如轮渡等。当在桥梁和隧道内设置行人和（或）非机动车道时，应满足《城市道路工程设计规范》CJJ 37—2012 的相关要求。

图 10-16　桥梁上提供步行与非机动车通行空间
（a）纽约布鲁克林桥最上层的慢行通道；（b）旧金山金门大桥的慢行通道；（c）金门大桥的自行车引道

10.1.5　城市内的绿道系统应与城市道路上布设的步行与非机动车通行空间顺畅衔接。

　　绿道是指沿河流、溪谷、山川周边，以及依托城市绿地、旅游景区、郊野公园等布局的步行与非机动车专用道路，主要满足休闲、游览、健身等需求，注重舒适性和景观环境。为了保障绿道网络的通达，城市内绿道设施应与城市道路上的步行与非机动车通行空间良好衔接，一体化布局。珠三角在这方面做了有益探索。为保障绿道使用者的安全，提高珠三角绿道网的连续性和完整性，广东省住房和城乡建设厅于 2010 年颁布了《绿道连接线建设及绿道与道路交叉路段建设技术指引》，对绿道连接线的长度、建设标准、标识系统，以及绿道与道路交叉路段建设等给出了指引，如图 10-17。

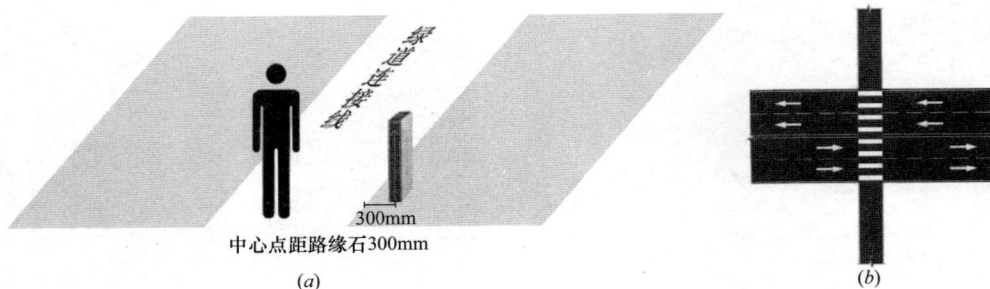

图 10-17　珠三角绿道连接线建设指引（一）
（a）绿道连接线标识系统；（b）绿道过街专有"斑马线"

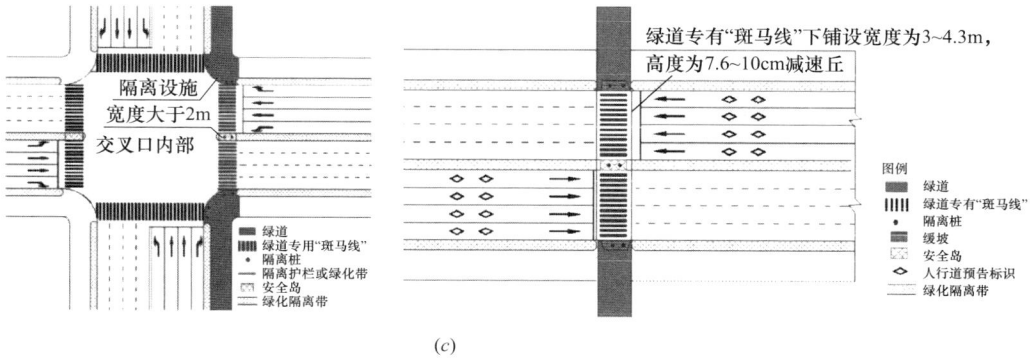

绿道专有"斑马线"下铺设宽度为3~4.3m,
高度为7.6~10cm减速丘

图例
■ 绿道
||||| 绿道专有"斑马线"
◆ 隔离桩
▨ 缓坡
▦ 安全岛
◇ 人行预告标识
═ 绿化隔离带

(c)

图 10-17　珠三角绿道连接线建设指引（二）

(c) 绿道在平面交叉口（左）与路段（右）的过街设置示意图

资料来源：广东省住房和城乡建设厅. 绿道连接线建设及绿道与道路交叉路段建设技术指引. 2010.

10.1.6　当机动车交通与步行交通或非机动车交通混行时，应通过交通稳静化措施，将机动车的行驶速度限制在行人或非机动车安全通行速度范围内。

当行人或非机动车与机动车混行时，降低机动车运行速度是保障行人或非机动车安全的必要手段。交通稳静化措施包括凸起的人行道、减速丘、路段颈缩、交叉口颈缩、路面铺装、视觉障碍、连续弯道等道路设计和管理措施（图 10-18），目的是降低机动车车速、减少机动车流量，以改善道路周边居民的生活环境，同时保障行人和非机动车交通使用者的安全。住宅小区等行人与机动车混行的区域，机动车限速不宜超过 10km/h；机动车与非机动车混行路段，限速不宜超过 25km/h。

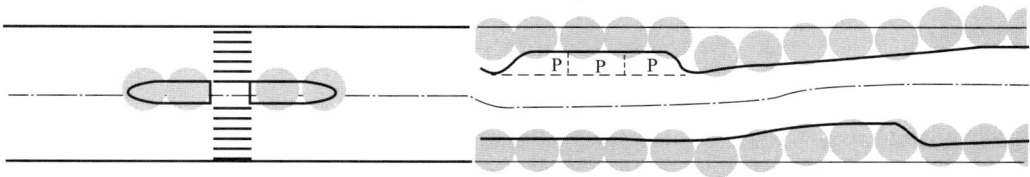

左-槽化岛；右-结合路侧停车泊位的道路中心线偏移

(a)　　　　　　　　(b)　　　　　　　　(c)

图 10-18　交通稳静化措施示意

(a) 交叉口颈缩；(b) 减速拱；(c) 共享街道

资料来源：住房和城乡建设部. 城市步行和自行车交通系统规划设计导则. 2013.[5]

137

10.4 步行交通

> 10.2.1 步行交通是城市最基本的出行方式。除城市快速路主路外，城市快速路辅路及其他各级城市道路红线内均应优先布置步行交通空间。

步行是人类最基本的出行方式，承担了所有交通方式的终端出行。《国务院关于加强城市基础设施建设的意见》（国发〔2013〕36 号）明确提出城市交通要树立行人优先的理念，改善居民出行环境，保障出行安全，倡导绿色出行，切实转变过度依赖小汽车出行的交通发展模式。道路空间资源应集约使用，秉承以人为中心的理念，优先满足步行和非机动车、公共交通的运行空间与环境要求。

> 10.2.2 根据地形条件、城市用地布局和街区情况，宜设置独立于城市道路系统的人行道、步行专用通道与路径。

为保障步行交通的方便与通达，城市宜在合适的地区建设独立于城市道路系统、可以供步行交通通行的步行通道和步行路径，如向步行交通开放城市中封闭的街区和单位大院，居住区内部道路允许步行交通穿越，在城市绿地、建筑之间建设步行路径等，提高步行设施网络的密度。

《中共中央 国务院关于进一步加强城市规划建设管理工作的若干意见》提出，新建住宅要推广街区制，原则上不再建设封闭住宅小区。已建成的住宅小区和单位大院要逐步打开，实现内部道路公共化，解决交通路网布局问题，促进土地节约利用。根据上述文件要求，各地方积极探索开放街区的规划建设模式。如 2017 年 11 月，长沙市住房和城乡建设委员会正式发布《长沙市开放式街区建设导则（试行）》DBC J012—2017（以下简称《长沙导则》），针对规划新建街区和现状已建街区，推行"开放便捷"、"尺度适宜"、"窄路密网"等街区设计理念，以指导长沙市开放式街区建设。《长沙导则》提出的开放式街区主要包括居住功能区、商业办公区、机关大院与高校园区四种类型。并对不同开放模式的技术特征和适用条件提出了不同要求。具体如下：

（1）规划新建居住功能区宜采用部分开放模式，组团路直接开放为公共道路，供步行与非机动车系统通行。规划新建商业办公区宜采用完全开放模式，街区不设围墙，楼宇间道路开放为公共道路，供步行、非机动车系统及机动车稳静化通行。规划新建机关大院和高校园区宜采用部分开放模式，有特殊需求时，可采用完全开放模式。

（2）现状已建街区应结合街区类型、交通需求、街区周边路网密度、道路拥堵情况、街区路网间距及建设条件，因地制宜地合理选择开放模式和服务对象，开放模式技术特征及选用条件应符合表 10-3。

《长沙导则》现状已建街区两种开放模式技术特征及适用条件　　　　　　表 10-3

街区类型	适合采用的开放模式	适用条件	开放道路及服务对象	街区尺度特征	目标效果
居住功能区	部分开放模式	当路网间距＞400m 且周边道路拥堵	组团路：服务机动车交通	100～150m	提高交通便捷性，健康和谐

续表

街区类型	适合采用的开放模式	适用条件	开放道路及服务对象	街区尺度特征	目标效果
居住功能区	部分开放模式	街区周边公共服务设施及公交枢纽可达性差、步行与非机动车系统不完善，社区交往不便利	组团路：服务步行与非机动车交通	100～150m	提高交通便捷性，健康和谐
商业办公区	完全开放模式	当路网间距＞400m且周边道路拥堵	组团路：服务机动车交通	100～150m	提高交通便捷性，增强街区活力和交往便利性
		街区周边公共服务设施及公交枢纽可达性差、步行与非机动车系统不完善，街区活力不足、社区交往不便利	组团路、宅间路：服务步行与非机动车交通	30～50m	
机关大院与高校园区	部分开放模式	当路网间距＞400m且周边道路拥堵	组团路：服务机动车交通	100～150m	提高交通便捷性、增强交往便利性
		街区周边公共服务设施及公交枢纽可达性差、步行与非机动车系统不完善，社区交往不便利	组团路：服务步行与非机动车交通	100～150m	
	完全开放模式	当路网间距＞400m且周边道路拥堵	组团路：服务机动车交通	100～150m	
		街区周边公共服务设施及公交枢纽可达性差、步行与非机动车系统不完善，社区交往不便利	组团路、宅间路：服务步行与非机动车交通	30～50m	

资料来源：长沙市开放式街区建设导则（试行）DBC J012—2017.

10.2.3　人行道最小宽度不应小于 2.0m，且应与车行道之间设置物理隔离。

人行道宽度必须满足行人安全顺畅通过的要求。参考《城市道路工程设计规范》CJJ 37—2012 第 5.3.4 条的要求，各级城市道路人行道最小宽度都不应小于 2.0m。需要指出的是，人行道宽度是指扣除了绿化带、市政设施带等占用空间，可供行人实际通行的有效宽度，如图 10-19 所示。

图 10-19　人行道宽度示意图

资料来源：住房和城乡建设部. 城市步行和自行车交通系统规划设计导则. 2013.[5]

人行道与机动车道、非机动车道之间应物理隔离。为保障行人通行安全，新建道路不应设置人非共板断面，已建道路设置人非共板断面时应有人非行驶分界线，可通过采取不同铺装形式、划线或物理隔离等实现。另外，为提高步行环境舒适性和视野通透性，人行道与非机动车道之间一般宜采用高差形式进行隔离。当行人众多，有可能走进车行道时，可再在人行道左侧设隔离栏杆或绿篱进行分隔，如图 10-20。

高差隔离(推荐)　　　　　　　　　　栏杆隔离(行人众多，有可能走进车行道)

图 10-20　人行道不同隔离方式示意图

> 10.2.4　大型公共建筑和大、中运量城市公共交通站点 800m 范围内，人行道最小通行宽度不应低于 4.0m；城市土地使用强度较高地区，各类步行设施网络密度不宜低于 14km/km^2，其他地区各类步行设施网络密度不应低于 8km/km^2。

95 规范着重对步行交通的交通环境设计进行了规定，关键指标包括：人行道宽度、通行能力、过街间距，并专门给出了商业步行区的交通设计要求。本标准更加注重步行交通便利性的要求，并从综合交通体系规划的角度，对城市道路上人行道的设置、步行设施网络密度、步行道宽度等方面给出设施规划控制指标/要求。

参考《城市道路工程设计规范》CJJ 37—2012 第 5.3.4 条，商业或公共场所集中路段以及火车站、码头附近路段的人行道宽度下限为 4.0m。大型公共建筑和大、中运量城市公共交通站点 800m 范围内，也是行人活动集中区域，其步行道最小通行宽度不应低于 4.0m。

步行设施网络密度包括步行专用路、城市道路两侧人行道及各类专用设施的密度之和，其下限值参考《中共中央　国务院关于进一步加强城市规划建设管理工作的若干意见》、《城市步行和自行车交通系统规划设计导则》第 4.2.8 条确定。对于高强度开发地区，步行道平均间距不宜大于 150m，平均网络密度不宜小于 14km/km^2；其他地区步行道平均间距不宜大于 250m，平均网络密度不宜小于 8km/km^2。

为了达到网络密度要求，按照《中共中央　国务院关于进一步加强城市规划建设管理工作的若干意见》的要求，新建住宅要推广街区制，原则上不再建设封闭住宅小区；已建成的住宅小区和单位大院要逐步打开，实现内部道路公共化。实践中可根据地形条件、城市用地布局和街区情况进行小尺度的街区改造。如中国西南某省会城市新城核心区原规划街区尺度在 400～500m，街区规模约为 20hm^2。通过控规调整，街区尺度调整为 75～115m，街区规模缩小为 1～2hm^2，[6] 如图 10-21。

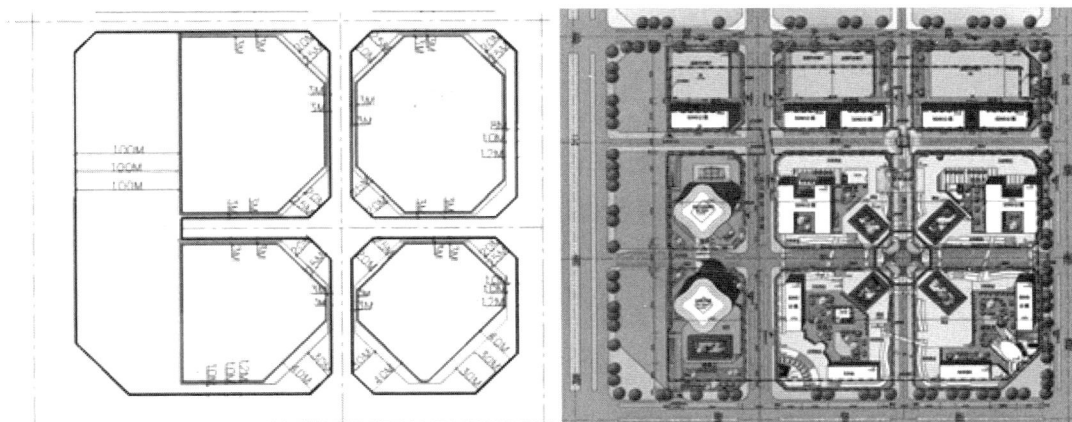

图 10-21　小尺度街区改造示意图

资料来源：姜洋，郑瑞山，张元龄. 怎样让房产开发适应 "窄马路、密路网、开放街区". (2016)〔2019-09〕. https：∥www. thepaper. cn/newsDetail_forward_1435852.[6]

10.2.5　人行道、行人过街设施应与公交车站、城市公共空间、建筑的公共空间顺畅衔接。

　　除了作为一种独立出行方式外，步行还是公共交通的重要接驳方式以及城市公共活动的有机组成。为了提高城市交通的运行效率和城市活动的空间便捷性，步行设施应与公共交通网络和城市各类公共空间良好衔接，如图 10-22 和图 10-23 所示。

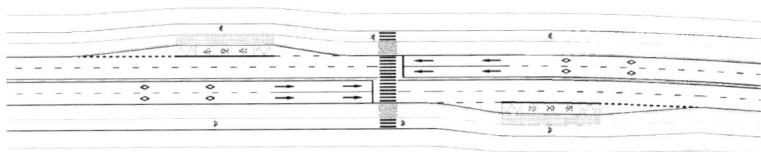

图 10-22　行人过街设施与公交站结合设置平面布局示意图

资料来源：住房和城乡建设部. 城市步行和自行车交通系统规划设计导则. 2013.[5]

图 10-23　连接公交、公共建筑的步行连廊示意

10.2.6　城市应结合各类绿地、广场和公共交通设施设置连续的步行空间；当不同地形标高的人行系统衔接困难时，应设置步行专用的人行梯道、扶梯、电梯等连接设施。

　　空间连续是保障步行品质的重要前提，应充分融合城市各类活动场所构建连续的步行空间。当处于不同地形标高的步行道衔接困难时，应设置步行专用的人行梯道、扶梯、电梯、自动人行道等设施进行连接（图 10-24），方便行人在不同空间转换。

(a) (b)

图 10-24　衔接不同标高的步行梯道和自动人行道

（a）梯道；（b）自动人行道

10.5　非机动车交通

> 10.3.1　非机动车交通是城市中、短距离出行的重要方式，是接驳公共交通的主要方式，并承担物流末端配送的重要功能。

非机动车交通出行灵活、准时性高，在我国具有良好的发展基础，是承担城市中短距离出行、公共交通接驳换乘、物流末端配送的重要方式，是城市综合交通体系中不可缺少的重要组成部分。近年来随着共享单车的推广使用，非机动车交通还同步带动了公共交通的品质提升。根据上海调查数据，中心城区 69％的共享单车出行用于接驳公共交通。共享单车出现后，自行车在轨道交通进出站接驳方式结构的占比由之前的 1％快速增加到 9％左右[7]，轨道交通出行站外衔接时间下降了 18％[8]（图 10-25），接驳服务效率和水平显著提升。在设施布局上，也相应要求非机动车道与公共交通设施一体化设置（图 10-26）。

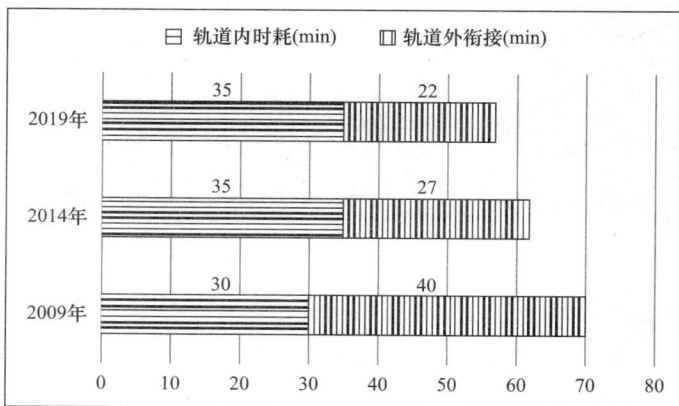

图 10-25　上海市共享单车降低轨道交通站外衔接时间

资料来源：同济大学建筑设计研究院（集团）有限公司. 杨浦区轨道公交慢行"三网融合"规划研究. 2018.[8]

图 10-26　非机动车道与公交站一体化设置

资料来源：住房和城乡建设部. 城市步行和自行车交通系统规划设计导则. 2013.[5]

另外，良好的非机动车出行环境，也对短距离的机动化出行有明显的分流作用。上海调查数据显示，共享单车的客流来源中约 8% 来自于短距离的小汽车出行（图 10-27），也使得出租车 1~5km 中短途需求下降了 15%~20%。[7]

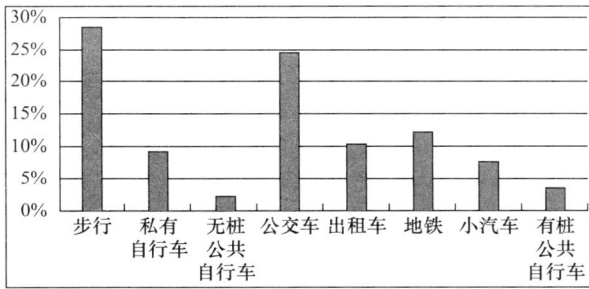

图 10-27　上海市共享单车使用者的原出行方式分布

资料来源：上海市城乡建设和交通发展研究院. 上海交通行业新业态发展热点问题研究. 2017.[7]

10.3.2　适宜自行车骑行的城市和城市片区，除城市快速路主路外，城市快速路辅路及其他各级城市道路均应设置连续的非机动车道。并宜根据道路条件、用地布局与非机动车交通特征设置非机动车专用路。

空间连续是非机动车交通设施网络布局的基本要求。综合交通体系规划中，应保障非机动车交通设施在各级城市道路（除快速路主路外）、江河水域和山体分隔的城市分区之间、绿道系统、公共活动场所等出行场景的空间连续。从地理和气候等因素考虑，适宜发展非机动车交通的地区，城市道路资源配置应优先保障步行、非机动车交通和公共交通的路权要求。在适合自行车骑行的城市，除城市快速路主路、步行专用路等不具备设置非机动车道条件外，城市快速路辅路及其他各级城市道路均应设置连续的非机动车道。

电动自行车的出现，使自行车骑行能力提高，许多山地城市也具备了自行车骑行的条件，原来未设置自行车空间的山地城市宜根据情况增设自行车交通空间。同时，城市的扩大，使某些山地城市出现了大范围适宜自行车骑行的区域，如重庆、贵阳等城市的新区，存在不少坡度较小的片区，适合自行车使用。

上海由于地面禁非道路、禁非区域的设置，引起广泛争议，一直成为市民及人大代表的热门提案。目前上海全市禁非道路共 177km，其中中心城范围内 106km。外滩、小陆家嘴、五角场等核心商圈也禁止非机动车通行。[9]2015 年，上海市统计局曾有一项调查显示，过半数市民呼吁优化自行车通行道路网络。调查数据显示，54.8%的市民认为，解决自行车出行的办法是优化自行车通行道路网。

10.3.3 适宜自行车骑行的城市和城市片区，非机动车道的布局与宽度应符合下列规定：

1 最小宽度不应小于 2.5m；

2 城市土地使用强度较高和中等地区各类非机动车道网络密度不应低于 8km/km²；

3 非机动车专用路、非机动车专用休闲与健身道、城市主次干路上的非机动车道，以及城市主要公共服务设施周边、客运走廊 500m 范围内城市道路上设置的非机动车道，单向通行宽度不宜小于 3.5m，双向通行不宜小于 4.5m，并应与机动车交通之间采取物理隔离；

4 不在城市主要公共服务设施周边及客运走廊 500m 范围内的城市支路，其非机动车道宜与机动车交通之间采取非连续性物理隔离，或对机动车交通采取交通稳静化措施。

非机动车道的宽度取值，主要参考了《城市道路工程设计规范》CJJ 37—2012（2016年版）第 5.3.3 条的规定。一条自行车道宽度为 1.0m，一条三轮车道宽度为 2.0m。非机动车道宽度应按自行车道的整数倍加上两边侧向净空（通常各为 0.25m）取值。最小宽度应保障 2 条自行车道宽度，不应小于 2.5m。

非机动车道网络密度包括非机动车专用路和城市道路两侧非机动车道的密度之和。参考《中共中央　国务院关于进一步加强城市规划建设管理工作的若干意见》、住房和城乡建设部《城市步行和自行车交通系统规划设计导则》第 7.2.4 条，城市土地使用强度较高和中等地区，非机动车道路平均间距不应超过 250m，平均网络密度不应小于 8km/km²。

机非隔离形式是影响非机动车骑行安全感受的第一指标。从无隔离、标线隔离到硬隔离（物理分隔），安全感越来越高。[10]设置机非物理隔离（尤其是干路）可大大提升非机动车出行安全，对于只能采用标线隔离或者无隔离的设施，必须采取其他手段（如交通稳静化措施）提高安全性。

非机动车专用路、非机动车专用休闲与健身道、城市主次干路的非机动车道，以及城市主要公共服务设施周边、客运走廊 500m 范围内所有道路的非机动车道，是非机动车交通设施系统中的基础。为保障非机动车通行安全，同时也降低与机动车交通间的相互干扰，非机动车道与机动车道之间应采用包括绿化带、分隔岛、隔离墩、护栏、道钉等形式的物理隔离措施，如图 10-28 所示。

图 10-28　不同类型的机非物理隔离形式示意（一）

图 10-28　不同类型的机非物理隔离形式示意（二）

城市支路的非机动车道不应小于 2.5m。支路上非机动车道与机动车道之间可采取非连续物理隔离或缓冲条隔离（图 10-29）。当条件限制而必须机非混行时，可适当增加非机动车道宽度，或采用交通稳静化手段降低机动车的行驶车速至非机动车车速区间，提高支路非机动车骑行安全性。

图 10-29　非机动车道与机动车道间的非物理隔离形式示意

10.3.4　当非机动车道内电动自行车、人力三轮车和物流配送非机动车流量较大时，非机动车道宽度应适当增加。

95 规范中的自行车交通，主要指人力自行车。若混有人力三轮车、板车，该规范给出了非机动车换算系数，并提出当人力三轮车、板车流量占比超出 30%，自行车道通行能力应乘以折减系数 0.4～0.7。

本标准制定时，电动自行车使用普及，是非机动车交通的重要组成。根据相关研究，电动自行车对人力自行车的流量换算系数，与非机动车交通运行状态紧密相关：当非机动车交通运行通畅时，电动自行车可发挥其速度优势，时空资源占用比人力自行车少，换算系数约为 0.66；当非机动车交通运行拥堵时，电动自行车速度优势不能充分发挥，其时空资源占用比人力自行车多，换算系数为 1.13；其他运行状态下，换算系数介于 0.66～1.13 之间[11]，如图 10-30 所示。

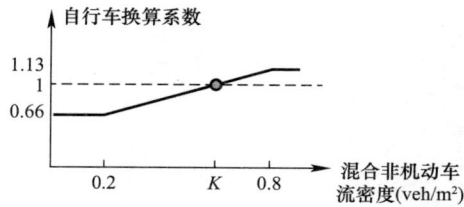

图 10-30 电动自行车相对于自行车的动态流量换算系数

资料来源：CHEN X.，HAN H. and YE J. et al. Normalized Volume Measurement for Nonmotorized Traffic Flow Mixed with Mopeds. Transportation Research Record，2239：9-15，2011.[11]

另外，当非机动车道内电动自行车或人力三轮车、物流配送非机动车比重较大时，应至少设置一条 2.0m 的三轮自行车道，非机动车道应根据实际情况适当加宽。

参考文献

[1] 李伟. 慎重使用词语"慢行交通"和"慢行系统"[J]. 城市交通，2012：103-104.

[2] 上海市第五次综合交通调查联席会议办公室，上海市城乡建设和交通发展研究院. 上海市第五次综合交通调查成果报告 [R]. 2015.

[3] 上海市城乡建设和交通委员会，上海市城市综合交通规划研究所，上海市第四次综合交通调查办公室. 上海市第四次综合交通调查总报告 [R]. 2010.

[4] 赵杰. 步行、自行车交通示范项目与导则框架 [R]. 2012 年中国城市规划年会，2012.

[5] 住房和城乡建设部. 城市步行和自行车交通系统规划设计导则 [S]. 2013.

[6] 姜洋，郑瑞山，张元龄. 怎样让房产开发适应"窄马路、密路网、开放街区"[EB/OL]. （2016）[2019-09]. https://www.thepaper.cn/newsDetail_forward_1435852.

[7] 上海市城乡建设和交通发展研究院. 上海交通行业新业态发展热点问题研究 [R]. 2017.

[8] 同济大学建筑设计研究院（集团）有限公司. 杨浦区轨道公交慢行"三网融合"规划研究 [R]. 2018.

[9] 同济大学建筑设计研究院（集团）有限公司. 小陆家嘴非机动车交通组织管理方案研究 [R]. 2018.

[10] CHEN X.，FANG X. and YE J. et al. Classification Criteria and Application of Level of Service for Bicycle Lanes in China [J]. Transportation Research Record，2662：116-124，2017.

[11] CHEN X.，HAN H. and YE J. et al. Normalized Volume Measurement for Nonmotorized Traffic Flow Mixed with Mopeds [J]. Transportation Research Record，2239：9-15，2011.

第11章 城市货运交通

11.1 本章编制说明

11.1.1 编写说明

本章包含一般规定、城市对外货运枢纽及其集疏运交通，以及城市内部货运交通，共3小节12条内容。

城市货运交通是保障城市生产、生活及商业贸易活动正常、可持续、高效率运转的基础，无论是工业生产的原材料、燃料、半成品、产品和工业废料的运输，土建工程材料、建筑垃圾和建筑土方的运输，还是生活必需的各种食品、日常生活用品、生活废弃物的运输，以及商业贸易的包裹、信件运输都离不开城市货运交通。随着社会经济的发展、城市人口的集聚和运输组织技术的进步，货运需求作为社会经济活动的派生需求，其构成与组织模式也不断发生着变化。新时期诸如电子商务等技术和商业模式的创新普及，使得城市配送需求越来越大，城市配送服务要求越来越高，城市货运交通也必须与时俱进，发掘并满足货运需求的构成与组织模式变化对货运服务的新要求。

为了满足城市货运交通不断变化的需求，提高城市货运交通系统效率及效益，需要制定合理的城市货运交通规划。高效的城市货运交通系统，会大大增强城市生产贸易竞争力、提高城市居民的生活品质，并最终促进社会经济长期稳定可持续发展。

11.1.2 与国家现行相关标准的关系

1. 与95规范的差异

过去较长一段时间，用以指导城市货运交通规划的主要是95规范。首先，编制95规范时，社会主义市场经济刚刚确立，规范在货运交通组织上受计划经济影响明显。本标准明确货运交通是城市交通的重要组成部分，为保障城市生产、生活及商业活动正常运转，应确保货运交通与城市的社会经济生活融合，在城市范围的正常运行，而非简单的限制。其次，95规范主要是从货运方式、货物流通中心以及货运道路方面考虑，本章明确要构建一个全连通的城市货运网络，包括对内、对外的货运节点和连接的货运通道，强调通过基础设施合理布局引导货运交通组织。最后，本章增加了城市配送相关内容，强调城市货运交通系统布局应满足城市货运需求，而不是抑制城市货运需求。

2. 与物流相关标准的衔接

在物流行业的相关标准中，《综合货运枢纽分类与基本要求》JT/T 1111—2017规定，综合货运枢纽分为四种类型：航空主导型综合货运枢纽、水运主导型综合货运枢纽、铁路主导型综合货运枢纽以及公路主导型综合货运枢纽。[1]本章对于对外货运枢纽的分类与其基本一致，并增加了延伸的地区性货运中心和内陆港，此外还涉及货运通道相关规定。《物流园区分类与规划基本要求》GB/T 21334—2017 侧重以物流园区服务功能为导向，将物流园区分为货运服务型（可进一步分为空港物流园区、港口物流园区以及陆港物流园区）、生产服务型、商贸服务型、口岸服务型以及综合服务型。[2]本章强调要构建全连通的城市货运交通网络，从对外、对内两方面对货运节点进行分类。

11.1.3 本章编制过程中的取舍

1. 普适性原则

本章适应于各类城市，强调构建完整的城市货运网络，对各类货运节点和通道只做了定性要求，没有定量指标；但在实际执行过程中，需要根据不同类型城市，在考虑不同需求前提下，进行规模的确定。

2. 货运节点

（1）针对特大、大型城市依托各类运输方式的货运枢纽，本标准在对外交通一章已经说明。本章主要针对依托对外货运交通枢纽的货运设施、系统进行规划控制；

（2）针对中小城市货运节点布局，除有少量依托运输方式的货运枢纽外，对外货运节点布局和规模要根据城市结构和货运需求加以确定。

3. 货运通道

（1）针对大城市、大型货运枢纽的对外货运，货运通道应满足与主要货源地之间的运输需求；对于中、小城市，根据不同城市货运需求考虑是否需要规划货运通道；

（2）城市配送网络是货运交通的重要组成部分，本章只对基本要求进行了规定，但在执行过程中要根据不同类型城市进行细化，包括配送节点的层级、规模、布局等，以及连接各级节点的道路网络。

11.1.4 基本概念的界定

这里需要厘清物流、货运、物流园，以及货运枢纽等基本概念。如图 11-1 (a) 所示，货运包括货物的移动（运输）及相关的活动（交通基础设施、运输组织、载运工具、信息技术、政策法规、外部环境等），而物流不仅包括货物的移动（运输），还包括存储及与之相关的活动，所以物流是比货运更大的概念。如图 11-1 (b) 所示，物流园是指在物流作业集中的地区，在几种运输方式衔接地，将多种物流设施和不同类型的物流企业在空间上集中布局的场所，在空间上物流园区可以包含货运枢纽，货运枢纽也可以独立于物流园区存在。[3]

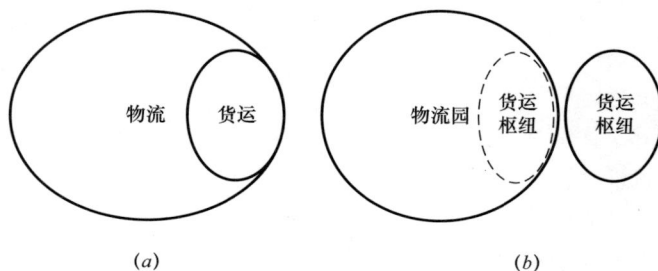

(a)　　　　　　　　　　(b)

图 11-1　基本概念图示

(a) 物流与货运关系图；(b) 物流园与货运枢纽关系图

11.2　一般规定

11.1.1　城市货运交通包括城市对外货运枢纽及其集疏运交通、城市内部货运、过境货运和特殊货运交通。

本条规定了城市货运交通的内容。从网络结构来看，网络是由节点、通道＋配送组成的，因而城市货运交通网络也是由货运节点、货运通道，以及配送网络构成的全连通的网络；从城市级别的空间尺度来看，以整个城市为研究对象，城市货运交通主要分为对外货运交通和内部货运交通。城市货运交通系统构成如图 11-2 所示。

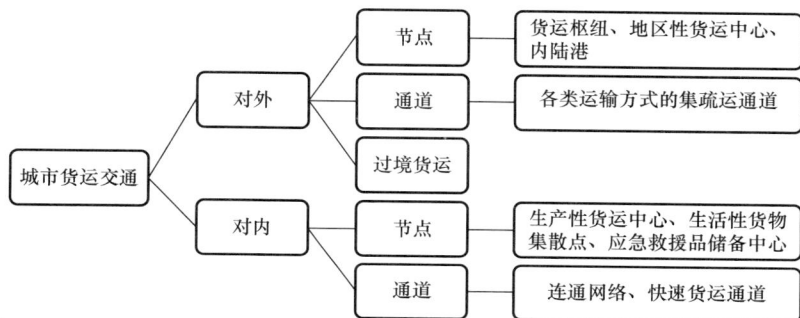

图 11-2　城市货运交通组成

以城市为研究对象，以对外货运枢纽为界：对外，通过各类运输方式的集疏运通道连接其他城市的货运枢纽以及大型货运场站；在城市外围，地区性货运中心、内陆港毗邻货运枢纽或通过专用货运通道连接，承担货运枢纽的部分功能以及向城市内部辐射。对内，内部货运中心、货物集散点通过快速货运通道连接对外货运节点，通过城市道路连接下级节点，最终形成城市内部配送网络（见图 11-3）。

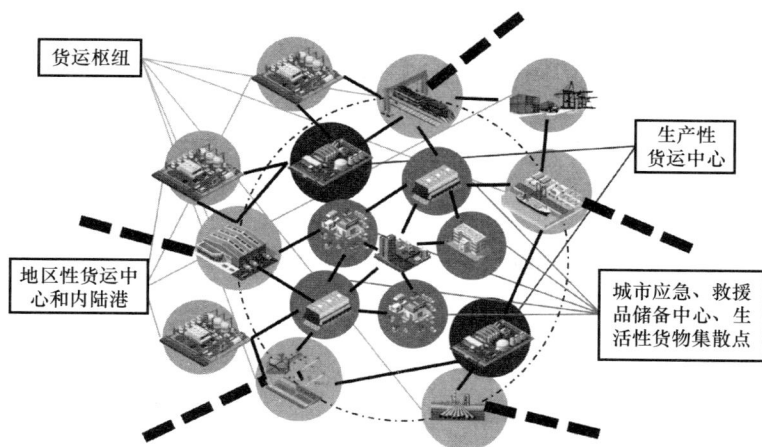

图 11-3　城市货运交通网络示意图

11.1.2　城市货运交通系统布局应保障城市生产、生活及商业活动的正常运转，并能适应技术发展、产业组织和商业模式改变带来的货运需求变化。

本条主要是强调城市货运交通的重要性，城市货运交通是城市生产、生活及商业贸易活动正常运转的基础，规划中应将城市货运交通与客运交通放在同等重要的位置，特别是在大城市及以上等级城市，城市管理者不能为了保障城市客运需求，在城市中一味地禁止货运及配送车辆通行，要给予城市的货运及配送车辆一定的优先通行权，规定相应的载运工具、采用科学管理手段来引导和保障货运及配送车辆的通行及停靠装卸，按照规划配置城市货运交通资源。

技术发展主要指互联网、信息技术以及运输技术等的发展，促使了电子商务、网上购物、运输技术的快速兴起，由此，改变了传统的生产组织和商业模式，也因此改变了交通出行的结构。电子商务其本质是将人的出行转变为货物的出行，这就带来了城市货运配送的新需求，这种货运需求的新变化，对货运交通系统也提出了新挑战。如城市配送网络的构建，末端配送节点的规划设计等，需要在城市货运交通系统中加以考虑。

城市货运交通系统规划的目标体现在：

（1）基础设施建设上，合理规划城市货运枢纽，完善货运通道、网络建设，有效平衡货运和客运在城市交通资源上的分配。

（2）运输组织管理上，合理规划承担运输骨干作用的货运通道和承担毛细作用的城市配送网络，提高城市货运服务的效率与可达性。

（3）社会环境影响上，降低货运交通对城市交通的影响，减少货运交通的污染气体排放以及对城市居民工作生活的干扰。

> **11.1.3** 重大件货物、危险品货物以及海关监管等特殊货物应根据货物属性、运输特征和货运需求规划专用货运通道。

重大件货物是指超大、超重的单件货物，在运输过程中要使用特殊载运工具，一般使用水运、铁路运输。如特殊机械设备，在设备的生产地与对外货运节点之间，根据货运需求考虑是否规划建设专用货运通道。

危险品货物运输应满足危险品货物运输管理的各项规定。是否需要危险品专用通道主要是按照需求来加以确定，如在城市范围内危险品生产、仓储、对外枢纽之间的联系通道，如果运输需求较大，宜规划专用通道；为保障危险品运输专用通道周边安全，应保持远离居民区及人口密集地区。如化工（危险品）生产基地与对外货运节点的专用联系通道。

对于海关监管货物，如果运输需求较大，宜规划专用的通道，以保障监管货物的运输安全和运输效率。如保税仓库、保税园区、对外货运节点之间，应根据保税货物运输需求，确定规划建设专用货运通道。

特殊货物因其运输要求及组织方式复杂、多样，不同于普通货物运输，应根据货物属性、运输特征，及运输需求量的大小，考虑是否需要专用的货运通道。

11.3 城市对外货运交通

11.3.1 对外货运节点类型

> **11.2.1** 城市对外货运枢纽包括各类对外运输方式的货运枢纽，及其延伸的地区性货运中心和内陆港。

对外货运枢纽的第一层次：是依托各种运输方式（公、铁、水、空、管）的大型货运场站。如港口、机场、铁路货运场站、公路货运场站、管道输送站等，这些对外货运枢纽是依托各种运输方式而设立的。在不同类型的城市，对外货运场站具有不同服务范围。如特大、大城市和交通枢纽城市对外货运场站，不仅须满足自身的货运需求，还须兼具区域或全球货运中心的功能。一般城市的对外货运场站，则主要是满足自身的货运需求。

城市对外货运场站一般在综合交通网络建设过程中同步建成，在本标准中主要是依托已建成对外货运场站，根据货运需求及发展趋势，加以完善，或者在功能上加以扩充，如增加多种运输方式衔接。可按照《城市对外交通规划规范》GB 50925—2013、本标准第 7 章对外交通等国家现行标准的相关规定执行。

对外货运枢纽的第二层次：地区性货运中心和内陆港。地区性的货运中心是依托各种运输方式的对外货运场站而设立，在对外货运场站周边用地条件许可的前提下，尽可能紧邻对外货运场站设置。当对外货运场站周边用地紧张时，根据货运需求，规划建设分离式的地区性货运中心。分离式的地区性货运中心是现有对外货运场站的延伸，如大型港口延伸的地区性货运中心，也可以叫物流园区（中心）。上海洋山港在临港新城设立了大型的货运中心（物流园区），为洋山港服务。宁波北仑港，在港区外设立了为港口服务的物流园区（中心）。

案例 1：上海浦东机场航空货运枢纽

截至 2015 年底，根据国际机场协会（ACI）最新发布的全球机场排名，上海浦东国际机场货邮吞吐量达到 370.9 万 t，连续 8 年排名位居全球机场第三，仅次于香港国际机场和美国孟菲斯国际机场，其航线网络涵盖全球各大洲 210 个国际货运通航点和 60% 左右的国内城市，国际货航 33 家，国内货航 7 家。

案例 2：宁波空港物流园区

根据宁波市物流业发展总体规划，宁波市政府规划了"一主六副"七大物流园区，宁波空港物流园区是其中重要组成部分。园区靠近鄞县大道、甬金高速公路、宁波绕城高速公路、杭甬高速公路，与宁波栎社国际机场无缝连接，同时距离北仑港约 45km，是北仑港腹地后方延伸基地。园区"服务双港（空港＋海港）"，实现"海、陆、空"立体交通物流架构。

案例 3：西安国际港务区

西安国际港务区位于西安主城区东北部灞河与渭河三角洲，依托西安铁路集装箱中心站、西安综合保税区、西安公路港等核心平台，以与沿海国际港口合作为基础，在内陆形成海陆联运的聚集地和结合点。目前已与上海港、天津港、连云港港、青岛港以及霍尔果斯口岸展开合作。

11.3.2　对外货运节点布局及选址要求

11.2.1　城市对外货运枢纽包括各类对外运输方式的货运枢纽，及其延伸的地区性货运中心和内陆港。其布局应依托港口、铁路和机场货运枢纽或者仓储物流用地设置，并应符合下列规定：

1　地区性货运中心应临近对外货运交通枢纽，或设置与其相连接的专用货运通道。

2　内陆港应贴近货源生成地或集散地，并与铁路货运站、水运码头或高速公路衔接便捷。

> 3 地区性货运中心和内陆港与居住区、医院、学校等的距离不应小于 1km。

地区性货运中心是依托对外货运场站，为对外货运场站服务，又与对外货运场站相分离的货运场所。因此，地区性货运中心与对外货运场站之间应设置专用的快捷连接通道。专用货运通道可以是专用铁路、高速公路，或者高等级公路，这些专用货运通道必须具有大运能、安全、环保等特征。地区性货运中心及连接通道需要根据城市的对外辐射能力和货运需求，在现有对外货运场站的基础上，进行规划设置。在综合交通体系规划过程中要考虑地区性货运中心的功能、选址、规模及连接通道的设置等。

内陆港是指在内陆城市设立的地区性货物集散中心，作为沿海城市的港口在内陆城市的延伸，为城市和周边区域服务。因此，内陆港需要设立在城市的货源集聚地区，同时必须要有便捷的交通条件，其主要包括与沿海港口城市相连接的铁路、高速公路，或者高等级公路。内陆港一般设置在内陆具有一定区域辐射能力的大城市、特大城市或者交通枢纽城市。内陆港的功能主要是货物的集聚和中转，内陆港的规模要根据货运需求、发展趋势及交通条件综合加以确定。

货运中心和内陆港远离人口密集区域是从两方面考虑的：一是减少货运交通对居民生活环境的影响，二是减少货运交通与客运交通交叉影响。地区性货运中心和内陆港是城市和辐射区域的货物集散地及增值服务集聚区，货物的集聚量大，汇集了大量的大、中型货运车辆，大、中型货运车辆行驶产生的噪声、振动，及对城市道路交通和周边环境的干扰都十分严重。为了减少货运交通对居民生活的影响，在规划用地方面和货运中心选址时，应尽可能将货运中心和内陆港设置在远离居民住宅、医院、学校等人口密集的区域。地区性货运中心和内陆港选址一般在对外货运场站附近，在规划选址过程中要考虑周边用地性质和城市空间发展趋势。

11.3.3 对外货运节点规模要求

> 11.2.2 单个地区性货运中心及内陆港的用地面积不宜超过 1km²。

综合考虑国内外经验（如表 11-1）和《物流园区分类与规划基本要求》 GB/T 21334—2017 等国家现行相关标准的规定，单个物流园区总用地面积不宜小于 0.5km²,[2] 单个货运节点用地面积不宜超过 1km²，以避免大量货运交通对周边的交通基础设施和环境造成不利影响。具体的建设规模与数量应根据城市规模、货物的需求及流量流向确定。若需要规划建设用地面积超过 1km² 的货运中心，应进行交通影响评价分析，增加集疏运通道的专项研究。

国外物流园区建设规模   表 11-1

名称	用地面积（km²）
日本 Adachi 物流园区	0.33
日本 Keihin 物流园区	0.63
日本 Koshigaya 物流园区	0.49
日本和平岛物流园区	0.50
德国莱比锡物流园区	0.96

11.2.3 城市对外货运枢纽的集疏运系统规划应符合下列规定：

1 依托航空、铁路、公路运输的城市货运枢纽，应设置高速公路集疏运通道，或设置与高速公路相衔接的城市快速路、主干路集疏运通道。

2 依托海港、大型河港的城市货运枢纽应加强水路集疏运通道建设，并与高速公路相衔接。高速公路集疏运通道的数量应根据货物属性和吞吐量确定。年吞吐量超亿吨的货运枢纽宜至少与两条高速公路集疏运通道衔接；大型集装箱枢纽、以大宗货物为主的货运枢纽应设置铁路集疏运通道。

3 油、气、液体货物集疏运宜采用管道交通方式，管道不得通过居住区和人流集中的区域。

4 城市货运枢纽到达高速公路（或其他高等级公路）通道的时间不宜超过 20min。

11.3.4 对外货运通道要求

城市对外货运枢纽集疏运系统应连通各种运输方式的货运枢纽，保障货物的高效集疏运、对外货运通道的畅通，以及保障对内货物的高效配送。

对外货运通道包括对外货运节点与外部之间的货运通道，对外货运节点之间以及对外货运节点与内部节点之间的货运通道。

城市对外货运节点与外部之间的货运通道应考虑货物运输的适应性，规划建设大运量、节能、环保的货运通道，确保对外通道的畅通。

1. 依托航空、铁路、公路的城市对外货运枢纽，其运输方式特性决定了其集疏运方式主要是公路，公路具有"门到门"的优点，加之这些货运枢纽的集疏运距离相对较短，因此，公路集疏运是其首选方式。所以，需要设置高速公路集疏运通道，或者与高速公路相衔接的快速路通道，以保障对外货运枢纽货物的快速进出。

2. 依托港口、大型河港的对外货运枢纽首先要加强水路集疏运通道建设，尽可能采用水路集疏运；其次是规划铁路集疏运通道（有条件的情况下），增加铁路集疏运比例；再次就是设置高速公路集疏运通道。高速公路集疏运通道数量要根据港口吞吐量、集疏运需求及货物运输方向加以确定，根据不同港口类型和具体功能加以设置。

3. 油、气、液体等由于其货物属性，决定了其适用于管道运输，应设置管道集疏运方式。管道集疏运网络要根据货物的运量需求和需求点的位置加以规划设计。由于油、气、液体的危险性，需要考虑管道集疏运的安全性，管道必须远离居民区和人流集中区域，以保障城市和人民生命财产安全。

对外货运节点之间应规划高速公路通道，或者与高速公路相衔接的快速路通道。城市对外货运节点与城市内部货运节点之间应规划相连接的城市干线道路。

为了实现高效快速安全运输，城市货运枢纽要尽可能邻近对外联系通道，到达对外通道的时间尽可能少。货运通道布局应与城市货运需求分布协调。城市货运通道应按照货物的主要流向来布局，同时尽可能覆盖主要的货运节点。城市对外货运通道数量应根据城市土地利用情况、出入城市货物流向和流量确定。

案例：郑州国际航空货运枢纽

根据《郑州国际航空货运枢纽战略规划》，以机场周边高速公路网为基础，在机场东侧和北侧规划新建高等级快速通道，强化机场对外通道能力。建设机场南、北货运区直通高速公路的货运专用快速通道，配套建设调蓄停车区和智慧交通引导系统，实现"客货分离、进出分离、单向循环、集疏高效"。建设机场陆侧、空侧货运专用快速通道，畅通机场地面货运组织内外双循环。配套建设南货运区空铁联运货站，引入货运铁路并接入郑州铁路枢纽。

11.3.5 过境货运通道要求

> 11.2.4 过境货运交通禁止穿越城市中心区，且不宜通过中心城区。

过境货运交通组织的主要目的是引导过境车辆，减少过境车辆对城市生活和城市交通的影响，因此应禁止穿越城市中心区，也不宜通过中心城区。

是否设置过境货运通道，要根据过境货运交通量及城市发展趋势来确定，没有具体规定，不同城市可根据交通区位、过境交通量及城市发展趋势来确定是否设置过境货运通道。建议当昼夜过境货运车辆大于5000辆标准货车时，应规划建设过境货运通道。[4]

案例：深圳过境与疏港货运交通

深圳市过境与疏港货运主要通过公路集疏运。过境与疏港货运交通主要通过深圳市区"一横、四纵、两翼"的货运通道疏散。通过"四纵"，即月亮湾大道、皇岗路、沿河路与盐排高速公路，实现与口岸、港区的对接；并向"两翼"，即107国道和205国道疏散；"一横"，即北环路至泥岗路，起到东西向货运交通方向转换的作用。[4]

11.4 城市内部货运交通

11.4.1 城市内部货运节点分类

> 11.3.1 城市内部货运交通包括生产性货运交通与生活性货运交通。生活性货运交通包括城市应急、救援品储备中心，生活性货运集散点以及城市货运配送网络。

城市内部货运交通可以分为生产性和生活性货运交通两大类，其中生产性货运交通主要服务于工业企业，生活性货运交通主要服务于城市商业贸易、居民生活办公等。对于生活性货运交通，货运节点主要包括城市应急、救援品储备中心和生活性货运集散点。生活性货运交通货运通道是连接各级节点的通道及节点到需求点的连接道路，由此形成了城市内部的货运配送网络。

11.4.2 生产性货运中心要求

> 11.3.2 生产性货物集聚区域，宜设置生产性货运中心，选址与规模应按照生产组织特征、货物属性、货运量确定。选址宜依托工业用地或仓储物流用地设置。

生产性货物集聚区域是指主要服务于城市的工业生产基地或工业园区。

生产性货运中心是将原材料、半成品及产成品的运输、集散、储存、配送等功能有机结合起来的货物流通综合服务设施，是城市生产的重要基础设施，对于节约用地、加速货物流通、提高运输效率、改善城市交通等具有显著的经济效益与社会效益。城市内部生产性货运中心,是专用仓储设施向社会化发展的必然趋势。

生产性货物集聚区域是城市主要的货运需求源,宜设置相应的货运节点,即内部生产性货运中心。由于生产性货运中心的货物种类与城市的产业结构、产品结构、城市工业布局有着密切的联系,因此一般均具有明确的服务范围,规划选址宜尽可能与工业区、货运集散地等结合,以实现快速运输。用地规模应根据需要处理的货物数量计算确定:根据城市规模和货运需求确定货运中心规模,大城市建议按照每处 6 万~10 万 m^2 估算,中小城市根据具体需求确定。

此外,生产性货运中心与对外货运节点之间应规划相连接的快速路通道或城市干线道路;与内部节点之间应规划相连接的城市次干路或以上等级道路。

> 11.3.3　生产性货运中心、生活性货物集散点不应设置在居住用地内。

无论是生产性货运中心还是生活性货物集散点,都会产生大量货运行为,汇聚许多货运车辆。为减轻对城市生活的负面影响,生产性货运中心应远离居民区、学校、医院等敏感区域;生活性货物集散点禁止设置在居民区内,应结合社区商业中心分散布局。

11.4.3　城市应急、救援品储备中心要求

城市应急、救援品储备中心是保障城市在非正常状态下(地震、自然灾害、恐怖袭击等)救援物资的供应。布局应考虑自然灾害分布情况,城市人口规模及分布情况,考虑应急救援处置到达时间、覆盖范围等影响因素。

11.4.4　生活性货物集散点要求

> 11.3.4　生活性货物集散点应具备与城市对外货运枢纽便捷连接的设施条件,并宜邻近居住用地、商业服务中心,分散布局。

生活性货物集散点包括城市内部各种商业配送节点、快递配送节点等,主要承担城市对内与对外货物的集散、存储功能,是衔接城市需求和对外货运交通的转运集散点,同时也是满足电子商务需求的重要货物配送点,主要包括配送中心、末端配送节点以及可能的中间节点等(如图 11-4)。因此,需要规划各级集散点的连通网络及大型集散点与对外货运枢纽的快速货运通道。

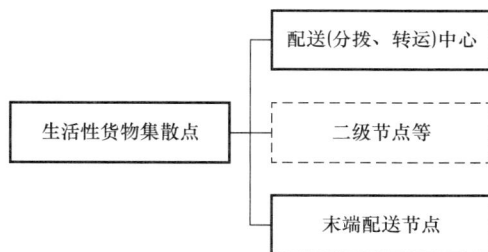

图 11-4　生活性货物集散点分类

生活性货物集散点布局应考虑货物的种类、数量,人口密度、分布等。其中,配送中心布局禁止设置在居民区内,以减少对城市生活的影响;末端配送节点布局应考虑社区、商业中心需求,特别是考虑到电商环境下居民对配送时效的高要求,末端配送节点应结合社区、商业中心分散布局。

规模上,建议配送中心单个建筑面积不宜超过 2 万 m^2;末端配送节点规模应考虑其布局,服务半径内人口密度、分布,社区、商业中心需求等,建议单个建筑面积(含装卸车位)不宜超过 1000m^2。

案例：北京城市副中心生活性货物集散点规划

《北京城市副中心控制性详细规划（街区层面）（2016 年—2035 年）》提出建立智慧高效、安全快捷的现代物流体系。构建由物流基地、配送中心、末端配送点组成的三级城乡公共物流配送设施体系。

（1）在廊坊北三县地区结合高速公路和货运铁路设置东部地区物流基地，与马驹桥物流基地和平谷马坊物流基地实现分工合作、功能互补。

（2）在拓展区建设宋庄、漷县 2 个配送中心，在城市副中心内结合轨道交通车辆基地预留 2 个城市配送中心。

（3）在城市副中心内按照 1km 的服务半径，均衡布局末端配送点。

11.4.5 城市货运配送网络要求

城市内部货运通道应依托完善的城市道路网，连接不同等级货运节点，从而构建全连通的城市货运交通网络。其中，对外货运节点与内部货运节点之间应由城市干线道路相连接；内部货运节点之间应由城市次干路或以上等级道路相连接；内部货运节点与末端装卸点之间应由支路或者以上等级道路相连接（如图 11-5）。

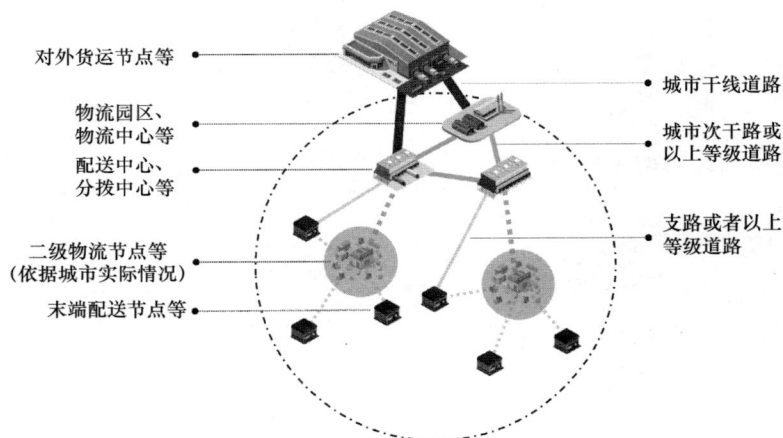

图 11-5　生活性货物配送网络

11.4.6 末端装卸车位要求

11.3.5　城市应根据配送需求，在居住、商业和办公类用地设置专用的配送车辆装卸车位。

为了缓解配送车辆装卸对城市交通的影响，城市内部应根据商业配送和快递配送需求为配送车辆设置专用的装卸车位，包括专用装卸车位以及路边装卸车位。大型商业场所应按照商业性质建筑配建标准设置装卸车位。沿街商业地段应配建港湾式装卸车位等（如图 11-6）。其中，末端港湾式装卸车位不应设置在城市的干线道路上，应遵循"三限"原则：

（1）空间限定：进行装卸作业的货运配送车辆必须停放在装卸车位区域；

（2）时间限定：装卸车位的停车时间应有限制；

（3）车辆限定：只有经过认证的货运配送车辆才允许停靠装卸车位，其他车辆禁止停靠。

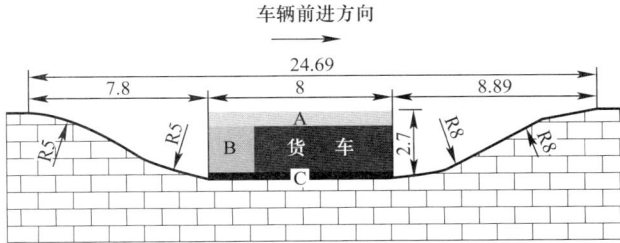

图 11-6　装卸车位示意图

参考文献

［1］综合交通运输标准化技术委员会. 综合货运枢纽分类与基本要求：JT/T 1111—2017［S］. 北京：人民交通出版社，2017.

［2］全国物流标准化技术委员会. 物流园区分类与规划基本要求：GB/T 21334—2017［S］. 北京：中国标准出版社，2017.

［3］石小法. 货运交通系统［M］. 上海：同济大学出版社，2013.

［4］王京元，葛宏伟，张彬. 深圳市过境与疏港货运交通组织规划［J］. 规划师，2011，27（03）：44-49.

第 12 章　城 市 道 路

12.1　本章编制说明

12.1.1　道路发展历程

回顾改革开放以来我国城市道路交通的发展历程，伴随着不同时期的城市特征以及城市发展诉求，城市在道路规划建设上采取了不同的策略或行动，进而对城市、城市交通、城市道路设施产生了方方面面可预料或不可预料的影响，抑或造成各种各样的问题，都需要在下一步的城市规划和建设中进行修正。整体上，改革开放至今的城市道路交通发展经历了四个阶段，分别是补短板阶段、促发展阶段、高速扩张阶段和转型发展阶段，与经济和城市的发展历程基本一致。

1. 补短板阶段

大致对应于 1978 年至 20 世纪 90 年代初。改革开放初期，我国的城市数量少，规模小，空间尺度不大。居民出行距离短，道路交通以步行和非机动车为主。这个阶段自行车蓬勃发展，20 世纪 90 年代初我国的自行车保有量达到 6.7 亿辆的峰值[1]，此后便随着机动化的发展一路下降，见图 12-1。由于"文化大革命"时期对城市建设的偏废，以及改革开放初期城市经济能力有限，这一阶段的城市建设以弥补设施短板和发展中的欠账为主，在城市道路建设上以推动道路"市政化"为主要工作。由于非机动车的快速增长，使其成为城市道路上主要的交通工具，城市道路空间内机动车属"小众"群体，道路断面多为一块板，承载非机动车、行人与机动车高度混合的交通，参见图 12-2。这种以非机动交通为主的城市交通，空间需求较小，层次等级划分要求不高，一般城市的道路空间均可满足。但在一些大城市中，机动车发展领先，机动车与非机动车的冲突逐步产生。

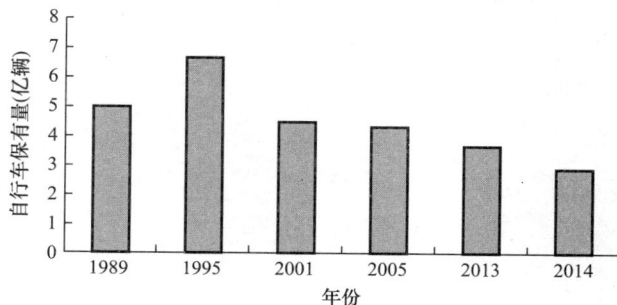

图 12-1　我国自行车保有量变化

资料来源：尹志芳，吴洪洋，郝萌. 我国城市自行车交通发展现状与对策建议. 工程研究-跨学科视野中的工程，2017，9（03）：316-323.[1]

郴州　　　　　　　　　　　北京

图 12-2　20 世纪 90 年代初机非人混行

资料来源：年代记忆资讯. 90 年代街拍：那时候单车还不能共享. ［2019-02-11］. http://mini. eastday. com/a/190211151942287. html.[2]

2. 促发展阶段

大致对应于 20 世纪 90 年代初至 21 世纪初期，我国的城市数量稳定在 600 余个，城市平均人口规模大幅度提升（从 30 万人提升到 50 万人），部分城市人口甚至翻番。城市空间尺度增大，居民出行距离变长，私人机动交通出行需求开始萌芽，1994 年颁布的《汽车工业产业政策》[3]，取消了轿车进入家庭的限制，从初期的摩托化到 2000 年后的私人机动化，城市中机动车数量迅速增长，机动车与非机动车出行此消彼长，但总体上这一阶段的大部分城市中，非机动车依然占据城市出行的主体地位。这一阶段是城市空间扩张速度最快的时期，以蔓延式扩张为主，道路规划建设依据 95 规范中城市道路的间距、密度、道路宽度、车道数等指标，以增量空间内的干路蔓延式生长为主。20 世纪 90 年代末部分大城市开始建设快速路以满足机动化出行需求。95 规范相关指标前瞻性地预见了机动交通的发展，使得这一阶段通过道路增量建设尚可以满足机动交通需求，促进了城市和经济的发展。同时，为了减少机动车与非机动车的冲突，大量道路开始由一块板的断面转为三块板的断面，增加了非机动车道，缓解了机非之间开始显现的矛盾。

3. 高速扩张阶段

大致对应于 21 世纪初至 2015 年间，城市人口规模继续大幅度提升，百万人口以上城市持续增多，城市空间尺度继续扩大。在多中心的城市空间战略下，城市往往以跨越式扩张为主，空间格局大幅度拉开，城市新城、新区爆炸式增长，产生了大量潮汐式的长距离交通。随着交通出行距离进一步加大和居民收入提高，在 2004 年版《汽车产业发展政策》为代表的一系列政策对汽车消费的鼓励下，私人机动化进入高速发展阶段（见图 12-3），传统非机动交通萎缩，助动自行车增加，城市小汽车出行比例迅速增加（见图 12-4），成为城市道路空间占用的主体。为了应对这种跳跃式的发展和急剧增长的长距离机动化交通，城市道路建设以干线道路为优先，大量城市通过建设快速路、主干路的手段来缓解长距离出行矛盾，次支路建设严重缺乏。至此，城市道路的机动车供需矛盾全面显现，机动车快速发展带来的交通拥堵、尾气污染等问题日益严重。在机动交通需求快速增长的同时，非机动交通逐步减少，原有的三块板中的非机动车和行人通行空间，大量被机动车停放和通行占用，进一步损害了非机动化出行的积极性。因此，为了引导机动化出行，许多大城市开始了公共交通高投入和大规模轨道交通建设。这一时期，道路的规划建设仍旧以

95 规范为依据，但机动化的高速增长远超出了 95 规范的预期，为了进一步确保城市道路机动化出行通畅，在 95 规范约束的道路密度下，催生了越来越宽的城市道路，更加导致机动车数量的增长和非机动交通的减少，给行人出行带来不便，街道活力丧失，传统的街道商业活动常被机动交通阻断、分隔，加大了交通疏解的难度。可以说，这一阶段的城市道路建设始终在被动应对高速增长的机动交通需求，进而出现了"越建越堵"的现象。因此，特大城市解决城市交通问题的核心思想开始转向轨道交通与小汽车需求管理，而对于道路交通冲突加剧、供给有限的难题始终无法得到较好的破解。

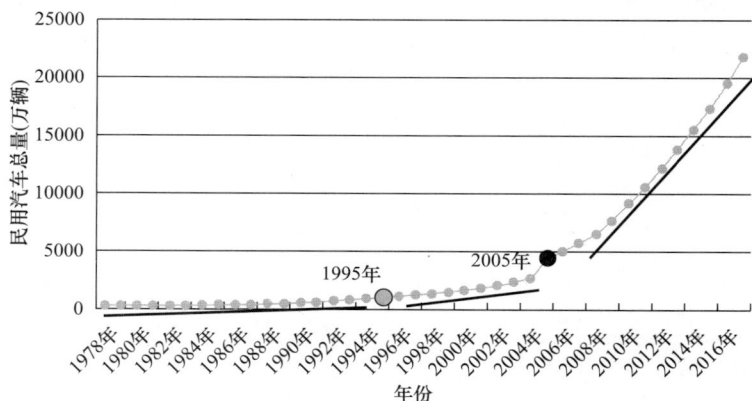

图 12-3　改革开放以来我国民用汽车增长

资料来源：中国汽车技术研究中心，中国汽车工业协会. 2019 年版中国汽车工业年鉴. 天津：《中国汽车工业年鉴》期刊社，2019：520.[4]

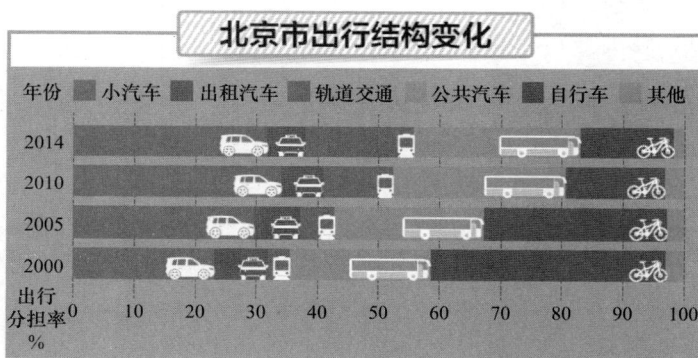

图 12-4　北京市出行结构变化（第五次综合交通调查结果）

资料来源：北京市人民政府. 北京市第五次综合交通调查结果出炉　小汽车出行比例首次下降. [2016-07-07]. http://www.gov.cn/xinwen/2016-07/07/content_5089031.htm.[5]

4. 转型发展阶段

大致从 2015 年开始，城市规模扩张速度放缓，城市空间发展中存量空间建设比重迅速增加。随着上一阶段城市外围框架不断被填充，外围到城市中心的长距离私人机动化出行继续增多，对道路资源的抢占也愈演愈烈，对其他出行方式尤其是常规公共交通形成严重挤压，造成其服务水平低下，交通拥堵和环境问题全面爆发，因此越来越多的城市加入到私人小汽车"限行限购"的行列，以减缓个体机动化出行的增长速度，但对道路交通运行状况的改善效果依然有限。在这种"困境"下，一些机动化出行逐渐转为自行车、电动自行车、摩托车等具有相对优势的出行，并且伴随着"共享"的趋势在不断扩大，一些城市的自行车出行甚至开始"复苏"。这些多元的个体化出行方式的快速增长又与机动车在非机动车道、人行道等空间内产生冲突。这一阶段，一方面由于可供新建或扩宽道路的城市空间越来越少，另一方面封闭式的街区又难以深入，道路增量建设的外部成本越来越高，增量道路建设举步维艰，而为数不多的增量道路也无法满足机动交通的高速增长。特色道路建设多为自行车专用路之类服务于绿色交通的设施。因此，这一阶段大城市进一步加快轨道交通建设，加强小汽车需求管理。

此时，在国家大的转型发展背景下，城市开始向绿色发展转型，城市更新工作不断推进，开始贯彻步行、自行车和公共交通等绿色交通空间配置优先，国家推行的城市"双修"和街道整治取得了良好的效果，步行、自行车等绿色出行的空间和品质有了较大的提升，街道活力也逐渐恢复。整治后的道路空间，利用率得到提高，交通秩序得到提升，由于秩序混乱引起的拥堵大为改观。可以说，在转型发展阶段，出行工具多样化对道路交通供给提出了更高的要求，要求其更加全面的服务所有出行者，而且以绿色交通优先，而不是主要关注机动车。

12.1.2　道路供给问题

我国的城市道路交通经过上述四个阶段的发展后，与以往相比出现了三个变化。首先，是道路交通空间使用主体，由步行和非机动交通为主转变为机动交通为主；其次，城市规模扩张带来了道路交通特征的变化，核心是由短距离出行为主转变为长距离出行为主，并且不同出行距离的交通总量和交通混合度越来越高；最后，为了应对上述两种变化，城市道路经历了由窄变宽、由混合到分离、由低速到高速、由简单到复杂的过程。这实际上是城市道路供给侧和需求侧两者相互影响和相互变化的演进过程。这其中，需求侧的变化是相对合理的，人们对"美好出行"的向往就是更加高效、便捷和舒适，私人机动化满足了这一"向往"才能得到快速发展，但在快速的经济增长、城市扩张与城市人口增长的背景下，机动化增长过快，机动化需求对空间的要求超出城市空间的适应能力。

造成现状城市道路交通问题的，更多的还是供给侧的问题，没有及时根据需求变化进行调整。这并非是说供给侧要一直给私人机动化提供供给，而是在空间制约下，供给侧面对私人机动化的快速增加应有所作为，采取清晰而明确的应对措施，然而上一阶段道路供给侧对机动化采取的一种"默认"态度，实际上是一种鼓励。假如在道路供给侧层面做出过强烈的抑制干预，私人机动化的发展速度或许不会如此高。因此，现状城市道路供给侧的结构性问题主要是以下两个地方：一方面是布局上的道路功能结构不合理，道路供给重视面积规模而轻视功能布局，宽度大，密度稀，干路多，次支路少；另一方面是空间上的道路功能结构不合理，道路供给重宽度而轻设计，管理水平低下造成道路供给有面积无空间，道路空间秩序混乱，利用效率低下。这两个问题统属于城市道路供给侧的结构性不合理。

首先是布局上的结构不合理。在上一阶段的城市增量建设中，城市道路规划的主要任务是快速拉大城市框架，形成城市空间格局，塑造道路骨架。因此规划中按照 95 规范中对各级道路密度、宽度、车道数与设计速度的指标规定，将密度指标转化为道路间距，工作中按照诸如"4 公里一条快速路、2 公里一条主干路、1 公里一条次干路、500 米一条支路等"的做法去布局城市道路，快速形成路网，然后按照车道数与道路红线指标，高等级的道路宽一些，低等级的道路窄一些，最终形成道路用地边界，确定道路用地面积。在增量发展阶段，由于道路属于超前规划建设，相应的地块尚未完全开发，因此道路交通的供需整体平衡状态尚可，便形成了当时"修路缓解交通拥堵"的思维，使得道路用地比例成为衡量一个城市道路发展水平的重要指标。一时间，在城市道路交通规划中，根据间距形成路网、按照宽度形成边界、最后道路用地比例符合标准即可的规划工作流程被迅速应用，较少去考虑道路功能、道路宽度是否合适，一些城市新区更是只有主干路和次干路就形成了道路网络，超量的供给掩盖了结构不合理将会引发的交通拥堵问题。

目前，对我国城市现状路网的评价往往都是："道路结构不合理"、"次支路网明显不足"等。也就是说当初按照 95 规范间距布局的路网，在现行实施机制下，干路通常可以满足要求，但支路相对缺乏。由于我国封闭大院、超大地块内部道路为居住用地性质，不属于市政道路统计范畴，尽管部分承担了次支路的作用，但在统计上未能计入，这种统计口径加剧了市政道路功能结构不合理的问题，并且道路面积率偏低。为了解决面积率不达标的问题，一些城市建设中采用了加宽道路的方式，建设宽马路，这样既满足了面积率，也提高了车道数供给（参见图 12-5）。根据《城市道路合理级配及相关控制指标研究》[6]，2013 年全国 250 多个城市道路平均面积率为 16.6%，有的城市甚至高达 30%，而平均道路密度仅为 4.75km/km²，就形成了现状的道路供给宽度大、密度稀、干路多、次支路少的现象，造成行人过街不便，大量步行和非机动交通转移到机动化出行，街道人流稀少、活力丧失，沿街商业不得不大量转移到人流集中的商圈，才能维持经营，但单点的高强度交通又给交通疏解带来更多麻烦（参见图 12-6、图 12-7）。

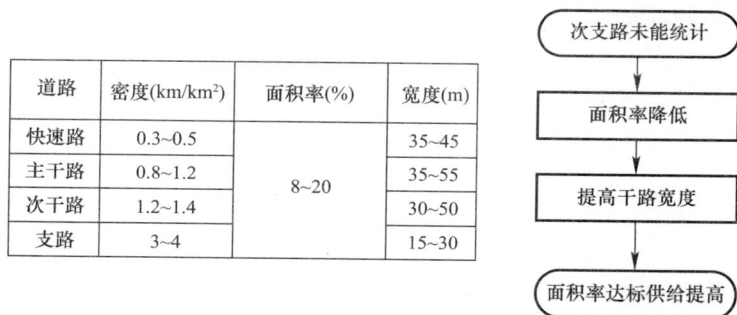

道路	密度(km/km²)	面积率(%)	宽度(m)
快速路	0.3~0.5		35~45
主干路	0.8~1.2	8~20	35~55
次干路	1.2~1.4		30~50
支路	3~4		15~30

次支路未能统计 → 面积率降低 → 提高干路宽度 → 面积率达标供给提高

图 12-5　统计因素加剧宽马路形成示意

改造前　　　　　　　　改造后

图 12-6　道路改造后街道活力丧失

资料来源：姜洋，王志高．"窄马路、密路网、开放街区"：怎么看，怎么做?. https://www.thepaper.cn/newsDetail_forward_1434659.[7]

图 12-7　宽马路与单次无法通过的行人

资料来源：姜洋，王志高. "窄马路、密路网、开放街区"：怎么看，怎么做?. https://www.thepaper.cn/news-Detail_forward_1434659.[7]

　　总体上，路网过于注重空间规模而忽视功能结构，尤其是忽视了次支路的重要作用，进一步助长了机动化的快速发展，对步行和非机动车出行进行了挤压，也使干路功能过多，组织效率下降。这其中由于道路统计口径的差异，更是加剧了宽马路的问题，从而进一步扩大了机动化对步行和非机动车的负面影响。

　　其次是空间使用上的结构不合理。在道路规划建设中，确定道路用地边界后，对于边界内的道路空间，往往通过标志标线、分车带、行道树绿带、路侧绿带等设施按照机动车道、非机动车道和人行道进行划分。在以非机动车和行人为出行主体阶段规划建设的道路，道路绿化、非机动车道以及人行道占据较多的空间，而到了目前机动交通出行为空间使用主体的阶段，步行和非机动交通相对减少，但道路上分配给它们的交通空间大多已经成为硬质隔离空间，无法灵活的被适度调整为机动交通出行空间，以适应交通需求的此消彼长。由于存量发展阶段道路空间无法进一步扩容以适应机动交通增长，而大量非机动车道、人行道、路侧绿带空间长期处于较低使用率，这就给予机动车和其他新兴活动挤占其空间的机会，加上道路空间执法管理手段的缺位，带来了大量道路空间使用的乱象——例如，机动车占用非机动车道、人行道停车已成惯例，滋生大量违规路内停车；机动车占用非机动车道为道路辅路行驶已形成习惯；共享单车占用路面停放；沿街商贩、流动摊贩占用人行道空间从事商业活动；快递分拣占用人行道作业；大量低效的城市家具占用人行道空间阻碍行人活动；超宽的道路绿化降低有效交通空间等（参见图 12-8）。

　　可以说，城市道路空间一旦出现使用"洼地"，加上管理的缺位，就会立刻被其他活动盯上，其核心原因还是道路背后的空间价值——有了空间就可以开展相关活动，进而产生价值。由于道路空间结构没有根据出行需求的变化及时进行调整，便形成了这些"洼地"。实际上，一些城市在老城改造中尝试了对道路空间结构的调整，但老城区往往是机

163

非人三者流量都较高的密集区，相互调整困难，如果压缩绿化空间，又面临着人们"保树"的要求，最终往往只能向道路红线以外的建筑退线索要空间。这也说明了不仅在道路空间内的结构存在调整的必要和可能，对于道路系统及其沿线的附属空间，在新的发展需求下，也存在一体化调整的必要性和可能性。

图 12-8　城市道路空间的随意使用

(a) 占道经营；(b) 当街分拣；(c) 低效家具；(d) 共享占道

资料来源：(a) 四川在线-华西都市报. 餐桌摆上街边边今后不得遭撵了（组图）. [2016-04-29]. http：// news. 163. com/16/0429/05/BLQ1MUPD00014AED. html＃.[8]

(b) 华西都市报. 下周一成都迎快递派送高峰占道分拣僵局咋破?. [2014-11-15]. http：// www. chinadaily. com. cn/df-pd/sc/2014-11/15/content_18920596. htm.[9]

(c) 新华网客户端. "城市家具"别变"城市垃圾". [2018-06-13]. http：// baijiahao. baidu. com/s? id＝16031469101259011191&.wfr＝spider&.for＝pc.[10]

(d) 陕西传媒网. 共享单车围困机动车公交站市民：找个合适"休息地". [2017-06-13]. http：// www. sxdaily. com. cn/n/2017/0613/c324-6198560. html.[11]

　　总之，城市道路作为供给侧在布局和空间上的结构性问题，根源还是在于道路交通出行需求发生了改变，粗放式、扁平化、一刀切的供给已经无法满足需求。已经不能像过去一样只追求形成道路空间，以完成道路总体面积供给为目标来建设道路。应该回归到城市道路功能，只有厘清不同类别道路所服务的对象，才能规划形成好道路、车道的边界，才能利用好每一寸城市道路空间，才能发挥好城市道路该有的作用。

12.1.3　道路发展趋势

随着五大发展理念以及十九大报告中对国家转型发展论述在我国发展方方面面的不断深入，结合对我国城市道路交通四个阶段、三个改变以及两个问题的总结，实际上也在不断印证"道路交通需求在持续变化"的发展趋势。

改革开放以来，城市规模由小到大，城市建设由增量扩张逐步走向存量为主，道路上的出行经历了从步行和非机动车到公共交通和私人小汽车的演变，出行效率、出行距离和出行舒适度上都有了大幅度的提高，同时出行量也大幅度提升。在道路出行总量越发高涨、道路交通出行的需求越发分异与多元、道路交通主体也越来越多元的今天，对城市道路的要求也越来越高，不仅要求总量满足，更要每种需求都考虑到。这与十九大报告中提到的"我国经济已由高速增长阶段转向高质量发展阶段，正处在转变发展方式、优化经济结构、转换增长动力的攻关期"的描述相一致，城市道路作为供给侧，应该由高速增量供给转向高质量供给。在城市增量扩张阶段，通过城市道路尤其是干路建设，迅速拉大框架，提供快速增长且超额供应的道路供给，即可满足以机动交通为主的需求。而到了城市存量发展阶段，出行需求总量持续增长而道路供给增长有限且成本越来越高，同时出行需求也在向绿色出行、高品质出行发生转变，高质量的供给就意味着与需求的充分匹配，并且始终贯彻绿色优先，这就要求调整道路供给结构，充分挖掘道路用地在时间和空间两个维度的供应，灵活应对多变的交通需求，从而实现道路的各项功能，这便是城市道路在未来的发展中总的趋势。

基于这一总的趋势，结合目前城市道路的问题以及已有的研究，未来城市道路作为供给侧可能出现的变化有：

首先是城市道路功能分类的全面回归。高质量的发展，意味供给对需求的充分匹配，通过对供需的细分，找出供给的短板，并进行弥补，实现高质量发展，而不是高速增长阶段平均、单一的供应。95 规范中，将城市道路分为快、主、次、支四个层级，主要是为了匹配机动交通需求，并按照间距、宽度、车道数、速度划分。而到了绿色优先、生态文明的新时期，城市道路分类将考虑全体的出行对象，尤其是要以行人、非机动车、公共交通等绿色出行主体优先，这些绿色交通需求与私人机动化出行存在竞争关系，道路分类应在体现绿色优先、注重需求混合的基础上，按照道路功能进行分类，不仅要按照道路本身物理特征的表象去划分，更多的需要体现各项交通需求的本质，结合城市特色、道路两端城市功能、道路两侧城市用地去细分。通过道路功能的分类，才能更好地匹配需求，实现高质量发展。

其次是在全面的城市道路功能分类基础上，建立对道路布局结构的调整。从现状的城市道路用地面积比例、城市道路密度以及城市路网布局来看，对比国外的城市路网，我国城市道路布局有其自身的特色（见图 12-9），而差异更大的是使用管理和统计口径。一方面，增量发展时期为提高道路面积供给而加宽的道路，存在交通特征与功能不相匹配的可能，也就是"路建宽了"、"干路修多了"；另一方面，我国大量封闭社区内部的道路或者步行与自行车通道，承担了小区内重要的次支路功能，但其路权相对封闭，无法承担与市政道路同等开放的次支功能，或宽度不足未纳入市政道路，也就形成了"次支路缺乏"

的现象。为了解决管理和统计口径带来的问题，在新时期需要进一步细化道路分类，不仅是与需求相匹配，还要与交通组织相匹配，更要与实际管理相匹配，以此为基础来对道路布局进行优化。而在未来对城市道路功能结构的调整中，重要的工作就是梳理封闭小区、单位大院、超大地块中可以承担相应次支路功能的道路，逐步开放、破除宽马路、大街区对步行和非机动车交通组织带来的困难。同时，对于其他实际使用与规划功能不匹配的道路，也应调整，将新时期的道路功能分类"标志"到路网的每一条道路上。在对道路布局结构的调整中，需要始终贯彻开放与共享理念，为交通流的自由移动，破除相应的壁垒，最终形成《中共中央 国务院关于进一步加强城市规划建设管理工作的若干意见》中要求的"优化街区路网结构，级配合理的道路网系统"，打造真正意义上互联互通的城市道路网络。

(a)

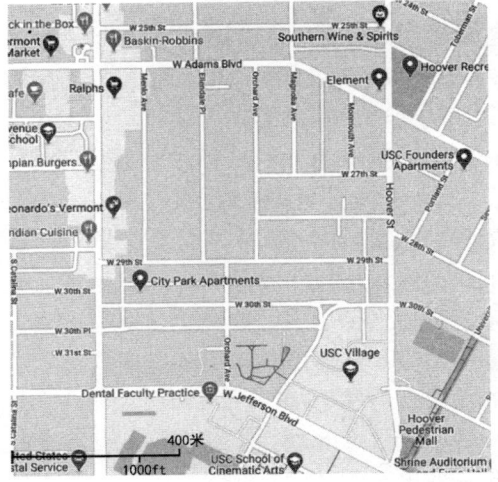

(b)

(c)

(d)

图 12-9 国内外居住型社区的同尺度道路网络对比

（a）北京百万庄；（b）洛杉矶南加大北部；（c）东京武藏关站附近；（d）柏林赫尔曼广场东北

资料来源：谷歌地图，17级.

　　最后是在道路布局结构优化的基础上，在存量的城市道路空间内，以道路使用与功能相匹配为目标，进行道路空间结构的调整，切实将新的道路功能分类落实在道路空间分配上，充分实现道路用地资源价值（见图 12-10）。在一些城市的"双修"工作和旧城更新项目中，通过对城市道路空间的重新梳理划分，尤其是对以乱停车为主的现象进行整治，释放出较多空间资源，为重新调整和实现道路功能发挥了重要作用。但这还是相对初级的道路空间结构优化，随着城市道路功能的梳理，更多的调整优化工作将出现在干线道路上，一方面是干线道路空间相对充足，有更多的调整余地；另一方面干线道路的调整获得的交通效益也相对较大。对道路的空间结构调整将不仅在道路红线范围内，甚至将打通建筑后退红线，探索绿化开敞空间的共享，在建筑和道路的 U 形断面内，统筹机动车、非机动车、行人、绿化和分隔空间。此外，对道路空间的利用还将增加时间的维度，以进一步实现道路用地资源价值。

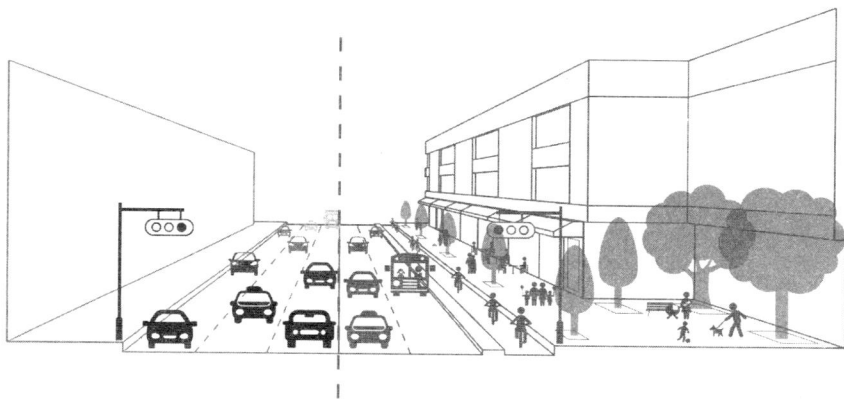

图 12-10　城市道路空间结构调整示意
资料来源：上海市规划和国土资源管理局，上海市交通委. 上海城市街道设计导则. 上海：同济大学出版社，2016：165.[12]

　　随着城市道路供给侧在上述三个方面的不断发展变化，功能分类越来越细致，空间利用越来越精细，要求城市道路的管理也更加细化加强。一方面需要精准的规则，另一方面则需要借助电子化、信息化的手段，全天候、全覆盖地实现对城市道路的精细化管理，从而实现更加智能化的城市道路。这些电子化、智能化的设施同样需要在道路结构和空间调整中统筹考虑。

12.1.4　本标准的应对

1. 编制思想

　　本标准城市道路章节编制的主要目的是在生态文明的理念下，塑造新时期为全体道路出行对象服务、功能结构合理、空间使用明晰、可持续发展的城市道路系统。在内容和方法上牢固把握城市交通需求在变化中不断发展的总趋势，以城市道路功能细分为统领，通过量化手段引导城市道路布局结构的调整、推动城市道路空间结构的优化，科学支撑不同城市的道路规划、设计、建设与管理，实现城市道路的高品质发展，促进城市交通向绿色转型。

2. 内容变化

20 世纪 90 年代以来，城市规划已经构建了相对完善的规划与设计体系，技术内容、流程以及技术手段也相对成熟。本标准城市道路章节的内容根据规划体系的变化、现状城市道路的问题与发展趋势，对 95 规范做出调整与优化。

1）应对标准规范体系调整的内容

95 规范城市道路系统一章中，包含了一般规定、城市道路网布局、城市道路、城市道路交叉口和城市广场 5 节。其中"一般规定"是城市道路规划设计的顶层要求，道路网布局和各级城市道路的规划设计要点是城市道路规划设计的各项基本要求。这三部分中的规划内容是规划工作者使用频率较高的部分，与城市道路规划工作也更为密切，也是本标准继承与优化的主体。

对于 95 规范中城市交叉口规划设计的相关规定，考虑到 95 规范之后已经颁布了《城市道路交叉口规划规范》GB 50647—2011，因此本标准相应调整，删去了交叉口设计的内容。

对于 95 规范中城市广场的相关规定，由于上位规范《城市用地分类与规划建设用地标准》GB 50137—2011 中对道路交通类用地的调整—2011 版 S 类道路用地删去了 1991 年版的 S2 广场用地，原 S21 类交通广场用地变为新 S3 交通枢纽用地，原 S22 类休憩集会广场用地变为新 G3 广场用地，与绿地用地合并为一类。因此，本标准按照用地分类标准的调整，删去了原 95 规范中关于休憩广场的相关规定，将集散广场的内容放在了新增的第 8 章"客运枢纽"章节中，而在城市道路章节中更加聚焦于城市道路本身的规划内容。

除上述两大调整之外，考虑到 95 规范颁布以来的 20 多年里，多项与城市道路相关的标准规范、导则、办法相继颁布，也有部分涉及城市道路内容的其他专业规范开始施行，对 95 规范的城市道路章节内容进行了很好的细化和补充（见表 12-1）。

95 规范颁布以来出台的相关标准规范、导则、办法 表 12-1

序号	城市道路相关专项规划标准规范	其他对城市道路有约束的标准规范
1	城市综合交通体系规划编制导则（2010）	风景名胜区规划规范 GB 50298—1999
2	城市综合交通体系规划编制办法（2010）	历史文化名城保护规划规范 GB 50357—2005
3	城市道路交叉口设计规程 CJJ 152—2010	城市居住区规划设计标准 GB 50180—2018
4	城市道路交叉口规划规范 GB 50647—2011	城市综合防灾规划标准 GB/T 51327—2018
5	城市道路工程设计规范 CJJ 37—2012	
6	城市对外交通规划规范 GB 50925—2013	

此外，根据中华人民共和国住房和城乡建设部《住房城乡建设部关于印发 2014 年工程建设标准规范制订修订计划的通知》（建标〔2013〕169 号），要求标准编制中将《城市道路绿化规划与设计规范》CJJ 75—97 的内容一并纳入本标准。最终，本标准仅对《城市道路绿化规划与设计规范》CJJ 75—97 中关系到道路规划及空间结构调整的第 3.1 节和第 3.2 节进行修订，并纳入了本标准。

　　总体上，与 95 规范相比，本标准的城市道路章节更加关注规划内容和道路本身，从整个城市规划体系和整部标准的角度，对需要规范的内容进行删减、调整和新增。

　　2）应对现状问题与发展趋势调整的内容

　　针对现状城市道路功能普遍缺失，在未来城市道路供给侧结构性改革中，作为城市道路功能的重要引导，本标准强化了城市道路功能的相关内容，在城市道路功能分类、各级城市道路规划要点以及其他内容中，均体现了城市道路功能主导的思想。

　　同时，为更好指导未来城市道路空间结构性调整，本标准增加了城市道路红线宽度与断面空间分配一节，并将完整街道等与街道设计相关的规划内容融入，以实现规划到设计的顺利传导，并适应存量规划阶段城市道路规划的新要求。

　　3）变化条文汇总

　　总体上，本标准的城市道路章节与 95 规范相比，主要进行了 11 处更新，其中调整了 4 项，新增了 5 项，删除了 2 项，详见表 12-2。

本标准与 95 规范相比主要内容变化　　　　　表 12-2

调整 4 项
1. 调整城市道路系统规划目标 由"保通畅"到"确保城市正常经济社会活动所需的步行、非机动车和机动车交通的安全、便捷与高效运行"
2. 调整城市道路功能分类、分级 由"快主次支"到"3 大类，4 中类，8 小类，干路与街道"
3. 调整城市道路的各项指标体系 由单一的空间指标，到功能指标为主，空间指标为辅 由"速度、密度、宽度、车道数"到"干路的里程、周转量为主，间距、密度为辅，与次支路的密度" 强化城市范围内道路网络的一体化
4. 调整不同城市、不同区域的差异化规定 基于新的城市规模分类标准，指标更加注重城市规模、特色
新增 5 项
1. 新增城市道路组织思路与模式 基于地方性活动组织思想，重视次支路的作用。基于步行与自行车交通优先，重视街区开放
2. 新增城市道路统计内容 功能作为划分城市道路的核心，实现功能即纳入统计
3. 新增城市道路与公路的协调 强化城市范围内道路网络的一体化
4. 新增城市道路断面空间规定 注重城市道路的空间属性，为提升城市交通品质而规定
5. 新增城市道路绿化的内容 注重城市道路交通功能，道路品质改善，还绿于人
删除 2 项
1. 删除城市道路交叉口及其他设计相关内容 与城市道路设计、城市道路交叉口规划相关规范相衔接
2. 删除广场用地规划相关内容 与《城市用地分类与规划建设用地标准》GB 50137—2011 相衔接

此外，本标准城市道路一章中的条文分节也注重了与规划工作内容和管理内容的对应。在节的安排上，首先规定了城市道路系统规划遵循的大原则与大指标以及城市道路功能，用于指引和评估规划，这也是城市道路规划工作全流程需要遵守的；其次是城市道路布局，主要用于确定城市骨架路网，控制城市道路的关键要素，便于规划工作者构建城市空间；第三是城市断面空间分配，形成规划道路空间边界；第四是干线道路、集散道路与支线道路的具体规划要求，便于规划工作者调整城市路网功能结构，使之科学合理；最后是道路交叉、道路绿化、特殊功能道路的规划要点，确保城市道路规划工作符合各方面的要求（见图 12-11）。

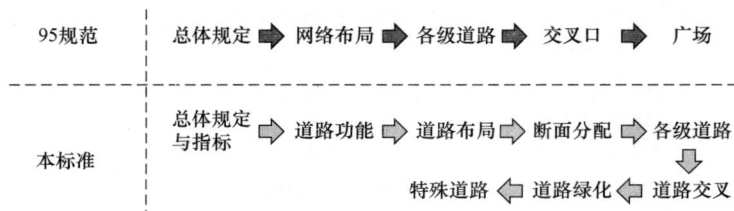

图 12-11　新旧标准的条文组织逻辑

4）核心改变

1995 年 1 月 14 日发布的 95 规范自正式实施至今 20 多年的时间里，对我国城市道路交通规划、设计、建设和管理产生了积极的指导作用，对推动快速城市化和机动化有重要的意义。95 规范既针对了城市增量扩张的特征，又充分吸收了国外机动化的发展经验，以拉大城市格局、促进城市化、支持机动化、引导城市扩张为目的，构建了与之相匹配的城市道路分级体系及道路规划的三大指标体系，即城市道路面积、道路密度、道路分级配置（级配）。正是这种与我国城市发展阶段的深度融合，以及从目的到方法再到手段一以贯之的编制思路，才使得 95 规范的城市道路章节在 20 余年的时间里得到广泛使用。

然而从前述的城市道路发展阶段、发展问题以及发展趋势来看，目前我国的城市发展从理念到方式已经产生了深刻的变化，对城市道路交通的发展影响重大。因此，本标准的"城市道路"章节也将如同当年 95 规范的"城市道路系统"章节编制一样，积极与我国城市发展方式的转型深度融合，对城市道路发展的目标、方法以及相关的指标做出调整与优化，将其统一到新的发展趋势下，作为下一阶段的城市发展指引。这也就是本标准相较于95 规范在城市道路章节的核心改变，即城市道路的发展目标、城市道路的分类体系和城市道路的三大指标体系，包括面积率、道路密度和分级配置的转变。

（1）城市道路发展目标

95 规范的城市道路系统章节，有较强的推动、服务机动化的目标——即保障交通畅通，无论在其第 7.2.1 条中还是在道路分级的描述中，都清晰的表达了这种思想。在这一指导思想下，城市的增量发展阶段中，采用超量的道路供给可以较好应对尚未迅速增长的机动化需求，也就形成了"拥堵了就修路"的观点。然而到了城市存量为主的发展阶段，机动化仍然在快速增长，但道路供给增加越来越难，而且有限增加的供给对机动交通而言也是杯水车薪，道路交通拥堵成为常态，开始影响到公共交通、步行和非机动车。因此，规划越来越认识到通过有限的城市道路资源来满足持续增长的机动交通需求，并且保障其通畅，在空间和经济上都不可持续，且与绿色发展理念以及多种交通方式平衡发展的思想相违背，必须重构与我国道路发展阶段相匹配的道路交通结构和道路规划目标，统筹考虑城市道路的所有使用对象，鼓励绿色生活方式，优先考虑占用空间资源少、排放水平低的绿色交通方式，将发展目标从保障交通畅通转到服务社会经济正常运转上。

（2）城市道路分类体系

95 规范中的城市道路分类体系与 1991 年 8 月颁布实施的行业标准《城市道路设计规范》CJJ 37—90 相同，将城市道路分为快速路、主干路、次干路和支路四类，同期编制的《城市居住区规划设计规范》GB 50180—93 中对道路组织的描述，也基本上与 95 规范中"快主次支"的分类方法一致，重点是基于机动交通对道路进行等级功能划分，不存在类别的差异，这就造成了道路空间资源不断向机动交通倾斜，宽马路、疏路网由此产生，给步行和非机动车带来不便，人性化的街道逐步消失，街道活力降低。

随着生态文明下的绿色可持续发展理念及发展目标在各个领域的不断深入，为了进一步消除城市道路空间对于不同交通方式而言的不平等、不充分发展问题，也就是城市道路空间结构的问题，城市道路分类必须从服务机动车转向服务全体使用者，必须从"市政道路"转向"全体道路"。城市道路需要调整分类以应对不同交通方式的交通需求，优先考虑公共交通、步行和非机动车等绿色出行方式，并且与城市交通的管理衔接。城市道路分类也需要囊括城市空间内的所有参与城市交通组织的道路，引导规划人员关注交通组织中的"细枝末节"和步行、自行车交通，确保为每一条参与城市交通组织的道路都做出指引。除此之外，城市道路分类还结合城市规模、城市空间特征、道路两端功能、道路两侧用地等进行了进一步细化，以反映需求的多元特征。

（3）城市道路三大指标的改变

95 规范的道路面积率、道路密度以及分级配置三大指标，既有抓总也有分项，既有道路布局也有道路设计，既能形成规划也能进行评价。通过这些指标，在快速形成城市路网格局、确定道路用地边界、推动道路空间建设的增量发展阶段，有较好的规范指引效果。然而单一的空间性指标体系在空间塑造方面也造成了道路与功能的脱节，以及对差异性的体现不足。

在新时期的国土空间规划工作中，最为重要的就是"把每一寸土地都规划得清清楚楚"。在城市道路用地边界范围内同样如此。作为指导城市道路规划、设计、建设和管理在实操层面最主要的工具和手段，城市道路规划的指标要确保道路全过程的总量达标、布局合适、结构合理、宽窄有度、分配科学，并体现道路价值。同时，指标体系的改变更是落实道路规划目标转变、道路分类方法调整的基础。通过指标体系将道路用地按照道路交通需求、道路功能规划清楚是指标设置的核心。因此，新的指标体系按照城市与交通转型发展的要求，同时针对 95 规范使用中的问题，以提升品质和落实功能为核心，在继承 95 规范的基础上，实现四个转变：

从空间指标到功能指标的转变。对于道路规划布局阶段，弱化干线道路密度指标，避免其转换为道路间距指引布局。改为总体密度指标，加强密度指标的评估作用。同时，采用量化手段表达道路功能，增强功能指标的可操作性。

从强化中线、红线到强化道路断面的转变。结合城市道路空间结构的调整趋势，相关指标不应仅停留在道路布局和形成用地的深度，更应对城市道路断面空间分配与改造提出指引，确保规划道路功能的落实。

从孤立指标到关联指标的转变。避免出现某一类道路合乎标准而其余道路难以达标的情况，采用比值的形式加强空间量化指标的关联性，诸如将不同等级道路的密度约束改为里程比例约束。同时加强不同指标在内涵上的关联性，确保诸如"密度-宽度-面积"指标的一致性。从而确保道路的整体达标。

从强约束指标到指导性指标的转变。在发挥本标准精确指引作用的同时，重视城市发展的特色和差异，因地制宜地减少"一刀切"、"窄范围"的强约束指标，优化指标约束的深度和宽度，提高指向性，放管结合。

3. 如何使用

本部分仅是就本标准"城市道路"一章的使用提出程序建议，并不是项目流程的完整要求。

1）城市道路规划

（1）规划前

通过大量的现场踏勘、资料调研以及交通调查工作，对城市客观地理条件以及交通现状应有较好的把握。结合城市规划确定的城市性质、职能、定位、发展规模、空间结构以及用地布局等，在城市综合交通发展目标定位下，确定城市道路交通的发展定位，绿色交通优先与综合交通系统协调原则。

在明确了上述内容后，应在规划前充分了解第 12.1 节"一般规定"中的相关内容，贯彻以人为本、绿色优先、窄马路、密路网、完整街道等理念，为充分落实以城市道路功能为主的规划打好基础。

（2）规划城市道路框架

根据两级三类的城市道路功能分类思想与不同特征地方性活动主导区域（以下简称"地方性活动单元"）的次支道路组织思路，充分结合城市空间结构与用地开发特征，结合公共交通走廊、货运走廊等需求，初步划定以城市干线道路为基础，充分衔接对外交通设施的城市道路框架，确保城市道路大格局稳定。同时，在这一阶段同步根据表 12.5.2"城市干线道路等级选择要求"，对城市干线道路进行初步划分。

（3）形成城市道路完整布局

参照标准表 12.2.1"不同连接类型与用地服务特征所对应的城市道路功能等级"，在城市道路框架下，充分考虑窄马路、密路网、绿色优先的基础上，进行路网的填充和完善，过程中需充分满足第 12.3 节关于城市道路网布局的相关要求，形成城市道路网的初步格局。并对初步路网进行空间密度统计，确认是否达到一般规定总体密度要求以及表 12.5.3、表 12.6.3 的分类密度要求。如不满足，需要进行相应的补充、调整。

（4）形成城市道路功能划定

在初步功能划分基础上，按照不同等级道路的设计速度指标，将路网放入交通模型中进行模拟，得到不同道路的高峰小时服务交通量、平均出行距离、周转量等指标。根据表 12.2.2 中交通量推荐指标，并充分结合平均出行距离与功能定位，对城市道路进行功能调整。主要是Ⅱ级与Ⅲ级主干路之间、Ⅲ级主干路与次干路之间、次干路与支路之间进行调整。调整后再次放入交通模型中进行模拟，观测高峰小时服务交通量特征是否符合表 12.2.2 的要求，同时根据表 12.5.1 以及第 12.6.2 条的要求，判定干线道路的功能性里程与其周转量、次干路的功能性里程比例指标是否符合标准。

如都符合标准，则城市道路功能划定完成。如不满足标准要求，则根据里程比例要求，以及交通量特征，再次微调路网功能，放入交通模型中，根据得出的交通量、周转量指标进行再次判断，直到都符合标准为止。调整过程中如果涉及增删道路，还需要同时保证符合一般规定总体密度要求以及表 12.5.3、表 12.6.3 的分类密度要求。

（5）形成城市道路用地边界

依据道路红线分配优先原则、道路红线高限值以及城市综合交通规划确定的重要路段、节点要求，根据城市道路功能、交通量数据，按照第 12.4.3 条，确定道路车道数与相应的基础道路红线宽度，根据公交走廊等功能要求确定最终道路规划红线宽度，据此得出城市道路用地的面积和比例。在与其他城市交通设施用地累加后，确认是否符合第 3.0.4 条的要求。

如低于标准要求，应优先适当增加绿色交通设施用地，或增大有效规划预留。

如高于标准要求，在道路密度不能降低的情形下，可适当压缩道路绿化与机动车交通空间。

（6）规划结束

在形成完整的道路用地边界后，应查看城市道路网络是否满足第 12 章其他条文的要求，主要是道路安全、历史保护、道路衔接与交叉、路网协调以及特殊功能道路等，以确保路网全面达标。

2）城市道路评估

无论城市现状道路网络还是规划道路网络，都可以根据本标准的条文进行评估。从类别上主要分为空间性指标评估、功能性指标评估和其他规划要点评估。

（1）空间性指标评估

空间性指标评估主要采用本标准中的道路密度指标，包括路网总体密度、干线道路密度以及不同功能用地的支线道路密度。此处的密度是空间性密度指标，用空间里程来除以面积，得到的密度值可以直观衡量出道路网络的疏密程度。

此外，本标准中的道路红线宽度指标，包括红线宽度的高限和红线宽度的常规值，都可以用来评估路网在空间尺度上是否达标。

（2）功能性指标评估

功能性指标评估可以分为单纯的路网功能评估和路网与城市功能的匹配性评估。单纯的路网功能评估，更多的是采用道路本身的流量、周转量、里程比例、密度、间距等指标，进行功能划定，进而对路网进行评估。而路网与城市功能的匹配性评估，则属于一种粗略的评估，按照城市功能联系对道路的要求与道路的功能之间的匹配度来进行评估，城市层面一般仅评估到干线道路和集散道路层面即可。在评估道路网络功能性是否满足要求时，宜先评估路网与城市功能的匹配程度，再评估道路网络的具体道路功能是否达标。

路网与城市功能匹配程度，直观上可以根据城市空间结构、城市用地功能特征，基于两级三类与地方性活动单元组织的思想，结合表 12.2.1、表 12.2.2 对道路功能进行判定，并将其与现状或规划道路功能进行对比，梳理出不匹配的道路，统计其里程占比，作为路网与城市功能匹配程度的结果，进行评估打分。

路网自身的功能分类是否合理，则需要将道路网络放入交通模型中，根据预测的每条道路流量、周转量、平均出行距离等指标，结合表 12.2.2、表 12.5.1、第 12.6.2 条进行评估，确认各条道路流量是否符合功能定义，干线道路里程比例与承担的周转量比例是否达标以及集散道路功能里程比例是否达标。应注意在进行功能性评估时，采用的里程比例等均为功能性里程比例，即按照道路功能对道路拆分后的里程。随着未来电子信息化的推动，如果可以实时获取道路流量和周转量等数据，将更加有利于对现状路网的实时功能评估。

（3）其他规划要点评估

在对城市道路网络进行了量化指标的评估后，还有大量的规划要点评估，主要分布在道路网络布局、道路红线宽度与断面空间分配、三大类道路系统、道路交叉、道路绿化以及特殊功能道路等方面。更多是定性评估，根据标准，确认是否符合要求即可。

3）注意事项

无论是规划还是评估，使用道路章节相关指标时一定要注意指标所对应的空间范围。本标准给出的大量指标都是以城市为规划评估对象，不可简单套入到某一片区或分区，除非该片区或分区功能较为独立。

对于城市内部的某一片区或分区，在规划或者评估时，应按照相应的功能要点进行规划，规划后评估整个城市的路网情况是否达标。但在更多情况下，按照规划要点完成规划后，为了省去评估整个城市情况的步骤，只要求本片区满足所有规划要求即可。但这就带来一个问题，片区或者分区，视角较为微观，与用地特征的结合更为紧密，道路规划尤其是道路密度指标千差万别，例如不可能要求工业区路网密度达到 $8km/km^2$，而有些商业区路网密度仅仅达到 $8km/km^2$ 显然是不够的，甚至需要达到 $10\sim20km/km^2$。随着 GIS 技术、大数据技术的普及，以及新的国土空间平台的建立，未来随时获取城市级的路网数据更加容易。因此，还是建议按照片区或分区特征，采用相应的规划要点做规划，然后对全市的路网做评估，确认其对整体路网的影响是提升还是降低。

对于城市相对较为独立的片区或者分区，规划或者评估时，可采用对应规模的城市级的相关指标，但考虑到其与主城的联系，一些指标上应作出调整。

12.2 一般规定

12.2.1 规划目标

> 12.1.1 城市道路系统应保障城市正常经济社会活动所需的步行、非机动车和机动车交通的安全、便捷与高效运行。

本标准中，对城市道路规划的目标进行了重要的调整，核心是将 95 规范中提出的"保通畅，促机动化"为目标调整为"保障城市正常经济社会活动所需的各项交通活动"为目标。

做出这一改变的原因核心就在于城市与交通发展阶段的变化，我国的城市发展已经由增量扩张为主过渡到了存量优化为主。在城市增量扩张时期，城市人口快速增长，城市发展的预期强烈，有大量的城市空间可供建设，规划建设中往往采用超前思维来满足城市的交通需求增长。例如，当城市规模还不足 100 万人的时候，城市框架尤其是道路交通设施已经扩展到足以承担 100 万人甚至以上的空间内，城市道路交通处于供需平衡甚至供大于求的状态，交通供需矛盾在快速建设下得到缓解，这也就形成了利用增量道路设施解决交通拥堵的思路惯性，也就是常说的"车堵了就修路"。从历年来我国城市道路建设和民用汽车发展的关系可以看出，在 2004 年以前，城市道路的建设速度还能勉强跟上机动化的发展速度，而 2005 年以后，城市道路建设的增速已经远远不及机动化的发展速度，机动化的负面效应也自此开始显现（见图 12-12）。

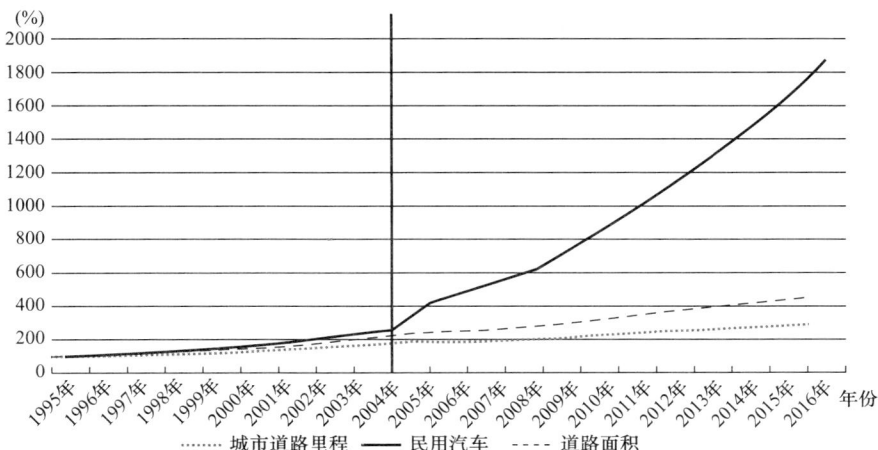

图 12-12　我国民用汽车与城市道路建设的增长关系

资料来源：中华人民共和国住房和城乡建设部. 2017 年中国城市建设统计年鉴. 北京：中国计划出版社，2018：421.[13]

中国汽车技术研究中心，中国汽车工业协会. 2019 年版中国汽车工业年鉴. 天津：《中国汽车工业年鉴》期刊社，2019：520.[4]

随着城市进入存量优化为主的发展时期，城市人口增长放缓，可供建设的空间逐步减少，部分城市甚至提出了精明收缩、减量发展的理念，存量地区新增道路交通设施的成本越来越高，而城市交通需求仍处于快速增长中。城市无法再用超前规划、超前建设的思路去缓解交通供需矛盾，应对需求增长的手段必须转向更加绿色、空间资源占用更少的公共交通、步行和自行车等方式，并且道路建设要从增量发展时期拉大框架建设干线道路层面深入到存量发展时期的填充次支路、提升道路品质的层面。从城市建设与机动化增长的趋势看，除特定时期外，增量扩张城市，其建设速度难以赶上机动化的发展，更不用说存量、减量。

因此，城市道路的规划、管理、使用三方，都必须正视城市道路交通将长期处于供给短缺的状况，道路交通拥堵将成为"常态"，保障道路交通"通畅"的目标在"满足需求"的前提下难以达到。城市道路交通规划的目的需要回归到正常社会经济活动的保障上。为了保障城市正常运行，不仅仅是占比 20% 左右的小汽车，还有更多的城市联系依靠着公共交通、步行、非机动车、单位班车等。因此城市道路交通规划的保障对象也需要从机动车为主转向全体出行对象，并且要优先保障道路空间使用效率较高的公共交通和步行、自行车等绿色交通方式。

作为本标准城市道路章节的"首条"，本条强调了交通保障的前提是确保城市正常经济社会活动，而不是"满足需求"下的通畅。同时前移了步行和非机动车的位置，就是强调优先保障对象的改变，规划工作人员应深刻理解该变化，并在规划中切实执行这一思想，将绿色交通理念贯穿于城市道路规划中。

12.2.2　规划原则

> 12.1.2　城市道路系统规划应结合城市的自然地形、地貌与交通特征，因地制宜进行规划，并应符合以下原则：
> 1　与城市交通发展目标相一致，符合城市的空间组织和交通特征；
> 2　道路网络布局和道路空间分配应体现以人为本、绿色交通优先，以及窄马路、密路网、完整街道的理念；
> 3　城市道路的功能、布局应与两侧城市用地特征、城市用地开发状况相协调；
> 4　体现历史文化传统，保护历史城区的道路格局，反映城市风貌；
> 5　为工程管线和相关市政公用设施布设提供空间；
> 6　满足城市救灾、避难和通风的要求。

　　城市道路系统规划，应因地制宜，始终遵循客观的物理、地理约束和真实的交通特征需求，以此作为最根本的原则，然后才是满足各种功能定位、规划要点时需要遵循的原则，这也是城市规划先底后图的规划思路。本标准确定的道路系统规划原则，与城市充分协调，并融入城市特色化发展、以人为本、绿色优先等最新理念以及城市道路功能的分类分级思想，也更加有利于这些理念的落实。

　　符合城市交通发展目标和城市空间组织、交通特征的原则，这是基于因地制宜规划原则，考虑到城市差异越来越大，适宜采用的交通模式也不尽相同。在一些人口规模小、建设用地充足、居民出行距离短的城市，城市交通发展还可以以"满足需求"为目标。而对于一些大城市及以上等级的城市，道路建设用地稀缺，机动化供需矛盾突出，道路交通发展必须以服务集约、节约的绿色交通为目标。该条原则体现了道路交通供给侧结构性改革的思路，摒弃了均质化的道路供给，提倡按需供给。在这一原则下，标准后续的条文使用包括指标的选取等，都应该与城市道路发展目标一致，与空间组织和交通需求特征相符合，选择不同的指标。

　　"以人为本、绿色交通优先、窄马路、密路网、完整街道"的原则充分考虑了发展理念的转变与发展方式的转型，落实提升城市发展品质、保障城市繁荣的理念和政策要求，也是未来城市道路空间供给结构性调整的要求。城市进入存量发展阶段，次支路的建设、街道空间的打造、城市活力的提升将成为规划建设的重要工作内容，城市道路与城市多元活动的关系更加密切，而非就交通组织论交通组织，将城市交通通畅与城市繁荣对立起来。

　　道路与用地特征、用地开发相协调的原则，强化了道路功能与城市用地的关系，也是基于长期以来我国城市道路系统规划重布局而轻功能的问题所提出的。道路的功能特征主要体现在道路两端的连接对象和道路两侧用地开发，也就是需求决定功能，只有明确了城市道路的功能，才能对城市道路的布局和空间结构进行调整，而这两者的调整是城市道路供给侧结构性改革的核心。

　　对于城市道路在历史文化保护、市政设施服务和城市防灾救援三个方面发挥的重要作

176

用，本标准也在规划原则中予以体现，道路网络规划中必须要考虑这三方面，尤其是历史文化保护和城市防灾救援。

12.2.3　规划范围

> 12.1.3　承担城市通勤交通功能的公路应纳入城市道路系统统一规划。

在改革开放前和初期，城市相对独立发展的阶段，城乡二元空间差异显著，空间与设施管理也相互独立，形成了城与乡在规划、设计、管理上相互独立的两套标准与管理体系。对于城市交通而言，城市交通与城市对外交通在出行距离、出行频率、时空分布、车辆构成，道路与两侧用地关系等方面以显著的差异性为前提形成各自的规划建设标准，在道路建设上就是城市道路和公路在设计、建设、管理等方面形成各自的标准体系。标准的分界为城市建成区的边界，城市边界以内的道路执行城市道路建设标准，城市边界以外的道路执行公路建设标准，并分别由不同的部门进行规划与建设、管理。

然而随着城镇化的发展和城市的扩张，城市职能布局范围不断扩展，甚至超越了城市中心城区，城乡空间在城市外围地区融合。一些特大城市由于中心城区内部居住环境、成本的提高，城市居住与就业中心布局突破中心城区的边界，城市外围、甚至市域或跨城市边界的居住、就业组团越来越多，并且与中心城区关系密切，产生了大量的穿越城市集中建设界线的通勤交通联系。原有的边界清晰的城市活动及联系范围发生变化，范围逐渐扩大，边界逐渐模糊；中心城区外，通勤交通与对外交通交错，部分公路开始承担一定的城市道路功能。已经无法简单按照"边界"从功能上对城市道路和公路进行区分，进而确定其建设标准，需要按照道路所承担的实际功能进行管理。尤其是公路，由于长距离通勤交通的存在，导致其已经由单纯的对外交通功能逐渐变为复合功能的道路，或者是真正的城市道路功能。在一些城市的综合交通体系规划中，已经开始城市对外道路、复合功能道路、城市内部道路的分类，参见表 12-3。

珠海市综合交通运输体系规划的道路分类　　　　表 12-3

功能分类	需求特征	建设标准
对外道路	服务区域及对外交通快速联系交通； 对速度、安全性要求高； 不直接服务用地	公路标准
复合功能道路	兼顾对外、对内联系需求； 兼顾对两侧用地的支撑带动作用； 满足公路系统行业管理要求； 满足公路系统性要求	以城市道路标准为主， 兼顾公路交通标准
城市交通道路	城市内部交通联系服务； 直接服务城市用地 对多方式协调、环境、安全性控制要求高	城市道路标准

资料来源：中国城市规划设计研究院. 珠海市综合交通运输体系规划.

立足于这一变化，本标准提出对于这些承担了城市通勤交通功能，大部分时段承载的交通流以城市内部功能联系为主的公路，在城市道路系统规划中应考虑这些功能要求，进行一体化的规划设计，其建设标准要参考城市道路确定。

12.2.4 总体指标

> 12.1.4 中心城区内道路系统的密度不宜小于 8km/km²。

《城市用地分类与规划建设用地标准》GB 50137—2011 对城市道路交通相关用地内涵和用地总量进行了较大幅度的调整，为与这一上位标准衔接，本标准城市道路章节的总体指标中并未包含道路用地比例和人均道路用地面积指标，而是在总体的"基本规定"章节给出包含了道路用地的城市交通设施用地总体比例与人均用地指标。在弱化了道路面积率指标的约束后，本标准将道路网络总体密度作为路网的总体评价指标，这也是《中共中央国务院关于进一步加强城市规划建设管理工作的若干意见》中的重要要求，本标准也采用了其中的指标，要求道路系统的密度不宜小于 8km/km²。该项指标与 95 规范相比略有提升，体现了"窄路密网"规划理念，也得益于新的用地分类标准中，整体道路交通设施用地的比例的大幅度提高。

实际上通过疏密程度来衡量网状设施是一种重要的手段——例如布料的密度是布料强度和好坏的评价之一。考虑到新时期路网布局结构性调整的方向，在于次支路的打造，在于路网密度的提升。因此，本标准采用路网总体密度指标，是对"宽马路疏路网"的纠偏，是对分级道路密度指标的总体控制，将有助于街区的开放以及路网密度的提升，进而提升路网的容量。这将有助于提升路网在交通需求发展不确定时的适应能力，同时对于步行与非机动车、公共交通更加友好，保障了多元的城市活动，增强了城市活力。该指标的提出主要是用于评估城市整体路网的空间疏密程度，也是衡量道路供给是否充足的指标之一，而不是为了换算成道路间距指标去构建城市道路总体格局。

12.3 城市道路功能等级

12.3.1 道路功能大类

> 12.2.1 按照城市道路所承担的城市活动特征，城市道路应分为干线道路、支线道路，以及联系两者的集散道路三个大类；城市快速路、主干路、次干路和支路四个中类和八个小类。不同城市应根据城市规模、空间形态和城市活动特征等因素确定城市道路类别的构成，并应符合下列规定：
> 1 干线道路应承担城市中、长距离联系交通，集散道路和支线道路共同承担城市中、长距离联系交通的集散和城市中、短距离交通的组织。

国外经验和我国城市的自身发展历程均已表明，过去以推动机动化、塑造城市格局为主的城市道路建设阶段已经过去，随着城市存量发展阶段的到来，开放街区、建设次支路、营造活力街道、塑造高品质交通生活的时代已经到来。高品质的交通既要求道路可以快速高效地服务机动车，又要求街巷可以服务步行与自行车，以及多样的城市其他活动。与国外的地方性活动单元外部交通要求通过性好，内部交通要求安静稳定的交通组织思路是一致的。因此，本标准基于不同距离城市交通活动的组织，将城市道路分为干线道路、支线道路以及联系两者的集散道路三个大类，用专业的干线道路服务机动交通的组织，支线道路服务多样化的街区层面活动组织（见图 12-13）。干线道路承担城市中长距离的交通，即通过性强的交通，也就是地方性活动单元外部的交通。集散道路与支线道路承担中长距离交通的集散和中短距离交通的组织，也就是地方性活动单元内部的交通。新的分类体系与国外机动化发达的国家城市道路功能分类相接轨。

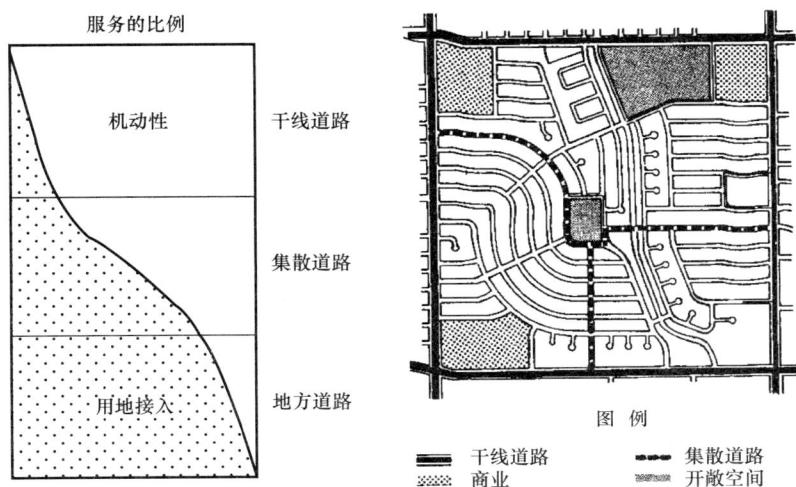

图 12-13　两级三类道路分类思想与地方性活动单元交通组织

资料来源：U. S. Department of transportation，FHWA. 1968 NationalHighway Functional Classification Study Manual. U. S.，1969：2-5.[14]

在三大类道路系统的基础上，本标准构建了中类与快主次支四级道路系统的对应关系，在细分主干路的基础上，明确了次干路的集散功能定位。因此，快主次支四级道路系统虽然名称不变，但次支路的内涵略有变化。本标准优化了 95 规范中次干路与支路的功能定位，因此，有些道路等级需要根据功能重新确定。以部分城市居住区为例，在同一尺度下，95 规范中的次干路、支路、居住小区级道路、居住组团级道路分别相当于本标准的Ⅲ级主干路、次干路、Ⅰ级支路和Ⅱ级支路，参见图 12-14。

本标准道路分类的增多容易造成道路功能选择的混乱，为解决这一问题，在借鉴 95 规范根据城市规模来确定道路分类的基础上，本标准提出城市应根据城市规模、空间形态和城市活动特征来确定城市道路类别的构成。城市规模越大，越应该通过多层干线道路体系来服务丰富的机动交通出行，城市规模越小，层次相应减少。同时，空间形态的差异导致交通特征不同，如带形城市交通明显汇集在轴线上，需要更高等级的道路去服务。本标准道路类别、级别虽多，但城市可以根据自身规模、形态和交通特征去灵活选择，更好地实现规划的因地制宜。

结合国外城市道路地方性活动单元的组织思想，本标准构建了干线道路、集散道路和支线道路的三大体系道路组织思路，更加便于进行路网的初步功能分类和形成道路网络布局的雏形，参见图 12-15。

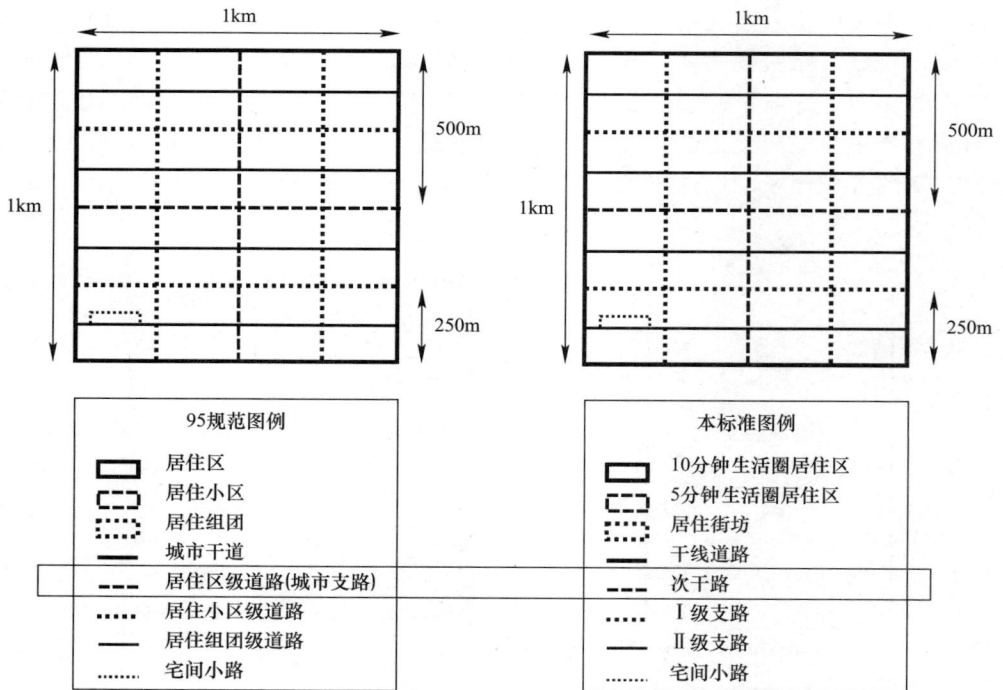

图 12-14　样例：某居住区按 95 规范与本标准的道路功能对应关系

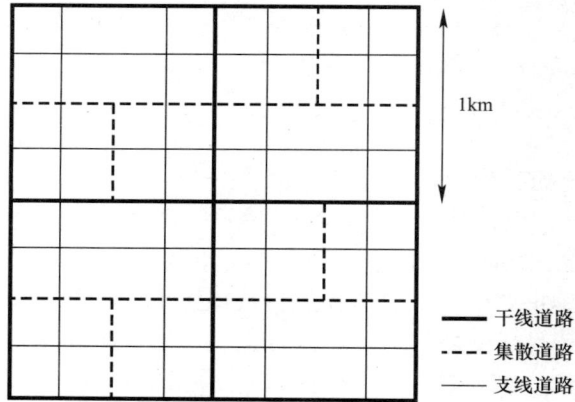

图 12-15　本标准的路网组织示意图

12.3.2　道路功能中类

12.2.1

2　应根据城市功能的连接特征确定城市道路中类。城市道路中类划分与城市功能连接、城市用地服务的关系应符合表 12.2.1 的规定。

表 12.2.1　不同连接类型与用地服务特征所对应的城市道路功能等级

用地服务 连接类型	为沿线用地 服务很少	为沿线用地 服务较少	为沿线用地 服务较多	直接为沿线 用地服务
城市主要中心之间连接	快速路	主干路	——	——

续表

用地服务　　连接类型	为沿线用地服务很少	为沿线用地服务较少	为沿线用地服务较多	直接为沿线用地服务
城市分区（组团）间连接	快速路/主干路	主干路	主干路	—
分区（组团）内连接	—	主干路/次干路	主干路/次干路	—
社区级渗透性连接	—	—	次干路/支路	次干路/支路
社区到达性连接	—	—	支路	支路

国外的道路功能分类中，特别强调道路所承担的交通联系，以及道路与两侧的开发建设情况的关系。道路承担的交通联系与道路两端的目的地在城市中的定位、性质紧密联系，关系到道路承担通过功能的等级。而道路两侧的开发建设情况，关系到道路交通组织与到达功能等级之间的关系，为两侧的开发服务越多，对道路交通流的影响也越大，长距离机动化组织的能力就越低。因此，通过道路两端和道路两侧的情况，可以对道路进行进一步的分类和分级，主要是对干线道路层次的初步划分，明确分出快速路与主干路。

采用与德国类似的方法，结合我国传统的城市中心体系的表达方式，以 400 万人口规模的城市为样板，假定分为四个片区，每个片区 100 万人，片区向下分为 4 个组团，每个组团 25 万人，组团向下分为 25 个社区，每个社区 1 万人。在此基础上，构建不同连接类型与用地服务特征所应配置的道路功能等级。示例见图 12-16。

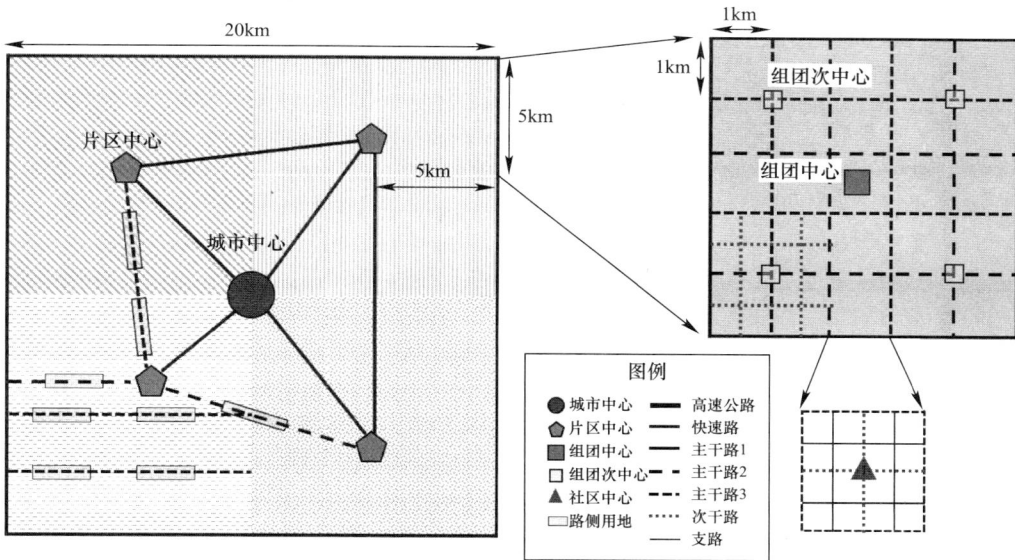

图 12-16　不同连接类型与相应道路的关系示例

注：某城市，360 万人，22 个街道，7 个镇，平均每个镇级人口约 16 万人。共有 570 个社区 84 个村，平均每个社区人口约 6400 人。

道路对两侧用地的服务程度，本标准中规定了四个等级，由少到多分别是很少、较少、较多和直接服务。主要判断标准为通过的交通在道路上行驶多少距离可以进入其他道路（包含辅路）或者进入接入点（用地或停车场），具体示例见表 12-4 与图 12-17。

不同用地服务程度的内涵　　　　　表 12-4

用地服务程度	含义	注释
很少服务	行驶 1~2km 及以上距离	高速公路、快速路需要通过固定的出入口驶离道路进入其他道路； 主干路仅能通过干线道路交叉口进入其他道路，并且路段没有接入点，一般位于城市边缘； 主干路与其辅路无关联，通过辅路收集集散道路交通，通过干线道路交叉口接入干线道路
较少服务	行驶 0.5~1km 距离	主干路通过与集散道路交叉口进入地方性活动单元，或者直接进入接入点，较为常见； 城市边缘承担集散功能的次干路也可较少服务用地
较多服务	行驶 0.25~0.5km 距离	主干路通过与集散道路、支路的交叉口进入其他道路，或者直接进入接入点； 次干路通过支路交叉口进入其他道路或者接入点
直接服务	随时可以进入停下	次干路或者支路两侧，车辆可以随时停下，并进入用地

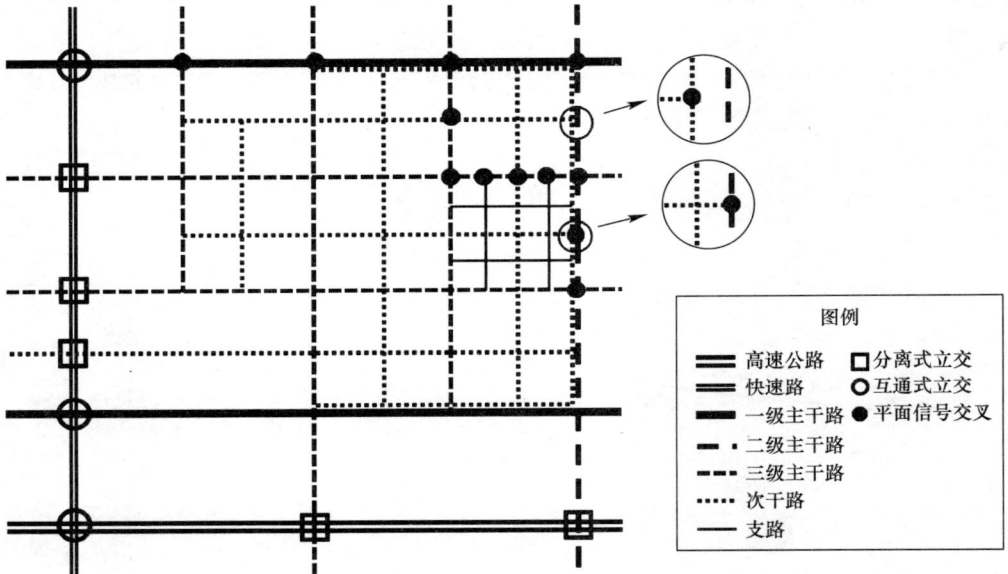

图 12-17　道路用地服务示意图

　　国内的道路与国外有较大差异的地方在于，国内的干线道路大都具有辅路，在北方城市中尤其如此，不仅快速路有辅路，常见的重要主干路也有辅路。通过辅路来进行地方性活动单元的交通集散，组织管理路内停车。以干线道路交叉口之间 1km 长的主干路为例，如果主路辅路之间没有接入点，则该主干路为用地的服务属于很少服务，如果主路辅路之间有一个接入点，则该主干路驶离道路的距离为小于 1km，属于较少服务用地。较多服务用地的标准，定为 250m，对应于《意见》中提出的城市道路网络密度达到 8km/km² 的标准。

　　实际上，道路对用地的服务程度，反过来就是两侧用地对道路主线车流的影响的程度。对于高速公路、快速路，辅路的交通只能通过主辅路连接点或者交叉口对主路交通进行影响，道路两侧的用地只能通过直接开在干线道路的出入口影响主路交通。因此，判断道路对用地的服务程度，也可以通过用地对主线车流的影响点的间距来判断。影响点间距越大，道路对用地服务程度越低，影响点间距越小，道路对用地服务程度越高。

城市道路网络规划过程中，首先应明确干线道路、集散道路和支线道路的三大类功能定位和组织手段，在此基础上根据城市空间结构与功能用地，结合不同连接类型与用地服务特征对应的城市道路功能等级，对城市道路进行初步功能分类，可以形成城市干线道路骨架及网络的初步成果。

对于城市主要中心之间的连接，为了提高效率，往往以交通性为主，不宜规划较高程度服务用地的干线道路。例如城市中心与片区中心以及片区中心之间的连接，如果道路为沿线用地服务很少，出入口控制在 1～2km 一个，甚至更远的距离，那么道路为快速路等级。如果为沿线用地服务较少，影响主线交通的出入口或交叉口为 0.5～1km 一个，那么道路为主干路等级（示例见图 12-18）。通常间距越大，主干路的级别也越高。但不代表这种连接没有更低等级的道路可以服务，例如次干路或者支路，这更多只是路径上的存在意义，大多数这种连接都是通过干线道路进行服务。

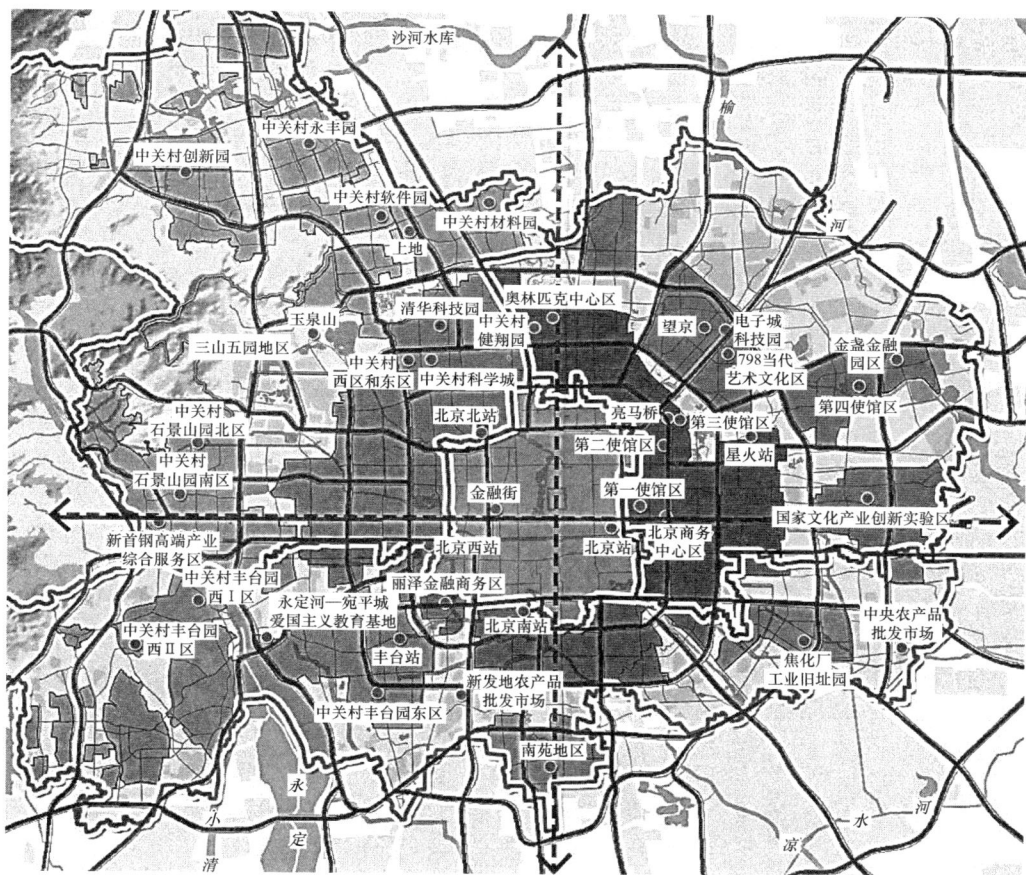

图 12-18　北京市空间结构体系与干线道路关系

资料来源：北京市规划和国土资源管理委员会. 北京城市总体规划（2016 年—2035 年）. ［2017-09-29］. http：// www. beijing. gov. cn/gongkai/guihua/wngh/cqgh/201907/t20190701_100008. html. [15]

对于城市分区（组团）间的连接，由于空间距离远近以及交通性的需求差异较大，因此道路与用地的关系也相对复杂。对于跨分区、组团的长距离联系，要求快速高效，应以快速路和主干路为主，并且为沿线用地服务很少。而对于相邻组团间的长距离和中等距离的联系，可以采用等级较低，对两侧用地服务水平相对较高的主干路。对于这种连接，判断主干路的等级高低主要依据道路对两侧用地的服务程度。

对于分区（组团）内连接，空间移动尺度相对较小，属于中等出行距离，机动化的通过性要求不高，例如大城市的分区（组团）内部或者中小城市，一般情况下不需要快速路，应以主干路为主，依据道路对两侧用地的服务程度可细分主干路级别。这一等级（距离）的连接，次干路也在某种程度上承担了较强的作用，为沿线用地服务较少的次干路来服务这种连接，主要出现在城市边缘地区或小城市中。

社区级渗透性连接，属于中长距离出行的转换或短距离出行，交通以集散功能为主，到达功能为辅，因此规划上多为次干路。部分支路也可承担渗透功能，从国外来看，多通过停车让行进行渗透，国内目前机动车文明尚处于初级阶段，应通过次干路信控系统接入社区，以确保社区内部道路的稳静化。

社区到达性连接，主要以服务短距离出行为主，因此主要是支路。

12.3.3 道路功能小类

12.2.2 城市道路小类划分应符合表 12.2.2 的规定。

表 12.2.2 城市道路功能等级划分与规划要求

大类	中类	小类	功能说明	设计速度（km/h）	高峰小时服务交通量推荐（双向 pcu）
干线道路	快速路	Ⅰ级快速路	为城市长距离机动车出行提供快速、高效的交通服务	80～100	3000～12000
		Ⅱ级快速路	为城市长距离机动车出行提供快速交通服务	60～80	2400～9600
	主干路	Ⅰ级主干路	为城市主要分区（组团）间的中、长距离联系交通服务	60	2400～5600
		Ⅱ级主干路	为城市分区（组团）间中、长距离联系以及分区（组团）内部主要交通联系服务	50～60	1200～3600
		Ⅲ级主干路	为城市分区（组团）间联系以及分区（组团）内部中等距离交通联系提供辅助服务，为沿线用地服务较多	40～50	1000～3000
集散道路	次干路	次干路	为干线道路与支线道路的转换以及城市内中、短距离的地方性活动组织服务	30～50	300～2000
支线道路	支路	Ⅰ级支路	为短距离地方性活动组织服务	20～30	—
		Ⅱ级支路	为短距离地方性活动组织服务的街坊内道路，步行、非机动车专用路等	—	—

本标准在三大类道路系统下，顺应现阶段城市发展要求，将道路细化为八个小类，并建立起道路小类的具体功能与设计速度、交通量的关系。从层级数量上来看，主要是细化了干线道路的类别，并从促进步行与自行车交通出行环境改善的角度，细分了支路，纳入了部分非市政权属的道路。

干线道路的细化。95 规范中快主次支的分类方法沿袭了 1991 年 8 月施行的《城市道路设计规范》CJJ 37—90。由于在设计规范中对道路功能定义进行了描述，95 规范中没有详述功能，只对各类道路规划阶段所需的指标进行了规定。这种情况在某种程度上导致了规划人员"知其然不知其所以然"的现象，知道城市道路分成四类，但是对于各类道路的确切功能，知之甚少。这其中，快速路、主干路和支路的功能争议较少，但对于次干路的功能定位，是"次一级的干路"还是像《城市道路设计规范》CJJ 37—90 中描述的"集散道路"，定位始终无法明确。同时，由于机动化的快速发展，一些不满足快速路的建设条件的城市，为了增加干路层级以适应交通需求的分层，将次干路作为"次一级的干路"使用，还有一些城市创造了结构性主干路和生活性主干路等。这些做法实质上都是对干路的细化，是对机动化增长下干路功能的结构性调整。

不同规模城市的道路交通组织差异主要在不同距离、形式的机动交通组织上，换而言之就是干线道路的组织差异显著，而基于本地的地方性交通活动则在不同城市中差异较小。因此，本标准以此为出发点针对不同城市的不同机动化交通需求，细分了干线道路的层级。对于现有的超大、特大城市，城市规模很大，将快速路分为两级，有助于提高长距离道路交通组织的机动性。将主干路由原先的 1~2 级细分为 3 级，适应的城市规模范围和交通需求特征也更加宽泛，选择也更加准确（见图 12-19）。

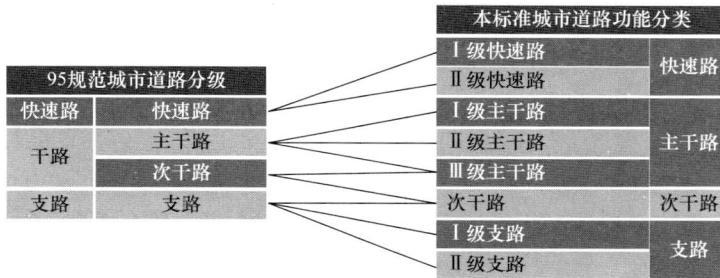

图 12-19　95 规范与本标准城市道路分级与功能分类对应关系

支路范围的扩大。本标准考虑到存量发展时期在绿色发展理念下，次支路的建设对步行、非机动车的重大意义，以及对提高路网密度、增强路网组织弹性的重要作用，扩大了支路的范围，将部分承担地方性步行、自行车交通组织的道路（含非市政权属街坊道路）纳入到支路体系，作为Ⅱ级支路，提高路网在服务步行、非机动车方面的便利性及路网密度，落实街区开放的理念。

在明确了城市道路总体的两级三类功能分类思想，并将道路与城市空间功能、城市用地结合起来后，基本上可以将城市道路划分至中类，甚至初步划分至小类。但是对于有些道路仍然需要通过科学的手段将其定位，需要更多量化指标。本标准在借鉴国外经验的基础上，将干线道路设计速度与高峰小时服务交通量指标与道路功能等级紧密结合，进一步强调道路的交通功能特性。对于干线道路，其通过性能一方面体现在速度效率上，另一方面体现在交通量上。同时，速度指标与交通量指标也是交通模型中重要的指标和参数。规划阶段，根据两级三类思想，结合空间结构体系和用地，初步划分道路小类后，将规划路网置于交通模型中，进行模拟，将流量结果、周转量结果、里程结果与本标准的指标进行校核，对于有问题的道路分类进行进一步划分。

在道路功能分类过程中，由于一些道路处于大类之间过渡地带或者道路所在城市区位的原因，造成一些难以判定的情况，例如Ⅲ级主干路与次干路、位于核心区的次干路与边缘地区的主干路等，仅依据交通量进行道路功能的划分，也会产生一些问题。因此，在道路功能分类过程中必须始终贯彻两级三类的组织思想，并且多方位联合指标来定位道路功能，如美国的道路功能量化指标中，包括了道路间距、路段平均出行距离、路段交通流量、路段流量-出行距离指数以及路网的车公里与里程比例指标等。[14]

通过本标准两级三类的组织思想、明确的城市道路功能定义以及多方位的指标约束，基本上可以将我国的城市道路细化分类至小类，形成与国外类似的城市级全路网道路分类，见图 12-20 和图 12-21。如果道路大类是解决道路组织理念的问题，道路中类是进一步细化干线道路，解决新老分类的对应和继承关系的问题，道路功能小类的划分才是真正体现新分类的核心思想，既明确了道路的功能类别，又与核心交通指标建立联系，对下一阶段存量时期的道路规划形成真正指引。

2008

Road Classification System – Street Name Index

Transportation Services **TORONTO**

Street Name	Road Classification	Grid
BRIDPORT CRES	Local	C33
BRIEF RD	Local	I13
BRIGADIER PL	Local	J40
BRIGADOON CRES	Local	E30
BRIGHAM CRT	Local	H8
BRIGHT ST	Local	S21
BRIGHTON AVE	Local	F16-R23
BRIGHTSIDE DR	Local	K40
BRIGHTVIEW CRES	Local	K40
BRIGHTWOOD ST	Local	H18-I18
BRIGSTOCK RD	Local	I30-I31
BRILL CRES	Local	C19
BRIMFOREST GT	Local	J43
BRIMLEY RD S	Collector	O32-P32
BRIMLEY RD	Collector	N32-O32
BRIMLEY RD	Major Arterial	B32-M32
BRIMLEY RD	Minor Arterial	M32-N32
BRIMORTON DR	Collector	I32-J37
BRIMSTONE CRES	Local	D34
BRIMWOOD BLVD	Collector	D32-D33
BRINLOOR BLVD	Local	M35-N35
BRISBANE RD	Local	D16
BRISBOURNE GRV	Local	F37
BRISTOL AVE	Local	O16

图 12-20　多伦多 2008 年城市道路分类表（全城每条街道）节选

资料来源：Transportation Services. 2008 Road Classification System-Street Name Index（Citywide）. Toronto：City of Toronto，2008：2-5.[16]

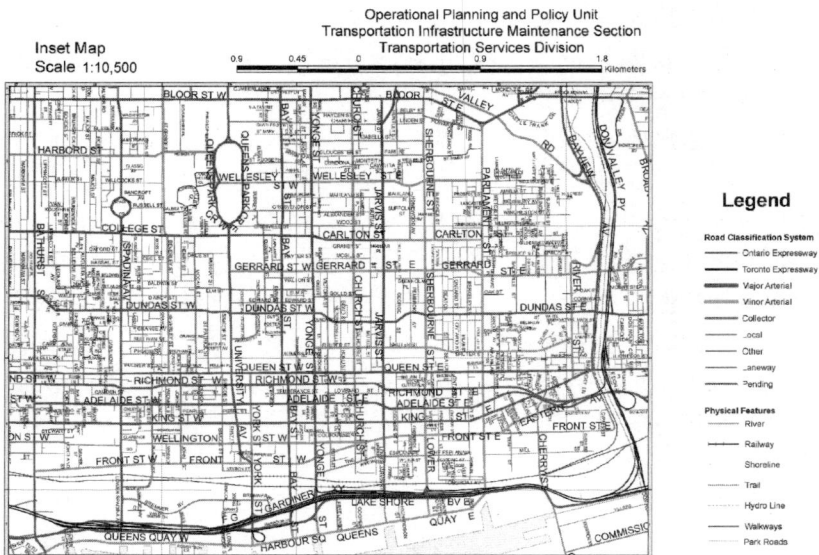

图 12-21　多伦多 2008 年城市道路分类地图（全城每条街道）

资料来源：Transportation Services. 2008 Road Classification System-Street Name Index（Citywide）. Toronto：City of Toronto，2008：2-5.[16]

12.3.4　道路分类与统计

12.2.3　城市道路的分类与统计应符合下列规定：

1　城市快速路统计应仅包含快速路主路，快速路辅路应根据承担的交通特征，计入Ⅲ级主干路或次干路；

2　公共交通专用路应按照Ⅲ级主干路，计入统计；

3　承担城市景观展示、旅游交通组织等具有特殊功能的道路，应按其承担的交通功能分级并纳入统计；

4　Ⅱ级支路应包括可供公众使用的非市政权属的街坊内道路，根据路权情况计入步行与非机动车路网密度统计，但不计入城市道路面积统计；

5　中心城区内的公路应按照其承担的城市交通功能分级，纳入城市道路统计。

无论是 95 规范还是本标准，无论是中央文件还是地方建设行动，城市道路的面积率指标和密度指标都是最重要的。但是通过上一阶段的发展，也发现了这两个指标在使用时的问题，诸如过度空间化使用——将各级道路密度转化为间距进行空间均等化路网布局，有面积无密度，有红线宽度无合理断面，等等。总体而言，指标本身在当时是没有问题的，更多的是在实施过程中出现了道路定位不清、范围边界不明的问题，导致指标结果不准确。因此，本标准既明确了各级道路的功能定位，又优化了道路统计体系。而对于"什么空间范围内的道路算是城市道路"的问题，采用了"城区"的范围边界来确定城市道路的范围，也将承担城市交通的公路纳入其中。一方面"城区"的边界比较清晰，另一方面也与各大年鉴中的数据指标更好对应。

本标准的道路分类与统计主要侧重于交通功能的统计，其核心目的在于通过分类统计后，与本标准第 12.5.1 条、第 12.6.2 条中各大类道路系统的里程比例指标与相应的周转量比例指标进行核对。通过该体系得到的各类道路里程指标并不能直接换算为密度指标，这主要是由于我国的道路开发建设往往在同一个断面内承担较多功能，如果按照功能分开统计，会造成里程增加，相应造成密度的提升，但客观上城市道路网络密度并未增加，不能准确的衡量道路网的疏密程度，这是标准使用时应当注意的。以下图为例，从功能上讲，一些快速路的辅路或者更高层级的一级主干路的辅路可能承担了Ⅲ级主干路或者次干路的功能，尽管其与主路存在于同一断面中，但从功能角度还是将其与主路进行分离统计，然后按照里程比例及相应承担的周转量比例与相应的指标对比。在进行面积和密度等总体性评价时，更主要是空间层面，此时应注重道路断面的完整性，将主辅路合并统计，才能代表路网真实的疏密程度。如果将功能分类统计的里程当作密度统计的里程，以图 12-22 为例就会造成里程中多了四条辅路的数量，从而造成路网密度的增加，与用密度指标形容疏密程度的出发点是背离的。

本标准基于道路功能为主的思路，对于一些特殊的道路提出相应的统计方法。

1. 城市快速路

我国的城市快速路，往往沿线建设了相应的快速路辅路（非匝道），组织进出快速路的交通或为两侧的用地提供服务，这两条道路在功能上是完全不同的。快速路承担了最高的通过功能，而辅路承担了快速路的集散功能或（和）为两侧用地服务的功能，并且与下层路网衔接，对用地服务较多。基于功能上的差异，建议在统计快速路时，快速路主、辅路分开统计，对于快速路辅路根据其承担的交通特征划分至Ⅲ级主干路（用地服务＋集数）或次干路（集散道路）。具体划分成Ⅲ级主干路还是次干路，主要看其是否仅服务于快速路的集散，是否具有完整的主干路功能，以及是否满足一定城市功能的联系。如果仅服务于快速路的集散，也就是转换功能，快速路辅路就是次干路；如果还具有通过功能，也就是完整的主干路功能，就划分为Ⅲ级主干路，示例见图 12-23。

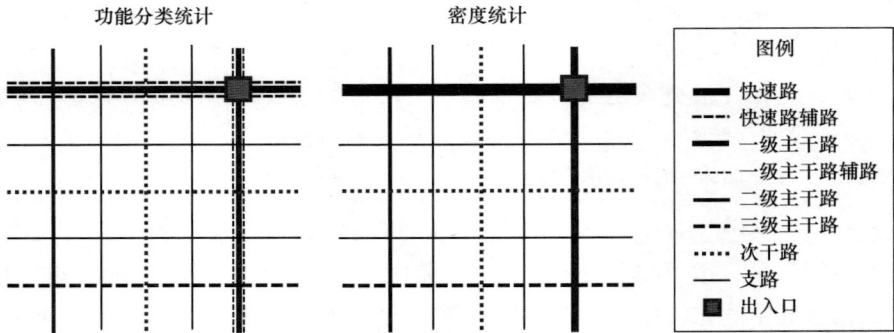

图 12-22　本标准功能分类统计与密度统计差异

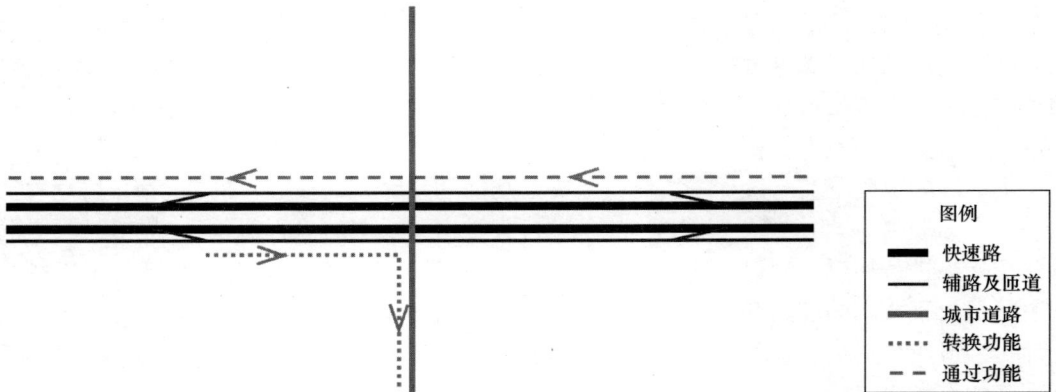

图 12-23　快速路辅路功能差异

2. 公共交通专用路

公交专用路往往出现在城市核心地区、城市老城区或者历史街区。这些地带由于有大量的人流汇集，往往不宜引进较多的私人机动车，同时又是城市活动集中的走廊，为了满足机动化服务，提供了公共交通的进入，是绿色交通优先的体现。引入了公共交通，道路的出行主体是公共交通、步行和非机动车，一些城市容易将其统计为支路，这种做法忽视了机动化的公共交通，道路为两侧用地服务多，公共交通作为中等距离出行的辅助，建议将其划分为Ⅲ级主干路。随着未来城市空间资源的紧张，在进行道路功能划分时需要考虑在时间上、空间上更多的可能性，才能为道路定好功能，从而进一步引导道路的设计、建设、管理和运行。

3. 景观旅游道路

城市道路在满足交通功能的同时，还是城市风貌特色的组成部分，可以承担景观展示功能，常见的是一些交通功能较强的干线道路，具有充足的空间，在中央绿带或者路侧绿带进行景观展示。位于文化旅游资源丰富区域的城市道路，需要承担一定的旅游组织功能，例如沿海、沿河、历史文化街区周边，等等。对于前一种仅以景观展示为主的道路，道路承载的非交通功能较多，道路的红线、断面与其真实功能不一致，按照相应的交通功能统计即可。对于后一种需要承担旅游组织功能的城市道路，交通与旅游资源互动性较强，在功能划分时需要充分考虑旅游功能的附加，然后按照相应的级别进行统计。

4. Ⅱ级支路

根据本标准的两级三类组织思想，结合路网密度的规定，充分与《城市居住区规划设计标准》GB 50180—2018 相衔接，居住街坊的边界为Ⅰ级支路，居住街坊内部的道路以Ⅱ级支路和宅间小路为主（见图 12-24）。这些道路有些在目前权属上不属于市政道路，但随着街区进一步开放，对于步行和自行车交通组织起到了重要的作用，尤其是一些贯通度较好的Ⅱ级支路，应计入步行与非机动车路网密度，但非市政权属的道路不计入城市道路面积统计。

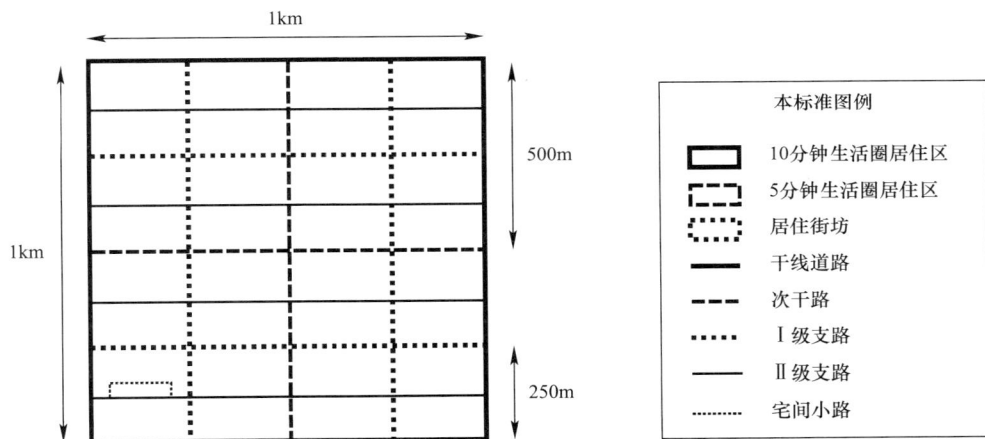

图 12-24　居住街坊道路

5. 中心城区内的公路

对于城市范围内的公路，应根据其承担的城市交通功能进行分级。对于有主辅路的公路，可以参照快速路或主干路进行功能分类与统计。对于仅有主路的公路，根据其承担的城市交通功能特征，包括流量、周转量等综合判断，对于城市交通功能占据主体地位，尤其是承担城市通勤交通功能的公路，按照城市道路进行功能分类与统计。城市范围内的公路，考虑到承担了一定的城市交通功能，在设计上应进行与城市道路的协调统一。

本标准在功能性统计与空间性统计的区别非常重要，在标准使用过程中应予以特别关注。

在以往的城市建设中，受封闭大院等影响，为了组织进出交通，建设了大量的辅路，这在北方城市中尤为显著，与国外更是形成明显对比，如在北京的西单地区人流量密集，通过辅路（次干路）组织交通，而在纽约花园大道则是通过周围的密路网组织交通，某种程度上国内的辅路与国外的次干路是异曲同工的，只不过建设的位置不同，一个是紧贴主路，一个是相隔街区（示例见图 12-25），这也就造成了国内城市道路红线宽、面积大，但密度不足的现象。我国干线道路的辅路实际上是国外街区内部的次干路、支路外化的结果。随着城市密路网的打造，城市干线道路的功能将更加专业，辅路的建设将内化为次干路和支路。而伴随着次支路的建设以及本标准基于功能的分类统计，将对功能差异较大的快速路辅路、主干路辅路按照功能统计里程，届时才能与国外基于单纯道路功能的指标在规模上进行对比。但对于空间性的指标诸如路网整体密度 8km/km²、干线道路系统密度指标、面积率指标、红线宽度指标等，还是沿用 95 规范的统计方法，只是统计的道路类别需要按照本标准的功能定义。

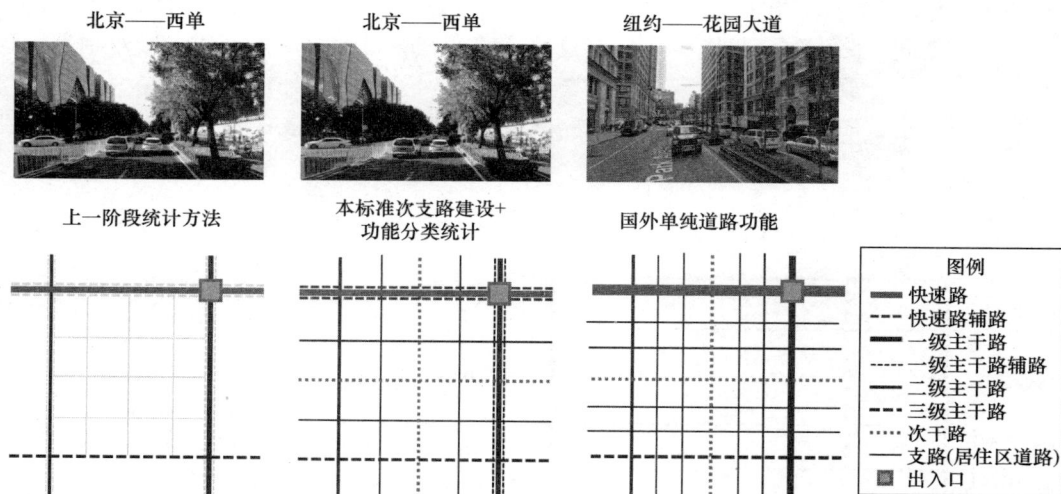

图 12-25　国内外道路功能性统计与空间性统计

12.4　城市道路网布局

12.4.1　布局原则

城市道路网络布局是城市道路系统规划的重要环节，俗称"打网格"，主要工作内容是形成道路网络构架，然后进行道路功能分类，进而形成城市用地的边界。布局和红线这两个工作环节一前一后，在章节安排上也是如此。本标准一方面依据城市道路网布局工作的主要内容，另一方面针对以往城市道路规划布局上出现的问题，并充分考虑城市转型发展的要求，提出布局工作中应当遵循的工作原则和重点。对于规定以外的布局工作，在满足各方面原则和指标基础上，应更加灵活、创新应对。

1. 总体原则

12.3.1　城市道路网络规划应综合考虑城市空间布局的发展与控制要求、开发密度、用地性质、客货交通流量流向、对外交通等，结合既有道路系统布局特征，以及地形、地物、河流走向和气候环境等因地制宜确定。

城市道路网络布局的核心思想是在规划工作中，将道路空间连接形成的网络与城市空间结构、功能布局、开发强度、用地性质等城市空间属性相结合；与交通流量流向、对外交通等走廊的交通属性、历史的道路网络肌理与历史文化保护要求、地形地貌、气候环境等客观条件相结合，赋予道路以确切的功能。同时还应根据城市的环境对局部的路网进行深化，形成城市道路网络的格局。在布局阶段，干线道路的布局尤为重要，次支路可以根据用地布局的深入进行优化与调整。

2. 历史文化风貌保护

12.3.2　城市道路经过历史城区、历史文化街区、地下文物埋藏区和风景名胜区时，必须符合相关规划的保护要求；城市建成区的道路网改造时，必须兼顾历史文化、地方特色和原有路网形成的历史，对有历史文化价值的街道应予以保护。

发展与保护是城市道路布局与城市空间协调的核心内容之一，一方面通过道路功能的划分体现城市活动的组织，使得便捷的交通可以促进发展；另一方面通过布局形成对空间的屏蔽保护。在增量发展阶段，道路布局更多考虑如何引导发展，而到了存量发展阶段，尤其是随着"像爱惜自己的生命一样保护好文化遗产"、"绿水青山就是金山银山"的发展理念不断深入，城市道路布局在保护方面，尤其是历史文化保护和风景名胜保护上应该更加强化。

在涉及历史文化保护和风景名胜保护地区的道路网络布局中应摒弃工程和交通主导思维，应按照保护规划的要求，将保护放在第一位，同时，长期历史形成的道路肌理也是地域特色与地理环境的体现。道路网络要延续城市风貌与肌理，尤其是在历史保护地区和文化旅游保护地区等特色鲜明的地区，协调好道路网络布局与保护的关系。对于一些特色街道和有历史文化的街道应该按照保护规划的要求，确定道路网络的线路与功能，并满足《历史文化名城保护规划标准》GB/T 50357—2018 和《风景名胜区总体规划标准》GB/T 50298—2018 的相关要求。

3. 连通性

12.3.3　干线道路系统应相互连通，集散道路与支线道路布局应符合不同功能地区的城市活动特征。

在城市道路网络布局阶段，最主要的是干线道路网络的布局，干线道路建成后改变的可能性很小，因此干线道路网络要在体现城市功能连接的基础上，考虑到城市不同发展阶段组织的灵活性。干线道路在确保其与对外交通良好衔接基础上，相互之间要相互连通，尽量不要出现"断头路"的网络，以增强网络交通组织的弹性。

对于集散道路和支线道路，其功能与地方性活动单元内部的地方活动特征息息相关，布局取决于具体的用地形态，往往也是体现城市特色的所在，因此应按照用地功能和城市活动组织的要求进行布局。其在后续的城市更新中，可以与用地和城市活动特征同步进行相应调整，甚至重组。

4. 节点

12.3.4　道路交叉口相交道路不宜超过 4 条。

道路交叉口相交道路条数过多不利于交叉口的交通组织，会减少交叉口进口道有效绿灯时间，降低通行能力，增加延误，并导致交叉口用地畸形，影响行车安全视距，导致行人与非机动车组织复杂。因此，相交道路条数不宜超过 4 条。

12.4.2 布局要点

1. 城市中心区

> 12.3.5 城市中心区的道路网络规划应符合以下规定：
> 1 中心区的道路网络应主要承担中心区内的城市活动，并宜以Ⅲ级主干路、次干路和支路为主；
> 2 城市Ⅱ级主干路及以上等级干线道路不宜穿越城市中心区。

城市功能上，中心区是一个城市或城市某一部分地区的核心，中心区的路网也是城市道路网络的核心，在交通特征上，交通出行多为到达性交通以及与中心区内部密集联系的地方性交通，因此中心区道路网络规划要符合中心区交通的特征，一是要避免大量的穿越交通与中心区内部的交通冲突，另一是要创造与中心区密集地方性活动相吻合的密集街道网络。在本标准中，将主干路分为三个等级，其中的Ⅲ级主干路与用地互动较强，目前一些规划中采用的生活性主干路大多属于这一类，可以更多用于城市中心区。此外中心区内的其他道路的等级也不宜高于Ⅲ级主干路，通过性较强的Ⅰ、Ⅱ级主干路甚至快速路可以靠近城市中心区，而不宜穿越城市中心区，避免大量的通过交通与中心区的到达交通产生矛盾。

对于中心区而言，由于其交通强度大，尽管在用地性质上会有商业、金融、办公等的差异，但交通强度总体上差异并不显著，道路交通流量等也接近。因此中心区内部路网在布局时不需过多强调级配，而需要以密集、功能接近的路网来共同承担地区的交通量。从国外的路网布局可以看出，在中心区，路网宽度接近、间距均一。但当这些道路延伸到中心区以外后，开始出现级别的差异和密度的变化等等。例如图 12-26，在洛杉矶的商业中心区（Downtown），第 6 街与第 8 街间距为 400m，而在中心区以外的居住区，这两条街道间距增大到 650m。在中心区，各条街道宽度一致，都与第 6 街、第 8 街相近，但在居住区，出现了比这两条街道更窄的道路。

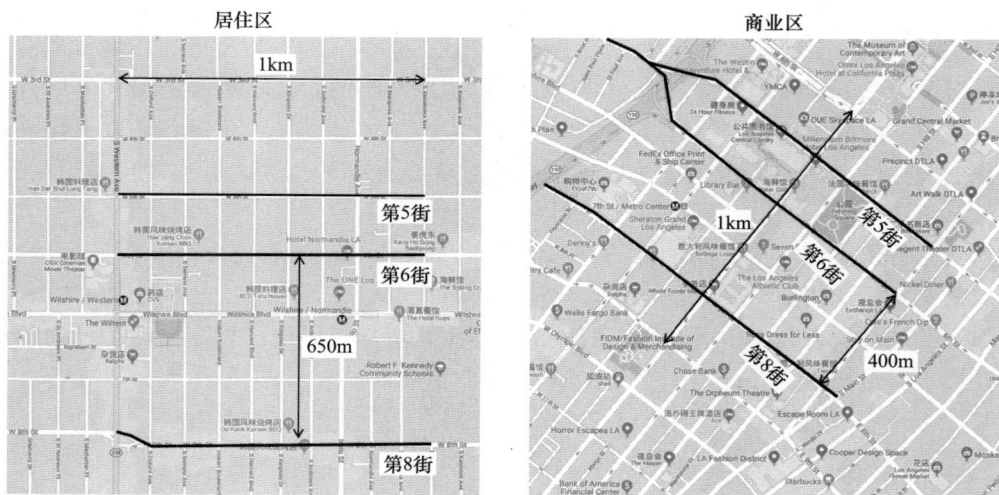

图 12-26 洛杉矶居住区与商业区的路网差异

资料来源：谷歌地图，洛杉矶，第 5 街至第 8 街，自 Downtown 向西.

对于城市中心区的路网组织模式，可以与居住类型的地方性活动单元组织模式不同，中心区的单元可以更小，Ⅲ级主干路的间距可以更窄，密度可以更高。

　　2. 城市环路

12.3.6　城市规划环路时，应符合下列规定：

1　规划人口规模 100 万及以上规模城市外围可布局外环路，宜以Ⅰ级快速路或高速公路为主，为城市过境交通提供绕行服务；

2　历史城区外围、规划人口规模 100 万及以上城市中心区外围，可根据城市形态布局环路，分流中心区的穿越交通；

3　环路建设标准不应低于环路内最高等级道路的标准，并应与放射性道路衔接良好。

　　城市环路建设的目的是屏蔽穿越交通。为避免区域性的过境交通穿越城市和城市内部长距离交通穿越中心区，并与其中的内部交通组织产生矛盾，可以在城市建成区（中心城区）和城市的中心区外围建设环路，以引导穿越交通通过环路组织。国外案例研究也表明，城市环路布局中内环围合城市核心区，也就是 Downtown（市中心），起到屏蔽穿越交通，保护核心的作用；外环围合整个城市地区，屏蔽过境交通。

　　目前国内城市环路的建设上，突出了相关功能区联系的功能，甚至将其作为主要功能，如外环联系城市外围的组团，内部的环路联系核心区外围的相关功能地区等。由此，城市环路越建越多，城市建设地区的大饼呈圈层不断扩大，典型的如北京和成都。强烈的向心道路网络和轨道交通网络，导致城市核心区过度集聚，而外围中心的发展由于交通可达性低而受到制约。

　　因此，本标准强调了一外一内的环路是城市规划、建设中需要关注的。对于内外环之间的道路，为了避免出现环路过多带来的"摊大饼"式发展，以及与城市多中心空间矛盾的多环路布局，本标准希望城市内部的道路系统能形成围绕多中心的格网，而非向心指向强烈的多环路圈层式道路网络。对于大城市及以上规模的城市，在内外环路之间的空间内，往往是城市的次一级中心，或者功能性的中心。即使这些次级中心之间联系在形态上是环形，组织上也要更倾向于网格状，便于形成网络化的组织。对于组团布局的城市，如果可以在城市组团之间找到过境性的通道，则可以在中心城区内布设过境通道；如果这些次级中心能级足够强大，则也可以形成自己的环路。总之，对于内外环以外的环路、过境通道，有多种组织方式，既不需要都成环，也不必都将过境通道疏解到外围，需要把握的是避免交通组织上的矛盾（见图 12-27）。

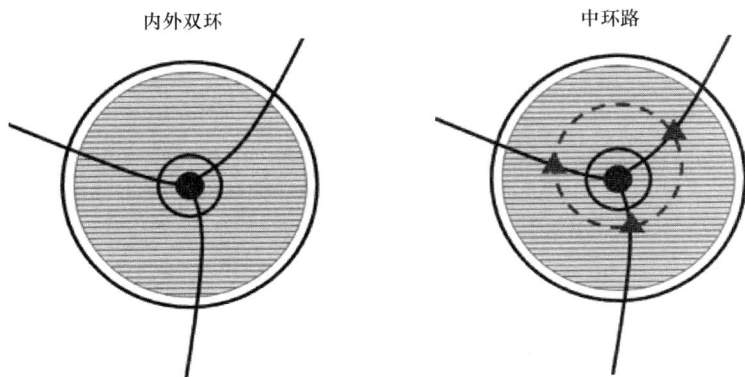

图 12-27　城市环路组织模式（一）

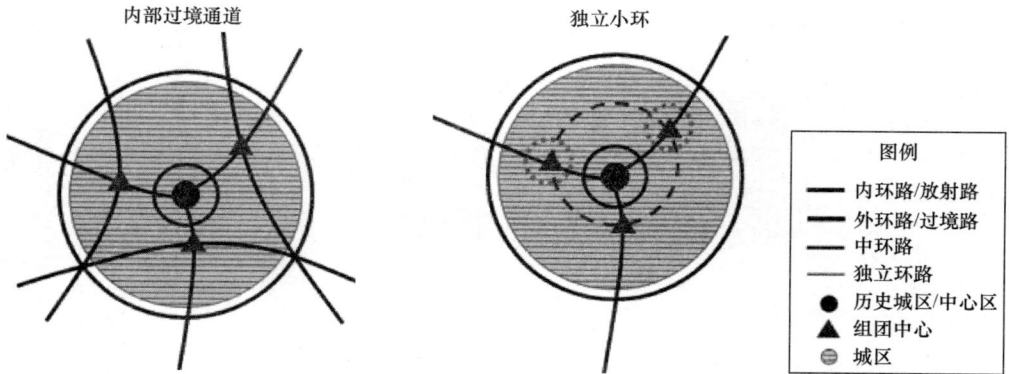

图 12-27　城市环路组织模式（二）

　　由于环路的核心作用在于引导穿越交通组织，为了有相对而言的比较优势，环路在道路设计速度、道路容量方面都应高于环路内部最高等级道路，才能有足够的吸引力。规划人口规模 100 万人及以上城市的外环路，宜以 I 级快速路或高速公路为主。同时，从交通流转换的角度来看，环路对于向心交通起着至关重要的转换作用，因此，其应与放射性道路做好衔接，强化流向、流量分析，对衔接的转换匝道做好规划预留。

　　3. 城市对外

> 12.3.7　规划人口规模 100 万及以上的城市主要对外方向应有 2 条以上城市干线道路，其他对外方向宜有 2 条城市干线道路；分散布局的城市，各相邻片区、组团之间宜有 2 条以上城市干线道路。

　　城市（组团）之间大范围的长距离联系和城市与外界的对外交通联系需要在组织上有一定的可靠性，并得到一定的保障，以免遇到突发状况，如交通事故、道路桥梁维修等时，交通瘫痪受阻，从而影响城市内外交通的正常运转。因此，这些联系的通道应该布置 2 条以上的城市干线道路以确保交通组织的可靠性。

　　本标准中对于城市对外交通道路的组织增加了城市规模的条件约束，主要是考虑到 100 万人口以上的城市对外需求较强，但 100 万人口以下的城市可根据具体需求参照执行。正是考虑到 100 万人口城市的对外需求，本标准不仅规定了主要对外方向的通道数量规定，对于其非主要对外方向的通道也进行了规定。本标准与 95 规范的相关内容对比见表 12-5。

本标准与 95 规范的对比　　　　　　　　　　　　　　表 12-5

本标准		95 规范	
条件	规划手段	条件	规划手段
百万以上城市主要对外方向	应有≥2 条城市干线道路	主要出入口每个方向	应有 2 条道路
百万以上城市其他对外方向	宜有 2 条城市干线道路	—	—
分散布局城市片区、组团间	宜有≥2 条城市干线道路	分片区之间	应有≥2 条道路

　　4. 带形城市

> 12.3.8　带形城市应确保城市长轴方向的干线道路贯通，且不宜少于两条，道路等级不宜低于 II 级主干路。

带形城市是空间形态较为特殊的一类城市，其城市建成区长宽比大于 3∶1。由于狭长的空间形态，其长距离交通相对团状城市较多，并且交通量汇集在长轴方向的干线道路上，通常带形城市长轴方向干线道路的交通量是同等规模团状城市的 2～3 倍。因此，针对带形城市特殊的交通需求，为了确保长轴方向长距离交通的顺畅，首先在布局上应确保长轴方向干线道路的贯通，并且不宜少于两条，以提高长轴方向交通的可靠性；其次在功能等级上，不宜低于 Ⅱ 级主干路，以提供较高的承载力。

5. 山地水网

12.3.9 水网与山地城市道路网络规划应符合以下规定：

1 道路宜平行或垂直于河道布置；

2 滨水道路应保证沿线人行道、非机动车道的连续；

3 跨越通航河道的桥梁，应满足桥下通航净空要求；

4 跨河通道与穿山隧道布局应符合城市的空间布局和交通需求特征，集约使用，布局宜符合表 12.3.9-1 与表 12.3.9-2 的规定。

表 12.3.9-1 规划（预留）跨河通道的道路等级规定

河道宽度 D（m）	应跨越的道路等级
$D \leqslant 50$	次干路及以上
$50 < D \leqslant 150$	Ⅲ 级主干路及以上
$150 < D \leqslant 300$	Ⅱ 级主干路及以上
$300 < D \leqslant 500$	Ⅰ 级主干路及以上
$D > 500$	快速路

表 12.3.9-2 规划（预留）穿山隧道的道路等级规定

隧道长度 L（m）	应穿越的道路等级
$L \leqslant 100$	Ⅲ 级主干路及以上
$100 < L \leqslant 500$	Ⅱ 级主干路及以上
$500 < L \leqslant 1000$	Ⅰ 级主干路及以上
$L > 1000$	快速路

5 人行道、机动车道可处于不同标高。

在城市道路网络布局中，山体、水体对路网的影响大致相似，都是一种对正常联系的阻隔。基于此，本标准将这部分内容进行合并，同时结合新的工程技术水平和山地水网城市道路网络布局的重点进行调整，使之更符合这类城市道路规划、布局的工作。

根据生态文明建设要求，山地水网地区的道路布局应顺应山水、依山就势，宜平行于山体等高线、平行或垂直于河道布设，尽量避免削山填河，破坏城市生态及特色；尤其对河道较宽的地段，桥梁垂直于河道布置，可减少桥梁长度，有利于降低施工难度及建设成本；但当河网地区城市河道多且十分曲折时，应综合考虑河道宽度、道路等级、交通组织、日照通风等因素，桥梁可与河道保持一定角度。

平行于河道布设的滨水道路，应保证其沿线及与之相交道路的人行道、非机动车道的连续，以加强居民对岸线生态资源的接触和利用。桥下通航净空要求是制约山地水网城市路网布局的重要因素，可结合地形条件，根据步行、非机动车、机动车等不同交通方式对坡度要求的差异，将人行道、非机动车道、车行道布置于不同标高。在山地城市，可通过设置双层桥梁、双层隧道等，与不同标高的道路网进行衔接，如在满足通航的前提下，可设置双层桥梁，上层作为主通道，下层衔接滨水道路，既可解决桥梁与滨水道路的衔接问题，也可提高通道能力。

山地水网城市路网规划布局中，跨河通道、穿山隧道是道路网络规划的控制点，也是规划的重点和难点，本标准新增了相关规定。穿山隧道、跨河通道是为了保障山体、水体两侧的正常联系，需要结合跨越障碍的难度在成本和空间组织上进行平衡。一方面，从山地水网城市运行现状看，由于穿山隧道、跨江桥梁建设成本高，且在临江、邻山的地区交通设施建设易存在空间局促的问题，易导致穿山跨江通道过疏、设施衔接能力不足，成为城市发展和交通组织的主要瓶颈；在规划控制不足的情况下，建成区新增桥隧通道越来越难，拆迁成本越来越高，需要提前谋划，从长远需求考虑，加强桥隧通道的控制预留。另一方面，随着桥、隧工程技术水平的不断提高，道路网络在跨越山体、水体障碍时技术难度越来越小，也容易造成规划阶段布局时过于"随意"，通道过密，使用不集约。因此，本标准提出跨河通道与穿山隧道布局应符合城市的空间布局和交通需要特征，集约使用。同时，穿山隧道、跨河通道的规划控制与跨越障碍的难度紧密相关；跨越障碍难度越大，城市的空间布局上，越应尽量分组团布局，保障内部职住相对平衡，降低跨组团出行需求，控制跨越通道的数量；跨越障碍难度越小，从空间布局上就可以逐步加强两侧联系，在规划中保障更多的道路跨越。为进一步明确相关规划控制要求，编制组对 50 余个城市的 80 余条河流的桥梁规划及建设情况进行统计，主要从河道宽度、两侧发展状况、不同等级道路桥梁数量等方面进行了分析（见图 12-28 和表 12-6），提出在不同河道宽度或隧道长度的条件下应跨越或穿越的道路等级，以保证一定间距内道路通道能贯通，在规划上加强对桥隧通道的预留控制。各地可结合经济条件、河道宽度及交通需求等，适当考虑预留应跨越道路最低等级外的道路跨越，如对小河沟，支路也可跨越。穿山隧道，对生态环境影响更大，受到地质条件等约束条件也更多，应更为慎重，一般为主干路及以上等级穿越。

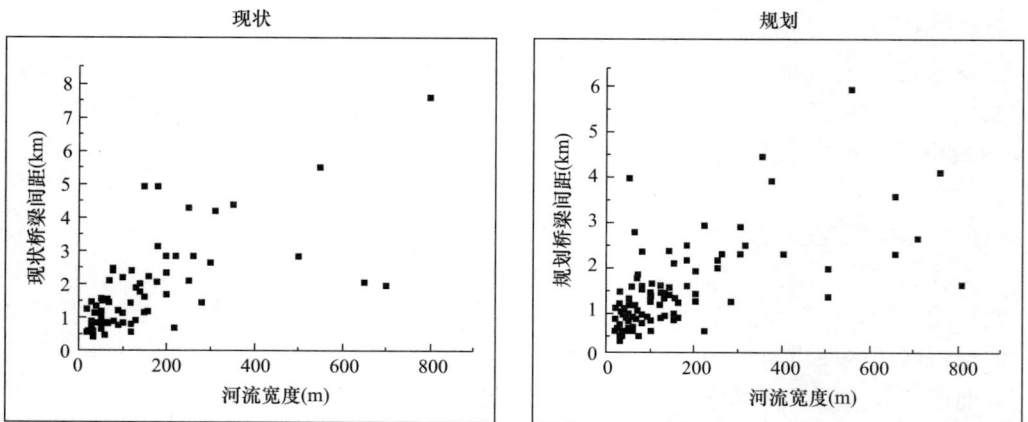

图 12-28　桥梁间距与河流宽度的关系

桥隧间距与河道宽度的关系 表 12-6

河道宽度（m）	跨河道路	现状桥隧间距（km）		规划桥隧间距（km）	
		范围	均值	范围	均值
<60	次干路及部分支路	0.5~1.3	0.9	0.4~1.0	0.7
60~150	主干路及重要次干路	0.9~2.1	1.6	0.7~1.8	1.2
150~500	快速路及交通性主干路	1.5~5.5	2.8	1~4.5	2.2
>500	快速路及重要交通性主干路	2.5~8	5.2	2.2~6	4.2

6. 道路走向

12.3.10 道路系统走向应满足城市道路的功能，以及通风和日照要求。

道路系统的总体走向要求道路布局反映城市的连接和活动特征，除此之外，本标准考虑到生态文明时代城市的高质量发展要求，在道路布局中对道路与通风廊道、道路与日照的关系提出了要求。城市道路系统，尤其是干线道路系统对形成城市通风廊道有重要的作用，因此道路系统尤其是干线道路系统走向要与主要通风廊道协调一致（示例见图 12-29）。同时，我国由于幅员辽阔，不同地区的日照千差万别，建筑物为了获得良好的日照条件，在不同区域其建筑物的最佳朝向略有不同，因此道路的走向应与建筑物的朝向、地块的方向协调一致（示例见表 12-7）。上述两方面的协调工作，有利于城市空气流通，有利于建筑物的采光，从而形成高品质城市人居环境。

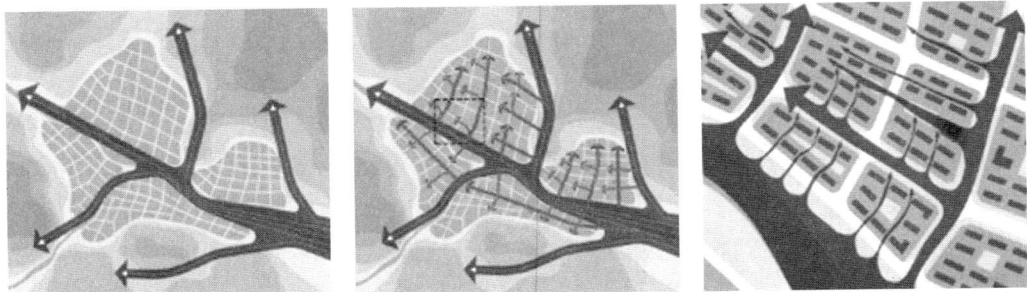

图 12-29 城市、城市路网与城市风廊

资料来源：房小怡，杨若子，杜吴鹏. 气候与城市规划：生态文明在城市实现的重要保障. 北京：气象出版社，2018.[17]

全国部分地区建议建筑朝向表 表 12-7

地区	最佳朝向	适宜朝向	不宜朝向
北京地区	正南至南偏东 30°以内	南偏东 45°以内，南偏西 35°以内	北偏西 30°~60°
上海地区	正南至南偏东 15°	南偏东 30°，南偏西 15°	北、西北
石家庄地区	南偏东 15°	南至南偏东 30°	西
太原地区	南偏东 15°	南偏东至东	西北
呼和浩特地区	南至南偏东，南至南偏西	东南、西南	北、西北
哈尔滨地区	南偏东 15°~20°	南至南偏东 15°、南至南偏西 15°	西北、北
长春地区	南偏东 30°，南偏西 10°	南偏东 45°，南偏西 45°	西北、北、东北
沈阳地区	南、南偏东 20°	南偏东至东、南偏西至西	北东北至北西北
济南地区	南、南偏东 10°~15°	南偏东 30°	西偏北 5°~10°

续表

地区	最佳朝向	适宜朝向	不宜朝向
南京地区	南、南偏东 15°	南偏东 25°，南偏西 10°	西、北
广州地区	南偏东 15°，南偏西 5°	南偏东 22°30′，南偏西 5°至西	—
重庆地区	南、南偏东 10°	南偏东 15°，南偏西 5°	东、西

资料来源：朱家瑾，董世永，聂晓晴，等．居住区规划设计（第二版）．中国建筑工业出版社：北京，2007：66．[18]

7. 道路安全

> **12.3.11** 道路选线应避开泥石流、滑坡、崩塌、地面沉降、塌陷、地震断裂活动带等自然灾害易发区；当不能避开时，必须在科学论证的基础上提出工程和管理措施，保证道路的安全运行。

我国是世界上自然灾害最严重的少数几个国家之一，而且自然灾害种类多，发生频率高，全国 70% 以上的城市、50% 以上的人口分布在气象、地震、地质、海洋等自然灾害严重的地区，2/3 以上的国土面积受到洪涝灾害威胁。在《中共中央　国务院进一步加强城市规划建设管理工作的若干意见》的第十九条中，提出了切实保障城市安全的要求。随着我国城市规模的不断扩大，一些城市，尤其是山地城市、资源开采型城市的建成区和城市交通联系通道，所面临的泥石流、滑坡、崩塌、塌陷等的风险也逐步提高。

对此，本标准参考了《城市道路工程设计规范》CJJ 37—2012 第 3.7.3 条，并将其放在道路布局章节中，要求路网规划布局应根据城市用地的适宜性评价和防灾要求，尽量避开自然灾害易发区，确保城市道路设施的安全。

12.5　城市道路红线宽度与断面空间分配

如果说城市道路功能的强化将有助于道路布局的结构性调整，那么对于城市道路红线宽度与断面空间分配的要求，将有助于实现道路空间的结构性调整，进一步落实道路功能。本节中，城市道路空间将以功能为主，重新审视传统的车行道、人行道、分隔带、道路绿化、建筑后退等有界空间，进行重组融合，使其满足新的发展理念下的交通优先和发展诉求，以及窄路密网的发展理念。

本节的整体逻辑是：在确定道路红线宽度和分配断面空间时，首先应根据优先原则；其次应明确道路红线宽度的"高限"；然后按照具体的道路功能分类结合交通量特征，确定车道数及满足基本交通功能下的标准红线宽度；最后是对于一些重要因素下的红线宽度的适当调整。在确定了路段层面的红线宽度后是节点的宽度控制，主要是交叉口展宽与立交用地预留。在明确了路网的用地边界后，便是对道路断面空间的分配与设计中需要符合的规定，主要是针对存量发展阶段次支路的建设、完整街道空间的打造等，加强了行人、非机动车出行空间的要求。

12.5.1　红线宽度控制

1. 优先原则

> **12.4.1** 城市道路的红线宽度应优先满足城市公共交通、步行与非机动车交通通行空间的布设要求，并根据城市道路承担的交通功能和城市用地开发状况，以及工程管线、地下空间、景观风貌等布设要求综合确定。

道路空间结构性调整的核心目的在于提高道路空间的利用效率和价值。而对于空间使用价值，在不同发展阶段的认识是不同的，在上一阶段推动城市快速发展、塑造城市格局中，道路的空间价值主要是服务机动交通使其快速高效。而在新时期生态文明的发展理念下，道路空间的价值将体现在如何以最小的空间占用和交通排放满足最多的交通需求组织要求，而做到这点绿色交通优先至关重要。因此，新时期城市道路空间结构性调整将主要扭转为小汽车服务的导向，实现绿色交通的优先。而在绿色交通方式中，机动化的公共交通将肩负着转化私人机动交通的重要职能，其行驶空间更应得到保障。根据国外研究，满载的公交车在 40km/h 的等速下，人均道路面积仅是私人小汽车占用道路面积的 1/6~1/2。在道路空间中优先满足绿色交通要求的同时，也需求考虑人们在交通出行活动中追求的是私人、舒适、高效的服务要求，也要为私人机动化交通需求提供合理的空间。

在道路空间满足了所承载的交通需求后，还要满足道路所承担的其他功能，包括工程管线布设、地下空间建设、景观风貌等。

2. 道路红线宽度高限要求

12.4.2　城市道路红线宽度（快速路包括辅路），规划人口规模 50 万及以上城市不应超过 70m，20 万~50 万的城市不应超过 55m，20 万以下城市不应超过 40m。

在上一阶段城市道路规划建设中，由于种种原因造成了现状的"宽马路、疏路网"问题。实际上"宽马路"的问题早在 2004 年已经引起相关部门的注意，建设部、发改委、国土部、财政部联合发布的《关于清理和控制城市建设中脱离实际的宽马路、大广场建设的通知》（建规〔2004〕29 号）中，明确要求了各级道路的最大宽度限制。

随着 2016 年《中共中央　国务院关于进一步加强城市规划建设管理工作的若干意见》中"窄马路、密路网"理念的提出，在有限的道路空间下，要实现密路网，必须使用窄马路。同时，"窄马路、密路网"方便人行与自行车交通、交通组织灵活、街道活力强，建设窄马路的思想是实现城市发展模式转型的要点，也是绿色交通优先和以人为本的规划思路的体现，而密路网在对步行与自行车友好的基础上，对城市未来交通组织的不确定性有更高的适应能力。因此，本标准在 2004 年政策文件的基础上，结合最新城市道路建设情况，形成了道路红线宽度"高限"的约束规定。

3. 各级道路红线宽度基本要求

12.4.3　城市道路红线宽度还应符合下列规定：

1　对城市公共交通、步行与非机动车，以及工程管线、景观等无特殊要求的城市道路，红线宽度取值应符合表 12.4.3 规定。

表 12.4.3　无特殊要求的城市道路红线宽度取值

道路分类	快速路（不包括辅路）		主干路			次干路	支路	
	Ⅰ	Ⅱ	Ⅰ	Ⅱ	Ⅲ		Ⅰ	Ⅱ
双向车道数（条）	4~8	4~8	6~8	4~6	4~6	2~4	2	—
道路红线宽度（m）	25~35	25~40	40~50	40~45	40~45	20~35	14~20	—

道路红线宽度需要根据不同功能不同等级道路的各个组合元素——包括道路的机动车

道、人行道、非机动车道、公交专用道，以及实现机非人分离所需要的隔离带，保障行人与自行车空间品质的绿化带等设施所需空间宽度综合合成得出。因此，本标准首先提出实现基本功能的城市道路红线的取值要求。具体计算结果及与 95 规范的对比情况见表 12-8。

本标准无特殊要求道路红线宽度计算与新旧标准对比（m）　　　表 12-8

道路类别	车道数最少	车道数最多	本标准	95 规范
Ⅰ级快速路（含辅路/不含辅路）	31.5/20.5	64/36.5	25～35	35～45
Ⅱ级快速路（含辅路/不含辅路）	36.5/24	64/40	25～40	
Ⅰ级主干路	42	57	40～50	
Ⅱ级主干路	36.5	50	40～45	35～55
Ⅲ级主干路	26	43	40～45	
次干路	19	29	20～35	30～50
Ⅰ级支路	14	22	14～20	
Ⅱ级支路	12	22	—	15～30

4. 红线宽度重要考虑因素

12.4.3　城市道路红线宽度还应符合下列规定：

2　布设和预留城市轨道交通线路的城市道路，道路红线宽度应符合本标准第 9.3.8 条的规定；

3　布设有轨电车的道路，道路红线应符合本标准第 9.4.3 条的规定；

4　城市道路红线应符合本标准第 10.2.3 条、第 10.2.4 条和第 10.3.3 条规定的步行与非机动车道布设要求；

5　大件货物运输通道可按要求适度加宽车道和道路红线，满足大型车辆的通行要求；

6　城市应保护与延续历史街巷的宽度与走向。

对于城市公交走廊、步行与非自行车走廊和大件货物运输通道，需要根据相应要求，调整道路红线宽度，但是总的红线宽度不能超过第 12.4.2 的规定。对于历史街巷，其宽度与走向应符合保护和延续的要求，避免大拆大建。

在明确了道路红线宽度的高限和基本要求后，虽然可以确定一些常规道路的红线宽度，但并不代表可以据此"批量"形成整个路网的道路红线，因为城市道路交通的需求是多变的，往往在同一条道路上交通流构成与特征也不同，道路红线不是两条平行的直线，而是有变化、有过渡的两条"折线"，不能以同样的红线宽度满足同一条道路的不同路段，需要根据交通特征和两侧用地的情况因地制宜。

12.5.2　节点控制

通常而言，根据两条相交道路的红线便可形成交叉口用地控制。但在实际规划中，交叉口用地通常有两种特殊情况造成不能依靠路段红线确定交叉口用地。一种是道路交叉口展宽带来的交叉口红线的变化，另一种是立体交叉口形式不确定，需要预控用地。由于在《城市道路交叉口规划规范》GB 50647—2011 中对城市道路交叉口规划、设计已经有了大量详细规定，因此在道路节点用地控制内容上以规划原则和规划预留为主，不做更细的约束。

1. 交叉口展宽

12.4.5　干线道路平面交叉口用地应在方便行人过街的基础上适度展宽。

在以服务机动车为主要目的的道路交叉口展宽规划设计中，往往会牺牲行人和非机动车的过街便利性。通过不断增加人行过街的宽度来满足机动车的快速高效，给步行和非机动车交通组织带来极大的不便。本标准立足"绿色优先"、"窄路密网"的理念，提出交叉口展宽应首先考虑行人过街是否方便快捷，要尽量满足行人能在一个通行路权内按照正常步速通过，在此基础上才能适度规划交叉口展宽，调整交叉口道路红线宽度。

随着窄路密网规划理念的不断深入，收窄道路宽度、交叉口宽度的作法将越来越多，尤其是在次支路上，窄路口、小半径曲线在设计中也将不断被使用，真正实现行人过街的方便。具体示例见图 12-30 和图 12-31。

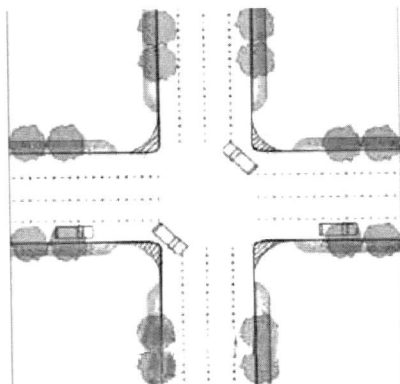

图 12-30　减小转弯半径

资料来源：清华同衡科技情报室. 国际经验｜"窄马路、密路网"究竟怎么做?.〔2017-03-09〕. http://www.sohu.com/a/128285960_468661.[19]

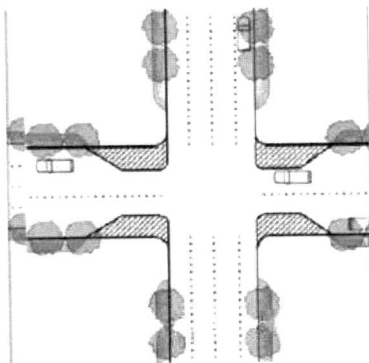

图 12-31　缩小交叉口

资料来源：清华同衡科技情报室. 国际经验｜"窄马路、密路网"究竟怎么做?.〔2017-03-09〕. http://www.sohu.com/a/128285960_468661.[19]

2. 立交用地预留

12.4.8　城市道路立体交叉用地宜按照枢纽立交 $8hm^2 \sim 12hm^2$、一般立交 $6hm^2 \sim 8hm^2$ 控制，跨河通道和穿山隧道两端主要节点宜按高限控制。

201

在总体规划阶段，对于城市道路的立体交叉口，尚不能明确其形式，因此无法给出具体的用地面积。考虑该因素，本标准结合《城市道路交叉口规划规范》GB 50647—2011 对枢纽立交和一般立交提出相应的用地控制要求。

同时对于山地水网城市的立交节点，由于山地水网城市跨河、穿山通道数量受限，交通流在桥、隧段大量集中，导致桥、隧两端节点集散交通量特别大，而且两侧道路衔接受工程条件的限制较多。当存在立交等级与立交功能不符、汇流前后主线车道不匹配，以及匝道半径小、交织距离短、纵坡大等问题时，易发拥堵，影响主线交通运行。因此，路网规划时应适当提高桥、隧两端节点的控制标准，满足立交功能，提升立交等级，避免"匝道半径过小、交织距离过短、纵坡过大"等问题。

12.5.3 断面空间分配

> 12.4.4 道路横断面布置应符合所承载的交通特征，并应符合下列规定：
> 1 道路空间分配应符合不同运行速度交通的安全行驶要求；
> 2 城市道路的横断面布置应与道路承担的交通功能及交通方式构成相一致；当道路横断面变化时，道路红线应考虑过渡段的设置要求；
> 3 设置公交港湾、人行立体过街设施、轨道交通站点出入口等的路段，不应压缩人行道和非机动车道的宽度，红线宜适当加宽；
> 4 城市Ⅰ级快速路可根据情况设置应急车道。

按照道路红线宽度的约束和节点用地控制要求，基本上可以确定城市道路网络的边界线，形成城市道路空间。为了实现道路功能，需要对道路空间进行分配，明确机动车行空间、非机动车空间、人行空间、绿化空间、设施空间、分隔带空间，等等。本标准中，以城市道路功能为主导，通过重新分配城市断面中各类交通空间来明确或优化城市道路功能。实际工作中，道路断面空间分配和道路红线宽度确定可以是同时进行、相互反馈的。

在具体空间分配时应本着安全第一、功能突出和绿色优先的原则划分道路用地空间。

首先，断面空间分配是为了更好的组织交通，减少不同交通方式之间的冲突，从而更有秩序、更加安全、效率也更高。因此，断面分配应首先立足于安全，将不同速度的交通分离，避免速度差异造成冲突，从而引发安全事故，降低通行效率。

其次，在确保安全的基础上，应按照道路功能划分以及不同交通方式的空间使用需求，进行断面空间的划分。对于同一道路交通需求、道路断面差异较大的路段，应设置过渡段。对于Ⅰ级快速路，出入口相对较少，为了提高突发情况下道路的应急、救援能力，在常发事故的路段，可以设置应急车道，以确保道路交通安全。同时，在按需分配时，应尽量采用灵活的划分手段，避免硬质设施隔离给未来的发展带来困难。

最后，是新时代背景下绿色交通的优先，不仅是在道路功能主导下对步行、非机动车空间宽度的倾斜，更是在用地局促时，应优先保障步行和非机动车的使用空间。通常情况下，对于行人和非机动车流密集的节点或路段，在可能的情况，采用加宽红线宽度的方式是相对容易的措施，但需要在规划、设计阶段充分考虑，充足预留。

12.5.4 断面设计

1. 完整街道设计

> 12.4.6 城市道路规划设计应在道路红线与建筑后退红线构成的街道空间内，统筹考虑道路的交通、景观、市政和公共空间等功能，合理安排街道各类要素布局。

在传统的城市道路建设中，边界思维非常清晰，道路红线内是道路空间，建筑用地红线内部是建筑空间，两者之间通常围墙相隔，两块用地的开发建设也自成体系。导致退线空间与道路空间在使用和景观上存在一定冲突，功能矛盾、效率低下。这与开放、共享发展的理念是相违背的。实际上在空间的使用功能上，退线空间与道路空间又存在极大的重叠，诸如绿化等。随着城市进入存量发展时代，开放共享用地资源，从而获取最大的价值将成为主流。于城市道路方面就是道路红线与建筑后退红线空间的开放和共享，通过完整街道的设计，在该空间内统筹考虑诸如交通组织、绿化等功能，在提升用地的使用效率和价值的同时，也将释放更多的空间资源，以提供更强的交通支撑，道路的便利性也将大大提高。示例见图 12-32。

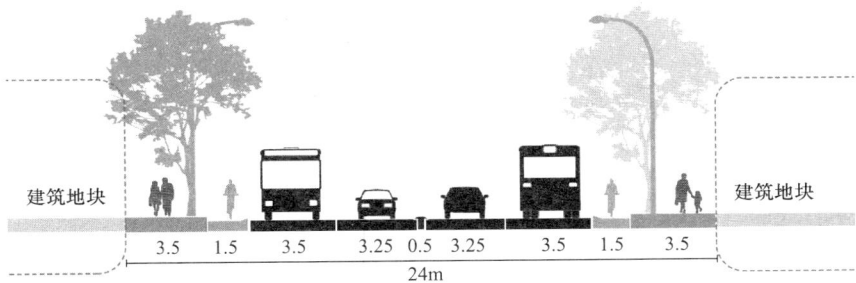

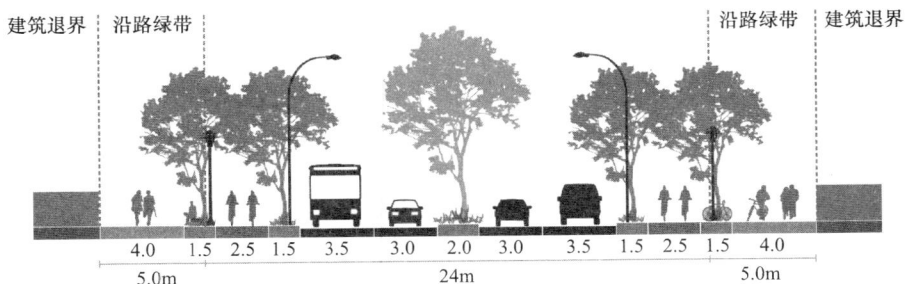

图 12-32 上海城市街道设计导则

资料来源：上海市规划和国土资源管理局，上海市交通委. 上海市街道设计导则. 上海：同济大学出版社，2016.[12]

2. 非机动车道

> 12.4.7 全方式出行中自行车出行比例高于 10% 的城市，布设主要非机动车通道的次干路宜采用三幅路形式，对于自行车出行比例季节性变化大的城市宜采用单幅路；其他次干路可采用单幅路；支路宜采用单幅路。

　　自行车作为重要的绿色出行方式，在城市交通中发挥着重要的作用，因此在道路空间分配中应进一步强化。对于干线道路中的非机动车道，往往与机动车道之间采取物理隔离措施，单独设计。对于地方性活动单元内部的次干路，由于其承担了部分到达功能，在断面空间分配上一般采用单幅路，非机动车与机动车混行的形式。

　　但是对于一些地形与气候较好，全年适宜自行车骑行，自行车出行比例高于10%的城市，自行车是城市道路不可忽视的服务对象。除了在干线道路上布局非机动车道，次干路上也将承担重要的非机动车通行功能。而对于布设非机动车道的次干路，为了避免机动车与自行车的冲突，为自行车提供更安全的通行空间，这些次干路可采用三幅路的断面形式。对于自行车出行比例季节性变化较大城市的次干路，以及其他次干路和支路，考虑到其与用地的关系更加密切，服务的到达功能更强，因此宜采用单幅路的形式进行断面空间设计。

12.6　干线道路系统

　　本标准继承了95规范的编制思路，针对干线道路系统的功能落实、等级选择、网络布局、断面划分等多项规划要点进行了更为详细的规定。在第12.5节内容的安排上，首先从总体上对干线道路系统的具体功能定位提出了量化指标约束，明确了干线道路的地位和应承担的职能；其次是不同规模城市干线道路系统的选择方法，明确差异化的干线道路布局；最后是不同规模城市干线道路的密度要求。通过这三点约束，结合本节中后续的其他规划要点和第12章中关于道路功能、网络布局、红线宽度的其他章节的规定即可对城市干线道路系统形成完整的规划内容。

12.6.1　周转量比例与里程比例指标

12.5.1　干线道路规划应以提高城市机动化交通运行效率为原则。干线道路承担的机动化交通周转量（车·千米）应符合表12.5.1的规定，带形城市取高值，组团城市取低值。

表 12.5.1　干线道路的规模及承担的机动化交通周转量比例

规划人口规模（万人）	<50	50～100	100～300	≥300
周转量（车·千米）比例（%）	45～55	50～70	60～75	70～80
干线道路里程比例（%）	10～20	10～20	15～20	15～25

　　本条针对不同规模的城市，制定了一般情况下干线道路在路网中的功能性里程比例及其所应承担的周转量比例，并且指出了特殊情况下带形城市、组团城市应如何进行指标选取。规划中，应通过对道路功能分类分级的调整，使得上述指标在相应的范围内。

　　干线道路从功能上，承担的是通过性为主的交通，其路段平均出行距离长，交通流量大，用较少的道路里程承担较多的交通周转量。因此在规划中应注重机动化交通的运行效率，尤其是对于Ⅱ级主干路以上级别的干线道路。根据美国干线道路在整体道路体系中所占的里程比例与相应承担的周转量指标，干线道路通过约19%的里程占比，承担了全网约76%的周转量。[12]根据《城市道路合理级配与相关指标研究》课题2013年的调查数据，我国城市快速路与主干路合计里程比例在 25％～70％，承担的周转量在 63％～97％。将其按照本标准道路分类统计口径进行转化（转换示意见图 12-33），实际上我国城市以 10％～28％里程比例的干线道路承担了 45.8％～70.5％的周转量比例。

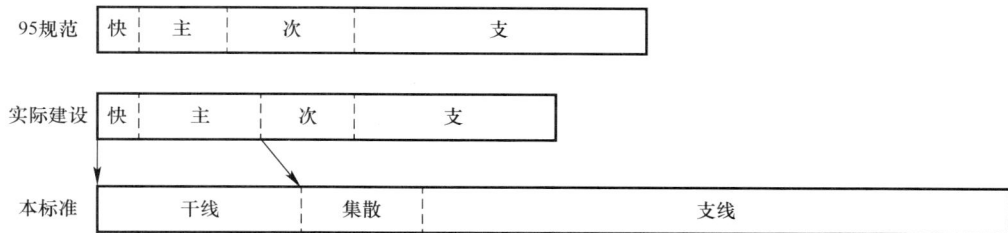

图 12-33　95 规范与实际调查数据在本标准口径下的里程转换图示

　　总体上，城市规模越大，长距离出行越多，对干线道路的依赖越强，长距离交通在干线道路上的汇集效应越明显，因而其干线道路越能以较少的里程比例承担较多的周转量比例。相反，城市规模越小，平均出行距离越短，机动化出行的距离差异越小，干线道路与次支路的差异也越小，长距离交通在干线道路上的汇集效应不明显，同样里程比例的干线道路承载的周转量比例相对规模较大城市而言较低。基于此逻辑，形成了表 12.5.1 中的指标。

　　我国城市干线道路以 10％～28％的里程比例承担了 45.8％～70.5％的周转量比例，干线道路的里程比例范围相对较窄，而周转量比例范围较宽，也就是说无论城市规模大小，干线道路的里程比例是较为接近的，而差异主要在于不同城市干线道路承担的周转量比例。对于中小城市，其干线道路里程比例定为 10％～20％，对于 100 万～300 万人口规模的城市，考虑到快速路的增加，提升了干线道路里程比例的下限 5 个百分点，对于 300 万人以上的大城市，由于其空间尺度、交通聚集又进一步提升，相应提高了其干线道路里程比例的上限 5 个百分点。在干线道路承担的周转量比例上，对于小城市，其干线道路承担的周转量比例相对取低值，为 45％～55％；对于中等城市，相对小城市较高，为 50％～70％，范围相对较宽，考虑到该类城市之间差异性较大；对于 100 万～300 万人的大城市，城市尺度变大，干线道路承担的周转量比例相对处于高值，为 60％～75％；对于 300 万人以上的大城市，周转量比例进一步提高，为 70％～80％。

　　带形城市特殊的空间形态，导致交通量在长轴方向的干线道路上形成汇集，因此同样的里程比例的干线道路，带形城市中承担的交通量比例会更高。例如，60 万人的带形城市，其干线道路里程比例指标应在 10％～20％范围内，如其干线道路里程比例为 10％下限，其周转量比例指标不能局限为下限 50％，而应适当放宽，达到高限 70％也可以。

　　组团城市尽管整体规模可能较大，但组团由于空间和功能上的独立，内部出行的距离短，因此与同等规模的团状城市相比，其长距离交通相对较少，大多为跨组团交通，由组团联系道路承担。所以，组团城市的干线道路承担的周转量比例宜考虑各个组团自身的情况，而不应只参考整个城市的规模。本标准规定的"干线道路承担的机动化交通周转量（车·公里）应符合表 12.5.1 的规定，组团城市取低值"就是考虑了组团规模小，同样的干线道路里程比例承载的机动交通周转量可能偏低的情况。

12.6.2　干线道路等级选择

12.5.2　干线道路选择应满足下列规定：

1　不同规模城市干线道路的选择宜符合表 12.5.2 的规定；

表 12.5.2　城市干线道路等级选择要求

规划人口规模（万人）	最高等级干线道路
≥200	Ⅰ级快速路或Ⅱ级快速路
100～200	Ⅱ级快速路或Ⅰ级主干路
50～100	Ⅰ级主干路
20～50	Ⅱ级主干路
≤20	Ⅲ级主干路

2　带形城市可参照上一档规划人口规模的城市选择。当中心城区长度超过 30km 时，宜规划Ⅰ级快速路；超过 20km 时，宜规划Ⅱ级快速路。

　　城市规模是影响机动出行距离和出行规模的主要因素，从不同规模城市机动化需求的分异、城市特色的差异看，规模大的城市空间尺度大，机动交通出行距离长，需要高效的机动化服务道路，干线道路的层级也更丰富。城镇化快速发展下，我国大城市规模和数量扩容很多，干线机动交通的高效是保障大城市运行高效的必要手段，需要更丰富和更高等级的机动交通组织道路。因此，本标准对城市道路功能分类也进行了相应的细化，在数量上对 95 规范的快速路、主干路系统进行扩容，并依据城市机动交通的特征对不同规模城市最高等级干线道路的选择做出了指引。

　　通常一个城市在不断发展由小到大增长过程中，先进行主干路级别的提高，主要体现在道路的拓宽、车道数的增加和主干路交叉口的减少，这对于中等规模以下的城市都适用。当城市发展到大城市规模时，空间尺度、长距离交通需求进一步增长，但主干路的周转量提升非常有限，因此需要建设快速路来进一步满足机动交通需求。也就是说，城市规模越大，空间尺度也越大，交通出行距离相应增加，机动化交通的高效组织也更加必要，因此对高等级干线道路的级别要求也越高。

　　对于"≤20 万人"的Ⅱ型小城市，本标准与 95 规范保持理念一致，认为干线道路层级不宜过多，将Ⅲ主干路作为原来的"干路"，是这类城市的主要干线道路。

　　对于"20 万～50 万人"的Ⅰ型小城市，对应于 95 规范的中等城市，本标准与 95 规范同样保持理念一致，认为干线道路层级最多可以分为两层，即Ⅱ级主干路与Ⅲ级主干路，对应于以前的主干路和次干路。

　　对于"50 万～100 万人"的中等城市，对应于 95 规范中的大城市。95 规范中规定200 万人口以上的大城市和长度超过 30km 的带形城市应设置快速路，因此为了兼顾特殊情况，95 规范的各级道路指标表中"≤200 万人口"的城市中都有快速路指标，但并不是每个小于 200 万人口的城市都可以规划快速路。本标准一方面基于最新的城市规模分类，同时考虑这类城市机动化的需求，认为其尚未达到需要建设快速路的条件，但为了满足其机动化要求，将其最高等级干线道路定为Ⅰ级主干路，其主干路系统分三级，相比较 95 规范的主干路与次干路，增加了一级。

对于"100 万～200 万人"的大城市，95 规范也给出了特殊情况下快速路的相关指标，但也不意味着每一个该类城市都可以规划快速路。本标准考虑机动化的快速发展，以及机动化带来的人口密度的降低、城市空间规模的提高，更加导致该类城市的长距离机动化需求增加，并且结合分类中新增的Ⅱ级快速路，将其最高等级干线道路定为Ⅱ级快速路或Ⅰ级主干路，其干线道路系统为四个层级或三个层级，相比较 95 规范只有主干路与次干路，增加了一至两级。

对于"≥200 万人"的大城市，95 规范与本标准都认为其最高等级干线道路应为快速路。这类城市，城市尺度较大，城市用地长边通常在 20km 以上，城市中心体系之间需要快速的联系起来，因此需要快速路进行支撑。对于更大规模的城市，空间组织上已经发生变化，多中心的空间结构正在形成，城市按照中心体系分片区、组团进行空间组织，城市机动交通出行增长放缓，城市快速交通方式也更加丰富，区域高速道路等也需要深入城市，以实现对外交通组织的高效，因此，干线道路没有针对城市人口规模继续向上的细分。

对于带形城市，理论研究表明同等规模下相比较于团状城市，其干线道路上的流量更高，并且根据道路流量的分层表明其需要的干线道路等级也比团状城市多一级。因此，对于带形城市，在规划中应提高其最高等级干线道路的等级，以适应其形态带来的交通聚集。据此，形成本标准规定的"带形城市可参照上一档规划人口规模的城市选择"。例如，人口 80 万人的带形城市，按照常规标准，其最高等级干线道路标准为Ⅰ级主干路。但考虑其形态原因，可以参考"100 万～200 万人口"的城市进行配置，最高等级干线道路可以为Ⅱ级快速路。

本标准提出了"当中心城区长度超过 30km 时，宜规划Ⅰ级快速路；超过 20km 时，宜规划Ⅱ级快速路"的规定，实际上是对人口不到 200 万人和人口不到 100 万人的城市中特殊形态的考虑。一般来说 200 万人口的团状城市形态在"14km×14km"与"15km×15km"之间，而对于人口不足 200 万人但中心城区长度超过 30km 的城市，通常是带形城市，其长边一半的出行距离已经达到 15km，相当于同等规模普通团状城市穿城而过的长距离出行，因此需要同等级别的干线道路，也就是Ⅰ级快速路。同样的对于 100 万人口的团状城市形态在"10km×10km"左右，而对于人口不足 100 万人但中心城区长度超过 20km 的城市，通常也是带形城市，其长边一半的出行距离已经达到 10km，相当于同等规模普通团状城市穿城而过，因此也需要同等级别的干线道路，也就是Ⅱ级快速路。具体见表 12-9。

95 规范与本标准的快速路规划条件 表 12-9

规范	95 规范	本标准		
人口要求（万人）	＞200	≥200	100～200	
长度要求（km）	＞30	—	≥30	≥20
最高快速路标准	快速路	Ⅰ级快速路	Ⅰ级快速路	Ⅱ级快速路

12.6.3　干线道路密度

12.5.3　不同规划人口规模城市的干线道路网络密度可按表 12.5.3 规划。城市建设用地内部的城市干线道路的间距不宜超过 1.5km。

表 12.5.3　不同规模城市的干线道路网络密度

规划人口规模（万人）	干线道路网络密度（km/km²）
≥200	1.5~1.9
100~200	1.4~1.9
50~100	1.3~1.8
20~50	1.3~1.7
≤20	1.5~2.2

考虑到干线道路在城市交通运行、塑造城市格局等方面的重要作用，不仅需要周转量指标和里程比例指标评价其交通功能，还需要密度指标来评价其空间组织效能，因此新增了干线道路的密度指标。本标准在《城市道路合理级配与相关控制指标研究》课题的理论研究之上，一方面将 95 规范道路密度指标转化为新分类口径下密度，另一方面根据本标准提出的总体密度以及干线道路占据的里程比例，考虑不同城市之间的交通需求差异，用干线道路的总体密度代替 95 规范的不同分类干线道路密度，最终形成本标准的干线道路系统密度值，具体见表 12-10。

城市干线道路密度指标对比　　　　　　　　　　　　　　　　　表 12-10

人口（万人）	干线道路密度（km/km²）				
	95 规范	计算机模拟	总规模 8~10km/km² 测算	均值	本标准
≥200	1.2~2.4	1.5	1.2~2.5	1.2~2.1	1.5~1.9
100~200	1.1~2.3	1.2~1.4	1.2~2	1.2~1.9	1.4~1.9
50~100		1.0~1.2	0.8~2	1.0~1.8	1.3~1.8
20~50	1.0~1.9	0.8~1.0	0.8~2	0.9~1.7	1.3~1.7
<20	1.5~3.0	—	0.8~2	1.2~2.5	1.5~2.2

注：95 规范中干线道路密度指标用的是不包含次干路的最低值和包含一般次干路的最高值。

干线道路密度指标制定了两个极值。密度最高值，根据计算机模拟，干线道路密度的持续提升并不能持续缓解拥堵，存在一定的增长极限。密度最低值则是为了避免城市建设中产生超大地块，导致内部交通量过多，干线道路难以疏散的情况，本标准规定干线道路间距不得超过 1.5km，即干线道路围合而成的地方性活动单元尺度在 1.5km×1.5km 以内，对应路网密度为 1.3km/km²。

对于 20 万人口以下的城市，空间尺度较小，出行距离短，机动化与非机动化之间的需求差异不大，机动化自身也未有明显分化，对干线道路和集散道路的需求差异也不明显，因此，干线道路密度稍高一些，集散道路密度稍低，同时街区尺度也相对较小，更符合该类城市的特征。这与 95 规范中将小城市的道路仅划分为干路和支路是相一致的。

20 万人口以上的城市，随着城市规模的增加，城市尺度的增大，机动化需求不断增多，需要不断通过增加干线道路设施来满足需求。对于 20 万~100 万人口的城市，一方面增加干线道路里程，另一方面提升干线道路等级，对应于本标准中干线道路密度的高限逐步提高。对于 100 万人口以上的城市，传统主干路密度的持续提升仍不能满足城市尺度所要求的机动交通效率，需要更高等级的干线道路，规划的最高等级干线道路选择也相应增加了快速路，因此带来干线道路密度低限与高限的同步提高。

12.6.4　干线道路其他规划要点

1. 机非分离

> 12.5.4　干线道路上的步行、非机动车道应与机动车道隔离。

尽管在本标准第 12.4.4 条第 1 款中，规定了道路空间分配应符合不同运行速度交通的安全行驶要求，考虑到干线道路机动车流量大、速度快，对步行和非机动车安全行驶威胁较大，本标准在干线道路章节再次强调了在干线道路上步行、非机动车道应与机动车道隔离，这与 95 规范第 7.1.2 条 "城市道路交通规划应符合人与车交通分行，机动车与非机动交通分道的要求" 的规定相一致，都体现了城市道路交通规划中安全原则的重要性。

2. 历史保护

> 12.5.5　干线道路不得穿越历史文化街区与文物保护单位的保护范围，以及其他历史地段。

历史保护地区多为城市旧城区，道路狭窄，功能集中，活动密度高，是机动交通拥挤的常发地区，过去一段时间内，有些地方的交通改善在旧城地区主要通过道路拓宽提级进行，结果造成历史文化的破坏，文化特色丧失。在新的发展理念下，旧城地区的繁荣与交通治理要融为一体，以保护为主导，严格按照保护规划的要求确定交通组织，更多需要通过交通需求管理来实现。而干线道路是城市道路内流量大、车速相对高的道路，对历史古迹影响也比较大，在规划时，应特别注意不得在历史文化街区、文物保护单位的保护范围以及其他历史地段布局干线道路。

3. 断面衔接

> 12.5.6　干线道路桥梁与隧道车行道布置及路缘带宽度宜与衔接道路相同。

桥梁和隧道是城市道路网络跨越城市地理阻隔的重要设施，但往往由于经济、技术等问题导致断面缩窄，需要重新分配各类交通的通行空间，由此引起交通流组织的变化，成为道路的瓶颈。在本标准第 12.4.4 条第 2 款中，提出了当道路横断面变化时，道路红线应考虑过渡段的规定，以应对桥梁、隧道与路段的衔接过渡。但在实际建设中，出现了地面标志标线设置了过渡段，但路段实际设施宽度与桥梁、隧道宽度不一致的情况，从而引发了重大的交通事故。因此，为了避免上述情况的发生，本标准提出在交通流量大、车速高的干线道路上的桥梁和隧道，其机动车道、非机动车道以及路缘带的宽度在根据桥隧规模确定的基础上宜与衔接道路保持一致，确保道路交通流有物理分隔约束，安全导流经过瓶颈地区，用地条件紧张路段可以压缩隔离带、绿化带、设施带等空间（示例见图 12-34）。同时这种规定也减轻了桥梁、隧道关节节点所引起的交通瓶颈问题，确保了干线道路交通的顺畅行驶。

(a)
(b)

图 12-34　隧道与道路宽度衔接举例
（a）隧道与道路宽度不一致；（b）隧道与道路宽度一致

资料来源：（a）鲁安新华. 西汉高速陕西段发生交通事故已致 36 死 13 伤. [2017-08-11]. https：//717567. nync. com/article/1124032. html.[20]

（b）中国新闻网. 港大老山隧道拟加价近 28% 议员强烈批评（图）. [2008-04-24]. http：// news. sohu. com/20080424/n256494695. shtml.[21]

4. 交叉口间距

> **12.5.7**　干线道路上交叉口间距应有利于提高交通控制的效率。

从功能上，干线道路为中长距离的通过性交通服务，干线道路的交通效率至关重要。上一阶段中，产生了大量的干线道路随意"开口"、信号灯过多的现象，造成干线道路效率无法提升，道路规划功能与实际运行功能不相匹配。因此，为了重塑干线道路的交通性，本标准提出干线道路的交叉口、信号灯的间距首先应符合标准表 12.2.1 的功能要求，其次要有利于提高交通控制的效率，符合信号绿波设置的要求。

5. 潮汐车道

> **12.5.8**　规划人口规模 100 万及以上的城市，放射性干线道路的断面应留有潮汐车道设置条件。

随着城镇化的发展，城市扩张中往往是将居住或者新增产业置于城市边缘，外围组团、新城越来越多，其功能完善和职住平衡需要较长的时间，多中心的空间尚未形成，相应的就业或者居住多数仍旧集中在核心区，这是目前多数大城市通勤交通距离长、职住功能区之间交通潮汐性强的主要原因。对于 100 万人口以下的城市，空间尚且不大，出行距离较短，通过各种非机动化的交通方式可以解决这种向心交通带来的问题；而对于 100 万人口以上的城市，空间尺度上只能依赖机动化交通进行解决。为了服务这些向心交通，城市往往建设"环＋放射"的路网，在运行中最大的问题就是放射性道路的潮汐性单向拥堵，造成交通资源的使用不平衡与浪费，例如，早高峰进城方向拥堵而出城方向通畅。

为了让道路空间更好的匹配上述交通需求，在放射性干线道路上，尽量少设置中央硬隔离设施，应通过标志标线或可移动的物理隔离对不同方向的车流进行隔离，以便于根据交通情况设置潮汐车道，让放射性道路发挥更大的效能，示例见图 12-35。

(a)   (b)

图 12-35　不同型式的潮汐车道

(a) 信控潮汐车道；(b) 可变潮汐车道

资料来源：(a) 姚彬. 涪陵首条潮汐车道来了～怎么通行？看这里. [2018-01-12]. https://www. sohu. com/a/216347337_649788.[22]

(b) 刘海奎. 山东首台"拉链车"亮相济南旅游路自动设置潮汐车道. [2017-08-08]. http://www. cnr. cn/ sd/yw/20170808/t20170808_523890224. shtml.[23]

12.7　集散道路与支线道路

12.7.1　规划原则

> 12.6.1　城市集散道路和支线道路系统应保障步行、非机动车和城市街道活动的空间，避免引入大量通过性交通。

本标准在道路组织上秉承地方性活动单元的组织思想，干线道路围合而成地方性活动单元，次干路渗透地方性活动单元，支路承担地方性活动单元内部的主要联系。也就是说干线道路负责通过性交通，次支路负责到达性交通。在地方性活动单元内部，地方活动优先，要确保地方性活动单元内部的"稳静化"，尽量避免引入大量通过性交通进入集散道路与支线道路，减少通过性机动交通对地方性街道活动的影响。这两类道路在功能塑造和断面设计上应以步行和非机动车为主要对象，实现步行、自行车与公共交通优先。

12.7.2　次干路功能

> 12.6.2　次干路主要起交通的集散作用，其里程占城市总道路里程的比例宜为 5%～ 15%。

本标准的次干路功能定位为服务集散交通，而不是承担"次级主干路"的功能，是地方性活动单元内部收集支线道路交通并汇集至干线道路、疏散干线道路交通至支线道路的重要道路，起着承上启下的作用。通常我们认为道路级别从高到低，各项指标是应该逐渐增大或逐渐缩小的，这在同一类道路的不同级别上可能是成立的，但对于不同类别的道路则不能简单套用。尽管从交通集散的过程是按照干线道路、集散道路和支线道路的顺序，并不意味着越向下道路里程应越多。基于本标准中道路系统的组织模式，次干路是地方性

211

活动单元内部相对主要的道路，承担集散作用。由于次干路对地方性活动单元进行进一步分割，因此其道路里程与围合地方性活动单元的干线道路的里程之比在 1∶1～1∶2 之间。据此，在干线道路里程比例的基础上，进行测算，并参考国外机动化成熟国家的相关指标，提出了我国次干路的里程比例指标，通常为 5%～15%，低于干线道路的 10%～25%。

长期以来我国的城市道路以服务机动车为主，道路规划的分析目标是服务机动车。新时期我国的城市道路将服务于全体城市交通，并且以绿色交通为主，道路类别的差异逐渐显现，干线道路服务于长距离出行的机动车，次支路服务短距离出行的非机动车与行人，次干路则服务于两者之间的转换。这种转换不仅是行车速度的转换，更是道路使用对象的转换，与仅依据机动车速度的分级是不同的。因此，在下一阶段的规划中应强化次干路的集散功能作用。为了确保交通可以通过次干路汇入干线道路，通常在干线道路与次干路的交叉口有信号控制，这也是判别地方性活动单元内部次干路与支路的重要标志。

通常次干路与Ⅲ级主干路在交通量、路段出行距离、红线宽度上较为接近，难以区分。从组织功能上，次干路是地方性活动单元内部承担集散作用的道路，与地方性活动单元周边的干线道路差异较大，而Ⅲ级主干路属于干线道路，用于形成地方性活动单元甚至在核心区直接形成地块，与周边干线道路差异不大。从指标上，可以借助交通量、路段出行距离、交通量-出行距离指数进行区分。

12.7.3 街区尺度与密度

12.6.3 城市不同功能地区的集散道路与支线道路密度，应结合用地布局和开发强度综合确定，街区尺度宜符合表 12.6.3 的规定。城市不同功能地区的建筑退线应与街区尺度相协调。

表 12.6.3 不同功能区的街区尺度推荐值

类别	街区尺度（m）		路网密度（km/km²）
	长	宽	
居住区	≤300	≤300	≥8
商业区与就业集中的中心区	100～200	100～200	10～20
工业区、物流园区	≤600	≤600	≥4

注：工业区与物流园区的街区尺度根据产业特征确定，对于服务型园区，街区尺度应小于 300m，路网密度应大于 8km/km²。

本标准的两级三类道路分类：干线道路围合成地方性活动单元，集散道路为地方性活动单元内部骨架道路，支线道路为地方性活动单元内部的主体道路。集散道路与支线道路的密度与街区形式有关，与城市规模关系不大，因为其承载的交通多为本地交通，其交通特征在各个城市相接近，主要与道路所在地区的城市活动特征（用地功能）、道路两侧的用地性质、用地开发强度密切相关。

在本标准编制之初进行的基础研究——《城市道路合理级配及相关控制指标研究》[6]中，对不同城市功能地区的街区尺度进行了全方位的调研，包括商业街区、居住街区、工业街区、物流街区、大学城街区，等等。在编制标准过程中，不断进行修改，最终合并、简化为具有代表性的三种城市功能区，分别是居住区、商业区与就业集中的中心区、工业与物流园区。结合国家层面"窄马路、密路网"的发展理念，在《城市道路合理级配及相关控制指标研究》和 95 规范基础上，本标准制定了不同功能地区的街区尺度与路网密度指标，核心是在不同的功能区内落实"小街区、密路网"，基于人的活动确定街区尺度，大幅提高路网密度。

在不断提高道路网络密度，人性化街区尺度的同时，城市道路设计层面的一些指标也应同步进行调整，较为重要的有交叉口的转弯半径和建筑退线。在小街区的情形下，如果交叉口转弯半径过大，极端情况下则会造成方形地块变成圆形地块；如果建筑退线过大，则会对建筑物本身的用地空间形成挤压，影响用地使用的效率。因此，本标准提出建筑退线应该与街区尺度进一步协调，适应新的发展趋势，交叉口半径等也应进行相应调整。

12.7.4　居住街坊道路

12.6.4　城市居住街坊内道路应优先设置为步行与非机动车专用道路。

本标准编制过程中与《城市居住区规划设计标准》GB 50180—2018 共同就落实窄马路、密路网、开放街区的发展理念进行了协调。居住街坊的街区尺度大约为 250m×250m，也就是本标准中 I 级支路所围合的范围。居住街坊外围是 I 级支路以上的市政化的城市道路，充分对接小街区、密路网，落实开放街区和路网密度，使居民能够以更短的步行距离到达周边的服务设施或公交站点。而对于居住街坊内部的道路，为居住街坊的附属道路，在《城市居住区规划设计标准》GB 50180—2018 中要求主要附属道路宽度不低于 4m，其他附属道路宽度不宜小于 2.5m。对于这类非市政化的附属道路，主要承担到达交通，机动车多以进入停车场地的交通为主，通常是机非人混行的道路。为了确保道路安全，这类道路应优先设置为步行与非机动车专用的道路。示例见图 12-36。这类道路也应视条件开放为步行与自行车交通可穿越的道路。

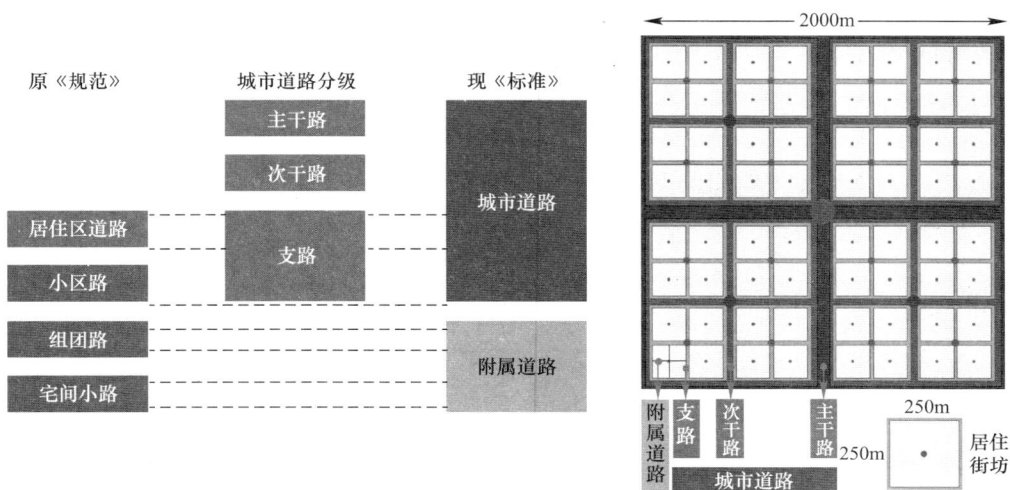

图 12-36　居住区与道路功能等级示意

资料来源：中国城市规划设计研究院.《城市居住区规划设计标准》宣贯. 北京：中国城市规划设计研究院，2018.[24]

12.8 道路衔接与交叉

本标准在编制城市道路交叉口规划内容时，更加关注城市道路规划工作中对交叉口规划的相关内容，与《城市道路交叉口规划规范》GB 50647—2011 充分协调，将本标准的交叉口规划部分的内容限定在交叉口的选型、交叉口用地控制以及交叉口与城市道路等其他设施的协调。其中交叉口用地控制，主要是立体交叉口用地的预留，放在第 12.4 节"城市道路红线宽度与断面空间分配"中，而在本节中主要规定交叉口与城市道路的协调、交叉口的选型。同时，本节不仅规定了道路的交叉内容，还规定了道路的衔接相关内容（道路的衔接主要是道路的首尾相接，道路的交叉主要是道路的交叉联通，示例见图 12-37）。

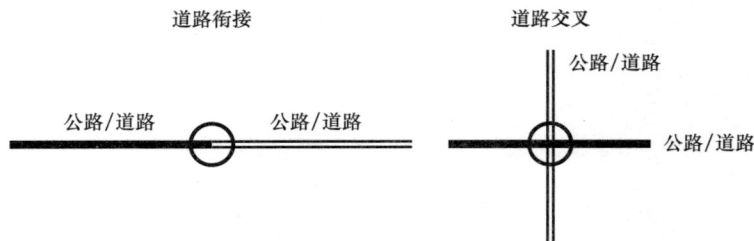

图 12-37 道路的衔接与交叉

12.8.1 城市道路与公路衔接与交叉

12.7.1 城市主要对外公路应与城市干线道路顺畅衔接，规划人口规模 50 万以下的城市可与次干路衔接。

城市的主要对外公路是城市对外衔接的重要通道，对一个城市正常的经济、生产、生活发挥着重要的作用，当然在发生应急事件时也承担着重要的角色。因此，为了确保这种内外联络的可靠性，城市的主要对外公路应优先与城市的干线道路衔接，并且保障连接的顺畅。从交通特征上，对外公路往往承担交通性较强的出行，也应与干线道路相对接。

对于 50 万人口以下的小城市，尤其是 20 万人口以下的，其对外交通需求相对较小，主要对外公路等级较低，车道数较少，交通流量不大。同时，这类小城市中干线道路与次干路的差异不明显，主要对外公路可以与次干路相对接，但是一般情况下，应优先与干线道路相衔接。

12.7.2 城市道路与公路交叉时，若有一方为封闭路权道路，应采用立体交叉。

《城市道路交叉口规划规范》GB 50647—2011 第 3.2.3 条，将城市道路与公路进行级别对应，然后按照高快速路采用立体交叉，主-主交叉口交通量超过 12000pcu/h 时采用立体交叉，其他情况不宜采用立体交叉的原则进行规定。其核心思想为：立交选型时，首先依据相交道路是否出入控制进行判断，其次依据交通量的大小进行判断。对于全控制、封闭路权的快速路和高速公路，都应采用立体交叉。

然而随着经济的发展，一些重要的国家级运输大通道上，普通干线国道也开始逐步升级为全控制的公路，与高速公路技术等级接近。从等级上应按照主干路进行交叉口选型，但从路权上，更应按照高快速路选择立体交叉口。因此，本标准结合这种新的发展趋势，提出城市道路与公路相交叉时，只要一方为封闭式路权，就应该用立体交叉形式，不固守于特定的道路类型。

12.8.2　支路与干线道路交叉

> **12.7.3**　支线道路不宜直接与干线道路形成交叉连通。

随着"窄马路、密路网"政策的不断推进，国内业界一直担心高密度的网络在增强路网承载力的同时，由于交叉口过多，也会带来道路交通组织的难题，交叉口过多一方面会增加信号控制组织的难度，另一方面会造成地方性活动单元进出交通增多、加密，从而影响主线车流的正常运行。

国外部分城市为了应对这两大问题，分别通过硬件和软件来解决。对于信号灯过多问题，在高密度网络下，通过信号灯的联动控制，形成绿波，再加上单向交通的组织，极大地提升了运行效率。而对于地方性活动单元内部产生密集的进出交通影响干线道路，从交通组织上增加控制手段，使得支线道路既可以通过集散道路与干线道路衔接，也可以直接与干线道路衔接。区别在于：通过集散道路的信号控制交叉口，获取进入干线道路的路权是确定的，而支线道路直接联系干线道路交叉口则需要通过停车让行标志，在确保视野范围内安全无车，对主线车流无影响的情况下才可以进入干线道路（示例见图 12-38）。

图 12-38　国外支线道路与干线道路停车让行示例

资料来源：谷歌地图，洛杉矶，Vermont Ave 与 W 30thSt 交叉口.

我国的机动车交通管理水平与机动化发达国家相比还有很大差距，一旦采用这种支线道路与干线道路直接相连，通过停车让行进行组织的方式，就相当于大量支线道路与干线道路"直接"联通，既会带来支线道路与干线道路的冲突，也会带来干线道路对地方性活动单元内部交通的冲击。因此，本标准提出，支线道路不宜直接与干线道路形成交叉联通。核心思想是不希望过多的支线道路影响到干线道路的主线车流，影响交通效率，同时也不希望过多的干线道路交通直接进入支线道路，影响地方性活动单元稳静化。考虑到我国城市干线道路通常存在主辅路的情况，支线道路宜接入主干路辅路，通过辅路信号控制再进入主路。

12.8.3 交叉口选型

> 12.7.4 交叉口应优先满足公共交通、步行和非机动车交通安全、方便通行的要求。交叉口的类型应符合国家标准《城市道路交叉口规划规范》GB 50647—2011 第 3.2.3 条的规定。山地城市Ⅱ级主干路及以上等级道路相交时，交叉口可根据地形条件按立交用地进行控制。

在城市存量发展和城市高品质发展的背景下，城市道路规划应该从以机动车为主转向考虑全体出行，以绿色交通为优先，本标准则据此提出了交叉口应优先满足公共交通、步行和非机动车的安全、方便通行的要求，避免由于交叉口选型不当带来的展宽设计、立体交叉、过街天桥与地道等设施给绿色交通组织造成不利的影响。

由于本标准提出了新的道路功能分类和基于地方性活动单元的道路交通组织模式，以及进一步突出了绿色交通优先的理念，对《城市道路交叉口规划规范》GB 50647—2011 第 3.2.3 条中相应道路交叉口的选型产生一定影响，依据本标准新的道路分类，按照"窄马路、密路网"的原则对其进行优化调整，建议在综合交通规划规划中参考表 12-11 中的交叉口选型。据悉，《城市道路交叉口规划规范》GB 50647—2011 已经进入修编日程。

规划阶段交叉口选型建议   表 12-11

交叉口类型	城市道路交叉口规划规范		本标准	
	应选类型	可选类型	应选类型	可选类型
快-快交叉	立 A 类	—	立 A 类	—
快-主交叉	立 B 类	立 A 类或立 C 类	立 B 类	立 A 类或立 C 类
快-次交叉	立 C 类	立 B 类	立 C 类	立 B 类
主-主交叉	平 A1 类	立 B 类中的下穿型菱形立交	平 A1 类	平 A2 类或立 B 类中的下穿型菱形立交
主-次交叉	平 A1 类	—	平 A1 类	平 A2 类
主-支交叉	平 B1 类	平 A1 类	平 B1 类	平 A 类或平 B2 类
次-次交叉	平 A1 类	—	平 A1 类	平 A2 类或平 B2 类
次-支交叉	平 B2 类	平 C 类或平 A1 类	平 B 类	平 C 类或平 A 类
支-支交叉	平 B2 类或平 B3 类	平 C 类或平 A2 类	平 B2 类或平 B3 类	平 C 类

注：1. 平面交叉口应分为信号控制交叉口（平 A 类）、无信号控制交叉口（平 B 类）和环形交叉口（平 C 类），平面交叉口分类应符合下列规定：1）信号控制交叉口应分为进、出口道展宽交叉口（平 A1 类）和进、出口道不展宽交叉口（平 A2 类）；2）无信号控制交叉口应分为支路只准右转通行交叉口（平 B1 类）、减速让行或停车让行标志交叉口（平 B2 类）和全无管制交叉口（平 B3 类）。

2. 立体交叉应分为枢纽立交（立 A 类）、一般立交（立 B 类）和分离立交（立 C 类）。

山地城市中，由于地形和工程条件所限，干线道路规划建设难度大，后期建设中的不确定因素多，密度也相对较低，应通过更高等级的道路承担其交通组织。这就需要规划中予以足够的预留。山地城市中Ⅱ级主干路以上等级交叉时，可以根据地形条件，适当放宽交叉口选型要求，按照立交进行预留，为后期建设留有更多余地。

12.8.4　道路与铁路交叉

> 12.7.5　当道路与铁路交叉时，若采用平面交叉类型，道路的上、下行交通应分幅布置；此外，还应符合国家标准《城市道路交叉口规划规范》GB 50647—2011 第 6 章"道路与铁路交叉规划"的相关规定。

95 规范中，为了提高道路与铁路平面交叉口的通行能力和强化交叉口的通行秩序，提高道路安全性，提出了道路的上下行交通应分幅布置。从安全性和通行效率两方面出发，本标准都有必要继承该条规定。同时，本标准也引用了《城市道路交叉口规划规范》GB 50647—2011 第 6 章"道路与铁路交叉规划"的最新规定。

12.9　道路绿化

本标准编制时，本着道路交通功能为主和"还绿于人"的理念，将道路绿化主要作为交通隔离、安全保障和交通环境品质提升的手段。一方面有助于缩减道路红线宽度，实现窄马路、密路网，另一方面将更多的道路绿化置于行人和非机动车能够受益的空间，更加有利于实现绿化的价值，提高步行与自行车交通空间的绿化遮阴。

12.9.1　绿化布局原则

> 12.8.1　城市道路绿化的布置和绿化植物的选择应符合城市道路的功能，不得影响道路交通的安全运行，并应符合下列规定：
> 1　道路绿化布置应便于养护；
> 2　路侧绿带宜与相邻的道路红线外侧其他绿地相结合；
> 3　人行道毗邻商业建筑的路段，路侧绿带可与行道树绿带合并；
> 4　道路两侧环境条件差异较大时，宜将路侧绿带集中布置在条件较好的一侧；
> 5　干线道路交叉口红线展宽段内，道路绿化设置应符合交通组织要求；
> 6　轨道交通站点出入口、公共交通港湾站、人行过街设施设置区段，道路绿化应符合交通设施布局和交通组织的要求。

总体上，本标准作为宏观层面规划标准，对道路绿化布局的要求以实现道路功能为主，没有过多强调绿地和景观设计内容，原有的《城市道路绿化规划与设计规范》CJJ 75-97（以下简称"绿化规范"）中涉及的绿化带宽度设计、树种选择、景观控制等内容需要在该绿化规范修订时进一步完善，本标准将绿化规范中与道路规划密切相关的关于路侧绿带与道路红线外侧其他绿地相结合、商业建筑两侧路侧绿带与行道树绿带合并的做法吸纳进来。随着城市建设空间的稀缺，原先增量发展时期红线内绿化与红线外绿地相互独立的情况将越来越不符合新的发展趋势，在共享发展、协调发展的理念下，对于可以相结合设置的道路红线内绿化和红线外绿地以及道路红线内的不同绿化隔离带，在确保各自功能不受影响的前提下，都可以一体化设计、合并设置。

此外，对于道路绿化布局在新的发展背景下出现的一些新的情况，本标准有针对性的进行了规定。首先是道路交叉口范围内展宽段内的绿地，受交叉口展宽影响，如果绿化范围不能改变，则越来越多的交叉口用地面积会相应增大，给行人和非机动车过街带来不便。同时考虑到这部分绿化有可能会影响交通视距，引起交通事故，因此本标准提出交叉口展宽段内道路绿化应该在考虑交通安全和交通组织的情况下设置。其次是人流量密集的轨道站点出入口、公交港湾站、人行过街设施地段，这些设施会影响原有的道路断面布局，在上一阶段的建设中，往往采用保留绿化空间，压缩行人和非机动车道路空间的做法，给绿色出行造成极大的不便。在新的发展背景下，本着绿色交通优先的原则，本标准在第 12.4.4 条第 3 款中已经提出这些路段不应压缩人行道和非机动车道的宽度，道路红线宜适当加宽，并在道路绿化章节对此进行了强调。因为在绿色发展背景下，城市绿地往往成为刚性约束，难以改变。但在道路空间内，绿化是为交通功能服务的，不应单纯按照绿地管理的原则实施，在交通组织、安全与绿化发生冲突时，应优先保障交通功能，即本标准提出的道路绿化应符合交通组织、安全和交通环境品质提升的要求。

12.9.2 绿化覆盖率指标

12.8.2 城市道路路段的绿化覆盖率宜符合表 12.8.2 的规定。城市景观道路可在表 12.8.2 的基础上适度增加城市道路路段的绿化覆盖率；城市快速路宜根据道路特征确定道路绿化覆盖率。

表 12.8.2 城市道路路段绿化覆盖率要求

城市道路红线宽度（m）	>45	30～45	15～30	<15
绿化覆盖率（%）	20	15	10	酌情设置

注：城市快速路主辅路并行的路段，仅按照其辅路宽度适用上表。

在原有道路绿化作为绿地管理和绿地率指标约束下，新建的城市道路中，出现了越来越多的超宽绿化分隔带，宽度能达到 8m，甚至 16m。这些绿化带，有的是出于预留交通设施的作用，但更多的道路设置超宽绿化带是为了景观需要，满足道路绿地率指标需要，这就造成了道路越来越宽，对行人和非机动车过街造成极为不利的影响。本标准依据道路组成元素以及相应元素的最低配置，经测算，认为在仅考虑交通基本功能实现前提下，道路绿化、分隔设施的用地面积平均在 20% 左右，平均水平低于绿化规范中的最低要求。这也就验证了，一些城市本可以将城市道路设计的较窄，但是出于满足道路绿地率指标的要求，加宽了道路绿地，助推了城市宽马路的形成。尤其是在绿化规范中，绿地率指标为绿地的面积，而不是绿化覆盖的面积，刚性约束过强。

因此，本着城市道路以交通功能为主，绿化分隔设施应确保行车安全、确保行人和非机动车安全、连续、方便、舒适的思想，一方面适度降低绿化覆盖比例，压缩路内供机动车使用的分隔绿化，希望其可以转化为行人可以接触到的行道树绿带、路侧绿带等空间，这样既可以降低道路红线宽度，方便行人过街，又可以为路侧开敞空间、街道生活打造提供额外的空间；另一方面将道路绿地率指标调整为绿化覆盖率，即单位长度范围内，所有的绿植垂直投影面积占红线范围内道路面积的比例。以树木其树种壮年期的树冠为标准，鼓励道路绿化种植可遮阴的树木，而非绿化的草坪，服务交通真正需要的遮阴与隔离需求。

研究表明，随着道路宽度的不断降低，绿化率指标呈现下降的趋势。对于干线道路，随着道路等级的不断提高，机动车速度的提升，需要分车带分离不同速度的交通方式，以确保

218

道路交通安全，分车带可为绿化带或其他物理隔离带，如采用绿化分隔带，会带来道路绿化率的提升，也会带来养护对交通影响较大的问题。对于次干路和支路，当道路等级低到没有分车绿带时，道路绿化主要是行道树绿带和路侧绿带，无法进一步压缩，随着车行道宽度的降低，其绿化覆盖率是提升的，也就出现了支路层级宽度的道路绿化覆盖率可能提高的现象。

　　基于此，本标准将道路宽度分为四个等级，基本上对应于Ⅰ级主干路，Ⅱ级和Ⅲ级主干路，次干路和Ⅰ级支路，Ⅱ级支路。制定了最高为 20%，逐级递减的道路绿化率规定，作为道路满足交通功能前提下适宜达到的绿化覆盖率指标。对于承担景观功能的道路，可以适当增加。同时考虑到快速路主路采用硬质隔离较多，一般为中央分车带，如果与辅路合并计算绿化率会造成数据降低，不满足本标准的要求，因此快速路的绿化率按照两侧辅路的合计宽度执行绿化率标准，对于有中央绿化带的快速路，可以计入其辅路的绿化率指标。

12.10　其他功能道路

12.10.1　防灾救援通道

> 12.9.1　承担城市防灾救援通道的道路应符合下列规定：
> 1　次干路及以上等级道路两侧的高层建筑应根据救援要求确定道路的建筑退线；
> 2　立体交叉口宜采用下穿式；
> 3　道路宜结合绿地与广场、空地布局；
> 4　7 度地震设防的城市每个疏散方向应有不少于 2 条对外放射的城市道路；
> 5　承担城市防灾救援的通道应适当增加通道方向的道路数量。

　　城市道路除了承担交通功能之外，也是城市安全的生命线，也就是道路作为应急救援通道的职能，这一职能对城市道路的要求就是灾害发生时，道路本身损毁概率低，能够保证通行，并且有足够的可靠性，还应与开敞的救援安置区相连通等。

　　首先是确保通行，在灾害发生时，为了确保救援车辆能够快速到达任意事发地点，从地方性活动单元组织的角度，应该至少确保次干路的通畅，可以渗透入地方性活动单元内部，更好地进行救援。这就要求次干路及以上等级道路两侧的建筑后退满足救援的要求，尤其是高层建筑，避免阻断道路。同时对于道路自身损毁在灾害时可能引起的阻断，主要是地震发生时立交垮塌造成交通中断，因难以及时恢复，采用下穿式，可确保灾害发生时的畅通。

　　其次是确保可靠性，尽管已经通过各种手段以确保灾害时救援通道的通行，但为了进一步提高安全系数，应进一步提高防灾、疏散方向上的通道数量。便是本标准规定的"不少于 2 条城市道路"、"增加通道方向道路数量"。

　　最后是防灾救援通道应该与开敞的救援安置区相连通，例如绿地、广场、空地等，通过救援通道串联起防灾设施，构建起城市的安全应急空间体系。

12.10.2　滨水道路

> 12.9.2　城市滨水道路规划应符合下列规定：
> 1　结合岸线利用规划滨水道路，在道路与水岸之间宜保留一定宽度的自然岸线及绿带；

> 2 沿生活性岸线布置的城市滨水道路，道路等级不宜高于Ⅲ级主干路，并应降低机动车设计车速，优先布局城市公共交通、步行与非机动车空间；
> 3 通过生产性岸线和港口岸线的城市道路，应按照货运交通需要布局。

在上一阶段的城市建设中，河流往往是城市发展的边界，或因为交叉道路少，容易保障机动车的运行，因此大量的交通性道路沿河流布置，在不少城市中都可以看到滨河快速路等高等级城市干线道路沿河布设的现象。随着城市规模的不断扩张，河流岸线空间逐渐被城市空间包围，成为城市内部的一部分，并且随着城市生态资源价值的不断提升，人们越来越渴望亲近生态、亲近自然。因此，原先沿河的干线道路与新的交通需求产生了矛盾，基于此本标准提出了该条规定。

对于有岸线生态资源的城市，应结合岸线的资源利用规划好城市道路，避免城市道路距离岸线过近，对岸线的生态保护或岸线资源的开发利用形成阻碍，应保持道路与岸线之间有一定的宽度，使之具有自然岸线的风貌。同时，对于与城市生活密切相关的岸线，由于人流量较多，不宜沿岸线布设高等级道路，避免在人流与岸线之间形成分割，道路等级不宜高于Ⅲ级主干路。同时为了避免行人为接触岸线穿越道路时造成交通事故，建议降低道路的设计车速，或者布设密集的人行过街设施，以加强道路安全。在滨水道路上应优先布局城市公共交通、步行和非机动车的空间，体现绿色空间的绿色交通方式优先。而对于生产性岸线和港口岸线沿线的城市道路，应以服务生产为主要原则，道路规划应满足货运交通的相关需求。

12.10.3 特殊功能道路

> 12.9.3 旅游道路、公交专用路、非机动车专用路、步行街等具有特殊功能的道路，其断面应与承担的交通需求特征相符合。以旅游交通组织为主的道路应减少其所承担的城市交通功能。

城市道路规划中，在某些路段或者时间段内，由于特定目的和方式的交通吸引产生量大，如：学校附近，医院附近，热门景点、商圈附近，道路资源有限，为了避免私人机动车过多造成拥堵，影响城市正常运行，往往需要规划一些专用道路，如公交专用路、非机动车专用路、步行街或者旅游道路，在固定的时间段内由这些交通方式单独使用。然而规划中往往考虑的是常规道路断面的形式，是机动车主导下的道路断面规划设计，难以用于这些特殊功能的道路。因此，对于这些特殊功能道路，其断面一方面要与特殊的交通需求特征相符合，另一方面还应与特殊时段以外机动车的行驶进行协调，以充分利用道路资源。而对于全天候以组织旅游交通为主的道路，应减轻其承担的城市交通功能，避免不同需求之间的冲突。

参考文献

[1] 尹志芳，吴洪洋，郝萌. 我国城市自行车交通发展现状与对策建议 [J]. 工程研究-跨学科视野中的工程，2017，9（03）：316-323.

[2] 年代记忆资讯. 90年代街拍：那时候单车还不能共享 [EB/OL]. [2019-02-11]. http://mini. eastday.com/a/190211151942287. html.

[3] 施雯. 中国汽车产业政策执行分析——1994版汽车工业产业政策与2004版汽车产业发展政策比较

[D]．2005．

[4]　中国汽车技术研究中心，中国汽车工业协会．2019 年版中国汽车工业年鉴［M］．天津：《中国汽车工业年鉴》期刊社，2019：520．

[5]　北京市人民政府．北京市第五次综合交通调查结果出炉小汽车出行比例首次下降［EB/OL］．［2016-07-07］．http：//www．gov．cn/xinwen/2016-07/07/content_5089031．htm．

[6]　孔令斌，戴彦欣，等．城市道路合理级配及相关控制指标研究［R］．北京：中国城市规划设计研究院，2014．

[7]　姜洋，王志高．"窄马路、密路网、开放街区"：怎么看，怎么做？［EB/OL］．https：//www．thepaper．cn/newsDetail_forward_1434659．

[8]　四川在线-华西都市报．餐桌摆上街边今后不得遭撵了（组图）［EB/OL］．［2016-04-29］．http：//news．163．com/16/0429/05/BLQ1MUPD00014AED．html♯．

[9]　华西都市报．下周一成都迎快递派送高峰占道分拣僵局咋破？［EB/OL］．［2014-11-15］．http：//www．chinadaily．com．cn/dfpd/sc/2014-11/15/content_18920596．htm．

[10]　新华网客户端．"城市家具"别变"城市垃圾"［EB/OL］．［2018-06-13］．http：//baijiahao．baidu．com/s？id=1603146910125901191&wfr=spider&for=pc．

[11]　陕西传媒网．共享单车围困机动车公交站市民：找个合适"休息地"［EB/OL］．［2017-06-13］．http：//www．sxdaily．com．cn/n/2017/0613/c324-6198560．html．

[12]　上海市规划和国土资源管理局，上海市交通委．上海市街道设计导则［M］．上海：同济大学出版社，2016：165．

[13]　中华人民共和国住房和城乡建设部．2017 年中国城市建设统计年鉴［M］．北京：中国计划出版社，2018：421．

[14]　U. S. Department of transportation，FHWA．1968 NationalHighway Functional Classification Study Manual［M］．U. S.，1969：2-5．

[15]　北京市规划和国土资源管理委员会．北京城市总体规划（2016 年—2035 年）［EB/OL］．［2017-09-29］．http：//www．beijing．gov．cn/gongkai/guihua/wngh/cqgh/201907/t20190701_100008．html．

[16]　Transportation Services．2008 Road Classification System-Street Name Index（Citywide）［M］．Toronto：City of Toronto，2008：2-5．

[17]　房小怡，杨若子，杜吴鹏．气候与城市规划：生态文明在城市实现的重要保障［M］．北京：气象出版社，2018．

[18]　朱家瑾，董世永，聂晓晴，等．居住区规划设计（第二版）［M］．北京：中国建筑工业出版社，2007：66．

[19]　清华同衡科技情报室．国际经验｜"窄马路、密路网"究竟怎么做？［EB/OL］．［2017-03-09］．http：//www．sohu．com/a/128285960_468661．

[20]　鲁安新华．西汉高速陕西段发生交通事故已致 36 死 13 伤［EB/OL］．［2017-08-11］．https：//717567．nync．com/article/1124032．html．

[21]　中国新闻网．港大老山隧道拟加价近 28％议员强烈批评（图）［EB/OL］．［2008-04-24］．http：//news．sohu．com/20080424/n256494695．shtml．

[22]　姚彬．涪陵首条潮汐车道来了～怎么通行？看这里［EB/OL］．［2018-01-12］．https：//www．sohu．com/a/216347337_649788．

[23]　刘海奎．山东首台"拉链车"亮相济南旅游路自动设置潮汐车道［EB/OL］．［2017-08-08］．http：//www．cnr．cn/sd/yw/20170808/t20170808_523890224．shtml．

[24]　中国城市规划设计研究院．《城市居住区规划设计标准》宣贯［R］．北京：中国城市规划设计研究院，2018．

第 13 章　停车场与公共加油加气站

13.1　本章编制说明

停车场规划作为重要的交通需求管理手段，是引导城市交通发展的重要公共政策之一，在城市存量发展及交通可持续发展的背景下，城市交通发展应更加注重空间再分配与需求管理。停车场规划应在城市综合交通体系发展战略的总体框架下进行，符合公交优先等交通发展政策的要求，并与综合交通体系协调的目标和指标相适应。停车场是城市机动化发展的必备要素，非城市的公共设施，其建设和运营应按照使用者自付的原则坚持市场化运作，发挥经济杠杆效应，实现停车成本全额支付。

13.2　一般规定

13.1.1　停车场是调节机动车拥有与使用的主要交通设施，停车位的供给应结合交通需求管理与城市建设情况，分区域差异化供给。

通过合理制定停车发展政策、实施差异化停车位供给策略、推行严格停车管理措施，可以实现对机动车拥有及使用的有效调节。针对城市中各个区域的客观差异，特别是在区位、交通发展策略、公交服务水平及道路资源等方面的差异，各个区域应实行差异化的停车供给策略，包括路内停车位的供给。

13.1.2　停车场按停放车辆类型可分为非机动车停车场和机动车停车场；按用地属性可分为建筑物配建停车场和公共停车场。停车位按停车需求可分为基本车位和出行车位。

本标准中的机动车停车场，指供汽车（客/货车）及摩托车等机动车辆停放的场所，不含公交车、出租车等运营车辆。按用地属性，建筑物配建停车场是依据相关规定，在建设项目用地上配套建设的停车场，面向本建设项目使用者，也可对外开放使用；社会停车场是在社会停车场用地，以及兼容社会停车场用地的其他用地上建设的停车场，对外开放使用。考虑到与国家标准《城市停车规划规范》GB/T 5114—2016 相协调，本标准沿用了"公共停车场"的称谓替代"社会停车场"。在《城市用地分类与规划建设用地标准》GB 50137—2011 中，公共停车场对应用地为 S42——社会停车场用地。此外，路内停车位属于临时停车泊位，是指在城市道路用地红线内临时划设的停车泊位。基本车位是指在车辆使用者无出行时，供车辆长时间停放、相对固定的停车位；出行车位是指在车辆使用者出行时，供车辆临时停放的停车位。

13.1.3　停车场规划布局与规模应符合城市综合交通体系发展战略，与城市用地相协调，集约、节约用地。

停车场规划应符合城市发展需要，适应城市存量发展阶段及交通绿色发展理念，符合城市综合交通体系发展战略，不能与其脱钩甚至相冲突，特别是应与生态文明下的城市交通发展转型所要求的机动车出行分担率、差异化的交通分区，以及机动车拥有量等重要指标协调一致。其中，基本车位应与机动车拥有量、拥有政策挂钩，在城市发展策略对应的机动车发展政策下，城市或区域的机动车保有量对应相应规模的基本车位供给；出行车位控制应与机动车出行分担率、交通需求管理等挂钩，与机动车的使用强度相关，对出行车位的供给调控，可作为调节机动车使用、优化交通出行方式结构、实现存量与绿色发展下公交优先的重要手段。停车场规划布局应与城市用地相协调，应结合城市用地的类型、强度、区位、空间价值，以及配置停车资源的市场化程度等合理布置，有效服务周边城市用地，且应遵循集约、节约用地的基本原则。

> 13.1.4　机动车停车场应规划电动汽车充电设施。公共建筑配建停车场、公共停车场应设置不少于总停车位 10％ 的充电停车位。

停车场规划建设要响应新能源汽车的发展要求，为电动汽车提供必要的充换电条件。按照《国务院办公厅关于加快电动汽车充电基础设施建设的指导意见》（国办发〔2015〕73 号）等相关政策文件要求，大型公共建筑物配建停车场、社会公共停车场建设充电设施或预留建设安装条件的车位比例不应低于 10％。

13.3　非机动车停车场

> 13.2.1　非机动车停车场应满足非机动车的停放需求，宜在地面设置，并与非机动车交通网络相衔接。可结合需求设置分时租赁非机动车停车位。

自行车作为绿色交通工具，其出行方式应受到鼓励。为给自行车交通出行创造更加便捷、安全的条件，城市应以方便非机动车停放和出行为首要目标，通过合理设置非机动车停车场，就近满足非机动车的停放需求，为自行车交通提供更好的服务。包括非机动车配建停车场和公共停车场。在设置上，为使用方便，非机动车停车场宜尽量设置在地面，并与非机动车交通网络便捷衔接。

> 13.2.2　公共交通站点及周边，非机动车停车位供给宜高于其他地区。

公共交通站点，特别是轨道交通站点周边区域，公共交通出行资源条件好，应尽最大可能改善公共交通接驳服务，提高公共交通出行比例。因此，为方便公共交通最后一公里的出行，扩大公共交通站点的有效覆盖范围，应通过在公共交通站点及周边增设非机动车停车位，为公共交通出行的接驳换乘提供便利，鼓励"非机动车＋公共交通"方式出行，吸引更多出行者采用公共交通方式出行。

> 13.2.3　非机动车路内停车位应布设在路侧带内，但不应妨碍行人通行。

为保障交通安全与秩序，非机动车路内停车位不得设置在机动车道内，而应设置在机动车道外的路侧带内（含人行道、设施带或绿化带）。同时，非机动车路内停车位的设置应确保在设置停车位后仍能满足行人的正常通行需要。

13.2.4 非机动车停车场可与机动车停车场结合设置，但进出通道应分开布设。

为集约节约使用交通空间，在保障通行安全和秩序的情况下，非机动车停车场可与机动车停车场结合设置。当非机动车停车场与机动车停车场设置在同一场站内时，场站内的机动车和非机动车应分区停放，且进出通道应分开设置。

13.2.5 非机动车的单个停车位面积宜取 1.5m² ~ 1.8m²。

单个非机动车停车位面积宜取 1.5 ~ 1.8m²，该面积含停车场内必要的通道面积（如图 13-1）。该取值沿用了 95 规范第 8.1.7 条的相关规定，并与《城市停车规划规范》GB/T 51149—2016 协调一致。当停车场内电动自行车、人力三轮车和物流配送非机动车比例较高时，可适当增加单个停车位面积。

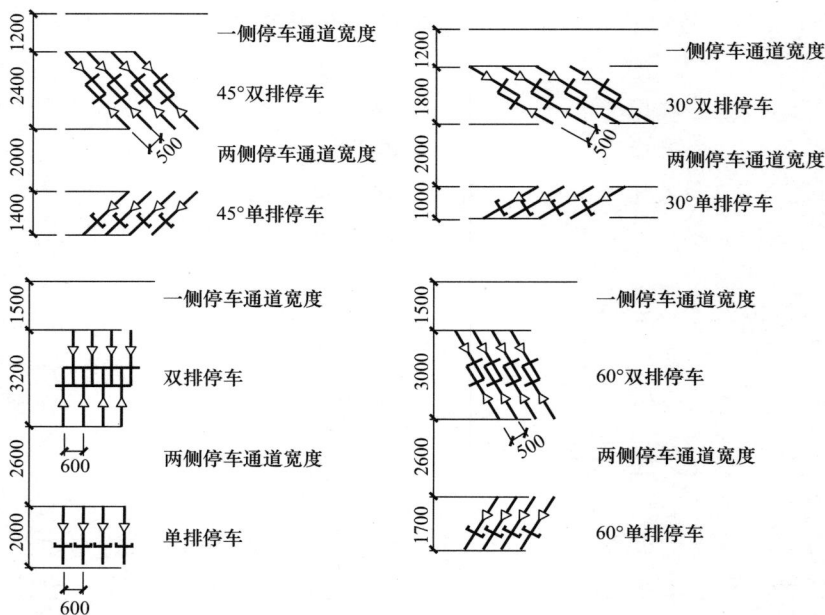

1200 一侧停车通道宽度	1200 一侧停车通道宽度
2400 45°双排停车	1800 30°双排停车
500 两侧停车通道宽度	500 两侧停车通道宽度
2000	2000
1400 45°单排停车	1000 30°单排停车
1500 一侧停车通道宽度	1500 一侧停车通道宽度
3200 双排停车	3000 60°双排停车
2600 两侧停车通道宽度	500 两侧停车通道宽度
600	2600
2000 单排停车	1700 60°单排停车
600	

图 13-1 非机动车停车位设置示意图

资料来源：中华人民共和国住房和城乡建设部. 车库建筑设计规范：JGJ 100—2015.
北京：中国建筑工业出版社，2015.[1]

13.4 机动车停车场

13.3.1 应根据城市综合交通体系协调要求确定机动车基本车位和出行车位的供给，调节城市的动态交通。

机动车停车场的布局和配置应符合城市综合交通体系的协调要求，与其他交通方式相协调，符合公交优先、私人机动化发展策略、道路交通需求管理等相关政策要求。停车位应分类差异化供给：对于基本车位，其供给应与机动车的拥有量相适应；对于出行车位，应根据公共交通资源配置、城市道路运行状况和交通组织要求，进行有针对性的差异化配置，如在城市公共交通便捷、道路交通供应紧张的中心区，应从严控制。通过停车位的差异化供给及停车资源的市场化收费调节等措施，实现对城市动态交通的有效调控。

依据机动车拥有量、居民出行结构、需求管理政策、公交服务水平等确定停车位供给。出行车位总量可以按照机动车日均使用率、车均出行次数、车位平均周转率等计算。

13.3.2　应分区域差异化配置机动车停车位，公共交通服务水平高的区域，机动车停车位供给指标应低于公共交通服务水平低的区域。

过多的、无限制的设置机动车停车位，以及不合理的停车收费价格体系，是对个体机动化出行的鼓励，将进一步刺激个体机动化出行意愿，导致机动化出行分担比例提高，进而抑制公共交通出行，提高公共交通运营的成本，增加道路拥堵与排放。因此，机动车停车场的设置应与公共交通优先下的公交资源配置相协调，对于公共交通服务水平高的区域，在交通发展策略上应全方位为公共交通出行创造最大便利，区域内应限制出行车位的供给量，抑制非必要的个体机动化出行方式。

13.3.3　机动车停车位供给应以建筑物配建停车场为主、公共停车场为辅。

各类停车设施的设置应合理搭配、相互协调。停车设施供给应以配建停车场为主，公共停车场为辅，强调配建停车场在停车设施供给中的主体地位，其总量应占机动车停车位总量的85%以上。理论上，所有建设项目产生的停车需求，均可通过项目自身配建合理规模的停车位来对应服务，住宅类建筑的配建停车场主要提供基本车位，服务车辆长时无出行时的停放需求，商业、办公等公共建筑配建停车场主要提供出行车位，服务车辆出行时的停放需求。公共停车场则作为对各种原因导致的配建严重不足区域的合理补充。其中，对城市老旧城区，往往配建停车位相对较少，在确定停车位供给基本原则和策略的前提下，可通过公共停车场的规划建设，适当增加停车位供给；对规划新建城区，停车位供给主要依靠建设项目配套建设的配建停车场，而规划公共停车场的主要目的在于弹性控制，为远景停车需求增长预留用地及空间，且在其后续建设中应注重发挥市场对停车资源的配置作用。

13.3.4　建筑物配建停车位指标的制定应符合以下规定：
1　住宅类建筑物配建停车位指标应与城市机动车拥有量水平相适应；
2　非住宅类建筑物配建停车位指标应结合建筑物类型与所处区位差异化设置。医院等特殊公共服务设施的配建停车位指标应设置下限值，行政办公、商业、商务建筑配建停车位指标应设置上限值。

基本车位供给应与城市机动车拥有量相协调。根据城市交通发展政策下的机动车发展规模，规划提供相应的基本车位。住宅类建筑物配建停车位是基本车位的主要组成部分，因此，住宅类建筑停车配建指标应依据城市未来机动车拥有量发展目标来制定，反之亦然，可通过对基本车位的控制来约束机动车的拥有量。

在规划确定的车辆发展策略下，住宅建筑的户均配建停车位一般不低于对应住户的户均拥车数。对于住宅类建筑，可按照人均机动车保有量、人均住宅面积等指标，进行配建指标的理论测算。

$$p_i = q_i / s_i \times 100$$

式中　p_i——i 类住宅的配建停车位指标，泊位/100m²；

　　　q_i——i 类住宅的人均机动车保有量，辆/人；

　　　s_i——i 类住宅的人均住宅面积，m²/人。

不同类型住宅可进一步细分，制定相应的配建停车指标。对于以"泊位/户"为单位制定住宅配建指标的，可按户均拥车数对应测算。

非住宅类建筑物停车位主要提供出行车位，合理制定非住宅类建筑物停车配建指标，是调控机动车出行的主要手段之一。通过出行车位的数量和分布的约束，并提供高品质公共交通服务，可以调控机动车的使用。根据规划设定的机动车出行需求约束目标，确定不同区位的非住宅类建筑物的停车配建指标。其中，中心区的办公、商业、商务等建筑的配建指标不可过高，需要设置上限，严格控制该类停车位的供给，引导公共交通出行。香港商业设施的泊车设施标准见表 13-1。

香港商业设施的泊车设施标准[2]　　　　　　　　　　　　　表 13-1

发展类别	所需泊车位数目	所需上落客货设施数目
零售设施	发展密度第 1 区：按比例每 200～300m² 总楼面面积辟设 1 个泊车位。 发展密度第 2 区及第 3 区：首 2000m² 总楼面面积：按比例每 40～50m² 总楼面面积辟设 1 个泊车位；继首 2000m² 后的总楼面面积：按比例每 150～200m² 辟设 1 个泊车位	按比例每 800～1200 m² 总楼面面积或余数不足此数者，辟设 1 个货车上落客货位
办公室	首 15000m² 总楼面面积：按比例每 150～200m² 总楼面面积辟设 1 个泊车位；继首 15000m² 后的总楼面面积：按比例每 200～300m² 总楼面面积辟设 1 个泊车位	按比例每 2000～3000m² 总楼面面积或余数不足此数者，辟设 1 个货车上落客货处；凡地盘净面积为 5000m² 或以上，则按比例每 20000m² 总楼面面积或余数不足此数者，辟设 1 个供的士及私家车乘客上落车的路旁停车处
零售市场	一般不设此类设施	按比例每 20～30 个大型摊档辟设 1 个中型/重型货车上落客货处。按比例每 40～60 个小型摊档辟设 1 个中型/重型货车上落客货处（中型/重型货车上落客货处的标准数目为至少 2 个）；按比例每个垃圾收集站辟设一个上落客货处，大小与中型/重型货车客货上落处相同

对不同类型的公共建筑，可根据出行方式目标比例等指标，进行配建停车位指标的理论测算。

$$p_{ij} = a_{ij} \cdot c_{ij} / n_{ij} / \theta_{ij} \cdot \varphi_i$$

式中　p_{ij}——i 分区 j 类公共建筑的配建停车位指标理论值，泊位/100m²；

　　　a_{ij}——i 分区 j 类公共建筑的高峰时段交通吸引率，人次/100m²；

　　　c_{ij}——i 分区 j 类公共建筑的高峰时段小汽车出行比例；

　　　n_{ij}——i 分区 j 类公共建筑的高峰时段小汽车平均载客人数；

　　　θ_{ij}——i 分区 j 类公共建筑的高峰时段车位周转率，次/泊位；

　　　φ_i——i 分区的路网承载能力约束系数（不超过 1.0）。

以某城市某区域为例，某类商业建筑的高峰时段交通吸引力为"10 人次/100m²"，小汽车出行比例为 15%（规划约束目标），平均载客人数 1.5 人，停车位高峰时段车位周转率为 1.2 次/泊位。则该类商业建筑配建停车指标初步测算值应为"10×15%÷1.5÷

1.2＝0.84"泊位/100m²。同时，还应考虑所在区域路网承载能力的约束，如该区域的路网承载能力为 9.6 万辆/小时（可按高峰小时计），而测算需求交通量为 12 万辆/小时，则路网承载能力约束系数为"9.6÷12＝0.8"，该类商业建筑配建指标的配建停车位指标理论值应为"0.84×0.8＝0.67"泊位/100m²。

13.3.5　机动车公共停车场规划应符合以下规定：

1　规划用地总规模宜按人均 0.5m²～1.0m² 计算，规划人口规模 100 万及以上的城市宜取低值；

2　在符合公共停车场设置条件的城市绿地与广场、公共交通场站、城市道路等用地内可采用立体复合的方式设置公共停车场；

3　规划人口规模 100 万及以上的城市公共停车场宜以立体停车楼（库）为主，并应充分利用地下空间；

4　单个公共停车场规模不宜大于 500 个车位；

5　应根据城市的货车停放需求设置货车停车场，或在公共停车场中设置货车停车位（停车区）。

公共停车场规模在难以利用需求进行具体测算时，可按人均指标对公共停车场的用地规模进行规划控制，取值一般可为人均 0.5～1.0m²，与《城市停车规划规范》GB/T 51149—2016 第 4.2.5 条规定一致。测算示例见表 13-2。设置上限也是鼓励集约、节约使用土地，尤其是对大城市及以上等级城市。在用地总规模基础上，公共停车场应分区域差异化配置。

公共停车场人均面积测算示例　　　　　　　　　　　表 13-2

指标	取值
人口（万）	1000
用地（km²）	1000
千人机动车指标（辆/千人）	300～400（按较高水平）
机动车（万辆）	300～400
车均停车位需求	1.2
总停车位（万泊位）	360～480
公共停车位占比	13%（按配建停车位比 85% 以上）
公共停车位（万泊位）	46.8～62.4
单个停车位占地面积（m²）	10～15（按容积率 2～3 计算，大城市可更高，如果是机械式，车均面积可更小）
用地面积（公顷）	468～936
人均用地面积（m²）	0.468～0.936（人均小于 0.5m² 是完全可能的）

公共停车场应在社会停车场用地（S42）内设置，也可在与社会停车场用地兼容的其他用地（包括绿地与广场用地、公共交通站场用地、城市道路用地等）内设置。在与其他用地兼容设置时，在满足应急避难及安全情况下，可充分利用地下空间。

为节约集约用地，公共停车场应以立体停车场设施为主，可设置为地下停车库、地面停车场或地上停车楼。特别是大城市及以上等级城市，停车需求相对更集中，为节约集约用地，更应优先考虑采用立体停车方式建设停车场（库）。

除大型客运枢纽等特殊情形外，单个公共停车场的停车位数量不宜过大，主要原因在于：一方面，便于交通集散及组织，超大型的公共停车场进出交通组织和内部交通组织相对复杂，一般易导致场内停车效率降低，以及出入口交通组织对周边道路运行影响较大；另一方面，对于单个机动车停车场，停车后的步行距离不宜超过 500m，而超大的停车场实际有效服务半径往往也比较大，停车后乘客的步行距离较长。因此，公共停车场宜分散布置，单个公共停车场的停车位数量不宜大于 500 个，避免集中设置超大型公共停车场。

城市中应考虑货车的停车位和装卸车位需求，物流枢纽、专业市场的货车停车位等可结合实际需求在其场地内设置，装卸车位可根据情况在路内设置，其他货车停车需求相对集中区域，可设置货车专用停车场，也可在公共停车场中划定货车停车区域或停车位。

13.3.6 机动车路内停车位属临时停车位，其设置应符合以下规定：

1 不得影响道路交通安全及正常通行；

2 不得在救灾疏散、应急保障等道路上设置；

3 不得在人行道上设置；

4 应根据道路运行状况及时、动态调整。

路内停车位的基本属性为临时停车设施。路内停车位在用地上，是临时使用道路用地；在设置上，可根据周边停车需求和道路运行情况动态调整或取消，临时设置；在服务对象上，主要服务道路两侧用地的临时停车。

路内停车设置应通过建立完善相应的机制予以规范，避免随意施划、施划后长期不评估不调整、停车秩序混乱、周边有车库不入库等现象发生。原则上，一是不得影响道路的安全和通行，在设置路内停车位后，道路的车行、人行等各类交通方式的通行安全应得到保障，并确保道路交通的正常有序运行；二是不得在重要的特殊道路上设置，包括救灾疏散、应急保障等保障城市安全的道路；三是不得在人行道上设置，人行道为步行的通行空间，为保障步行的安全、连续、舒适，不得采用占用人行道的方式设置路内停车位；四是应根据道路运行状况及时、动态调整路内停车位，应建立路内停车位动态调整的管理机制，根据道路运行状况，以及周边停车场的建设使用情况，及时调整或取消路内停车位。路内停车位施划的道路选择上，应结合实际需求，在次支道路上设置或在其他断头路上设置，不应在干线道路上设置。此外，可根据停车需求及道路通行条件，采取分时段停放、分时段计费等措施，实行精细化科学管理，精准调控路内停车需求。

13.3.7 地面机动车停车场用地面积，宜按每个停车位 25m²～30m² 计。停车楼（库）的建筑面积，宜按每个停车位 30m²～40m² 计。

机动车停车场的建筑面积按停车位数量核算，根据停车场设置方式的不同，单车停车建筑面积宜取值 25～40m²，该面积为平均建筑面积，含必要的通道和管理设施等的面积。如机械式机动车停车库单车建筑面积不仅包含每辆车所需停车位面积，还包括车辆升降器、旋转盘等设备以及管理、服务、附属等配套设施所占建筑面积，其中配套设施占总建筑面积的 5%～10%。

停车位在场内的主要排列方式可根据情况选择平行式、斜列式、垂直式等（如图 13-2）。

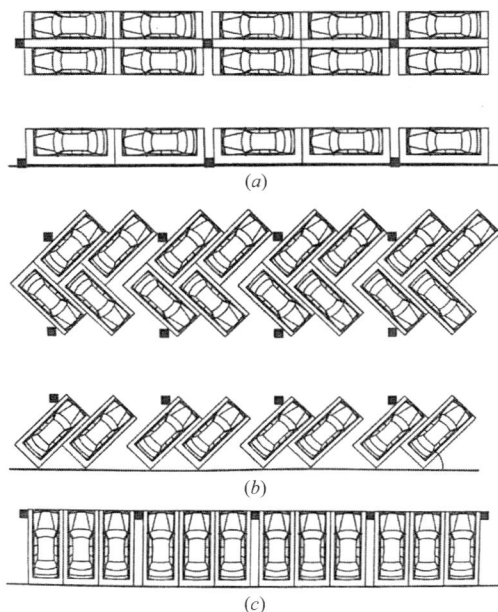

图 13-2　机动车停车位设置示意图

（*a*）平行式；（*b*）斜列式；（*c*）垂直式

资料来源：中华人民共和国住房和城乡建设部. 车库建筑设计规范：JGJ 100—2015. 北京：中国建筑工业出版社，2015.[1]

13.5　公共加油加气站及充换电站

> 13.4.1　公共加油加气站的服务半径宜为 1km～2km，公共充换电站的服务半径宜为 2.5km～4km。城市土地使用高强度地区、山地城市宜取低值。

城市应根据实际需求设置公共加油加气站及公共充换电站，单个公共加油加气站的服务半径宜为 1～2km，公共充换电站的服务半径宜为 2.5～4km。考虑到城市土地使用高强度地区加油加气及充换电需求相对旺盛，以及山地城市的道路可达性相对较低，在该类地区及城市可适当减小设施的服务半径。

> 13.4.2　公共加油站、加气站宜合建，公共加油加气站用地面积宜符合表 13.4.2 的规定。城市中心区宜设置三级加油加气站。公共充电站用地面积宜控制在 2500m² ～5000m²；公共换电站用地面积宜控制在 2000m² ～2500m²。

表 **13.4.2**　公共加油加气站用地面积指标

昼夜加油（气）的车次数	加油加气站等级	用地面积（m²）
2000 以上	一级	3000～3500
1500～2000	二级	2500～3000
300～1500	三级	800～2500

注：对外主要通道附近的加油站用地面积宜取上限。

加油加气车次的需求是决定加油加气站等级及用地面积的主要因素，通过加油加气需求（加油次数）的指标，参考确定加油加气站的规划等级及对应的用地规模。

95 规范编制时，加油站规模还都比较小，服务水平较低。本标准主要参考广州、重庆、深圳等城市加油加气站规划的成果制定相关指标。

13.4.3 公共加油加气站及充换电站的选址，应符合现行国家相关标准要求。

公共加油加气站及充换电站的选址，除满足车辆需求外，还应满足安全防护等要求，需要符合国家现行相关标准的规定。

13.4.4 公共加油加气站及充换电站宜沿城市主、次干路设置，其出入口距道路交叉口不宜小于 100m。

为便捷使用，公共加油加气站及充换电站宜沿城市主、次干路（含快速路辅路）设置。为减少进出站和可能的排队对交叉口的影响，其出入口不应紧邻道路交叉口，且距离不宜小于 100m。

13.4.5 每 2000 辆电动汽车应配套一座公共充电站。

公共充电站的需求由电动汽车保有量决定，电动汽车保有量越大，需要配套的公共充电站越多。按《国务院办公厅关于加快电动汽车充电基础设施建设的指导意见》等政策文件要求，每 2000 辆电动汽车应至少配套建设一座公共充电站。

13.4.6 公共汽车加油加气站及充换电站应结合城市公共交通场站设置。

公共汽车一般为定点加油加气或充换电，加油加气站及充换电站应结合城市公共交通首末站、停车场等场站设置，提高车辆使用效率。

参考文献

[1] 中华人民共和国住房和城乡建设部. 车库建筑设计规范：JGJ 100—2015［S］. 北京：中国建筑工业出版社，2015.

[2] 香港特别行政区政府规划署. 香港规划标准与准则［S］. 香港：香港特别行政区政府规划署，2016.

第14章 交通调查与需求分析

14.1 本章编制说明

与其他章节不同，本章是对交通规划技术方法的规范。在95规范中没有这部分内容。

交通调查与需求分析，作为科学编制交通规划的定量基础，是编制工作的规定内容，其数据质量的好坏，直接影响到规划目标和指标制定，以及规划的评估和方案的评价，尤其在新的规划形势和要求下，对数据项目、分析内容都有了更广泛和更高的要求，比如经济分析、环境分析和交通安全评估等，需要在内容和范围上扩大、深化定量分析。此外，随着大数据等新技术的发展，技术方法也在不断丰富。所以，本次标准的编制，增加了对交通调查与需求分析流程和方法的规定。

由于这两部分技术内容相对独立，也各有相应的技术标准、导则，《城市综合交通调查技术标准》GB/T 51334—2018已于2019年4月1日实施，《城市轨道交通客流预测规范》GB/T 51150—2016自2017年4月1日起实施。因此，本标准侧重于综合交通体系规划所需规范的总体层面要求，同时，考虑到各城市技术能力的差异性，本标准只作了基础性规定。

14.2 资料收集与交通调查

本标准明确要求在城市综合交通体系规划编制中必须首先进行交通调查，以确保规划编制建立在翔实准确的数据之上。

> **14.0.1** 城市综合交通体系规划应以相关资料和交通调查为依据，并应符合下列规定：
> 1 基础资料宜包括城市和区域经济社会、历史文化保护、城市土地使用、交通工具和设施供给、交通政策、交通组织与管理、居民出行、对外客货运输、城市综合交通系统运行、交通投资、体制与机制、交通环境与安全等方面；
> 2 采用的基础资料应来源可靠、数据准确、内容完整；
> 3 反映现状的统计数据宜采用规划基年前1年的资料，特殊情况下可采用前2年的资料；用于发展趋势分析的数据资料不应少于连续的5个年度，且最近的年份不宜早于规划基年前2年；现状分析和交通模型建立应采用5年内的交通调查资料；

本条第1款和第2款对资料收集的内容进行了要求，着重强调了资料的完整性和准确性。基础资料是保证交通规划符合所规划城市的特征，保障分析科学性和方案可操作性的前提。因此，资料收集必须涵盖城市交通供给、需求和运行、管理的方方面面，在传统的城市和区域经济社会、历史文化保护、城市土地使用、交通工具和设施供给、交通政策、交通组织与管理、居民出行、对外客货运输、城市综合交通系统运行的基础上，明确增加了交通投资、体制机制、环境安全等内容。应采用政府相关部门提供的正规统计资料，以及相关企事业单位正式提供的资料。

在项目操作中，依据规划的要求，资料收集应结合现场踏勘，在调研阶段进行。在交通调查前，需要列出基础数据的需求清单，以便于高效的收集基础数据。资料需求清单应针对当地城市的机构设置，按部门分别列出，越具体越好，包括年限要求、范围要求、项目要求和格式要求等，需要部门提供数据资料的，最好做成表格。并对重点部门进行座谈和走访，针对资料中的重点和疑点进行讨论。

有些资料可能存在于不同的部门，可多方收集，互相补充、验证。

表 14-1～表 14-3 是特定城市综合交通体系规划中所使用的表单，仅供参考。需要根据所规划城市的实际管理体制和交通发展，编制项目所需的资料收集文档。例如，物流资料可能在商务局、发改局；有水上交通的城市，综合交通体系规划也需收集相关资料。

样例-××市资料需求及潜在来源　　　　　　　　表 14-1

	资料分类	主要资料目录	来源
1	经济社会	城市经济发展 城市统计年鉴 城市经济发展趋势预测	发改、统计、规划主管部门
2	土地布局	城市总体、分区规划 城市用地布局现状	规划主管部门
3	人口就业	分区、分类人口就业分布	统计、规划主管部门
4	交通工具发展	分类交通工具近5年的发展 分类交通工具发展趋势预测	交管部门
5	交通设施发展	分等级城市道路布局、建设 城市公共停车布局、配建指标 城市公共交通设施（枢纽、场站）布局与规模 交通设施建设投资来源、构成、方向 近期交通建设计划 交通设施建设管理措施 综合交通规划、专项交通规划	统计、建设、交管、规划、发改等主管部门
6	交通出行特征	居民、车辆交通调查分析报告	统计、交管、规划主管部门
7	交通组织与管理	道路交通管理措施分布 交通管理政策与法规 停车特征 货运交通管理 重点地区交通组织研究报告 交通管理规划	交管部门
8	交通运行	道路交通流分布 主要堵塞路段、路口分布 道路流量观测、车速调查报告 事故分析报告	交管部门

续表

	资料分类	主要资料目录	来源
9	对外交通发展（包括市域与城市所在的区域）（城镇密集地区的城市要调研邻近城市的交通发展情况）	公路、铁路、港口、航空、航运现状设施规模、布局与运营 对外交通需求现状分布与特征 对外交通与城市交通衔接 对外交通投资发展 对外交通运输价格 对外交通发展计划与规划（包括各种对外交通方式与物流组织） 重点对外交通设施建设可行性研究报告 区域（省或者区域）公路、铁路、港口、航空、航运、物流发展规划	交通、发改等主管部门，机场、港口、铁路运营企业 省交通厅、自然资源厅
10	交通政策与法规	现状交通政策 现状地方性交通法规、标准 相关交通发展策略研究	交通、交管、规划主管部门 政策研究部门
11	交通投资与价格	现状交通投资、交通价格 交通投资和价格发展趋势	发改、物价、财政、交通、规划主管部门 相关企业
12	公共交通（城镇密集地区有跨界公交发展的地区要调研相关城市与跨界交通有关的公交发展）	公共交通车辆发展 公共交通设施发展（场站、枢纽、公交专用道、快速公共汽车系统等） 公共交通服务水平现状与发展历程 轨道交通系统现状 出租汽车现状 公共交通系统客运量及分布 公共交通主要集散点分布 地面公共电汽车交通、轨道交通发展规划 公共交通改革现状与发展计划 公共交通运营公司现状与发展计划 出租车发展规划	交通、规划主管部门 相关运营企业
13	旅游	旅游交通特征 旅游交通分布与设施发展 旅游交通规划	旅游、规划主管部门 旅游区管理单位，相关企业
14	环境保护	环境污染现状 环境保护规划 车辆排放管理计划 各类自然、历史文化保护区规划	环保、规划主管部门
15	地质资料	重点地区地质情况评价报告	国土主管部门
16	相关图纸	相关规划的现状与规划图纸	

样例-××市座谈需求　　　　　　　　　　　　表 14-2

	座谈部门	单位	座谈目的
1	规划管理、设计部门	规划主管级分局、规划设计院、各区政府	了解规划及实施情况与城市发展； 城市土地利用布局； 保护区管理

续表

	座谈部门	单位	座谈目的
2	交通建设、对外交通（包括国家、省、市、周围城市）	建设局（委）、发改委（局）、公路、铁路、民航、航运、港口、旅游、物流等部门	了解城市交通发展、投资；对外交通发展、投资、对外交通运输服务、物流、对外交通枢纽建设、对外交通衔接等；城市与对外交通发展计划与规划
3	公共交通管理部门	城市公交主管部门、公共交通公司、地铁、出租车公司	了解公共交通发展状况、存在的问题、发展计划、相关的政策和法规、公共交通市场发展、公交改革
4	交通组织与管理、交通政策与法规	交通管理局、政策研究室、城管局、环保局等	交通工具发展与管理城市现状交通组织、现状交通流分布、存在的问题、交通政策与法规交通组织与管理发展计划与规划交通环境
5	交通建设计划管理	发改委、统计局、建设局（委）、财政局等	交通建设计划、交通投资、交通价格城市社会经济发展

注：根据研究需要，必要时应走访省、邻近城市和国家相关单位。

样例-××市交通局资料需求　　　　　　　　　　　　表 14-3

分类	序号	内容
公路	1	××省现状公路网发展、建设与规划——省公路网规划
	2	××市交通年鉴（2013～2019）
	3	截至 2018 年底，全市各级公路建设完成情况和技术等级、里程
	4	××市高速公路及干线公路网流量及公路运输发展统计——近 5 年来公路主要客、货运输需求方向、运输规模、运营模式，对外客、货运联系等特征资料
	5	最新市公路网络发展规划、"十三五"研究成果和近期完成情况
	6	近 5 年来，全市公路流量观测点——流量及车速观测资料
	7	××市对外运客、货运枢纽现状发展资料——布局、建设规模；各枢纽场站等级、服务功能与方向、客运规模、客流发送方向比例、货运规模、发送方向等
	8	××市最新公路交通现状图和规划图
	9	最新公路运输枢纽布局规划——公路客货枢纽、场站发展规划
物流及货运	10	××市货物运输（包含规模以上重点企业），发展现状（基础设施、货运规模结构和流量、货运市场）和存在的问题
	11	××市物流产业发展概况，主要特点、问题以及发展趋势等，特别是重要物流节点（物流中心、物流园区）布局现状与发展规划
	12	××市物流园区层次划分和功能定位，园区和货运场站的布局规划和规模，货运走廊和通道规划情况
	13	货运和物流发展趋势和规划情况
	14	货运交通管理政策和组织对策，重点物流企业的货物运输组织的主要管理模式
长途客运、城乡公交与出租车	15	市域内城乡公交客运发展资料（近 5 年来客运数据，运力、设施发展，城乡公交发展模式，相关规划等）
	16	近 5～10 年来，政府对公共交通发展的投资额度与相关政策
	17	政府对优先发展公交的相关扶持与优惠政策

续表

分类	序号	内容
长途客运、城乡公交与出租车	18	现状公交服务票价及优惠票价政策
	19	现状公交集团职工规模、企业运营基本成本
	20	城市公共交通发展情况（近5年来运量统计，运力、设施发展，线路分布与发展情况，城市公交发展体制改革等）
	21	历次公交票价调整或网络结构调整前后客流变化情况及分析
	22	全市公交线路、站点分布，线路运力配置，发车频率
	23	现状公交集团发展经营模式
	24	现有公共交通乘客调查资料
	25	公交体制与投资、经营模式的改革与发展
	26	公交场站设施用地取得与设施建设模式
	27	公交IC卡系统发展情况与IC卡数据
	28	城市公共交通专项规划成果（发展规划，线网、场站、BRT规划等）
	29	全市出租车发展资料——近5年运力、运量发展统计，现状运营模式、GPS控制系统建设状况、发展规划与计划等
发展政策与体制、机制	30	公路系统建设资金来源与投资额度——各种公路等级
	31	公路建设造价、养护、维修费用统计资料
	32	现有综合运输体系发展模式与机制——包括行业政策、管理体制、运力组织、票价、信息系统、应急机制等
其他	33	交通运输十三五规划
	34	管道运输系统现状与发展规划
	35	2013～2018年年度工作总结和工作计划
	36	对本次综合交通体系规划的要求与建议

本条第3款提出对数据时效性的要求。对于我国快速发展中的城市，资料必须是最新的才能反映城市的真实面貌。原则上，对于五年前的交通调查，只可用于历程分析和趋势分析，特殊情况下，限于某些原因不能重新进行综合交通大调查，也必须进行补充调查，对之前的调查数据进行修正，尤其需要进行与城市新发展地区、新增交通设施相关的调查。

本条第4款～第7款对交通调查提出了具体要求。

有条件的城市应定期组织综合交通大调查，详细掌握交通运行的全貌。对于5年内没有进行综合交通大调查的城市，可以结合城市交通规划，与交通规划的调研工作同步进行交通调查，并建立城市交通数据库。可以作为综合交通体系规划的一项工作内容，也可以单独组织。无论调查采取何种组织方式，都需要满足综合交通体系规划对调查数据范围、内容、精度的要求。

14.0.1　城市综合交通体系规划应以相关的资料和交通调查为依据，并应符合下列规定：
……
4　城市应根据规划的要求进行相关交通调查，交通调查的内容和精度应根据规划的分析要求确定；
5　调查应涵盖城市综合交通所涉及的各种交通方式、各类交通设施；
6　交通调查应包含不同调查项目之间相互校验的内容，以及与其他来源公开数据的一致性检查；

7 规划范围外与规划范围内通勤出行较大的地区，居民出行调查取样原则宜与规划范围内一致。

交通调查的内容涵盖许多方面，具体包括但不限于表 14-4 所列内容。

交通调查内容

表 14-4

序号	调查类型	调查对象	调查内容
1	居民出行调查	居民住户	住户特征、个人特征、车辆特征和出行特征
2	流动人口出行调查	住在旅馆中或其他流动人口集中地的人	流动人口的社会经济特征和出行特征
3	公共交通调查	城市公共汽电车乘客和城市轨道交通乘客等	公交客流查和公交乘客出行特征
4	出租车调查	出租车司机及乘客	运营数据、乘客特征、停车特征等
5	出行生成源调查	交通枢纽、大型公建等的就业者、访客	出行生成相关的车辆数、人数和到达车辆、人员的出行特征
6	城市道路交通调查	城市路段上的车辆、人	特定时段道路断面各方式的分车型车辆数和人数
7	出入境道路交通调查	城市出入境道路上的车辆、人	出入境道路流量和交通出行特征
8	道路货运调查	货车、货物	货运车辆交通特征、货运场站特征
9	停车调查	到离停车场的机动车	停车设施基本情况和停车特征

应根据特定城市的规划要求进行相关交通调查，从而选取所需的交通方式、交通设施和城市对外交通。一般来讲：

（1）交通方式包括：步行、自行车、电动自行车、公交车、轨道交通、小汽车（自驾）、小汽车（搭乘）、通勤班车、出租车、摩托车以及其他方式。

（2）交通设施包括：城市道路、停车场、客运枢纽、公交场站等。

（3）城市对外交通：铁路、公路、水运和航空等。

对于某些城市，辅助型公共交通占比较高，如山地水网城市的轮渡、索道等，还有一些城市的非正规的交通运营方式，如三轮车等，应根据分析需要确定是否进行有针对性的调查。对于新出现的运营模式，如共享单车、网约车等，也可根据发展状况和资料情况，有针对性地进行调查。

交通调查应包含不同调查项目之间相互校验的内容，并与其他来源的公开数据进行一致性检查。通过对交通调查的项目进行校检，可提高调查结果的准确性和一致性。例如，利用人口统计数据对调查数据进行放样后，对各方式的出行量与统计数据进行校核；利用核查线调查得到的流量等调查数据对居民出行调查得到的数据进行校核等。有条件的地方，可以利用居民出行调查，（抽样）询问居民的公交 IC 卡编号，即可将其出行记录与公交公司所提供的 IC 卡刷卡记录对应起来，从而对居民出行调查内容进行校验。

抽样方法和抽样率对调查精度影响重大。在内容和方式确定后，抽样方法的选择主要取决于关键变量在调查目标对象中的分布情况。如果关键变量（如小汽车拥有水平、家庭人口规模等）在调查目标对象中比例较高且呈现均匀分布，达到一定样本量的简单随机抽样方法即可满足要求。当一些变量比例较低或分布不均时，可能采用简单随机抽样方法所需要的样本量过大。这种情形下，可以采用分层或分类的抽样方法。例如，对于居民出行调查，如果采用传统的入户方式，《城市综合交通调查技术标准》GB/T 51334—2018 规定了应按等距抽样或分类抽样原则来确定调查的居民住户，并对各种规模城市的最小抽样率作了规定[1]，见表 14-5。若采用手机信令数据技术，由于手机的拥有率、使用率在各年龄段、各社会阶层存在分布不均等问题，需要进行分层处理，并根据实际情况进行补充调查。

居民出行调查抽样率[1]　　　　　　　　　　　　　　　　表 14-5

城市人口规模（万人）	≥1000	500（含）～1000	100（含）～500	50（含）～100	20（含）～50	<20
抽样率（%）	≥0.5	≥0.8	≥1	≥2	≥3	≥4

调查范围应等同于分析范围，对于城镇密集地区，除了城市本身规划范围之外，如果通勤交通蔓延到规划区以外，这些地方也应该纳入调查范围。

14.3　需求分析

14.0.2　城市综合交通体系规划应采用宏观与微观相结合的分析手段进行交通需求分析，并应符合以下规定：

1　交通需求分析的范围应与城市综合交通体系规划的规划范围一致，并应统筹考虑规划范围内外部之间的通勤交通；

2　交通需求分析的年限一般应与城市总体规划一致，对城市轨道交通等城市重大交通基础设施还应进行远景年交通需求分析；

3　应建立交通需求分析模型，定量分析规划期内城市不同区域在不同发展阶段的交通需求特征；

4　交通需求分析模型应作为城市交通信息共享与应用平台的重要组成部分；

5　城市交通需求分析模型所采用的参数应通过调查数据标定；

6　模型精度必须保证规划控制指标计算的精确度。

对于综合交通规划的定量分析，资料收集和交通调查是数据基础，需求分析是目标，交通模型是工具和方法。同时，交通调查数据、模型分析数据和预测结果也是交通信息化平台的重要组成部分，见图 14-1。

为了保证需求预测符合本地的发展趋势，各个城市需要采用符合本地特征的参数——必须通过本地最新的调查数据，进行系统的数据处理和数据分析，运用专业的数学方法进行参数标定。

新时期的交通规划是针对不同发展阶段的全过程规划，作为规划技术手段的交通需求分析——交通分析模型建立及其应用都需要满足全过程分析的要求。传统的城市综合交通体系规划主要采用宏观的分析方法。但是，对应于城市不同发展分区的发展特征和发展阶段，需要采取宏观与微观相结合的需求分析，保证模型精度符合指标计算的要求。如战略研究阶段，采用宏观分析模型，而对于存量地区的更新改造，主要集中在地方性的交通设施规划上，如次支路系统、步行与自行车交通系统，地区公共交通服务的改善等方面，就需要交通模型必须支持相应的中微观分析。

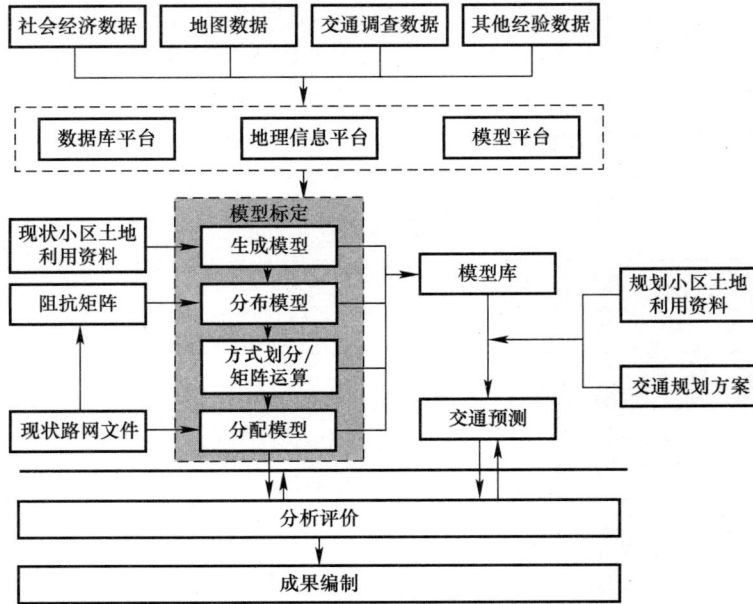

图 14-1　样例-××市交通需求分析模型技术路线

资料来源：中国城市规划设计研究院，贝利（北京）咨询有限公司，贵州省环境科学设计研究院．贵阳可持续发展交通规划研究．2009．[2]

14.4　测试和评价

> 14.0.3　应采用交通分析模型对城市交通发展战略、政策和规划方案进行多方案测试和评价，对城市发展的不确定性进行分析。测试和评价指标除交通运行外，还宜包括经济、环境、社会公平等方面的指标。

随着城市交通设施布局与运行的经济性、公平性等日益引起重视，交通需求分析可根据需要对交通设施建设、运行等的经济性进行分析，并分析设施、政策、交通组织等对不同人群的影响，提高城市综合交通规划的公平性和经济性。

相应地，在交通需求分析指标中可包括方案投资额、温室气体排放、噪声影响范围、（特定人群、地点）公交/慢行可达性等。其中的尾气排放分析框架参见图 14-2。

我国城市还处于快速地成长之中，传统理论与发展需求不尽相符，难以沿用以往经验，因此需要将趋势识别、态势分析、中短期预测、对策效果评估等技术方法结合为一体（"组合拳"），纳入完整的适时响应调控模式工作框架。

目前常用的城市交通评价指标有：

（1）城市机动车发展规模

（2）交通方式构成与交通政策影响

（3）城市道路网络总体容量和各级道路服务水平

（4）城市道路关键走廊与断面容量和服务水平

（5）交通换乘枢纽及重要交通集散点的服务水平

（6）城市重要地点的交通可达性

（7）停车需求规模及停车设施供需关系

（8）公共交通服务水平分析

（9）交通设施建设运行的经济性、环保性

（10）设施、政策、交通组织等对不同人群的影响

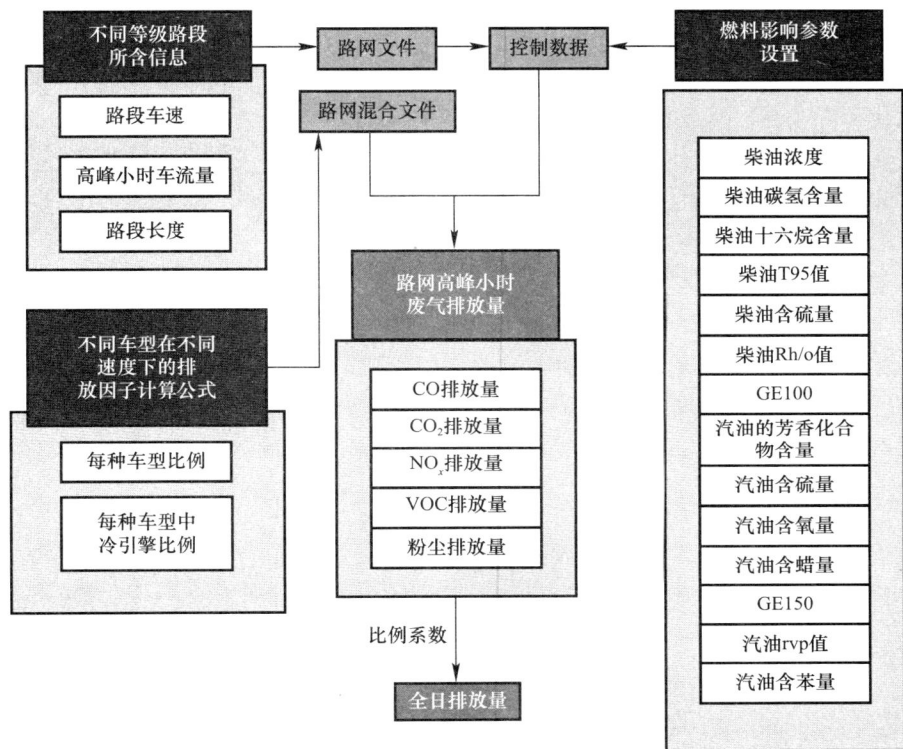

图 14-2　样例-××市交通需求分析模型中尾气分析示意图

资料来源：中国城市规划设计研究院，贝利（北京）咨询有限公司，贵州省环境科学设计研究院. 贵阳可持续发展交通规划研究. 2009.[2]

14.5　新技术

14.0.4　交通调查和需求分析可采用新的技术方法与工具，但应对调查数据的准确性和分析结果的可靠性进行评价，分析精度不得低于传统的"四阶段"等方法。

近年来涌现出的大数据等新技术手段，在调查时效、样本量、客观性和连续性等方面具有很大的优势，还能带来新的分析视角。本标准明确提出支持这些新的技术创新和应用，包括 GPS、IC 卡、移动数据等。

由于新技术的多样性及各城市技术能力的差异性，本标准只作定性规定，同时要求准确性和可靠性不得低于传统的"四阶段"等方法。

新技术在交通调查和需求分析中的应用包括但不限于：

（1）通过手机信令数据能够持续动态更新人口和就业岗位数据，城市全天的人口分布情况（参见图 14-3）以及就业人口居住地和工作地的空间联系。

（2）下载网络地图的公交线路和车站数据，形成线路、车站图层，并用地图算法连接线路、车站与路网，形成交通模型的公交线网数据库。

（3）公交 IC 卡数据可完整记录轨道交通乘客的站间 OD，并反映不同时段客流情况，且可通过一定算法推算出通勤者搭乘公共汽车的车站 OD。

（4）应用车载 GPS 数据可获取出租车的路段车速、出行 OD 以及乘客乘距。

（5）高速公路收费 OD 实时记录不同车种出入情况可推算路网拥堵程度。

（6）高架路（桥）和地面道路的线圈数据、交叉口数据等校核交通模型。

（7）使用手机信令数据、车载 GPS 数据分析区域的出行分布特征，扩大样本量，分区更为精细，空间精度高。

（8）根据手机信令数据对应的地铁车站的专用基站信息，便可获知每个车站足够的样本来分析乘客接驳轨道交通的信息。

（9）通过自动化手段进行居民出行调查的扩样和校核，例如手机信令数据可以分析核查线流量和大区间 OD 分布，车载 GPS 数据可以获得出租汽车乘客 OD 等。

（10）使用浮动车数据和地图信息，获得较为准确的路段车速数据及区域间的车辆出行时间，也可采用网络等时线图比较直观地对比交通模型和大数据的路网出行时间。

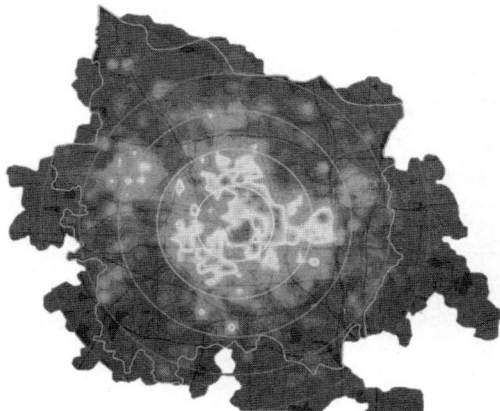

图 14-3　利用手机信令数据识别城市活动热点
资料来源：中国城市规划设计研究院. 全国主要城市通勤监测报告. 2019.

这些新技术、新手段方便了数据采集，扩大了样本量，丰富了数据项，使得离散的交通需求分析成为可能。但是，目前看来，这些新方法也有一些弊端，例如，移动数据和 IC 卡受限于特定使用人群，且缺乏建立需求模型所需要的出行者个人属性和出行目的等；车辆牌照并非整个路网均被检测系统覆盖，一般主要集中于快速路和主干路等。因此，还需要多种方法结合使用，针对数据覆盖的特点，定制补充交通调查，才能获得城市交通运行的全貌。

参考文献

[1] 国家技术监督局，中华人民共和国住房和城乡建设部. 城市综合交通调查技术标准：GB/T 51334—2018 [S]. 北京：中国建筑工业出版社，2018.

[2] 中国城市规划设计研究院，贝利（北京）咨询有限公司，贵州省环境科学设计研究院. 贵阳可持续发展交通规划研究 [R]. 2009.

第 15 章　交通信息化

15.1　本章编制说明

与 95 规范相比，本标准新增加了"交通信息化"章节。交通信息化可以为综合交通体系目标的实现，以及城市综合交通体系规划的持续性、实效性提供支持，将交通信息化纳入本标准的主要目的如下：

1. 顺应信息化和智能化发展趋势，从城市综合交通体系评估、规划编制、规划修编以及规划实施监管的全过程出发，对交通信息化规划的内容提出要求，将交通信息基础设施作为一种重要的城市公共设施，提出建设要求。

2. 为交通规划建模分析、实施评估、跟踪监测提供数据和技术支持，从而提升规划的科学性、时效性和协同性，使交通安全、高效、绿色、协调等目标实现更加有效，也是存量条件下空间资源高效利用的重要手段。

3. 规范数据资源管理，提升交通基础信息共享水平和服务能力，使城市综合交通体系规划成为可视的、可参与的、可监管的。

本章将从交通信息化规划内容、信息采集与共享应用 3 个方面提出相关要求，与标准条文对应关系参见图 15-1。

- 规划内容
- 交通信息化
- 信息采集
- 共享应用
  - ● 15.0.1 信息采集、共享、发布系统要求
  - ● 15.0.2 信息采集数据类型
  - ● 15.0.4 信息采集覆盖空间范围与深度
  - ● 15.0.3 数据共享要求
  - ● 15.0.5 信息共享平台服务内容及要求

图 15-1　本章内容和条文的对应关系

15.2　规划内容

15.0.1　交通信息化规划应提出支持综合交通体系实施评估、建模分析等的交通信息采集、传输与处理要求，以及交通信息共享、发布的机制与设施、系统要求。

交通信息化的核心任务，首先是采集城市的各类静态和动态交通信息，为综合交通体系实施评估、建模分析等提供数据支持，然后在此基础上建立交通信息平台，为面向城市综合交通体系规划的信息共享应用系统开发提供信息交换、发布和共享平台。

本章将交通信息化定位于服务城市综合交通体系规划，为规划编制及实施评估提供全面、连续的数据和技术支持平台。交通信息化以"数据采集"和"平台建设"为两个支点，其中，数据采集是基础，平台建设是关键的技术支持手段。

与通常面向交通管理与出行服务的信息系统建设相比，面向综合交通体系规划的交通信息系统规划建设具有以下特点：

（1）数据采集：数据用于支持交通需求的定量分析，采集范围涉及各类交通参与者与交通设施，涵盖出行活动、交通运行、土地利用、社会经济等方面。

（2）实时性：面向交通规划的信息系统并不一定要求实现各类数据的实时接入。动态交通数据可通过定期（周、月、季）离线导入的方式进入系统。

（3）存储与处理：设计规划实施评价的指标体系，通过对指标的连续跟踪，实现规划实施效果评价和监测，而不是存储大量原始的动态交通数据。

（4）功能应用：面向规划的信息系统通常只规定公共性和基础性的交通信息采集与服务要求，侧重于交通系统的监测与评估、交通决策支持、空间使用效率与价值提升以及整体服务品质的提升。系统的主要用户通常包括城市交通规划与运营管理职能部门人员、交通专业技术人员等。对于面向个体出行者的交通信息服务，应充分结合市场需求、采取灵活的商业模式，鼓励和支持相关企业提供精细化、个性化的服务。

15.3　交通信息采集

15.3.1　数据类型

> 15.0.2　交通信息采集、存储包括城市和交通地理信息、土地使用与空间规划信息、交通参与者信息、交通出行信息、交通运行信息、交通事件和交通环境信息等。交通信息应整合政府与民间的信息资源、定期更新。

交通信息采集的类型应能满足交通现状评价、建模分析、规划评估、决策支持的要求，突出信息采集的综合性，体现综合交通体系，以及交通与城市空间、土地利用、人口就业之间的关联性。

按照信息属性将交通信息分为静态信息和动态信息两大类，如表 15-1 所示。静态信息用来建立交通设施网络并定义其交通属性，动态信息描述实际交通流的运行状态，可以用来对模型进行标定与验证。将静态信息和动态信息分为基本和扩展两类，基本信息具有更普遍的意义，扩展信息可根据交通决策分析需求扩充。

交通信息采集类型　表 15-1

静态信息	基本信息	交通网络信息、现状和规划土地使用信息、交通调查信息（居民出行调查，各类专项调查）、人口及岗位信息等
	扩展信息	城市基础地理信息、公共设施信息、建筑信息、各类空间性规划和相关规划信息等
动态信息	基本信息	道路交通量、道路行程车速、轨道交通客流量、公共汽电车客流量等
	扩展信息	交通枢纽客流信息、货运交通信息、停车场信息、非机动车和行人信息、交通事件信息、交通环境信息等

从表 15-1 中可以看出，面向城市综合交通体系规划的交通信息采集类型多、范围广、

工作量大，因此，应充分利用既有相关部门（规划和建设管理部门、交通行业管理部门、交警部门等）的数据资源，实现跨部门数据接入和共享。可采取"分期规划实施"的策略，首先保证交通网络建模分析、道路及公交系统运行评价等功能的基本信息，并且在交通信息采集过程中予以优先采集，在此基础上根据交通规划的需求可分期逐步扩展。

下面从静态信息（空间地理信息、社会经济属性等）和动态信息（交通活动、交通运行等）两方面具体介绍交通信息采集类型。

1. 静态信息

静态信息主要以城市基础设施及其属性的有关数据为主，这些数据大部分可以从城市交通地理信息系统（GIS-T）中获得。GIS-T 是在传统地理信息系统（GIS）的基础上，针对交通系统的规划、设计与管理需求，强化了其中交通网络建模能力的一种专业性的地理信息系统。交通信息化基础较好的城市可以采用 GIS-T 进行交通信息采集以满足城市综合交通体系规划中对静态交通信息的需求。表 15-2 列出了一个典型的静态交通信息基本要素结构。

典型的静态交通信息基本要素结构   表 15-2

要素类别	要素名称		描述
网络要素	路网	道路路段	道路网络中心线及其属性
		节点	路段交叉点、小区连接点等
		拓扑关系	路段的连接、路口转向、车道转向等
	公交	公交站点	公交车站点
		公交线路	线路信息
	交通小区	小区连接线	连接小区质心和路段的线
		小区多边形	为交通分析而划分的多边形区域
点要素	道路交通测点		道路上的交通检测器测点
	交叉口测点		检测进口道流量及交叉口相位，如 SCATS 系统
	停车点		各类停车场和泊位
	出租车扬招点		路段上出租车搭载乘客的服务点
	重要地标		省政府及市政府等行政机构
	自行车服务点		路段上提供公共自行车的服务点
	生活服务兴趣点		售票点（航空、火车和汽车）、加油站、大型商业设施、景点等
线要素	铁路、航运		铁路网络中心线、航运线路等
面要素	行政区域		按行政管理划分的界线
	绿地		公园、大型绿地等
	水系		河流、湖泊等
	重大基础设施地标		公共机构、医院、商厦等

交通网络数据是静态交通数据的基础和关键，是派生和提取其他各类数据的前提。基础交通网络数据包括道路网、公交网以及水运网。其中道路网由节点和路段构成，同时通过路段编号、道路名称、道路等级、车道数、交叉口转向限制和道路单行等属性数据来完整描述，需包括步行、自行车交通设施属性数据。根据交通仿真数据的需求，可以从道路网中提取仿真模型路网图形，并附加路段分隔类型、路段通行能力、车道数、交叉口渠化和信号配时及自由流车速等信息。公交网包括常规公交网、快速公交网络和轨道网。公交网由线路和站点构成，并通过公交运营计划参数（如时刻表），生成满足交通仿真需求的公交仿真基础数据。公交网也可以作为基础道路网的附加数据信息，通过动态映射投影到基础道路网上。

交通分区数据供建立交通仿真模型使用，主要通过多边形边界、连杆和形心来描述和存储。交通小区形心由多边形边界自动生成或人工设定，通过形心坐标、交通小区编号、交通小区所属中区编码、交通小区所属大区编码等属性来描述其空间特征。交通小区多边形边界在 GIS-T 中以多边形（Poly line）形式存储。交通小区连杆分为行人连杆和车辆连杆，其属性包括对应的小区和节点编号、允许通行的交通系统集等，并通过连杆权重来控制和调节行人和车辆的分配比例。

在基础交通网数据的基础上，建立交通模型还需要附加一些必要的属性数据。以道路路段数据为例，所需的属性数据包括路名、长度、车道数、通行能力等。在交通小区属性中，还包括用于交通生成分析的一些社会经济指标、人口和岗位数据。表 15-3 是静态信息中道路路段、节点、交通小区等交通网络要素所附的属性数据。

交通网络要素所附的属性数据 表 15-3

网络要素	属性数据	网络要素	属性数据
路段	中心线图形	节点	节点名称
	起始节点编号		节点类型
	终止节点编号		信号控制类型
	长度		进口道车道数及转向车道划分
	路名		进口道通行能力
	起始道路名		车道通行能力
	终止道路名		节点 X 坐标
	交通系统集		节点 Y 坐标
	道路等级	交通小区	小区面积
	断面形式		小区户数
	车道宽度		小区人口数
	单车道通行能力		常住人口数
	延误函数代码		暂住人口数
	路段通行能力		旅游人口数
	车道数		住宅岗位数
	道路宽度		工厂岗位数
	机动车道宽度		医院岗位数
	非机动车道宽度		商业岗位数
	人行道宽度		办公岗位数
	机非分隔带宽度		学校岗位数
	中央分隔带宽度		旅馆岗位数
	红线宽度		特殊吸引点
	所在行政区名称		其他岗位数
	所在行政区编号		小区质心 X 坐标
	路段方向标志		小区质心 Y 坐标

除基础交通网络信息以外，还可以根据实际需要增加扩展信息，用来更详细地描述交通网络系统。例如，可以增加交通检测点信息、道路施工信息、道路交通管理信息等。为了更好地为市民提供服务，还可以在采集静态信息时增加兴趣点信息（POI），包括地标建筑、学校、宾馆、医院等。图 15-2 给出了某城市静态信息的数据类别和内容。

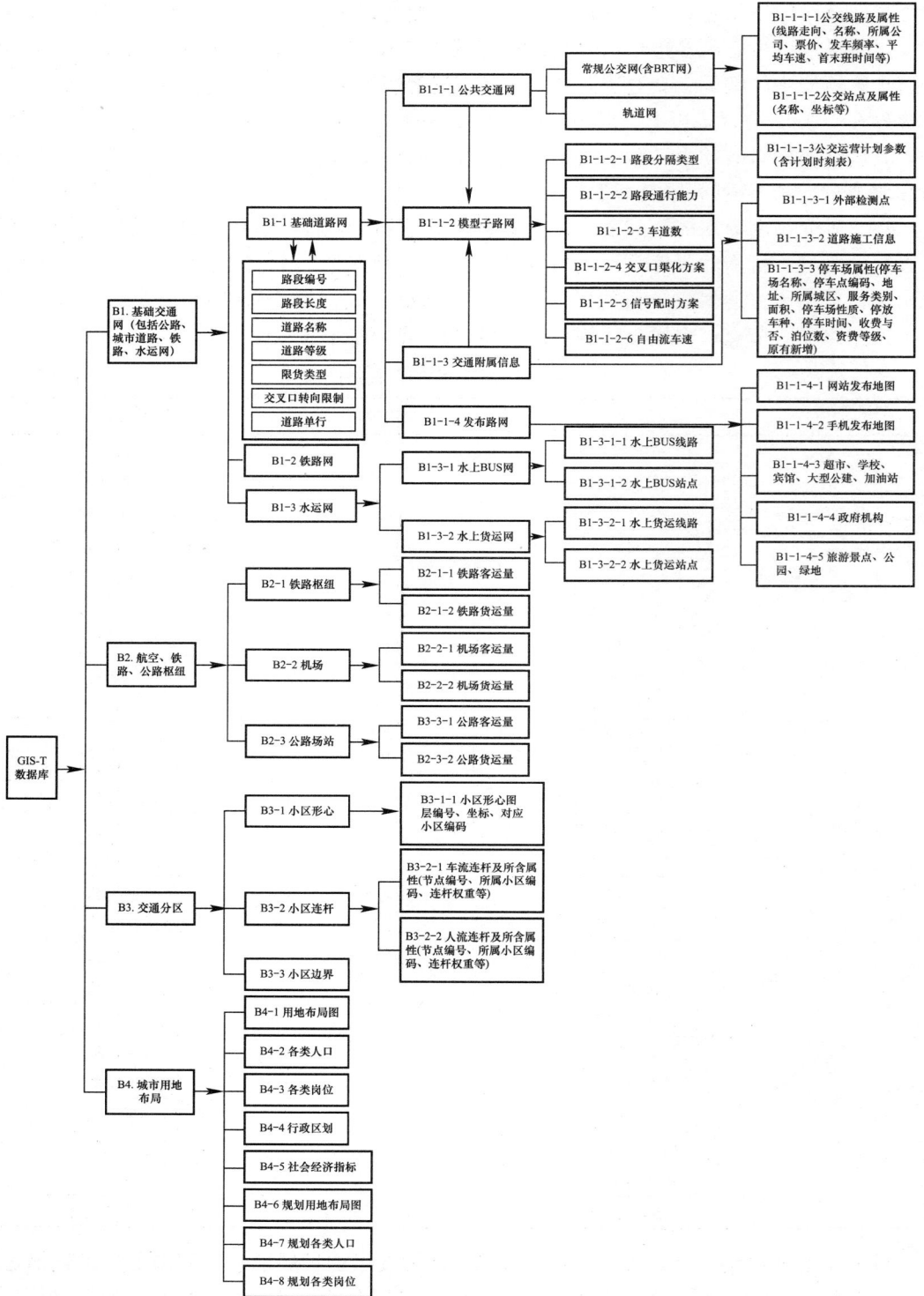

图 15-2　静态信息内容示例

资料来源：杭州市综合交通研究中心，同济大学等. 杭州市智能交通信息平台—期工程项目研究报告. 2011.[1]

2. 动态信息

动态信息主要是指道路交通量、道路行程车速、轨道交通客流量、公共汽电车客流量等的数据信息。在智能交通系统（ITS）的快速发展大背景下，作为交通规划基本输入的传统人工调查数据已经开始被自动化的动态交通数据逐步取代。国内信息化建设先行城市可以使用一些新型的交通信息采集技术，例如先进的定点流量检测器、视频检测器、浮动车 GPS 设备以及各种智能交通卡系统等，实现对广域范围内海量动态交通信息的采集。广域动态信息的出现和不断积累，使得城市交通研究人员和技术人员能够具备对城市交通网络多角度、连续性的观察能力，从而形成一种新的交通信息环境。对于城市综合交通体系规划而言，将会获得全新的技术支持，表现在：

（1）通过大范围连续观测交通网络运行状态的变化特征，更全面、精细、准确地识别交通问题，掌握交通系统演化规律；

（2）通过对比方案实施前后交通状态的演变过程，可对方案的实施效果及时评估，并且进行方案调整和优化；

（3）将新型交通数据采集技术配套的计算机系统集成技术应用于交通规划领域，从根本上改变城市交通规划数据收集和处理主要依靠人工的现状，提高规划方案编制的效率，增强时效性。

目前一些交通信息化先进城市已经具备了一定应用规模的广域动态交通数据，主要包括定点交通检测数据、浮动车 GPS 数据、手机信令数据，以及通过视频牌照识别或电子标签获取的数据等。

定点交通检测数据主要是通过安装在固定地点的检测设备对移动中的车辆进行感应和监控来获取。检测设备目前主要包括磁频车辆检测器、波频车辆检测器和视频车辆检测器三类。获取的数据主要是交通量、车道占有率和通过检测器时的瞬时速度。通过视频检测器理论上还能够获得车辆排队长度、车流密度、交叉口停车次数等更加直观的信息。对于城市路网中间断交通流的判别可以通过多个定点检测器组合检测的方式，理论上能够采集到一些区间交通流参数，如车队的平均行程车速、行程时间等。另一种做法是通过车辆牌照匹配、车辆或车队信号匹配等技术，在研究区域内不同的检测点上识别车辆或特定的车队，检测其到达每个检测点的时间，以此获取路径上的行程时间、行程车速以及 OD 分布等区间交通数据。

浮动车 GPS 数据采集基本原理是利用车载 GPS 设备定期传送的车辆编号、时间、经纬度坐标等数据，计算车辆行程速度和行程时间等交通参数，反映道路交通运行状况。出于调度和安全需求，国内部分城市的出租车都装有 GPS 设备，定期将车辆编号、时刻、经纬度坐标等数据传送至调度中心，客观上为浮动车 GPS 数据采集创造了先天有利条件。由于对个人出行隐私的保护，出租车也是当前唯一能够支持大规模应用的浮动车 GPS 数据采集源。

手机信令数据泛指通过手机等移动通信设备对其使用者的空间位置进行判断的过程。通过在一段时间内连续判断手机使用者的空间位置，就可以得到使用者在城市空间中的位移信息。如果将手机使用者在一段时间内空间位置的变化过程看成一次出行，这些位移信息经过适当的加工处理后，能够反映本次出行的 OD 信息、时间信息，甚至里程和速度信息。

15.3.2　数据采集范围

15.0.4　交通信息采集设施应覆盖城区，以及与城区联系紧密的城镇，采集对象应包括主要交通设施和交通参与者。规划人口规模 100 万及以上的城市宜提高交通信息采集的密度。

交通信息采集的范围应与城市综合交通体系规划范围保持一致，确保采集的交通信息能够对规划区域形成有效支撑。重点覆盖城区以及与城区联系紧密的城镇，宜采用分期规划、建设的方式逐步扩大覆盖范围。采集对象应包括全部交通方式及重要设施（道路、公交、枢纽、场站等），以及各类交通参与者信息（交通出行者、交通运营管理者等，包括社会经济属性特征和交通行为特征信息）。

规划人口规模 100 万人及以上的城市宜提高交通信息采集的密度，主要指数据检测点的分布密度。可运用技术相对成熟且成本较低的移动数据采集技术来增加检测点的分布密度，如浮动车数据（出租车、新能源汽车）、手机信令数据等，能够以较低的成本显著提高数据采集能力。

例如，通过车辆 GPS 实时定位数据，可分析车辆路径，计算行程车速，识别拥堵区域和拥堵点，反映道路交通运行状况，评估交通项目建设效益。通过手机信令数据，可分析居民分布特征、交通出行特征、识别城市活动热点、分析城市区域联系紧密程度。参见图 15-3。

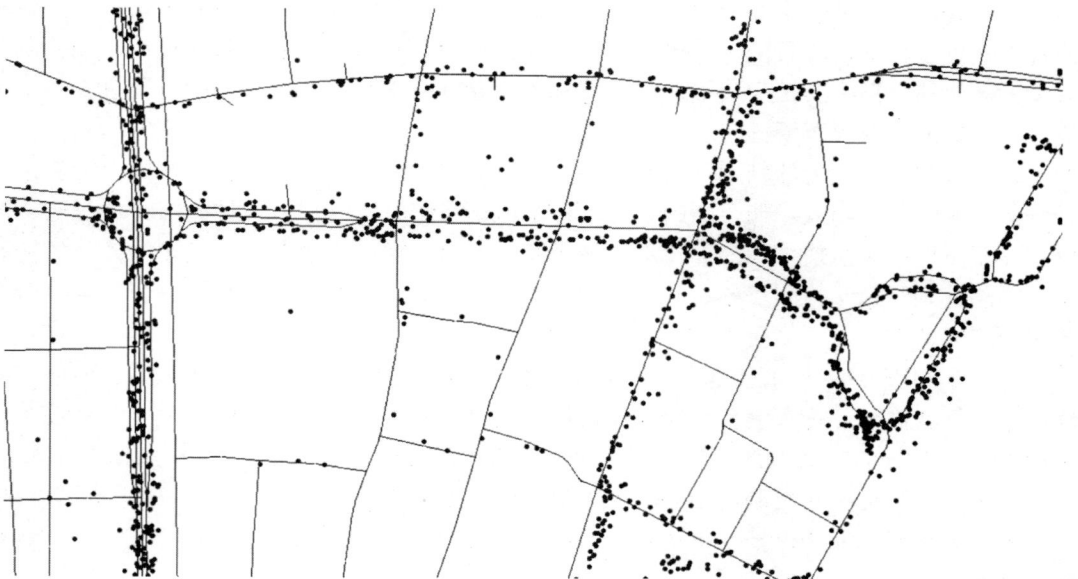

图 15-3　利用车辆 GPS 实时定位数据识别拥堵点

同时，充分考虑交警部门交通监控数据接入的可行性，包括交叉口检测器数据、车牌识别数据等，出于保密需求，并不一定要求实现数据的实时接入，可通过定期（周、月、季等）离线导入的方式进入系统。

15.3.3　维度和深度

在大数据环境下，为提高交通分析、评估和决策能力，动态信息宜采用多维度和多层次的方式进行集成加工，支持深度数据挖掘。

数据"维度"是指观察和分析问题的角度。交通数据分析和应用过程中使用最多的维度有时间、特征时段（高峰、日、夜等）、地区、道路等级、特征地段，以及最基本的单个节点和路段。此外，根据交通分析的具体需要还可以增加气象维度、交通事件维度，以支持不同的气象条件、交通事件（交通管制、交通事故）条件下的各类交通数据分析。

确定维度之后，还需要对数据进行层次划分，数据"层次"代表数据组织的粒度和深度。例如，时间维度可划分为日、月、年；特征时段维度可划分为早晚高峰、日间、夜间、全天、工作日、节假日、周变特征、时变特征；特征地段维度可划分为境界线、交通走廊等。维度中各层次组合后的一个取值称为维度成员，如时间维度中"2019 年 1 月 1 日"是一个时间维度成员，"2019 年 1 月"、"2019 年"、"1 月"也是维度成员，但它们代表着不同的分析粒度。

维度和层次与交通数据分析对象有着密切的联系，设计维度并划分层次的目标就是为了从多角度和多粒度分析交通数据对象。数据维度的多少、颗粒度的大小（交通小区尺度、时间间隔跨度等）决定了交通分析的精度。以行程车速作为数据分析对象为例，通过时间维度可以获取每日、每月和每年的平均车速值，通过特征时段维度可以获取早晚高峰、全天车速值，通过道路等级维度可以获取各等级道路平均车速值。表 15-4 给出了动态交通数据库中常用的维度和层次，各类动态数据都可以按照表中所示的方式进行组织、处理和存储。表中将维度和层次分为基本和扩展两类，基本维度和基本层次具有更普遍的意义，扩展维度和扩展层次可根据交通决策分析需求扩充。

交通数据的维度和层次

表 15-4

维度 \ 层次		基本层次	扩展层次
基本维度	日期	日、月、年	季度、周、工作日、周末、节假日
	时段	早高峰、晚高峰、全天	每 15 分钟、每小时、日间、夜间
	区域	行政区、特征交通区（如市中心区、外围区、郊区等）	街道、组团、城市交通分区等
	道路等级	快速路、主干路、主要次干路	其他次干路、支路
	公交类型	轨道交通、公共汽电车干线	其他公交线路、特殊公交、辅助公交等
扩展维度	特定分析对象	境界线、出入口、查核线、通道等	特殊交通产生吸引点等
	环境	天气情况等	空气质量等
	交通事件	交通事故	施工、交通管制

15.3.4　处理方式

在数据集成和分析的基础上，宜根据城市自身的特点，对数据进行处理，提炼出一套用于城市及交通发展评价、可连续跟踪监测的特征指标体系。通过对指标的连续跟踪，实现规划实施效果的评价和监测。例如，对道路系统和公交系统建设规模和运行效率的有关数据进行处理，得到道路系统和公交系统相关指标，如图 15-4、图 15-5 所示。

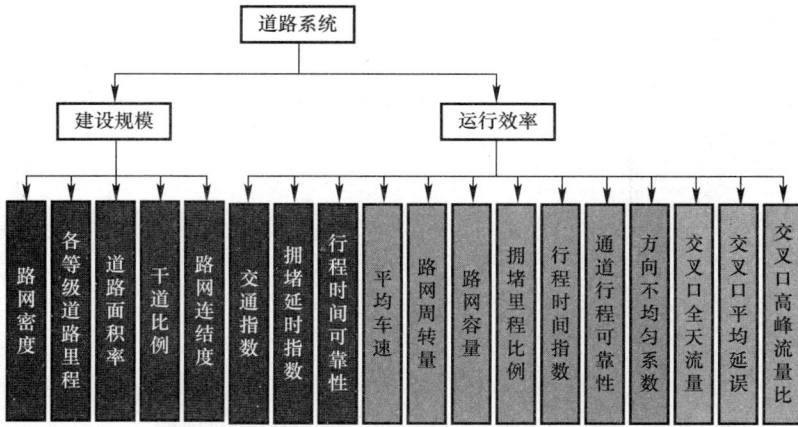

图 15-4　道路系统建设规模和运行效率指标

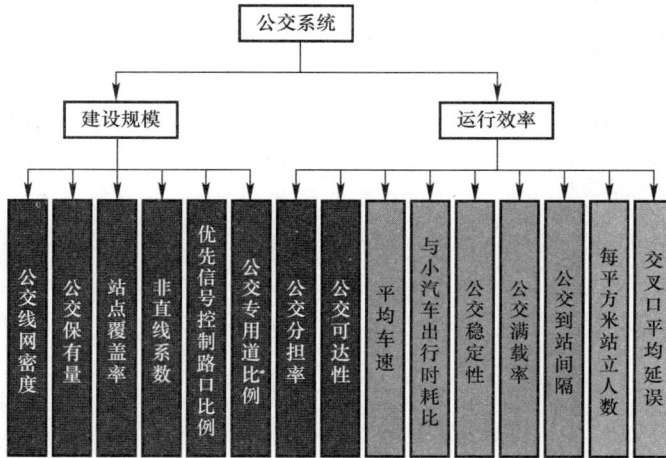

图 15-5　公交系统建设规模和运行效率指标

在处理数据、提炼指标体系时可按照以下原则来选择指标：

（1）有明确的意义和计算方法，总体计算量可控；

（2）网络全局指标、通道指标、节点指标相结合；

（3）适当引入反映交通和土地利用的综合性指标，如可达性等。

这里根据指标体系选择原则，给出各类系统可选用的指标体系作为参考，见表 15-5。

各类可选用的指标体系　　　　　　　　　　　　　表 15-5

	指标名称		指标名称	
道路系统	人均道路长度	公交系统	单位运量土地占有量	医疗服务可达性
	人均道路面积		公交占用道路资源比例	责任伤亡率
	可达性系数		站点人口覆盖率	空调车比例
	拥堵持续时间		站点岗位覆盖率	公交发车准点率
	常发拥堵路段数		岗位可达性	公交通勤乘客比例
	流量变异系数		教育可达性	公交通勤特征系数

续表

	指标名称		指标名称
土地利用	用地性质	停车系统	停车泊位数
	人口密度		路内停车泊位周转率
	中心城区人口内部就业率		停车场泊位周转率
	中心城区岗位内部就业率		违章停车率
	职住比	慢行系统	人行道宽度
	昼夜人口比		人行道遮阳比例
	通勤距离		非机动车道宽度
	职住平衡矩阵		机非物理隔离率
	驻留点		非机动车道平整度
	活动强度		夜间照明设施覆盖率
	活动复杂度		非机动车禁行道路里程
	职住通道平衡系数		机动车占用非机动车道停车比例

15.4　交通信息共享应用

15.4.1　共享要求

> 15.0.3　城市交通调查资料和需求分析数据应在保护个人隐私的前提下公开、共享。

1. 设计数据共享机制

交通信息共享应用应该设计一个良好的数据共享机制，在保护个人隐私前提下公开、共享交通调查资料和需求分析数据。通过机制设计，改变目前由于部门利益保护、条块分割、涉密保密等因素导致的"数据垄断、不愿共享"的现状；通过交通信息共享平台建设，针对各单位数据调查与采集格式标准不统一、精度差异大、多源数据融合难度高的现状，提高数据标准化水平，解决"不能共享"的问题。

2. 充分调研已有数据资源

在城市综合交通体系规划中，首先应对城市各部门目前拥有的各类交通相关数据资源进行充分调研。详细掌握各类交通数据在政府部门的分布情况、存储年限、数据格式、加工处理情况、各部门的信息化水平，以及是否已具备对外共享接口等。在此基础上提出共享需求，包括在线与离线两种方式，以减少数据的冗余和资源的浪费。

3. 整合资源、政企合作

交通信息共享应用应整合政府与民间的信息资源，多部门协作，避免重复建设。并且建立与互联网交通企业的数据共享机制，特别是网约车、分时租赁汽车、互联网租赁自行车等运营企业。

15.4.2　信息平台功能

> 15.0.5　规划人口规模 100 万及以上的城市应建设城市交通信息共享与应用平台，平台应具备交通出行基础性信息服务、交通运行状态监测与预报、交通运营管理、交通规划与决策支持等功能，并与城市"多规合一"平台相衔接。

1. 平台基本功能

平台基本功能主要有基础交通信息服务、交通运行状态监测与预报、交通运营管理、交通规划与决策支持等。其中，平台的最核心功能，是存储和管理各类规划调查数据（如居民出行 OD 调查等）及规划实施过程中的滚动监测数据。数据平台应该是服务综合交通体系规划编制、实施评估的数据分析应用平台。

2. 平台衔接能力

平台应具备与城市"多规合一"平台相衔接的能力，能够对规划方案进行存档、展示、对比、评估。

3. 信息存储能力

平台的信息存储能力应满足规划评估及决策需求，重要决策数据应具备 10 年以上的在线存储能力。

4. 外部接口功能

平台应具备与外部系统的共享与扩展接口。

15.4.3 数据兼容要求

1. 规则和格式兼容

数据采集规则与格式应充分考虑与城市"多规合一"平台的衔接需求，以保证空间数据分析与展示的一致性与可比性。

2. 与城市已有的 GIS 系统、规划管理系统融合

其中静态信息更新周期长、与"多规合一"高度关联，应特别予以重视，更新内容包括道路交通网络信息、公交轨道线网信息、土地利用信息、公共设施及建筑信息、社会经济信息等。

3. 建立平台间关联对应关系

出于交通建模需要，面向规划的交通信息系统对于道路、公交等网络的精细化程度通常高于"多规合一"平台，因此通常需要建立两个平台交通网络之间的关联对应关系（见图 15-6）。对于土地利用、城市规划等信息，应与"多规合一"平台尽量保持一致，例如交通小区划分等。

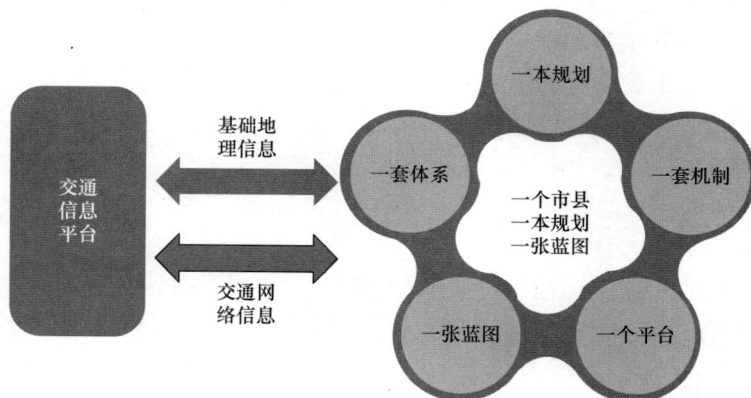

图 15-6　平台间的关联对应关系

15.4.4　交通信息共享与应用平台案例

本节选取深圳市城市交通仿真系统及扩展项目作为交通信息共享应用平台案例。

1. 概述

深圳市城市交通仿真系统是一个集基础数据采集与管理、空间及多维数据分析引擎、宏中微观交通仿真模型于一体的综合性应用平台。该平台除了对交通规划及评估的数据支持，还特别强调了对于交通建模分析的技术支持，构建了一套完整的模型体系。

2. 建设内容

平台与智能交通动态数据、地理信息空间静态数据、社会经济发展数据等大数据相结合，通过交通仿真技术、GIS 技术、网络技术、组件技术、数据库技术等计算机技术，构建深圳市全新"1+2+2"的定量化规划决策支持应用系统，内容如下：

（1）构建可动态更新的多源交通、土地利用大数据平台；

（2）建立可持续的多维数据挖掘系统；

（3）建立交通与土地利用一体化的交通仿真模型系统；

（4）建立面向现状评估的可视化综合交通查询系统；

（5）建立面向规划预测的可视化多用户模型应用系统。

以上"1+2+2"的体系架构可分为数据层、中间分析层和应用服务层三个层次，具体见图 15-7。

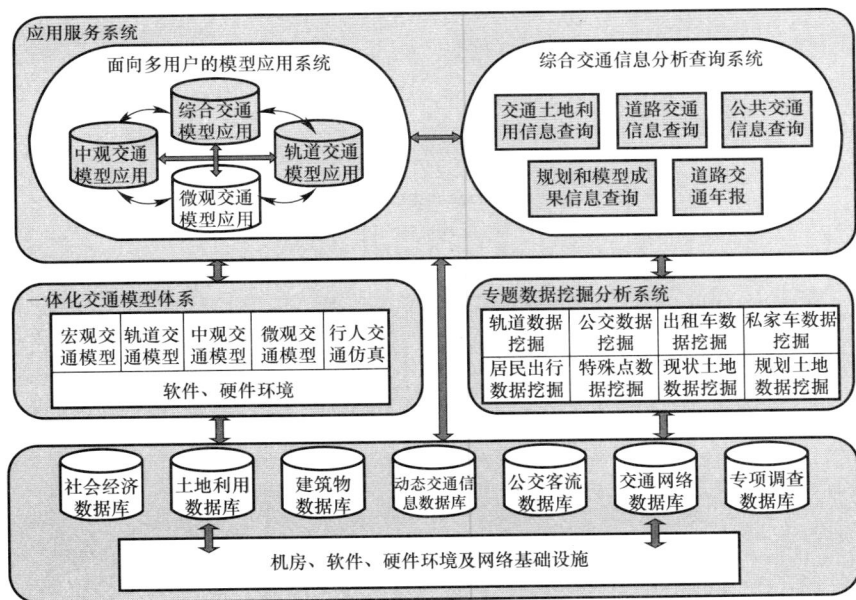

图 15-7　深圳市城市交通仿真平台总体结构

资料来源：深圳市规划国土发展研究中心，同济大学等. 深圳市交通仿真系统信息采集及服务扩展项目研究报告. 深圳：2016.[2]

3. 平台功能

1) 数据管理功能

数据库全面覆盖社会经济、土地利用、城乡规划、交通运输等领域，建立了数据采集清洗、集成加工、挖掘分析、指标计算等全过程规范化处理流程。参见图 15-8。

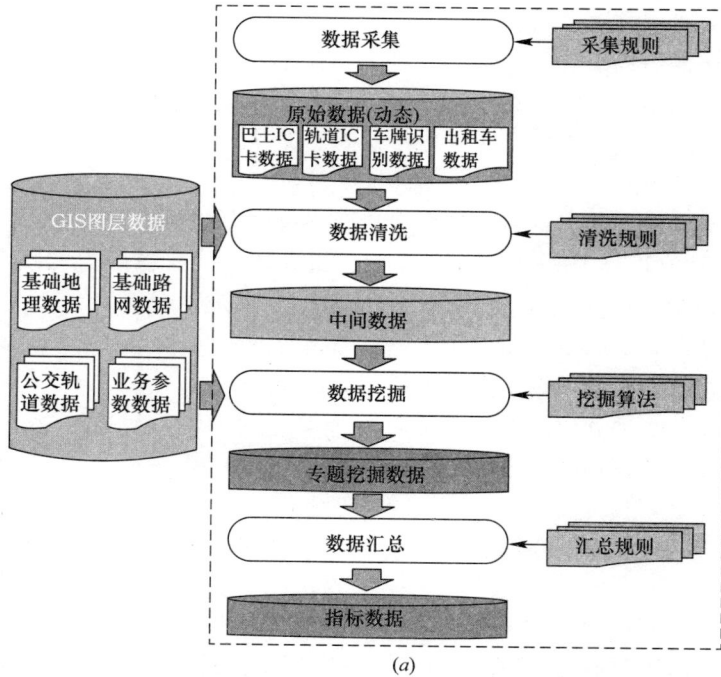

(a)

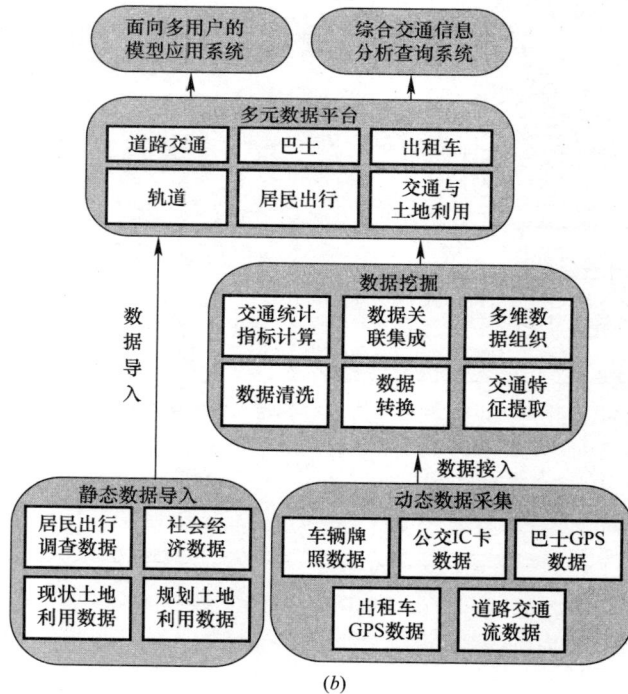

(b)

图 15-8　交通信息平台数据处理流程

资料来源：深圳市规划国土发展研究中心，同济大学等. 深圳市交通仿真系统信息采集及服务扩展项目研究报告. 2016.[2]

　　系统对各类专题业务数据提供了统一的读写接口，并对应于系统的四个阶段设计研发了数据采集、数据清洗、数据挖掘和数据汇总四个任务处理方式。其中，数据采集过程负责从外部系统获取各种原始动态交通数据；数据清洗过程负责对原始数据进行有效性过滤；数据挖掘过程负责对原始数据进行全方位的挖掘，生成各种专题挖掘数据；数据汇总过程负责对专题挖掘成果数据进行汇总，生成面向规划决策和模型运算的指标数据。

2）交通数据分析

交通数据分析是深圳市城市交通仿真平台的核心功能，通过交通数据分析得到各类交通指标，对交通指标连续监测，从而观测整个综合交通系统的运行状态。

在时间维度上，得到的交通指标包括日间、夜间、全天、高峰时段四个主要时段；并且针对动态交通数据，在源数据最小时间粒度的基础上再进行集成运算，至少产生年平均日、月平均日、工作日、周末指标，以及按照小时、日、周、月的指标，从而对各种交通方式在不同时间的特征，以及随时间变化的规律进行分析。

在空间维度上，包括三类交通指标：第一，基于区域的交通指标。计算各类指标在不同区域的集计结果，包括行政区、街道、组团、法定图则和交通小区。第二，基于道路的交通指标。是基于出租车 GPS 数据和公交车 GPS 数据计算各类指标在道路上的集计结果，包括出租车行程速度、公交车行程速度、路段流量等指标。第三，基于位置的交通指标。一种是通过 IC 刷卡、车牌识别这两种定点流量检测技术，对轨道和公交这两种交通方式的客流量进行统计分析，挖掘这两类交通方式的交通出行特征；另一种是通过可达性算法计算在一定空间和时间范围以及交通出行耗费约束的条件下可达到的设施位置。

3）交通建模分析

（1）宏观交通模型

宏观交通模型主要用于全市层面的交通需求预测、规划方案评估及政策评价。宏观模型包括基年模型、现状模型、规划年模型。每个年份的模型均包括全天模型、早高峰模型和晚高峰模型。

其中宏观轨道交通模型模块主要包括收入模型、拥车模型、出行生成、出行分布、方式预划分、方式划分、公交子方式划分、外部特殊吸引点模型、出租车模型、货车模型及交通分配模型。模型应用设计结合规划常用需求，定制了标准化的图表输出模板，提高了模型的可视化效果和出图效率。常用模板包括规划年人口及岗位分布图、规划年小汽车分布图、期望线图、通道客流图、客流量分布图、饱和度分布图、车速分布图、轨道线网客流分布图、高峰线路饱和度图、站点换乘示意图等。

（2）中观仿真模型

为适应当前城市更新项目、规划调整项目的规划评估需求，建立了中观仿真模型，作为精细化管理决策支撑平台。中观模型通过子路网切割技术，继承了宏观模型交通需求和交通网络等基础数据，并将交通小区、交叉口等路网信息细化。中观交通模型分配结果自动导出用于微观仿真建模的机动车路网和流量，为微观交通建模提供基础数据。

参考文献

［1］ 杭州市综合交通研究中心，同济大学等. 杭州市智能交通信息平台一期工程项目研究报告［R］. 2011.

［2］ 深圳市规划国土发展研究中心，同济大学等. 深圳市交通仿真系统信息采集及服务扩展项目研究报告［R］. 2016.